海外中国研究丛书

——

到中国之外发现中国

古代中华观念的形成

古代〈中華〉観念の形成

[日]渡边英幸 著

吴昊阳 译

江苏人民出版社

图书在版编目(CIP)数据

古代中华观念的形成/(日)渡边英幸著;吴昊阳
译. -- 南京:江苏人民出版社,2024.2
(海外中国研究丛书/刘东主编)
书名原文:古代〈中華〉観念の形成
ISBN 978 - 7 - 214 - 29033 - 5

Ⅰ. ①古… Ⅱ. ①渡… ②吴… Ⅲ. ①中国历史-研
究-先秦时代 Ⅳ. ①K220.7

中国国家版本馆 CIP 数据核字(2024)第 010006 号

KODAI "CHUKA" KANNEN NO KEISEI by Hideyuki Watanabe
ⓒ 2010 by Hideyuki Watanabe
Originally published in 2010 by Iwanami Shoten, Publishers, Tokyo
This Simplified Chinese edition published in 2024
by Jiangsu People's Publishing House, Nanjing
by arrangement with Iwanami Shoten, Publishers, Tokyo
Simplified Chinese edition copyright ⓒ 2024 by Jiangsu People's Publishing House
All rights reserved
江苏省版权局著作权合同登记号:图字 10 - 2019 - 183 号

书　　　名	古代中华观念的形成
著　　　者	[日]渡边英幸
译　　　者	吴昊阳
责 任 编 辑	陆诗濛
装 帧 设 计	陈　婕
责 任 监 制	王　娟
出 版 发 行	江苏人民出版社
地　　　址	南京市湖南路 1 号 A 楼,邮编:210009
照　　　排	江苏凤凰制版有限公司
印　　　刷	江苏凤凰通达印刷有限公司
开　　　本	652 毫米×960 毫米　1/16
印　　　张	23.75　插页 4
字　　　数	265 千字
版　　　次	2024 年 2 月第 1 版
印　　　次	2024 年 2 月第 1 次印刷
标 准 书 号	ISBN 978 - 7 - 214 - 29033 - 5
定　　　价	78.00 元

(江苏人民出版社图书凡印装错误可向承印厂调换)

序"海外中国研究丛书"

  中国曾经遗忘过世界,但世界却并未因此而遗忘中国。令人嗟讶的是,20 世纪 60 年代以后,就在中国越来越闭锁的同时,世界各国的中国研究却得到了越来越富于成果的发展。而到了中国门户重开的今天,这种发展就把国内学界逼到了如此的窘境:我们不仅必须放眼海外去认识世界,还必须放眼海外来重新认识中国;不仅必须向国内读者迻译海外的西学,还必须向他们系统地介绍海外的中学。

  这个系列不可避免地会加深我们 150 年以来一直怀有的危机感和失落感,因为单是它的学术水准也足以提醒我们,中国文明在现时代所面对的绝不再是某个粗蛮不文的、很快就将被自己同化的、马背上的战胜者,而是一个高度发展了的、必将对自己的根本价值取向大大触动的文明。可正因为这样,借别人的眼光去获得自知之明,又正是摆在我们面前的紧迫历史使命,因为只要不跳出自家的文化圈子去透过强烈的反差反观自身,中华文明就找不到进入其现代形态的入口。

当然，既是本着这样的目的，我们就不能只从各家学说中筛选那些我们可以或者乐于接受的东西，否则我们的"筛子"本身就可能使读者失去选择、挑剔和批判的广阔天地。我们的译介毕竟还只是初步的尝试，而我们所努力去做的，毕竟也只是和读者一起去反复思索这些奉献给大家的东西。

刘　东

前　言

　　"华夷思想""中华思想""中华世界""中华文明""中华帝国"等诸如此类的词语频见于各种讨论中国历史的读物中。当你看到这些词语时,脑海里的第一印象是什么呢？有的人可能会觉得这是前近代中国王朝的一种夜郎自大式的沙文主义意识形态,有的人会觉得这反映了组成东亚世界的一个宽松秩序体系,有的人想到了与古代长江、黄河流域渊源匪浅的汉字文化圈,也有人浮现出了一个曾经统治过汉族及其他外族的王朝国家形象。有观点认为,这些词语中的"华"指的是传统的"中华",和近代以来的民族国家、国际秩序语境下的"中国"(China)有着本质区别。传统的中华是一个以汉族、汉文化为核心,基于一种单方面的价值观构筑起来的科层化、跨越边界的体制。①

---

① 例如费正清便把以中国王朝为中心展开的前近代东亚国际秩序命名为 the Chinese world order,他认为秦汉至明清的中国王朝"天子"不仅统治着中国本土(China proper),其影响还辐射至周边各国,本土加周边即所谓的"天下"。他将中国王朝的对外关系定义为中国国内的政治、礼仪秩序的延伸,　　　(转下页)

　　另一方面,在中国国内,"中华"一词一般用于"中华人民共和国""中华民族"之类反映国家归属(nation)的场合,其代表性理论便是费孝通提出的"中华民族多元一体"论①。这里的"中华民族"不单单指汉族,还包括了中国国内的少数民族,是一个高维度统一体。一般认为,"中华民族"的概念在20世纪初才产生,但费孝通认为中华民族的渊源要古老得多,他主张中华民族是历经数千年"自然发展"而来的民族实体,视"中华"为一个连绵至现代的"民族"。

　　目前的社会学对民族(nation)的历史性,大致有两种观点。一种认为民族(nation)和民族主义(nationalism)归根结底是近代社会特有的现象和运动。本尼迪克特·安德森将民族(nation)定义为"想象的共同体",讨论了其起源与散布。② 他在书中指出,民族(nation)既不同于基于"神圣语言"的宗教共同体,也不同于隔绝"臣民"的王朝国家归属意识,而是一个想象(创造)出来的共同体,且这个共同体靠均质的、同一水平的媒介维系着。造成这种共同体形象不断扩散的首要原因是"印刷资本主义"的出

（接上页）指出其本质上是科层化、不平等的。见费正清,"A Preliminary Framework."*The Chinese World Order: Traditional China's Foreign Relations*, pp. 1~19, Harvard University Press, 1968.

　　又,堀敏一先生视以中国王朝为中心的东亚地区为一个整体历史世界,称之为"中华世界"。见堀敏一《中国と古代東アジア世界:中華の世界と諸民族》,岩波書店,1993年。

　　此外,还有别的著作提出了"中华秩序""中华文明""中华王朝"等名称。

① 费孝通《中华民族的多元一体格局》,收入费孝通等编《中华民族多元一体格局》,中央民族学院出版社,1989年。日文版《中華民族の多元一体構造》(風響社,2008年)由西泽治彦、冢田诚之、曾士才、菊池秀明、吉开将人合译,从人类学、历史学、考古学等不同角度做了详细注释,对我们理解费孝通先生的观点增益不少。

② [美]本尼迪克特·安德森著,白石さや、白石隆译《想像の共同体:ナショナリズムの起源と流行(増補)》,NTT出版,1997年。译者注:中文版为吴叡人译《想象的共同体:民族主义的起源与散布(增订版)》,上海人民出版社,2011年。

现及随之而来的方言（世俗语言）普及，还有大众传媒（mass media）的发达。此外，还有国家出面的"官方民族主义"的制定、学校教育的成熟，与之呼应的，青年知识分子"朝圣之旅"的扩散被限制于语言的边界之内，这便形成了民族（nation）领域的雏形。安德森的观点是认为前近代王朝或共同体与近代民族（nation）之间是断绝的代表性观点之一。①

与之相对，另一种观点虽然承认民族（nation）是一个近代概念，但是认为民族是在前近代的族裔（ethnic）共同体记忆和神话、象征、价值观体系的基础上构建的，强调前近代的族属（ethnicity）向近代民族（nation）演化的连续性。安东尼·D. 史密斯以"族体"（ethny）概念去解释族裔共同体，认为族裔共同体是一种在任何文明、任何时代都普遍存在的，成员之间拥有共同的姓名、血统神话、历史、文化、领土及连带感，且持续性非常稳定的共同体。② 如此一来，"民族"便不再是一个近代社会特有的现象，而是普遍存在于人类社会的共同体（共同态）。

比较上述两种关于民族（nation）的代表性观点，我们能发现"中华民族多元一体"论是一个极具中国特色的民族论，其特征包括：（1）特地将"民族"解释成一个多义词，用"中华民族"这么一个高维度的架构，囊括了汉族、少数民族及更下层的族群（ethnic group）；（2）认为"民族"的轴心不在于"文化"，而在于"联系"，将

---

① 英国学者厄内斯特·盖尔纳对比了前近代"固化"的"农耕社会"和近代"流动"的"工业社会"，指出民族主义的成立因素包括工业社会内共享语言、知识、习惯的必要性，和国家公共教育及高层次文化的普及。见［英］厄内斯特·盖尔纳著，加藤节监译《民族とナショナリズム》，岩波书店，2000年。译者注：中文版为韩红译《民族与民族主义》，中央编译出版社，2002年。

② ［英］安东尼·D. 史密斯著，巢山靖司、高城和义等译《ネイションとエスニシティ：歴史社会学的考察》，名古屋大学出版会，1999年。

域内发生的所有民族间的联系直接替换成"中华民族";(3)化解了民族(nation)近代论,将"中华民族"描述成一个跨越时代、连绵至今,但是在近代才"真正觉醒"的"民族实体"。

"多元一体"论自带的政治色彩和对"民族"的定义引来了不少批驳的声音①,但是必须承认,费孝通的观点在某种意义上是非常巧妙的。在前近代汉语文献中出现的"中华""中国""华夏""中夏"等词的确有着多元性含义,不能仅以"汉族"或"汉文化"笼统概括之。所谓的"中华",即便将之理解成"民族"之外的其他"实体",最终也必定会回到"多元一体"的老路上。

那么,前近代的"中华"到底是一个怎样的架构呢?要解决这个疑问,就只有以古代汉语文献为基础,逐字逐句地探讨堆积于其上的"中华"语句,舍此别无他途。对于"中华",我们既不视之为跨越时代连绵不绝的实体,也不视之为在某个时间点被捏造出来的虚假概念,而是将之视为含义赋予和语言构建的层累过程,并予以分析。其出发点乃是形成于先秦至秦汉,在后世不断被参考、回顾的"古典观念"。

本书的写作目的并非要提起诸如"中华"或"民族"建构性之类的琐碎问题,也不是要效仿近代中国民族主义者们去考证"中

_____

① 毛里和子提出过两点反驳中国学术界的"多元一体"论:(1) 中华民族可以说是一个政治学概念,却不能说是一个民族学名称,对于那些跨国境的民族要怎么将之纳入中华民族语境之内?(2)"多元一体"论混淆了国家和民族,国家应是政治上的身份认同,而民族则应是文化上的身份认同。见毛里和子《周縁からの中国:民族問題と国家》第三章第四节,東京大学出版会,1998 年。

村田雄二郎指出,费孝通的理论是"用中国作为多民族国家的现状倒过来去套用古代,本末倒置了"。见村田雄二郎《中華ナショナリズムと"最後の帝国"》,莲实重彦、山内昌之编《いま、なぜ民族か》,東京大学出版会,1994 年。

横山宏章也反对费孝通,认为其将边疆民族纳入少数民族剥夺了边疆民族自身的主体性,所谓的"中华民族"观点更是硬生生给一个幻象(fiction)赋予概念,使之实体化。见横山宏章《中国の異民族支配》,集英社,2009 年。

国""中华"的原义和木质,提出一个所谓"正统中华"的标准。木书所做的,不过是分析古代出现过的各种"中华"观念,置之于先秦时期语境下重新审视罢了。之所以如此剖析,不是要为了论证"中华"的虚构或者断绝,而是为了理解其在历史发展中的层累过程,这才是中国史学者们应该做的工作。

目 录

序　章　何谓"中华"

第一节　本书的写作目的

何谓"中华"？这是每个打算写作中国史的人都要面临的一个根源性问题。在前近代汉语文献中，我们常常能见到"中国""华""夏"等词，这些词语反映了一种"中华观念"。[①] 这里的"中华"，是一个文明论范畴的名词，有时候指的是以黄河中下游流域（中原地区）为中心的一片地理范围和居住在当地的主要人群（汉人、汉族），有时候指的是统治这片区域和人群的王朝国家。与之相对，存在于认识的边缘上的"差异性他者"则用"蛮夷""戎狄"之类的名词呼之。于是，"中华"和"夷狄"便被放到一个二元对立的语境下来讨论两者之间的差异和联系，此即所谓的"华夷思想"。

[①] 先秦时期的"中国""夏"等相关语句含义，见：那波利贞《中華思想》，津田左右吉编《岩波講座東洋思潮 8》，岩波書店，1934 年；顾颉刚、王树民《"夏"和"中国"：祖国古代的称号》，史念海主编《中国历史地理论丛》第一辑，陕西人民出版社，1981 年；王树民《中华名号溯源》，史念海主编《中国历史地理论丛》第二辑，陕西人民出版社，1985 年；陈连开《中国、华夷、蕃汉、中华、中华民族：一个内在联系发展被认识的过程》，费孝通等《中华民族多元一体格局》，中央民族学院出版社，1989 年；堀敏一《中国と古代東アジア世界：中華の世界と諸民族》，岩波書店，1993 年；胡阿祥《伟哉斯名——"中国"古今称谓研究》，湖北教育出版社，2000 年。本书将"中国""华""夏"等词语所反映的观念定义为"中华"观念。

华夷思想认为夷狄是中华的对照,绝大多数情况下夷狄被视为野蛮、无礼、疏远、贪欲、无德、有如禽兽般的存在。人们还意识到,中华和夷狄之间存在种种差异(落差),如生计类型、语言文化、社会生活、血统来源、政治制度、伦理道德、有无"礼"等。在这基础之上,发展出好几种贴标签式的理论来讨论中华应如何与夷狄相处,但每一种理论都是以"中华"和"夷狄"两者之间的差异为前提,视世界为"中华"和"夷狄"两者二元对立而展开的。

这种中华观念和华夷思想萌芽于操汉语的黄河流域各国人群中,随着秦汉统一,发展成了维系历代王朝的帝国级解释原理。及后,中华观念进一步开花,囊括了汉族、非汉族统治阶级甚至一部分周边国家,在整个前近代历史过程中不断积累、更新。到了近代,中华观念再一次被重组、重构,催生了"中华人民共和国""中华民族"等名称,演变成现在还在使用的含义。①

① "中华民族"是清末才出现的名称,一开始专指汉族,如梁启超《历史上中国民族之观察》(1906)、《中国历史上民族之研究》(1922)。但是,现在的"中华民族"正如费孝通《中华民族的多元一体格局》所示,不仅指汉族,中国国内的五十五个少数民族也包括在内,共同形成一个高维度的民族实体。按费孝通的理论,"中华民族"成为一个"自觉的民族"虽然是在近代之后,但在过去几千年的历史中已经渐渐形成了一个"自发的民族"。具体而言,汉族的原型"华夏族"在夏商周时期诞生,然后不断同化周边民族集团扩张自身,在秦汉时期变成"汉族"。在这之后的两千年间,汉族像滚雪球一样吸收外族扩张自身,造就了以汉族为核心,同时又与其他民族密不可分的"民族实体"雏形,最终发展成现在这样"多元"且"一体"的"中华民族"。关于近现代中国的民族政策和民族理论,见毛里和子《周縁からの中国:民族問題と国家》東京大学出版会,1998年;松本ますみ《中国民族政策の研究:清末から1945年までの"民族論"を中心に》多賀出版,1999年;坂元ひろ子《中国民族主義の神話》岩波書店,2004年;西村成雄《20世紀中国の政治空間:"中華民族的国民国家"の凝集力》青木書店,2004年;王柯《20世紀中国の国家建設と"民族"》東京大学出版会,2006年;飯島渉、久保亨、村田雄二郎編《中華世界と近代》東京大学出版会,2009年。上述著作所收的各篇论文从不同的角度呈现了近现代中国民族构建(nation building)。

从而，"何谓中华"这个问题其实包含了"应当如何理解现代中国"这个极其本源且现实的问题。这是"中国史"这一历史写作设定中必须直面的课题，同时回答这一问题也将帮助我们更好地理解其他传统观念是如何一步步发展成近现代含义的。最近的历史学界比较喜欢着眼于"欧洲"①"日本"②之类的历史主体题材写作，这种写作不是无脑地揪出一个历史实体直接下笔写流水账，而是要正本清源，探讨其是如何被构建起来的。"中国史"也同理，人们早已尝试过讨论前近代的"中华"是如何演变为近现代的"中华民族"了。③ 在这其中，搞清楚最初的"中华"观念的形成

① 西谷修在讨论"世界史"写作体系时，以"欧洲"为例，指出欧洲是基督教世界的"世界史"主体，也是构建的"世界史"的主体，其代指现实地区的含义要在 8 世纪法兰克王国之后才出现。见西谷修《"ヨーロッパ"はいかにして自己を形成したか》（《世界史の臨界》，岩波书店，2000 年）。另，对于"欧洲"意识历史性的讨论，见谷川稔编《歴史としてのヨーロッパ・アイデンティティ》，山川出版社，2003 年。至于古希腊人的自我意识、外族观等，见［英］保罗・卡特里奇著，桥长弦译《古代ギリシア人：自己と他者の肖像》（白水社，2001 年）和庄子大亮《古代ギリシアとヨーロッパ・アイデンティティ：ヨーロッパの源流としてのギリシア像再考》（谷川稔编：2003）、中务哲郎《古代ギリシア人の世界意識と歴史記述》（纪平英作编《グローバル化時代の人文学——対話と寛容の知を求めて（上）：連鎖する地域と文化》，京都大学学術出版会，2007 年）。
② 网野善彦着眼于"日本"一词，指出"日本"是在 7 世纪末天武天皇时诞生的国号，所以诸如"日本的旧石器时代""绳纹时代的日本"等的用词是不严谨的。见网野善彦《日本とは何か》（《日本の歴史》第 0 卷，講談社，2000 年），重点参见第三章《列島社会と"日本国"》。
③ "中国史"这一写作框架本身就是 19 世纪之后的产物，见岸本美绪《"中国"とは何か》（《新版世界各国史 3：中国史》，山川出版社，1998 年）、吉泽诚一郎《中国の一体性を追求する：地図と歴史叙述》（《愛国主義の創成：ナショナリズムから近代中国をみる》，岩波书店，2003 年）。另外一些著作着眼于前近代的中华帝国向近现代的中华"民族"（nation）的嬗变、重组过程展开论述，如村田雄二郎《中華ナショナリズムと"最後の帝国"》（蓮实重彦、山内昌之编《いま、なぜ民族か》，東京大学出版会，1994 年）、毛里和子（1998）第一章、茂木敏夫《中華世界の構造変動と改革論：近代からの視点》（毛里和子编《現代中国の構造変動 7：中華世界——アイデンティティの再編》，東京大学出版会，2001 年）、西村成雄（2004）第一章、王柯（2006）第一至三章。

过程,意味着淡化现代地缘政治学范畴的"中华民族"论,进而揭示传统的"中华"的基本层面。

我们必须强调,"中华"观念的形成过程中还有很多谜团等待探索。中国人自称在中华文明起源阶段诞生了一个叫"华夏族"的民族实体,所以目前中国国内学术界对先秦时期中华观念如何展开的主流研究本质上是在论证"华夏族"的扩张经过。[1] 可是如果从这个角度出发,我们就很难理解"中国""夏"等的原初含义。譬如,"中国""夏"最早见于西周(公元前 11 世纪后半~前 771 年)的汉语史料,意思不过是指周王朝的都城周边地区或周室秩序文化罢了,[2]并不一定是指构成夏商周的"民族""国家"或者整个中原地区。

春秋战国时期,"中华"观念在周室诸侯国之间渐次扩张,在西汉时含义演变为代指长江、黄河流域的疆域。但是,在国家还

---

[1] 关于"华夏族—中华民族"史观,除费孝通(1989)、陈连开(1989)之外,还有陈连开《关于中华民族起源学说的由来与发展》(费孝通主编《中华民族研究新探索》,中国社会科学出版社,1991 年)、佟柱臣《从考古学上看中华民族的融合与统一》(费孝通主编,1991 年)、王钟翰主编《中国民族史》绪论(中国社会科学出版社,1994 年)、曾文芳《夏商周民族思想与政策研究》绪论(人民出版社,2008 年)。这些论著绝大部分都认为"华夏族"诞生于新石器时代~夏代。

[2] 关于"中国"的起源,见胡厚宣《论殷代五方观念及中国称谓之起源》(《甲骨学商史论集》初集,齐鲁大学国学研究所,1944 年,后由河北教育出版社再版,2002 年)、于省吾《释中国》(《中华学术论文集》,中华书局,1981 年)、顾颉刚和王树民(1981)、冈田英弘《東アジア大陸における民族》(桥本万太郎编《漢民族と中国社会》,山川出版社,1983 年)、何志虎《"中国"称谓的起源》(《人文杂志》2002 年第 5 期)。最早的"中国"出现在西周何尊铭文和《诗经》《尚书》中,顾颉刚和王树民(1981)认为"中国"一词的原本含义是城市内部。另一方面,"夏"的起源见孙作云《说"雅"》(《文史哲》1957 年第 1 期,后收入《孙作云文集 2:〈诗经〉研究》,河南大学出版社,2003 年)、顾颉刚和王树民(1981)、陈连开(1989)、陈致《夷夏新辨》(《中国史研究》2004 年第 1 期)。上述论著均指《诗经》《尚书》中的"区夏""时夏"是最早的"夏",泛指周室都城及其中心区域,此源于周人自认系夏王朝的继承人。此外,主流意见还认为"华"是由"夏"字派生出来的同音同义字。关于"中国""夏"的原义及展开,见本书第一、六章。

未统一、"汉族"意识还未出现的先秦时期，"中华"所指的内容相当多元，一个典型的例子是战国末期秦律中所见的"夏"。秦律的"夏"是一个统治艺术范畴的概念，反映了秦国与臣属国的统属关系及基于秦人血统的归属关系，并非"华夏族"之类民族集团的自称。[①] 我们绝对不能将先秦时期"中华"观念的发展理解成单一"实体"的扩大过程。

在讨论这个问题时，如何区分"中华"和"夷狄"这个认识论课题是萦绕在每个学者脑海里挥之不去的难题。华夷思想虽视两者为二元对立，但以"中华"和"夷狄"概念之复杂，靠单一的标准是肯定无法分清的。例如以往的研究屡屡提到，分别华夷的标准不在于血统或地区，而在于有无"礼"和"文化"[②]，但事实上历史上真的有按血统、地区和统属关系来划分的"中华"论和"夷狄"论。此外还有一些中华内部有夷狄集团、中华后裔居住在夷狄地区之类的事例。"中华"和"夷狄"架构靠单一标准难以截然分开，要把握两者的历史展开，就必须先摒弃掉二元对立的华夷思想构图，从个体认识体系的角度分别理解。

本书的写作目的，就是要利用传世文献和出土文献，揭示先秦时期汉语世界中的"中华"、"夷狄"、华夷思想雏形的形成经过

---

① 关于秦律的"夏"，参见本书第八章。

② 如顾颉刚和王树民（1981 年，第 10 页）写道："可见划分'诸夏'的主要条件是文化而不是地区、氏族。……当所谓'蛮夷'国家吸收'诸夏'文化，具有了'诸夏'国家的主要条件时，即可进入'诸夏'的行列，正如'诸夏'国家在丧失其条件时，即被视为夷狄一样。"西嶋定生在《中国古代国家と東アジア世界》（東京大学出版会，1983 年）序中写道："譬如，就连在春秋时期，夷狄也不一定全部位于中夏的外部，伊洛戎、陆浑戎、赤狄、白狄等戎狄都住在中国的内部。区分夷狄和中华的标准不是种族或地区，而是有否周室之'礼'，即是否被纳入到周天子的秩序体制之中。"这种以"文化"为首要的"中华"解释，早被一众近代思想家讨论过了，如杨度《金铁主义说》。参见坂元ひろ子（2004 年，第 76～82 页）、村田雄二郎《中華民族論の系谱》（饭岛涉、久保亨、村田雄二郎编，2009 年）。

及其蕴含的层累性差异与动态性联系,进而探讨处于诞生时期的"中华"观念和华夷思想的各个层面,重新定位其在先秦历史上的地位。从而,本书并不打算重点考证自称"中华"的真正主体(或实体)到底是谁,而是讨论"中华"本身是如何一步步被构建起来的,同时分析构建"中华"的基础、各个"中华"观念的差异及联系。先秦时期的"中华"观念,不是某个确定实体的自称。"中华"观念必须加以剖析。

第二节　前近代的"中华"观念

1. 西汉时期的"中国"

那么,在前近代的汉语文献中,"中华"到底具体指哪些范围,其架构核心到底为何呢?上一节中我们已经说过,本书的课题是要搞清楚"中华"的原初含义及华夷思想的各方面,但为了更加准确地定位讨论的对象,首先还是要大致了解一下国家统一之后的传统"中华"架构情况。

西汉时期,"中国"成了一个与统一国家相联系、泛指某个特定地区的称呼。在先秦时期,人们用传说中大禹划定的"九州"或"天下""海内"等词来概括长江、黄河流域地区,散落在该地区里的周室诸国称为"诸侯"。公元前221年,秦始皇灭掉各国,在政治上统一了"天下诸侯"。《史记》中多次将秦统一后的郡县区域和继承秦制的汉郡国区域称为"中国"。《史记·秦始皇本纪》记载,秦王政二十六年"初并天下",二十八年在琅琊台刻石,上刻"今皇帝并一海内,以为郡县,天下和平"。这两道史料中,秦称自己统一后的郡县区域为"天下"或"海内",但《史记·天官书》中载

"秦遂以兵灭六王,并中国,外攘四夷",又载"秦并吞三晋、燕、代,自河山以南者中国",改称秦的"天下"为"中国"。

秦所谓的"天下",明显是指战国秦加上其余六国——楚、齐、燕、韩、魏、赵原领地的疆域。《史记》的记载表明西汉中期前就有了将七国合一的疆域统称为"中国"的意识。秦统一后的疆域包括了今天的陕西、山西、河北、河南、山东、江苏、安徽、湖北、四川、重庆、浙江各省,还包括甘肃、宁夏、湖南、江西的一部分,面积大致上相当于华北加华中地区。① 后来,秦还试图染指今鄂尔多斯地区和华南地区,但由于秦末动乱而被迫放弃。

汉继承自秦的"中国"地区由汉直辖郡与诸侯王国共同组成②,有着长城、边关等具体的边界,域内施行汉律。汉在北方的边界比较明显,例如长城就是划分汉与匈奴的边界,同时也被视为划分"中国"与"夷狄"的边界。汉又在南方设置"边关",在西南方设"徼",这些都是用来划分实际统治的边界。边界内的汉郡国领域是"封疆之内,冠带之伦",是共享界内文明的"中国",边界外的则是"夷狄殊俗之国"(《史记·司马相如列传》)。"中国"的文化先借着长年累月的尊奉儒教礼仪和伦理规范即"礼"、城市聚居、农耕定居等生活形式③已被定性下来,再加上《史记·五帝本纪》中记载了历代帝王如何最终统合于黄帝的谱系,使汉帝国获得了作为"二皇五帝"的继承者统治"中国"的合理地位。

---

① 关于秦统一时"郡"的领域,见鹤间和幸《ファーストエンペラーの遗产——秦汉帝国》,讲谈社,2004 年。
② 秦汉时期的疆域及其在边境设置的"边关""门"等,见山田胜芳《中国のユートピアと"均の理念"》,汲古书院,2001 年,第 83～88 页。
③《史记·匈奴列传》载汉使与中行说辩论,汉使贬匈奴无养老精神、无城市生活、无家族伦理、无服饰作法、无宫廷礼仪,故是低等文明,被中行说一一反驳。这可以说是反映了"汉＝中国"的思维定式的其中一个例子。

在秦汉时期诞生的区域,文明认识论为后世各王朝所继承,尽管在各个时代略有伸缩,但一直是各王朝郡县(州县)领域的标准体系。统合地方的首要因素当数规范化的书面语——汉字、汉文①,其次是在汉字文书行政基础上的郡县制(州县制)及划一的法令统治,再来是王朝域内通行的官僚制及任官制度②。

就这样,"中国"一词在西汉时期演变成了一个观念上共享语言文化、政治制度、礼仪习俗、血统渊源、历史背景等因素的区域观念,并进一步逐渐演变为"汉族"意识的雏形。汉与诸侯王国在一开始是被视为各自独立的"国"的,但一旦放到与外部对比的语境下却能统称为"中国"(《史记·陆贾列传》等)。这些住在郡国内部,占人口绝大多数的"中国人",在东汉、三国时期之后被称为"汉人"③,成为日后汉人(汉族)的雏形。

西汉时期有时还将相对于周边诸国的王朝本身称为"中国"。《史记·司马相如列传》记载了司马相如出使西南夷时所说的话,当中有"盖闻天子之于夷狄也,其义羁縻勿绝而已"一句。"羁縻"即牛马的头套、缰绳,这句话表明王朝并不视"夷狄"为直接统治

---

① 本尼迪克特·安德森以拉丁语、阿拉伯语和汉语为例,认为三者都属于构建起前近代"宗教共同体"的"神圣语言"。见白石さや、白石隆译《想像的共同体:ナショナリズムの起源と流行(増補)》第二章《文化的根源》,NTT 出版,1997 年。关于汉语的统合功能,见桥本万太郎(1983 年)、平田昌司《雪晴れの風景:中国言語文化圏の"内"と"外"》,《中国社会と文化》第 9 号,1994 年。

② 村田雄二郎(1994 年)在安德森关于欧洲绝对主义国家官僚的"朝圣之旅"观点的基础上,指出明清时期帝国境内的科举官僚是标准化的"文化"媒介,为中华世界形成"相互连接的意识"做出贡献。平田昌司在讨论中国科举制的演变时认为尊崇古典修养的科举制度起到了统合"中华"的作用,见平田昌司《中華文明の骨格:科举の展開》,纪平英作编(2007 年)。

③ "汉人"名称的诞生,见贾敬颜《"汉人"考》,1985 年,后收入费孝通等(1989 年);徐杰舜《汉民族发展史》,四川民族出版社,1992 年,第 215~224 页。在西汉时期曾被称为"秦人"的汉朝臣民,在东汉三国时期统称为"汉人",再进一步在南北朝时期发展成与北方民族成对比的民族名称。

的对象,而是对夷狄的统治阶级施加一定的掣肘,使之服从王朝的命令。

另一方面,《汉书·萧望之传》记载,匈奴呼韩邪单于入朝汉宣帝之际,萧望之谈到了该如何应付这些外夷:"外夷稽首称藩,中国让而不臣,此则羁縻之谊,谦亨之福也。"此即著名的"夷狄不臣论"①,作为羁縻主体的"天子"在这里改成了"中国",即视汉朝廷为"中国"。到了这里,"中国"不仅是指特定区域和汉族了,还是统治该地区、该民族的主体王朝自称,乃至天子自称。

综上,在西汉时期,"中国"已经是一个普遍代指中原地区的人、区域、文化、国家的名词了。东汉至魏晋,正如前人研究所述②,在"中国"之外还增加了"诸夏""华夏""中夏""中华"等同义词。按语境的不同,这一连串名称有时候指整个王朝疆域,有时候指王朝本身,有时候仅指中原地区,有时候又指汉族文化,但不变的是均以文明世界内部为对象,视"中国"为周边区域的中心。可以说,这是一个以古典文献的语句和逻辑为依据,贯穿整个前近代的观念。

2. "中华"认识的基础之层累性

要注意的是,在语言上呈现为一个均质实体的"中华"理念,

---

① 关于萧望之的"夷狄不臣论"在汉代华夷思想中的定位,最新的研究成果见保科季子《漢儒の外交構想——"夷狄不臣"論を中心に》,夫马进编《中国東アジア外交交流史の研究》,京都大学学術出版会,2007年。
② 关于"中夏""中华"这些用"中国"与"华""夏"等字眼组成的复合词的出现时期,见于省吾(1981年)、王树民(1985年)、陈连开(1989年)。"中夏"一词很有可能在东汉时已经流行开了。至于"中华",在《三国志·蜀书·诸葛亮传》裴松之注、同书《谯周传》注引孙盛《晋阳秋》《晋书·天文志·中宫》里皆可见。王树民据此推测,东晋的天文学领域始用"中华"一词,后来渐次发展成指代"中国"地区的名词。陈连开(1989年)继承了王树民的观点,认为魏晋时期的"中华"一词可能最初指的是"衣冠华族"即贵族,后来才扩大至全体人民。

实际上有着多个基础，有时候还会与"夷狄"发生重合。例如汉代的"中国"境内就有不少非汉族居住。西汉时期，黄土高原的长城附近就居住着"保塞蛮夷"（《史记·匈奴列传》），长江流域以南的山地里也生活着很多统称为"蛮夷"的人群。在郡国境内，除"汉族"（华）之外，常有少部分"夷"人杂居其中。东汉之后，"内属"的北方民族进一步搬迁到"中国"，长城以南的山西地区住着匈奴，关中平原住着羌族的情况变得常见。西晋时期，关中人口甚至有一半都已经是"戎狄"了（《晋书·江统传》）。这意味着地区意义上的"中华"内部出现了"华人"（汉族）和"戎狄"（胡人）混居的事实。地区意义上的"中华"认识与族裔（ethnic）语境下的"中华"认识之间往往会产生分歧。

　　作为王朝统治疆域的"中华"和地区认识上的"中华"含义也时有矛盾。在汉武帝对外征伐后，汉帝国的郡国领域扩大至今鄂尔多斯、河西走廊、广东、朝鲜半岛、贵州等地。《史记·主父偃列传》载汉帝国在鄂尔多斯置朔方郡是"广中国，灭胡之本"，即认为征服行动有着扩张"中华"的一面。但另一方面，朝内群臣也不断进谏，认为一些会拖累"中国"的土地不要也罢，①这表明即使在开疆拓土的过程中，汉帝国统治阶级的主流依然是将"中华"限定于中原地区之间。事实上，即使到了三国时期，也只有魏国疆域的部分能称"中夏"或"中国"。② "中华"认识的范围尽管随着汉族的南进扩大至长江以南，但是王朝疆域不一定与"中华"认识完全重合。

---

① 如《史记》的《韩长孺列传》中韩安国反对征伐匈奴的言论、《严助传》中田蚡对东瓯和闽越的纷争发表的意见及淮南王刘安对闽越和南越的纷争所说的话，都强调了"中国"与"夷狄"在环境、文化上的差异，认为征服、统治"夷狄"只会拖垮"中国"，故不可。

② 王树民（1985 年）、陈连开（1989 年）、胡阿祥（2000 年）第五章均举出过魏晋时期的"中国"不指中国本土整体，而专指中原地区的事例。

再到南北朝时期,落难江南的汉人王朝——南朝,与占领中原的胡人政权——北朝之间开始争夺对"中华"的解释权。例如北魏斥刘宋、南齐是"岛夷",刘宋、南齐反过来蔑称北魏是"索虏"。北魏自认为是"中华"的统治者,不满江南王朝僭称"中华"①,但南朝的士大夫们发展出了一套贬中原地区是"夷狄"之地,江南地区才是"中华"的独特的华夷意识。② 北朝和南朝都继承了以往的"中华"观念,但是在国家对立和北方民族统治汉族的现实背景下,华夷意识呈现了多极化的解释。

不仅如此,在唐代之后,常常出现统治"中华"的王朝版图要远远超过"中华"地区,甚至形成一个囊括北亚的多民族帝国的现象。唐太宗将北方游牧民族纳入羁縻州体制,一时间君临"天下"——包括"中国"(州县地区)和"四夷"的广袤疆土。③ 后来的元和清王朝,是北方部落进入"中国"之后顺势统而治之的复合帝国,版图远超汉人地区范围。尤其是清朝,其领土不仅包括明朝的旧疆域(中国内地),还有其老本营东北地区、理藩院管辖的喀

① 《魏书·李志传》:"唯我皇魏之奄有中华也,岁越百龄,年几十纪。"《韩显宗传》:"自南伪相承,窃有淮北,欲擅中华之称,且以招诱边民,故侨置中州郡县。"北魏的"中华"统治者的自我意识,参考王树民(1985 年)、川本芳昭《中国の歴史 5:中華の崩壊と拡大——魏晋南北朝》,講談社,2005 年。
② 南朝士大夫的华夷意识,见川合安《沈約〈宋書〉の華夷意識》,《東北大学東洋史論集》第 6 辑,1995 年。
③ 公元 630 年,唐太宗打败东突厥,归顺的游牧民族尊其为"天可汗"(《旧唐书·太宗纪下》贞观四年),唐太宗亦对归顺的游牧诸部族长封官加爵,将之纳入"羁縻州"的统治下。唐帝国的疆域在唐高宗时最广,除"中国"内地的三百余个州府之外,还有安西、安北、单于、北亭、安东、安南六都护府辖下的八百五十余个羁縻州(《新唐书·地理志》)。关于羁縻州,见堀敏一(1993 年)第八章、石见清裕《唐の内附異民族対象規定》,《堀敏一先生古稀記念論集:中国古代の国家と民衆》,汲古書院,1995 年,后收入《唐の北方問題と国際秩序》,汲古書院,1998 年。另外,李大龙《汉唐藩属体制研究》(中国社会科学出版社,2006 年)下编第一章中简单梳理了唐帝国疆域内"中国(九州)"与"四夷"的区别。

尔喀蒙古、青海、西藏、新疆地区（藩部），是一个多民族帝国。[①]
清帝国固然是继承了历代"中国"王朝的"最后的中华帝国"，但其
本质还是以八旗制为核心、联合蒙古贵族的国家，无论是帝国结
构层面，还是皇帝＝可汗性质层面，都是无法完全纳入"中华"体
制之内的复合结构。[②]

　　综上所述，古代的"中华"观念是前近代王朝国家的汉语知识
分子一直秉持的世界观。但这个认识架构是一个复合架构，至少
有着（1）王朝国家的统治疆域、（2）以中原地区为核心的特定疆
域、（3）占人口大部分的汉族和汉文化、（4）统治汉族的王朝本身
四层含义，这还不包括域内的非汉族人口、汉族自身的可变性、王
朝疆域伸缩或分裂、非汉族统治"中华"的可能性等种种不稳定因
素。[③] 因此，历史上被反复提及的"中华"并不一定是以域内共享
同一归属意识或本质上的一体性为前提的。"中华"其实是多重

[①] 清朝版图的扩张见松丸道雄、池田温、斯波义信、神田信夫、滨下武志编《中国史 4：
明清》（山川出版社，1999 年）与石桥崇雄《大清帝国》（講談社選書メチェ，2000
年）。妹尾达彦在《長安の都市計画》（講談社選書メチェ，2001 年）中，以"内中国
（Inner China）・外中国（Outer China）"或"中国本土（China Proper）・中国外部
（Outside of China Proper）"的概念来区分明清两朝的版图规模。岸本美绪、浜口允
子《東アジアの中の中国史》（放送大学教育振興会，2003 年）第六章以"大中国"
"小中国"的概念来解释唐之后的历代王朝版图。最近，平野聪在讨论清帝国时以
雍正帝的言论为例，指出"中国"是个多义词，有时候指汉族地区——中国（中国本
土），有时候指囊括北亚的"中国的疆土"（清帝国版图）。见平野聪《清帝国とチ
ベット問題：多民族統合の成立と瓦解》第一、二章，名古屋大学出版会，2004 年。
[②] 关于清帝国内部结构，见冈洋树《東北アジア地域史と清朝の帝国統治》（《歴史評
論》第 642 号，2003 年）、《大清帝国のマンチュリア統治と帝国統治の構造》（左近
幸村编《近代東北アジアの誕生：跨境史への試み》，北海道大学出版会，2008 年）。
冈洋树指出清朝皇帝的复合性质，既是联合满族八旗和蒙古的可汗，也是西藏佛教
界的守护者，更是统治中国的"中华"皇帝。
[③] 关于前近代的华夷思想，佐藤慎一认为有两种，一是以汉族、汉文化为基础的"实体
概念"上的华夷观，一是从文明论角度抽象的"功能概念"上的华夷观，清王朝的华
夷观就是拿到台面上的后者。见佐藤慎一《近代中国の知識人と文明》第一章及注
10，東京大学出版会，1996 年.

观念不断层累的结果。

第三节　华夷思想的逻辑与位相

1. 华夷思想的逻辑

前近代的历代"中华"王朝均以华夷思想作为统治域内少数群体的方针及制定与周边各国外交政策时的指导原则。汉语文献中所反映的华夷思想体系,主要是围绕着"中华"和"夷狄"的统治关系展开,其前提是"中华"相对于"夷狄"的优越和两者间文明层面上的落差。华夷思想下的夷狄不但是要排挤的对象,还是要统治、教化的对象。从这个角度来看,华夷思想又是一个跨界秩序的解释原理。① 按吉本道雅最近的研究②,华夷思想的逻辑大致可划分为"同化""羁縻""弃绝""转化"四大类。

同化,即在"中华"与"夷狄"之间文化差异、存在优劣的前提下,前者教化后者,进而融合后者的思维。相对地,羁縻则是保留"夷狄"本身的特性,但将之束缚在"中华"统治下的思维。弃绝逻辑抛弃了前两者的可能性,认为"夷狄"就是化外之人,要么置之

---

① 作为中国王朝制定外交政策时指导原则的华夷思想,夫马进将之分类成"王者无外"和"王者不治夷狄"两类。所谓"王者无外",就是不分"中国"还是"夷狄",将两者合为"天下"加以治理的理想化观念,这种观念一方面有着想实现民族和谐的大一统世界的乌托邦式特征,另一方面又有着向周边国家强加中国式价值观的自我中心意识形态特征。至于"王者不治夷狄"则视夷狄为禽兽,强调内外之别,这种观念一方面有着另一种乌托邦式特征,即不理会他者,只保护好中国的文化,另一方面又有着对无法改变现实的弱国灭之即弃,以维持天朝上国尊严的意识形态特征。两者均不认为周边国家能够和"中华"开展平等外交,历代王朝的君臣巧妙地利用这两种逻辑决定现实外交政策。详见夫马进编(2007 年,前言)。

② 参见吉本道雅《中国古代における華夷思想の成立》,夫马进编(2007 年)。吉本先生在论述先秦时期华夷思想的形成时,将之集约到"同化""羁縻""弃绝"三个逻辑中。

不理,要么驱逐远离,王朝的统治对象限定在"中华"内部就够了。用简图来表示的话,"弃绝"逻辑就是在"中华"和"夷狄"之间画一条明确的分界线;"羁縻"逻辑是一个跨越边界的"中心—周边"放射状线;至于"同化"逻辑则是两者边界都逐渐向外部扩张,内部差异逐渐模糊的情景。

最后的"转化"和上述三者的维度稍稍不同。"转化"逻辑强调相互转化,不仅接受"中华"同化"夷狄",还接受"中华"沦落为"夷狄",或"夷狄"反过来统治"中华"的现实。《公羊传》和《谷梁传》便是强调这种相互转化性的文献,一方面接受"夷狄"因德行和心性的提高而进化,另一方面也提到"中华"要是肆意妄为也有可能沦落为"夷狄"。① 至于"夷狄"反过来统治"中华",可见于《孟子·离娄下》,其载舜系"东夷之人",周文王是"西夷之人"。《孟子》的这段论述在前近代常常被提起,用来论证非汉族统治者入主"中华"的正当性。②

自然地,对于华夷之间的区别,不同的逻辑有不同的理论基础。按照吉本道雅的论述,"弃绝"论和"羁縻"论强调血统渊源和自然环境差异等难以人力改变的先天本质——"性"。尤其是"弃绝"论,更将"夷狄"比喻为无法驯服的禽兽。相对地,"同化"论和"转化"论则强调礼乐、语言等后天可学习的属性——"习"和抽象人格能力——"德"等。

---

① 《公羊传》《谷梁传》的华夷思想特征,见日原利国《特異な夷狄論》(《春秋公羊伝の研究》,創文社,1976 年)、野間文史《公羊伝の思想》和《穀梁伝の思想》两篇(《春秋学:公羊伝と穀梁伝》,研文出版,2001 年)。

② 如《晋书·刘元海载记》载刘渊之言:"夫帝王岂有常哉,大禹出于西戎,文王生于东夷,顾惟德所授耳。"唐人韩愈《原道》也有关于华夷相互转化的论述:"孔子作《春秋》也,诸侯用夷礼则夷之,夷而进于中国则中国之。"清雍正帝《大义觉迷录》在论述"本朝"统治"中国"的正当性时也引用了孟子和韩愈之言,认为比起民族上的"华夷之别",更重要的是能否实现君臣关系的大义、能否为社会带来安稳、有无"德"和"天命"。

　　说起来,这些分辨"华""夷"的标准,本身就是多重含义的。举个例子,"非我族类,其心必异"(《左传·成公四年》)、"非王之支子母弟甥舅也,则皆蛮、荆、戎、狄之人也"(《国语·郑语》)这些强调"华""夷"的本质区别的思想,其理论基础是血统渊源。可是一旦放到"蛮夷的华夏起源"①——"夷"是"华"的后裔语境下,祖先传说这种血统渊源又变成了跨越区别维系两者的绳索了。

　　综上所述,华夷思想是一种有着多个理论基础的解释原理,会随着现实的需求不断构建新的逻辑。所以,与其说华夷思想是基于单一标准划分差异的逻辑,倒不如说它是将作为前提的"夷狄"和"中华"两者之间存在的无数差异体系化,进而试图解释两者关系的逻辑。

2. "天下"模式

　　前近代的汉语群体以"天下"一词来指代"世界",只不过这里的"世界"是有范围的,指的仅仅是说话人所关心的话题所及的世界。② 从而在多数情况下,"天下"所指的是"中华"王朝实质统治

---

① 市濑智纪《蛮夷の华夏起源伝承の研究:中国古代楚族起源論争を中心に》(《史学》第63卷第3号,1994年)以古代的"蛮夷的华夏起源传说"为例,指出蛮夷王权有着从"中华"世界里寻找自身正统性的特征。濑川昌久分析了华南地区的客家、少数民族广泛流传的祖先迁移传说,推测周边地区的祖先传说的基本模式(pattern)是千方百计与"中华"世界攀关系,从而主张自身正统性。见濑川昌久《族譜:華南漢族の宗族、風水、移住》第六、七章,風響社,1996年。
② "天下"观念的形成,见山田统《天下という観念と国家の形成》(増田四郎等著《共同研究古代国家》,启示社,1949年;后收入《山田統著作集1》,明治書院,1981年)、安部健夫《中国人の天下観念:政治思想史的試論》(《ハーバード、燕京、同志社東方文化講座》第6辑,1956年;后收入《清代史の研究》,創文社,1971年)、山田胜芳(2001年,第一章)、渡边信一郎《中国古代の王権と天下秩序:日中比較史の視点から》(校倉書房,2003年)。

的疆域①，当提到王朝的外交关系时，"天下"才包括周边国家。②

"天下"观诞生于战国至秦汉时期，大致可分为"九州"说和"五服"说两种不同的模式。"九州"说认为长江黄河流域有九个"州"，合起来组成一个完整的地域。代表性文献是《尚书·禹贡》，里面列出了冀州、兖州、青州、徐州、扬州、荆州、豫州、梁州、雍州九个"州"，这九个州是文化英雄大禹治山川所划定的，也是定田租、赋役的地区。除《禹贡》之外，还有好几份古典文献记载了不同的"九州"划分。③

"九州"的具体规模（scale）初见于《孟子》，"方三千里"这个数据应该是战国中期对九州规模的最早认识。"方三千里"与上述冀州等九个州合计的范围大致一样，相当于今天的华北、华中地区。这个数据在战国后期至秦汉逐渐扩大，和"五服"说结合之后还出现了"方五千里""方七千里"等解释。④

"九州"还和"中国"区域观念相结合。战国时期的思想家邹

---

① 渡边信一郎（2003年）将前人关于"天下"的研究成果归纳为两大观点："天下"仅指"中国（九州）"；"天下"包括"中国"和"夷狄"。在此基础上，他提出战国、秦汉、隋唐时期的"天下"指的是王朝"实质统治疆域"的概念，随着疆域的扩大缩小，"天下"的结构也会相应改变。

② 夫马进（2007年）前言中提到，宋代之后的对外谈判相关言论中，"天下"还包括了王朝周边的"夷狄"国家。

③ 记载"九州"的文献除《禹贡》之外，还有《吕氏春秋·有始览》《周礼·职方氏》《尔雅·释地》等。《孟子·梁惠王上》和《礼记·王制》对"九州"的记载更为抽象，认为"九州"就是九个四四方方的格子状地区组成的，其面积"方千里"。宫崎市定《古代中国赋税制度》（1933年；后收入《宫崎市定全集3》，岩波书店，1991年）对比了《禹贡》和《吕氏春秋》的记载，指出有着"幽州"的后者划分更为古老，反而是有着"梁州"的前者划分是秦代才出现的。上博楚简《容成氏》中又记载了别的"九州"，很有可能战国时期同时存在多种"九州"说，《禹贡》和《吕氏春秋》只不过是其中一种解释罢了。

④ 明确说九州方三千里的是《孟子·梁惠王上》和《礼记·王制》。《禹贡》并没有写明九州的规模，只说了五服"方五千里"。《周礼》说九州"方七千里"（《大行人》），说九服"方万里"（《职方氏》）。山田胜芳（2001年）认为"方三千里"是对九州的原始认识，渡边信一郎（2003年）认为"九州＝方三千里"是战国中期至汉初的"天下"观念，"九州＝五服＝方五千里"是汉代今文《尚书》学者的解释，"九州＝方七千里"是古文《尚书》学者的解释。

衍将"儒者所谓中国者"理解为"禹之序九州",主张九州只不过是整个世界(大九州)的一部分(《史记·孟子荀卿列传》)。这表明,当时的儒家普遍认为"九州"和"中国"是同义词。另外,《吕氏春秋·慎势》视共同的语言圈、交通圈为"方三千里"的"冠带之国"。秦汉之后,"九州"的范围进一步扩大,人们屡屡将王朝的郡县(州郡)区域称为"九州"。可见,"九州"的范围不是一成不变的,除长江、黄河流域之外,有时还会包括华南地区,是个可变的架构。[①]

简而言之,"九州"的范围虽然每个时代不一样,但总体而言,"九州"说是一个完整的棋盘网状世界观,它以长江黄河流域为对象,当中又以黄河流域的中原地区为核心。"九州"说认为九州外部是"夷"的领域(四夷、番国),但又承认九州内部也星罗棋布般地居住着"夷狄"。例如《禹贡》便记载了"岛夷""嵎夷""莱夷""淮夷""鸟夷""和夷""三苗""西戎"等九州内部的夷狄,并划定了其贡赋内容。古典文献的记载区分了九州内部和外部的"夷狄",为王朝统治"内部夷狄"提供了理论依据。

与之相对,"五服"说是一个从中心向周边扩展的同心四方形的"天下"模型,从王都到周边地区,每隔一定距离设一个区划,离王都越远的地方,对王权的从属程度越低。如果说"九州"说是棋盘网状的模型,那"五服"说就是金字塔状的模型。[②] 五服与其说是具体的区域观念,倒不如说是按距离的远近抽象化之后的王权秩序

---

① 王夫之《宋论》卷六载章惇关于如何统治蛮民的议论,其云北至"沙漠",西及"河洮",南达"日南",东到"辽海"的整片地区都是"九州之内",而九州之内和九州之外的天气、地理、人员、物产均不同,因此九州之外的"夷"不属于统治对象,但又说九州之内的"夷"原本是"非夷",应该以"中华"的统治、文教服之。武内房司从文明论角度论述明清时期土司制度时引用过这段史料,见武内房司《中華文明と"少数民族"》,《新版岩波講座世界歷史 28:普遍と多元——現代文化へむけて》,岩波書店,2000 年。
② 山田胜芳(2001 年,第 25～29 页)。

构图。"九州"说和"五服"说在后世常常融合,例如并存于《禹贡》等文献中,可是既然两者的基本结构不同,其来源应该也不同才对。

"五服"的详情和规模见于《禹贡》《国语》《荀子》《周礼》等古典文献中,各有不同说法,《禹贡》的"五服"是一个同心四方形疆域,以王都为起点,每五百里为一服,由内而外分别为"甸服""侯服""绥服""要服"和"荒服"。"五服"说的特征是将边境的"服"归入"夷狄"的领域,但同时以某种形式使之服从于王权。《禹贡》中,距离王都两千里内的"要服"和距离两千五百里的"荒服"分别置"夷"和"蛮";《周礼·职方氏》中载三千五百里内是"蛮服",四千里内是"夷服",四千五百里内是"镇服",五千里内是"藩服"。这种将"夷狄"限制在周边区域的配置,和将"夷狄"配置在各州内部的"九州"说明显有着质的差别。于是,包括了"夷狄"的"天下"范围,《禹贡》谓"方五千里",《周礼·职方氏》谓"方万里",每一个都比"九州"涵盖的空间要广阔。[①]

综上,古典式"天下"观念有两种,一是以某个特定的完整地区为对象的格子网状"九州"说,二是将外部的"夷狄"也包括在内的金字塔式秩序体系"五服"说。顺带一提,和"天下"观念相关的还有"四夷"观念,即在"中国"的周边配置"东夷、西戎、南蛮、北狄"。早在《左传》《国语》《孟子》《荀子》等文献中已经有了把"中国"与"四夷"或"蛮夷戎狄"做对比的初步思考;《墨子·节葬下》列举了北"八狄"、西"七戎"、东"九夷";到了《管子·小匡》和《礼记》的《曲礼下》《王制》两章中,开始有了"东夷、西戎、南蛮、北狄"的说法;再到《周礼·职方氏》更是有了变种的"四夷、八蛮、七闽、九貉、五戎、六狄"的说法。这

---

① 关于"五服"的规模,见山田胜芳(2001 年)、渡边信一郎(2003 年)。又,吉本道雅(2007 年)指出,战国时期各国消灭了中原地区内的夷狄后,将"夷狄"限定在周边地区,作为与"中华"明确区分的概念的"五服"说应运而生。

一系列说法应该都是从战国到秦汉逐渐形成整理的世界观。①

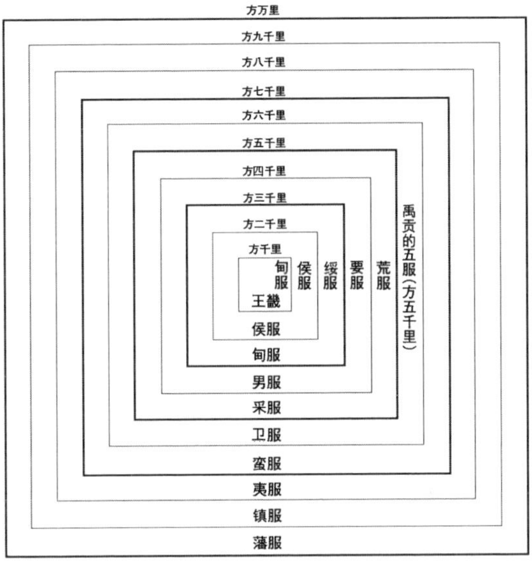

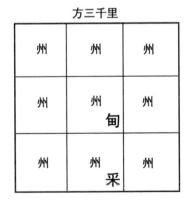

图 1　"五服"模型

方三千里

州	州	州
州	州 甸	州
州	州 采	州

流

图 2　"九州"模型

---

① 关于"四夷"说,见童书业《夷蛮戎狄与东西南北》(《禹贡半月刊》第 7 卷第 10 期,1937 年;后收入《童书业历史地理论集》)、吉本道雅《中国戦国時代における"四夷"観念の成立》(《東アジアにおける国際秩序と交流の歴史的研究ニューズレター》NO. 4,京都大学,2006 年)。

第四节　黄河流域的环境与文化

1. 黄河流域的环境

从上可知,汉语文献中的"中国""天下"观念及华夷思想的基本结构在战国至秦汉时期已形成,并成了日后人们的区域认识体系。这种文明观和世界观无疑是以黄河流域为中心发展起来的。本书的课题是从春秋战国时期的各国关系展开过程中追踪"中华"观念和华夷思想的形成经过,那么这个时期的舞台——黄河流域的情况是怎样的呢?

东亚的自然环境有南北两条分界线,一条是秦岭—淮河线,另一条是起自黄土高原南端,经山西、河北至辽东的"农牧分界线"。秦岭—淮河线大致上与 1000 毫米降雨量分界线重合,秦岭—淮河线的南方在季风影响下形成了温暖湿润的气候,按照现代中国的植被划分[①],华中地区属于"亚热带常绿阔叶林区",华南地区属于"热带季雨林、雨林区"。一方面,淮河以北是个过渡区域,属于"暖温带落叶阔叶林区",越往北越寒冷干燥。秦岭—淮河线的西半部是关中平原,东半部的黄河中下流域在洛阳附近形成了扇状的华北平原。

另一方面,沿关中平原和华北平原的北部、吕梁山脉、燕山山

---

① 中国的气候划分、植被分布众说纷纭,本书从《中国植被》(科学出版社,1980 年)第三篇《植被区划》之说。转引自佐佐木高明《日本文化の基層を探る:ナラ林文化と照葉樹林文化》,日本放送協会出版会,1993 年。

脉、长白山、小兴安岭划分的界线是"农牧分界线"。① 农牧分界线北边属于"温带草原区",与更北边的戈壁沙漠及东北边的针叶林区接壤。农牧分界线以北的北纬三四十度地区大部分是斜向的带状高原区,刚好和历史上的万里长城沿线大致重合,故又称为"长城地带"。②

长城地带自古以来便是优质的畜牧区,时有汉族农民搬迁到此,近代之后随着过度开垦、灌溉和放牧,土地荒漠化日益严重。历史上的长城地带还是华北平原的"中华"王朝与北方草原骑马民族必争之地,推测古时的长城地带应是郁郁葱葱的森林。③ 换言之,长城地带并非单纯的游牧地区,更多地是以游牧势力为主,与农耕势力共存的边界地带。事实上,秦汉时期长城的位置要比农牧边界线更北,居住在长城南边的畜牧民族归属秦汉王朝管理(《史记·货殖列传》)。

在欧亚大陆东部的历史过程中,位于两条分界线之间,关中平原、华北平原,以及其北边邻接的长城地带,三者共同构成了一

---

① 农牧边界线的划分,古从《史记·货殖列传》之说,即龙门(今陕西省韩城市东北龙门山)—碣石(今河北省昌黎县北碣石山)线以北为畜牧经济区。史念海《历史时期黄河中游的森林》(《河山集 2》,三联书店,1981 年)和《论两周时期农牧业地区的分界线》(《中国历史地理论丛》1987 年第 1 辑;后收入《河山集 6》,陕西人民出版社,1997 年)两篇文章将该分界线复原为"龙门山—吕梁山脉东麓—山西省阳曲县北、盂县南—太行山脉—北京"线。林尾达彦(2001 年)从欧亚非大陆整体的宏观角度论述了农牧分界线的历史意义。
② 江上波夫、水野清一合著《内蒙古·长城地带》(東亜考古学会,1935 年,后于 1971 年由新時代社再版)第 55~57 页认为长城地带是沙漠草原区和中原农耕区之间的"分界地带"和"文化过渡地带"。又,童恩正《试论我国从东北至西南的边地半月形文化传播带》(《文物与考古论集》,文物出版社,1987 年;后收入《中国西南民族考古论文集》,文物出版社,1990 年)指中原地区被从长城地带至云贵高原的"半月形"文化带包围着。
③ 见史念海(1981 年)。史念海推测先秦、秦汉时期的黄土高原、阴山山脉广泛分布着森林。

大片南北势力交糅的过渡性空间。① 秦汉帝国与匈奴的斗争最初围绕着长城地带的支配权争夺而展开,长城线也成了郡县领域的最北界线。南北朝时期和宋辽金时期,北方民族政权越过了长城地带,占领了南边的华北平原,与江南王朝隔着淮河相互对峙。关中平原和华北平原是"中华"王朝的基础——"中原"地区,同时也是骑马游牧民族国家疆域的南部边境。

这反映关中平原和华北平原地区拥有的"边界性"。在讨论欧亚大陆历史时,人们常常会将北亚的游牧世界和东亚的中华世界划分开来,但事实上"中华"地区的自然环境并不均质,黄河流域刚好位于北边的农牧分界区和南边的水稻农耕区之间,是一个广袤的过渡性空间。

问题是长城地带的"农牧分界线"是什么时候形成的呢? 最近的研究指出,农牧分界线是伴随着末次冰期结束后的环境变化和人类社会的适应逐渐形成的,汉语史料中的"中华"观念和华夷思想的形成时期与该区域划分的形成时期重合。因此,在开始个别讨论之前,我们有必要先谈谈作为背景的生态环境变化和考古学文化的发展。

---

① 妹尾达彦(2001 年,第 24~34 页)指出,类似长城地带那样的半农半牧农牧分界地带横跨东西广泛分布,并从环境史的角度讨论了筑于农牧边境的都城。即,欧亚非大陆上大致存在着三种文化圈,分别是(i)分布于北纬 30 度左右的大河流域的农耕地区、(ii)分布于北纬 40~50 度草原地区的游牧地区、(iii)与北纬 30~40 度农牧分界线邻接的农耕地区。当中,(ii)和(iii)之间存在横跨数十至数百公里的大片农牧分界区,而紧邻农牧边界的农耕地带就是(iii)。(iii)是希腊罗马文化、波斯文化及汉文化等古典文明和古代帝国诞生的地方,因为这片地区是连接农耕区和游牧区的边境地区,充当了两者贸易、交流的中介和调停角色,为了管理并保护积蓄的信息和财富,出现了很多修筑了城墙的城市,而帝国统合了这些城市之后,进一步修筑了用作划分与游牧民族边界的防御墙(长城)。

2. 新石器时代各文化与中原王朝的诞生

末次冰期结束后，地球环境断断续续地变暖，在公元前6000～前3000年前后迎来了全新世大暖期（hypsithermal）。[①]在温暖的环境下，黄河流域出现了仰韶文化、大汶口文化，长江流域出现了大溪文化、河姆渡文化等以定居农耕为基础的新石器文化。[②] 公元前3000年代之后，气候再度逐渐变冷，社会阶级的分化加速。公元前4000年代后半期，长江下游的良渚文化盛极一时；前3000年前后，中游先后出现了屈家岭文化和石家河文化。与之相对，前2500年前后黄河流域出现了山东龙山文化、河南龙山文化。

长江流域的水稻农耕社会高度繁荣，早在屈家岭文化和良渚文化时期便已发展出城墙围绕的大型部落。尤其是良渚文化，大型祭坛和大量玉器陪葬的墓葬出土，表明当时已经有了宗教领袖权。至于龙山文化时期的黄河流域，以山西省襄汾陶寺遗址为代表的大型城墙部落大量出现，这表明当时不仅部落之间的冲突愈发激化，也出现了统率多个部落的区域性权力。

[①] 中国大陆的气候变动研究，由竺可桢《中国近五千年来气候变迁的初步研究》（《考古学报》1972年第1期；后收入《竺可桢全集4》，上海科技教育出版社，2004年）首开先河，文中推测公元前3000年前后的仰韶文化时期，黄河、长江流域的正月平均气温要比现在高3～5摄氏度，年平均气温要比现在高2摄氏度。至于全新世大暖期的世界气候，见铃木秀夫《気候変化と人間：1万年の歴史》第一章，原書房，2004年。

[②] 下文关于新石器时代至早期王朝诞生的考古学文化，主要参考小泽正人、谷丰信、西江清高《中国の考古学》（同成社，1999年）、冈村秀典《農耕社会と文明の形成》（《新版岩波講座世界歴史3：中華の形成と東方世界》，岩波書店，1998年）及《中国文明：農業と礼制の考古学》（京都大学学術出版会，2008年）、宫本一夫《中原と辺境の形成》（常木晃編《食糧生産社会の考古学》，朝倉書店，1999年；后收入宫本一夫《中国古代北疆史の考古学的研究》，中国書店，2000年）及《中国の歴史01：神話から歴史へ——神話時代、夏王朝》（講談社，2005年）。

随着长江、黄河流域各地的文化区域不断问世,学界开始反省以往认为中国文明起源于黄河的"黄河文明论",提出了中国各地均是文明起源的"多元论"①或长江流域也存在文明的"长江文明论"。其实,基于文献史料的神话学研究早就注意到中华文明的横向多样性了②,只不过随着考古学证据的增加,中国文明起源在时间和空间上的多元性才逐渐为我们所知而已。

在公元前 3000 年向前 2000 年前后过渡的过程中,龙山文化时期的区域文化共存状况发生了大变化。长江流域的良渚文化、石家河文化相继衰退,反而中原地区的河南龙山文化为二里头文化所继承。二里头文化大约形成于公元前 2000 年代初,出土的文物包括爵、鼎等青铜礼器,璋、刀等玉器,还有镶嵌着绿松石的牌饰。不仅如此,二里头遗迹还发现了边长约 300 米的四方形宫城,城内有多座宫殿遗迹。据冈村秀典的研究,宫殿区的发现证明了当时已经出现了统率多名臣下,制定了宫廷礼仪的王权。③

① 苏秉琦认为新石器时代的中国存在"陕豫晋邻接地区""山西及邻省一部分地区""湖北和邻近地区""长江下游地区""以鄱阳湖—珠江三角洲为中轴的南方地区""以长城地带为重心的北方地区"六大文化区体系类型。见《关于考古学文化的区系类型问题》,《文物》1981 年第 5 期,后收入《苏秉琦考古学论述选集》,文物出版社,1984 年;《中国文明起源新探》,商务印书馆,1997 年。又,严文明认为旧石器时代~新石器时代的中国大陆存在三种体系的文化区,分别是长江流域、珠江流域、云贵高原的稻作农业区,黄土高原、华北平原、山东地区、东北平原的旱作农业区,东北北部、蒙古高原、青藏高原的狩猎采集畜牧区,又提出"重瓣花朵"说,认为"中原文化区""甘肃文化区""山东文化区""燕辽文化区""长江中游地区"和"长江中下游地区"的新石器文化区如花瓣一般层层叠叠地形成。
② 从神话学角度论述中国文明多元性的有傅斯年《夷夏东西说》(《庆祝蔡元培先生六十五岁论文集》,中央研究院历史语言研究所集刊外编第一种,1933 年)、徐旭生《我国古代部族三集团考》(《中国古史的传说时代》,科学出版社,1960 年)、白川静《中国の神話》(中央公論社,1975 年)等。傅斯年从东西两大族群的相克角度论述,徐旭生指中国古代存在"华夏集团""东夷集团"和"苗蛮集团",白川静则认为中国古代存在"北狄(夏)""东夷(商)""西戎(周)"和"南蛮(楚)"四个体系。
③ 冈村秀典《夏王朝:王権誕生の考古学》第四章(講談社,2003 年,2007 年增补版)、冈村秀典(2008 年)第 83~102 页。

二里头文化被认为是汉语文献史料上所说的传说中的"夏王朝"。和文献的"夏王朝"同时期的前 2000 年代中原王朝,在黄河中游各处都设立了据点,是周边地区的文化乃至政治上的标杆。换言之,人们认为二里头文化的王权统治范围仅限于河南省内部,但实际上二里头体系的陶器和玉器在全中国都有发现,这表明二里头王权已经缓慢地与周边地区结合了。[1]

相当于殷商前期的二里岗文化时期,青铜器和地方城市在华北、华中各地的分布明显扩大。浅原达郎将二里岗文化时期的中原文化扩散命名为"二里岗冲击(impact)",认为日后"中国"地区的雏形正是诞生于这段时期。[2] 二里岗文化的广泛分布,意味着殷商时期的人们跟随着城市建设的脚步搬迁到各地,慢慢向周边地区扩散,殷商式样的青铜器文化也逐渐传播到各地。

到了西周,中原王朝继续向周边移居、殖民,青铜器文化进一步扩散。[3] 推翻了殷商的周王朝将山东地区、淮河流域、长江以北的江汉平原、今北京地区等重地封给诸侯。受封的诸侯大多是王族或高级氏族的旁系,拥有自己的祭祀权(祀)和军事权(戎),他们带着周人的武士集团殖民封地。西周时期的封建秩序随着周室的衰微而渐趋松弛,诸侯国中出现了与周室断绝联系,与当地同化,甚至为他国所灭的国家。但尽管如此,以汉字、青铜器、城墙都市为代表的中原文明因素依然是公元前 2000 年代之后中原王朝秩序的媒介,其在长江、黄河流域各地扩散、扎根的趋势

---

① 冈村秀典(2007 年)第六章、冈村秀典(2008 年)第 103～118 页。

② 浅原达郎《蜀兵探原:二里冈インパクトと周、蜀、楚》,《古史春秋》第 2 号,朋友书店,1985 年。

③ 小南一郎在浅原的基础上提出,西周时期封建诸侯与商代的"武士集团"移居有着相同性质。小南一郎《周の建国と封建》,角田文卫、上田正昭监修,初期王权研究委员会编《古代王権の誕生 I:東アジア編》,角川書店,2002 年。

未变。

3. 中原地区与周边地区的明确划分及农牧边界的诞生

东周（春秋战国）时期，中原体系的青铜器文化和周边地区的青铜器文化之间有了分化迹象。以青铜剑为例，中原式青铜剑的出土地区在春秋时期之后的分布呈以中原地区为中心向外扩散状，而鄂尔多斯式和巴蜀式等周边地区青铜短剑的出土地点呈围绕中原地区状分布。[①]

冈村秀典的研究显示，这个时代的动物消费类型也呈鲜明的区域特征。[②] 在公元前 3000 年代，长江、黄河流域广泛分布肉猪养殖和猎鹿之类的食肉消费类型（pattern），但是公元前 2000 年代之后，分化成了猪肉消费为主的华北平原、羊肉消费为主的黄土高原和鹿肉消费为主的长江流域三种区域类型。到了公元前 1000 年代，中原地区出现了以青铜礼器盛放牛、猪、羊、狗、鸡等烹调好的牲畜作为供品的祭祀礼仪。与之相对，长城地带的墓地发现了绵羊、山羊、马、牛、狗等牲畜的头骨和四肢骨随葬，有趣的是随葬的只有头骨和四肢骨，这表明当时的人们是将牲畜斩开之后才下葬的，这种情况在春秋时期中期至战国时期这段时期里爆发式增多。长城地带的这种动物殉葬风俗，反映了当地以畜牧经济为主，也意味着春秋时期之后，中原地区的"华夏"和长城地带的"夷狄"之间无论是文化还是生计类型都逐渐分化并确立下来。

---

① 西江清高整理了东周时期中原式青铜剑的分布，指出其范围构成了"中国"的文化领域。西江清高《"中国"の文化領域の原型と"地域"文化》，末城道雄编《中国研究の視角特集》，アカデミ出版会，1990 年。
② 冈村秀典《墓の動物供犠》，《東方学報（京都）》第 74 号，2002 年，后收入《中国古代王権と祭祀》，学生社，2005 年。

　　这种现象和长城地带的"北方系文化带"的成立如出一辙。①
起源于商周时期的北方系青铜器文化当初在华北平原和关东平
原也有出土,可是到了春秋时期中期,北方系青铜器文化形成了
三个区域中心——甘宁地区(杨郎类型)、内蒙古东南部(毛庆沟
类型)、河北北部(玉皇庙类型),呈包围华北平原状分布。当然,
长城地带的墓地里还是有一些中原式青铜礼器出土的,但是这并
不能推翻春秋时期之后中原地区和长城地带的区域差异日益明
显的结论。

　　如前所述,战国时期之后的汉语文献里出现了"方三千里"的
共同文化圈认识和将北方的"胡""戎"看成是骑马游牧民同义词
的认识。这一现象的出现或许正是因为区域分界的日渐明显。
这反映了在新石器时代区域文化的基础上扩张而成的中原文化,
在春秋战国时期之前演变成了一个整体性的文化圈。

　　简而言之,华北地区青铜器、动物骨头的出土表明春秋至战
国这段时期中原系和北方系区域文化、畜牧和农耕地区的分化日
渐明确。顺带一提,关于中国北部边境的骑马风俗的形成②,目
前考古学上显示的证据是在公元前 8 世纪夏家店上层文化时期,
但是骑马游牧民族在汉语史料中出现是在更晚一些的前 4 世纪

---

① 关于春秋中后期至战国中期北方系青铜器文化的分布,见林沄《关于中国的对匈奴
族源的考古学研究》(《内蒙古文物考古》1993 年第 1、2 期)、《中国北方系青铜器文
化和类型的初步研究》(苏秉琦主编《考古学文化论集 4》,文物出版社,1997 年)、高
浜秀《中国北方系青铜器の研究》(平成七～九年度科学研究费研究成果报告书,
1998 年)、三宅俊彦《中国古代北方系青铜器文化の研究》(国学院大学大学院,
1999 年)、杨建华《春秋战国时期中国北方文化带的形成》(文物出版社,2004 年)。
② 中国北部边境地区骑马风俗的出现,见高浜秀(1998 年)、川又正智《ウマ驱ける古
代アジア》(讲谈社选书メチェ,1994 年,第 190～191 页)和《漢代以前のシルクロ
ード》(雄山閣,2006 年,第 95～99 页)。认为骑马风俗出现于公元前 8 世纪,是因
为属于夏家店上层文化的内蒙古宁城县南山根三号墓出土了雕有骑马像的铜环,
据说这是目前反映中国北部边境骑马风俗的最早例子。

战国时期。换言之,游牧国家和中原王朝隔着农牧分界线对峙的局面起源于公元前 2000 年代,历经缓慢发展后,在春秋时期形成了明确的长城地带和中原地区的区域分化,再由秦和匈奴分别统一南北政治之后,才最终定型。

第五节　课题安排

综上,我们简要地谈及了作为本书讨论对象的"中华"观念及华夷思想的诞生意义与背景。那么,在先秦时期的汉语史料里,"中华"观念和华夷思想具体的起源发展过程是怎样的呢? 从现在开始,我们分析的焦点将转移到西周、春秋和战国时期的汉语史料之上。详细的考证我们将在各章中进行,本节打算先梳理一下几个论点。

1. "中华"观念的原义与扩大

从现存的文字史料来看,"中华"观念形成的大致流程是——起源于西周,在春秋时期含义扩大至用作指代特定的诸侯国,到了战国秦汉时期发展为一个经典体系。但是如果我们从微观角度来看的话,能发现很多与以往研究见解相矛盾的点,甚至还有部分问题至今依然悬而未决。

第一个问题是汉语史料中的"中国"和"夏"与近代以来学者们定义的"中国"和"夏"的含义有偏差。例如中国学术界常常将西周之后的"中国""夏"观念放到一个超历史性的"我国"体系下谈这两个观念在有史以前已经存在①,又或者如前文所述那样,

---

① 如顾颉刚和王树民(1981 年),这篇文章的副标题是"祖国古代的称号",很明显,文章是在延续至现代中国的国史语境下讨论"中国"和"夏"观念的历史性的。

说"华夏族"从文明起源阶段就存在,是炎黄血缘后裔,是夏商周三代王朝的组成人群之类。日本学术界也有类似问题,很多老一辈学者以"中国人""中国"自古以来就存在为前提展开论述。①就连近年的研究也有不少将商周、春秋战国时期中原文化的扩散放到"中国""华夏"语境下去讨论。

这种画概念下定义的做法的确是历史研究中不可或缺的工作,可是我们不能贸贸然就把起源于西周时期的"中国""夏"的原义和这些概念画等号。如前所述,西周初期的"中或(国)""夏"不一定指夏商周三代的"民族"或"国家",也不一定指整个中原地区。② 另外,记录春秋时期历史的文献中的确有更进一步的"中国""华夏"等词,可是这也不是指代中原地区整体的称呼,反而是指特定诸侯国之间组成的国际同盟秩序。即便是再后来的战国时期文字史料,"中国"一词所指的范围也不统一,当中战国秦律中的"夏"更是反映了完全不同于中原地区或中原文化的独特"中华"论。

作为一种观念的"中华",其起源及展开终究只是西周之后的事。那么,我们应该着重关注的就是以西周时期的都城为起点的"中国"和"夏"是在何种契机之下扩张为包括中原地区在内的区

---

① 如那波利贞(1934 年)、安部健夫(1971 年),两位先生均以"中国人"的概念去解释"中华思想"和"天下"观念的主体,西嶋定生(1970 年)则用"中国""中国文明"的概念去解释。当然,这种概念运用不限于三位先生,而是整个中国史研究学界普遍存在的现象。

② 中国学术界最近开始注意到这点了,如何志虎(2002 年)反对以往将何尊铭文和《诗经》《尚书》里的"中国"一词解作周室京师的解释,认为"中国"从一开始就是周室的"国家"称呼。何氏的观点把原初的"中国"含义扯到国家史语境下解释,然而其对史料的解读难以服众。另一方面,陈致(2004 年)将"华夏族群"的出现追溯到新石器末期,但又说"华夏观念"诞生于周,花了大笔墨去圆两者的矛盾。这类论述的出现,表明中国历史学界逐渐意识到原初的"中华"观念与作为实体的"华夏族""中国"之间的分歧。

域、文化体系的,其具体的发展过程又是怎样的。在这个基础上,要考证先秦时期的"中华"观念,最重要的时代当数春秋时期。我们讨论"中华"一词含义的扩张,不是在谈一个连续主体扩大的过程,而是在谈春秋时期之后诸侯间社会关系的发展,以及言论构建的积蓄过程。

2. "中华"和"夷狄"的分析视角

在上述情况下,有一点我们必须注意,那就是"中华"观念所指示的对象难以把握其本质。如前所述,以往的研究常常讨论划分"中华"和"夷狄"的标准,认为该标准不在于血缘或地区,而在于有无"文化"和"礼"。但是只靠有无"文化"和"礼"无法解释春秋时期"中华"和"夷狄"的区别。例如《春秋》的记述主体——鲁国的近邻中有个叫邾国的国家,历代文献史料中均视邾国为"夷狄",但另一方面邾国和其他的周室诸侯国关系都很好。日原利国据此指出难以想象邾国和其他诸侯国存在文化隔绝。[1] 再者,楚国和吴国作为长江流域的"夷狄",先不论建国之初,就看它们在春秋时期和周室诸侯国会盟、通好的频率,就知道至少在统治阶级层面,"中华"国家和"夷狄"国家是共享"礼"的。

在考证华夷思想时,我们很容易陷入一个误区,即先入为主地认为"中华"是某个实体的自称,"夷狄"是对"中华"外侧存在的他称,抑或视"夷狄"为一个根据某种华夷思想创造出来的体系。不得不说,这种视角至少在论述最早的"中华"时是错误的。西周史料中的"夷""戎"并非作为自称的"中华"的外侧概念,早在华夷

---

[1] 日原利国(1976 年)。不过,日原氏虽然认为这种"夷狄"视角和春秋时期的实际情况有偏差,但是又指出对于邾国、莒国等"夷狄"诸侯国的描写在《公羊传》《左传》《谷梁传》中几乎相同,故不大可能是成书作者的故意篡改。详见本书第一章。

思想出现之前,"夷""戎"已经是周人他者观念的一部分了。即便是在华夷思想出现的春秋时期,"中华"和"夷狄"也不是二选一的体系,《左传》和《公羊传》等文献史料中有关"中国""诸夏"等的事例表明,"夷狄"明显包含在"中华"之内。至于汉代之后"中华"王朝疆域内部有"夷狄"常住的史实,前文已述,此处不赘。

要讨论先秦时期的"中华"和"夷狄"关系,我们应当舍弃掉以单一标准划分两者和先入为主地认为"夷狄"就是"中华"实体的外部的做法,转而着眼于个体言论所反映出的社会多样性差异意识,并将这些个体言论作为超越差异、联系华夷双方的纽带,重新审视"中华"和"夷狄"的含义。要揭示先秦的"中华"到底是什么,与其埋头于"中华"与"夷狄"的划分标准,倒不如承认"中华"存在多个思想基础,拥有层累性,再在此基础上去分析为好。

3. 春秋史料与华夷思想的时代

华夷思想的形成时期是和"中华"的形成密不可分的问题。传世文献中,记录春秋时期的言论、事件等的《论语》《左传》《公羊传》《谷梁传》等文献将"中华"和"夷狄"作为相对的两个概念。我们笼统地将这些文献命名为"春秋史料"。当中,《左传》是组成春秋史的最根本史料,其通过登场人物说话的形式,记载了最早期的华夷思想事例。因此,历来的研究都甚为重视《左传》,乃至以之为焦点。

以往关于春秋史料中华夷思想的研究,大致可分为两大派。一派认为春秋史料都是战国时期之后才成书的文献,所以里面对于华夷思想的言论、评价不能视为春秋时期本身的史料,而应视之为反映战国时期之后各作者的主观看法甚至人为篡改的内容。

小仓芳彦的"断层论"①、平势隆郎和高津纯也的"正统抗争论"②
均属于这种观点。按照这种观点,春秋史料中的华夷思想都是战
国时期之后人为篡改过的,春秋时期之前不存在从对立、差别的
角度去论述"中华"和"夷狄"的思维。

---

① 小仓芳彦《裔夷の俘:〈左伝〉の華夷観念》(《中国古代史論集》第二集,吉川弘文館,
1965 年,后收入《中国古代政治思想研究:〈左伝〉研究ノート》,青木書店,1970 年)
一文将《左传》的记载划分为三部分:(i) 简单的史实记录部分;(ii) 对史实中的登
场人物训诫或说教部分;(iii)"君子曰""仲尼曰"等第三方解释、评价部分。当中,
(i) 记录了诸侯与"戎""夷"之间紧密且平等的联系,(ii)和(iii)部分却将"诸夏"与
"戎狄""夷狄"明确区分,还有了蔑视"夷狄"文化的表达语句。据此,小仓认为华夷
思想并非春秋时期本身的意识,而是战国时期之后人为加上去的,两者之间存在一
段"时代上的断层"。小仓的研究是从文献学角度讨论华夷思想形成年代的标志性
研究。

② 平势隆郎《新编史記東周年表:中国古代紀年の研究序説》(東京大学出版会,1995
年)及《中国古代紀年の研究:天文と暦の検討から》(汲古書院,1996 年)试图系统
性地消解古代纪年的年代矛盾,提出假设认为作为君主纪年方式的"逾年称元法"
是在魏国君主称王(公元前 338 年)和编纂《竹书纪年》的背景下开始实施的。在此
基础上,使用逾年称元法的《春秋》《公羊传》《左传》都是魏君称王之后,由魏国之外
的其他国家编纂的文献,当中《春秋》《公羊传》符合齐国历法,《左传》符合韩国历
法。见平势隆郎(1996 年)第一章第二节。

平势隆郎在此立场的基础上写了《左伝の史料批判的研究》(汲古書院,1998
年),采纳了小仓芳彦对《左传》的研究成果,并进一步划分了《左传》中的记载,认为
登场人物的"对话"部分"和成书时的内容以及接近成书的时期已新增上去的内容
混在一起"(第 55 页),将华夷思想的形成时期拉到了战国时期中期。平势更从文
献记载的内容出发,重新推定了《左传》《公羊传》《谷梁传》的书写主体,认为《公羊
传》作于战国齐,《左传》作于战国韩,《谷梁传》作于战国中山国,而且三者均成书于
公元前 338 年之后,编纂目的都是强调自身正统性。

平势的这一系列研究为高津纯也所继承。高津写了《春秋三伝に見られる"華
夷思想"について》(《史料批判研究》創刊号,1998 年)、《"夏"字の"中華"の用法に
ついて:華夷思想の原初的形態に関する序論》(《論集:中国古代の文字と文化》,
汲古書院,1999 年)、《先秦時代の"諸夏"と"夷狄"》(《日本秦漢史学会会報》第 1
号,2000 年)三篇文章,平势也写了《〈春秋〉と〈左伝〉》(中央公論社,2003 年)、《中
国の歴史 2:都市国家から中華へ》(講談社,2005 年),联系战国各国的正统抗争来
解释春秋三传的华夷思想。具体而言,其认为《公羊传》的"中国"指齐国及其周边
领域,《左传》的"夏"指韩国及其周边领域,《谷梁传》的"中国"至中山国及其周边领
域,三者的所谓"正统观"均称本国才是"中华",贬他国为"夷狄"。这一观点认为,
华夷思想自不待言,就连"中华"观念都是战国时期中期由多个王权人为构建出
来的。

　　另一派承认春秋史料是战国之后成书的,但是以其记载的传说、历史认识本身为依据,认为华夷思想在春秋时期之前已存在。持这一立场的学者有顾颉刚、王树民[①]和堀敏一[②],最近陈致讨论了西周至春秋这段时期"中华"的扩张过程[③],吉本道雅也论述了春秋时期的华夷思想形成过程[④]。这一观点认为,华夷思想在春秋时期,甚至更早之前已经形成。

　　之所以产生这种分歧,原因在于《左传》等先秦文献的成书年代和编纂主体不详,而且能作为比较对象的同时代史料不足。关于《左传》的成书年代,目前主流的意见认为其雏形成于公元前 4 世纪中叶至后半叶。[⑤]　至于《公羊传》,则普遍认为是战国时期形

----

① 顾颉刚和王树民(1981 年)。二氏认为《左传》《公羊传》《谷梁传》在记载春秋时期的历史时,常常会将"中华"和"夷狄"对立起来,可是这种对立的论述在记载战国历史的文献中却不多见,这意味着"夷狄"被同化了。这个结论和"断层论"可说是完全相反。

② 堀敏一(1993 年)第一、二章。堀氏承认《左传》有后世影响的因素,但是依然认为对"中华"的连带感和对"夷狄"的蔑视两点真是在春秋时期形成的。

③ 陈致(2004 年)。

④ 吉本道雅《夏殷史と諸夏》(立命館東洋史学会《東洋史論叢》第 3 集,2006 年)承认春秋时期的霸主同盟体制是"诸夏"诞生的契机(见本书第四章),在此基础上指出秦公诸器铭文中的"蛮夏"是其初例,再从《诗经・商颂》的诗歌出发考证宋国国内的"夏史"编纂和"诸夏"意识的形成。又,吉本道雅(2007 年)认为同盟内的持续性外交关系和仪式规范——礼的形成孕育出了针对同盟外集团的华夷思想。

⑤ 关于《左传》的成书年代,新城新藏《歳星の記事によりて左伝、国語の製作年代と干支紀年法の發達とを論ず》(1918 年;后收入《東洋天文学史研究》,弘文堂,1928 年)通过分析天文记录,推断成书于公元前 365～前 330 年;高本汉《左传真偽考》(小野忍译,文求堂書店,1939 年)从语法角度分析,推测成书于公元前 468～前 300 年;镰田正《左伝の成立年代と作者に関する推定》(《左伝の成立と其の展開》,大修館書店,1963 年)在前人基础上,推测是魏人作于公元前 320 年前后。近年,平势隆郎(2003 年,第 5～7 页)认为《左传》是韩国为强调自己的正统性于公元前 338 年之后编纂的(韩国在公元前 326 年称王)。与之相对,吉本道雅《左伝成書考》(《立命館東洋史学》第 25 号,2002 年)认为《左传》是楚国吴起学派作于公元前 365、364 年前后。

成、积攒起来的各种材料在西汉前期被重新挖出来编纂而成的。[1] 一般而言，特定的语句、观念初见于某史料，意味着该语句或观念在史料成书之前已存在。换言之，华夷思想在战国中期已存在是毋庸置疑的，问题在于，华夷思想能往上追溯到什么时期。就拿《左传》来说，将言论的时代拉到接近成书时期，还是视之为春秋时期的口头传说和历史认识，视角不同，结论也就天差地别。

从而，既然我们已经知道华夷思想形成的下限在战国时期，接下来要做的就是通过仔细检查各条史料的内容，慎重地往上追溯年代。[2] 这种情况下，我们要重点探讨的正是《左传》中的史实关系记录部分。小仓氏的研究将这部分的年代推得很早。的确，这部分不仅不含华夷思想，连其他任何思想评论都没有，却记载了春秋时期诸侯国之间或诸侯与"夷狄"之间的战争、婚姻、会盟、聘问等各种联系。通过详细分析这类联系，我们想必可以得窥在

---

[1] 一般认为，《公羊传》最终成书于西汉景帝时期，《谷梁传》在《公羊传》的基础上稍晚成书。不过从行文的层累结构判断，内容应该是在战国时期长时间积攒下来的，见佐川修《春秋公羊伝源流考》(《東北大学教養部文科紀要》第 6 集，1960 年，后收入《春秋学論考》，東方書店，1983 年)、日原利国《春秋学の成立》(日原利国，1976 年)。另外，尽管战国时期的公羊学传统并不明确，但可以肯定《公羊传》的讲义在《春秋》成为经典之后就开始积攒了。至于《春秋》成为经典的时期，浅野裕一在《〈春秋〉の成立時期：平勢説の再検討》(《中国研究集刊》第 29 号，2001 年，后收入《古代思想史と郭店楚簡》，汲古書院，2005 年)一文中做过推测，因为郭店楚简《六德》和《语丛》在公元前 300 年前后下葬，刚好在这个时期活动的孟子已经视《春秋》为经典，故《春秋》在这之前——或为公元前 360 年前后已经是儒家经典了。如此一来，从最大范围上来说，《公羊传》的讲义应形成于前 4 世纪前半～前 2 世纪前半这段时期。

[2] 正如高木智见《春秋左氏伝——歴史と法の源流》(滋賀秀三編《中国法制史：基本資料の研究》，東京大学出版会，1993 年)所指，先秦文献的成书年代和其记载的年代不一定吻合，成书年代是记载年代的下限，但是其内部的言论是长年累月不断积攒而成的。当然，学者们以"下限"为标准展开研究也未尝不可，但是将成书年代看作"上限"来构建历史则明显不对。先秦文献的时代性不应看成一个"点"，而应看作一条"线"，参见吉开将人《日本における近年の春秋史研究の現状と課題》，《歴史学研究》第 830 号，2007 年。

言论、评价中不见的春秋时期人们的"意识"一斑。换言之,我们不应该从字面意思上去解释华夷思想,而应该通过复原当时的社会关系去探索其实际含义。再者,将这些截取出来的信息配合上同时代的出土文字史料,相信能够获得更准确的认识。当中,价值非凡的当数秦国文字史料中关于"夏"的记载。

4. 秦国文字史料中的"夏"

除《左传》等文献史料之外,先秦时期的几份秦国文字史料也是我们要重点关注的对象。秦国的文字史料中出现了"夏"这个概念。这里的"夏",首先是"蛮夏",见于在春秋时期铸造的一系列自称"秦公"的青铜器的铭文中;其次是"夏""诸夏",见于云梦睡虎地秦简的法律条文中;传世文献中的"夏"是夏王朝的意思,同时也是组成"中华"观念的一个词语。因此,对于我们考证先秦时期"夏"的发展,秦国出土文字史料的"夏"是非常珍贵的同期史料。秦公诸器的铭文可以补充文献史料的不足,有助于我们考证华夷思想的形成时期;秦律条文更是珍贵的实物史料,向我们展示了战国王权是如何从法律上定义"中华"观念的。

更令人注目的是,秦国文字史料中的"夏"传达了一些传世文献史料中没有的信息。按《史记》的说法,秦国兴起于关中地区的西边,常被东方的诸侯国视为"夷狄",被排除在"诸夏""中国"体系之外(《史记·六国年表》等)。可是秦公诸器铭文和睡虎地秦简的问世,证明了秦国也是拥有"夏"观念的。尤其是秦律中的记载,明显是以本国中心的统属关系和血缘关系为基础,构建了一个迥异于传世文献史料的"中华"。睡虎地秦简中的"夏"非常特殊,它告诉了我们特定国家从法律上定义的"中华"是什么样子的,同时也证明了先秦时期的"中华"观念是多种多样的。再联想到后来秦始皇统一中国,我们还可知秦律的"夏"不仅是后世统一王朝时期的帝国式"中华"观念的先驱形态,还反映了先秦至秦汉之间"中华"的继承、重构过程。

正因为具备如此的史料价值,学术界甚为关注秦公诸器和睡虎地秦简,就其内容和逻辑做过不少考证①,然而目前为止依然有部分悬而未决的问题,学术界对此的解释未能达成一致。此外,尽管秦公诸器和睡虎地秦简同是秦国的文字史料,但两者的时代和语境均不同,偏偏我们还未完全搞清楚两者所处时代的不同点。再者,前人研究中常常脱离史料原文,毫无论证地将两者互相联系,抑或视这个"夏"就是"华夏族"的"夏"。因此,我们首先要分别讨论"夏"在秦公诸器和睡虎地秦简中各自的语境,找到其在秦国史上的定位,方能做出正确的解释。

接下来,在具体考证之前,先定义一下本书将会用到的几个概念。

本书的主要讨论对象是"中国""夏"等"中华"观念,为了避免古今义混淆,正文里将尽可能避免使用中华诸国、华夏诸族、中国人等概念,但是完全不用这些概念似乎也不现实,所以本书中"中国""中国大陆"这些词后边如果没有括号加以说明的话,指的是今华北、华中、华南三地合起来的区域。至于"中原地区",则指包括了关中平原和华北平原的长江以北、长城以南地区。

然后是"中原王朝",这个词是二里头王权(夏)、商、周三代的统称,王朝之外的各国则一律称"诸侯国"。春秋时期的诸侯国中

---

① 关于前人对秦公诸器铭文、秦律"夏"的研究,见本书第七、八章。秦律的"夏",有于豪亮、工藤元男、饭岛和俊、越智重明、鹤间和幸、堀敏一、张政烺、高津纯也、平势隆郎、张金光等人考证过。至于秦公诸器铭中的"蛮夏",可参见童书业、郭沫若、白川静、张天恩、张政烺、高津纯也、平势隆郎、吉本道雅等人的考证。

拥有周室封建传说的姬姓或异姓诸侯国,如鲁、齐、晋、宋、郑、卫、陈、蔡、曹等,称"周系诸侯"。周系诸侯之外,中原地区还有很多渊源复杂的小国,这些小国统称为"中原诸侯"。要强调的是,周系诸侯和中原诸侯并不能与"中华"画等号,原因详见本书的考证。至于战国时期组成"天下"的各国,称为"战国诸国"或"战国诸侯"。不过,以上这些概念并不百分百吻合史实,讨论边界划分的情况下尤甚,因此为求严谨,有时候我们将单独论述。

时代方面打算如此划分:公元前 11 世纪后半期至前 771 年为西周时期,公元前 770 年至前 454 年为春秋时期,公元前 453 年至前 221 年为战国时期。不过,春秋时期之中属于我们讨论范围的,主要是《春秋》记载开始的公元前 722 年,至《左传》记载结束的公元前 468 年。接下来是各个时代内部的划分,先是春秋时期,公元前 770/前 722 年至前 650 年为春秋前期,公元前 649 年至前 550 年为春秋中期,公元前 549 年至前 468/前 454 年为春秋后期;[1]再来是战国时期,公元前 453 年至前 370 年为战国前期,公元前 369 年至前 280 年为战国中期,公元前 279 年至前 221 年为战国后期。因为公元前 278 年发生了秦国攻占楚都这等划时代大事,同时为了配合以公元前 403 年为战国时期开端的观点对战国中后期的划分,所以本书定义的战国后期时间比较短暂。

关于西周时期的绝对年代及编年,众说纷纭,划分比较困难。林巳奈夫对西周青铜器做了形式编年划分,将之分成 Ⅰ、Ⅱ、Ⅲ 期,每一期又可细分成 a、b 期[2]。中国学术界的普遍做法是将周

---

[1] 关于春秋时期的时期划分,本书从江村治树《春秋時代青銅礼器出土墓の地域別編年》(《名古屋大学文学部研究論集・史学》第 34 号,1988 年,后收入《春秋戦国秦漢時代出土文字資料の研究》,汲古書院,2000 年)之说。

[2] 林巳奈夫《殷周時代青銅器の研究:殷周青銅器綜覧(一)》,吉川弘文館,1984 年。

武王、周成王、周康王、周昭王时期划作"早期",周穆王、周恭王、周懿王、周孝王、周夷王时期划作"中期",周厉王、周宣王、周幽王时期划作"晚期"。① 本书则参照林氏的编年及《殷周金文集成》的断代,划分为前、中、后三期,当两者有冲突时以林氏之说为准。从宏观年代来看,公元前 11 世纪后半到前 10 世纪中叶为前期,公元前 10 世纪到前 9 世纪中叶为中期,公元前 9 世纪中叶至前 8 世纪前半为后期。②

综上,本章定义了讨论先秦时期"中华"观念需要用到的几个视角和概念,接下来将进入到具体论述。第一章我们先从先秦时期汉语史料中的"夷狄"观念和"中华"观念发展的概况入手。

---

① 中国社会科学院考古研究所《殷周金文集成》,中华书局,1984～1994 年;2007 年增补修订版;张长寿、陈公柔、王世民《西周青铜器分期断代研究》(文物出版社,1999年)将西周划分为三期,早期为武成康昭,中期为穆恭懿孝夷,晚期为厉宣幽。马承源主编《商周青铜器铭文选》(文物出版社,1986～1990 年)刊出了各周王的编年案。
② [美]罗泰著,吉本道雅译《周代中国の社会考古学》(京都大学学术出版会,2006年)的《解题》中有吉本对近年对西周时期编年的概括和西周前中后期的年代划分。

第一章　先秦时期的华夷言论

序　言

本章将基于《前言》所述的问题意识，概括先秦时期汉语史料中的"夷狄"和"中华"事例，讨论应当如何讨论两者。可以说，本章是之后各章的个别论述的论纲。

分析工作先以西周史料为对象[①]，挑出当中关于"夷狄"和"中华"的原始言论，然后分析春秋史料中的华夷言论，还原两者的层累性认识结构，最后概括战国史料中的华夷论，从而获得先秦史料华夷言论所反映的层累性及关于其发展的基本认识。

[①] 本书对金文的引用和断代引自《殷周金文集成》（中华书局1984～1994年；2007年增补修订版）、马承源主编《商周青铜器铭文选》（文物出版社，1986～1990年）、林巳奈夫《殷周青銅器綜覧1：殷周時代青銅器の研究》（吉川弘文館，1984年）、白川静《金文通釈》（第1～56辑，白鹤美術館，1962-1984年，增补后以《白川静著作別集》全七卷九册之名再版，平凡社，2004～2005年）。《殷周金文集成》之后的新出青铜器引自刘雨、卢岩编《近出殷周金文集录》（全四册，中华书局，2000年）。

以上文献的简称如下：

《殷周金文集成》——《集成》
《商周青铜器铭文选》——《铭文选》
《殷周青銅器綜覧1》——【林】
《金文通釈》——《通释》
《近出殷周金文集录》——《近出》

另，年代划分方面做了统一，"早期"改为"前期"，"晚期"改为"后期"。

　　"西周史料""春秋史料""战国史料"这种分类是便宜行事,为的是简单整理各个时期的"夷狄"和"中华"在汉语史料中是做何种认识的,并不是主张该段史料是同期史料。的确,史料群的内部存在成书年代和言论主体立场差异,例如《左传》《公羊传》《谷梁传》三传虽然都以春秋时期为对象,但是当中反映的华夷思想依然存在相当的差异。不过,三传对于"中华"和"夷狄"的认识还是有着明确的共性的,另外在比较针对西周时期和战国时期的言论时也能够发现部分差异。为了搞清楚成书时期和编纂主体之间的偏差,我们有必要先搞清楚每个时期对"中华"和"夷狄"是如何解释的,这也有利于我们的进一步论述。

第一节　西周史料中的"夷狄"认识和"中华"观念

1. 西周史料中的"夷狄"

　　西周金文和《诗经》《尚书》的部分章节中能发现一些西周时期周人(周王朝统治阶级)及诸侯国眼中的"夷狄"记载①。我们先来整理一下这些"夷狄",大致来说可以分为居住在周东南方的淮水、长江流域的"夷",以及在西北黄土高原活动的"鬼方""严允(玁狁)",还有包括两者的统称——"蛮""戎"等。

　　"夷"原作"尸",象人蹲下之形,这是周人对居住在东方和南

---

① 近年关于西周时期"夷狄"观念的研究成果有陈致《夷夏新辨》(《中国史研究》2004年第1期)、吉本道雅《中国戦国時代における四夷観念の成立》(京都大学《東アジアにおける国際秩序と交流の歴史的研究ニューズレター》No. 4,2006年)和《中国古代における華夷思想の成立》(夫马进编《中国東アジア外交交流史の研究》,京都大学学術出版会,2007年)。吉本道雅从宏观角度讨论了包括西周金文"夷""蛮""狄"在内的先秦夷狄观。

方的异文化集团的称呼。西周金文中"夷"常与方位、地区合成一词称"东夷""淮夷""南淮夷"等①,此外还有王朝征讨"夷"或"夷"

---

① 西周金文所见的"夷"之出处如下表,参见吉本道雅《中国戦国时代における四夷観念の成立》:

夷之名	器铭	收录及分期
东夷	小臣谏簋	《集成》4238、4239,西周前期 《铭文选》71,西周康王 【林】,西周 II A 《通释》,63
	雪鼎	《集成》2740、2741,前期 《铭文选》72,康王 【林】,II A 《通释》,19
	㝬钟	《集成》260,后期 《铭文选》405,厉王 【林】III 《通释》98
	禹鼎	《集成》2833、2834,后期 《铭文选》407,厉王 【林】III B 《通释》162
反夷	旅鼎	《集成》2728,前期 《铭文选》74,康王 《通释》5
东反夷	寏鼎	《集成》2731,中期 《铭文选》73,康王 《通释》17c
南夷	竞卣	《集成》5425,前期 《铭文选》188,穆王 【林】II B 《通释》87
	无㠱簋	《集成》4225~4228,中期 《铭文选》293,孝王 【林】III B 《通释》128
	史密簋	《近出》489,中期
	㝬钟	如前

造反的记录①。西周中期之后,王朝积极地尝试将"夷"纳入到统治范围,从金文中记载中,我们可知一些"夷"居住在成周,服从周

夷之名	器铭	收录及分期
淮夷、南淮夷	彔戜卣	《集成》5419、5420,中期 《铭文选》174,穆王 【林】ⅡB 《通释》91b
	兮甲盘	《集成》10174,后期 《铭文选》437,宣王 【林】ⅢB 《通释》191
	师袁簋	《集成》4313、4314,后期 《铭文选》439,宣王 【林】ⅢB 《通释》178
	敔簋一	《集成》4323,后期 《铭文选》411,厉王 《通释》164
	翏生盨	《集成》4459～4461,后期 《铭文选》417,厉王 【林】ⅢB 《通释》补19
	虢仲盨盖	《集成》4435,后期 《铭文选》418,厉王 【林】ⅢA 《通释》144
	禹鼎	如前
	驹父盨盖	《集成》4464,后期 《铭文选》442,宣王 《通释》补8
杞夷、舟夷	史密簋	如前
夙夷	晋侯苏钟	《近出》35～50,后期

① 西周诸夷与王朝的关系,参见白川静《西周史略》(《通释》第47辑)、吉本道雅《淮夷小考》(河内良弘编《清朝治下の民族問題と国際関係》,平成2年度科学研究費補助金研究成果報告書,1991年)、吉本道雅(京都大学,2006年)、松井嘉德《周の領域とその支配》(《中国史学》第9卷,1999年,后收入《周代国制の研究》,汲古書院,2002年)。

室①,周室也向各"夷"邦征收纳贡②。

　　那么,"夷"是和什么群体相区别的人呢? 现存史料显示,答案应该是组成周室政治结构的"诸侯"和"百姓"。西周前期的大盂鼎铭文③记载,名为盂的诸侯受周王册命之际,获赐的人臣之中包括了邦嗣("邦"的管理者)和夷嗣王臣("夷"的管理者),这表

---

① 事例如下表:

器铭	收录及分期	铭文
询簋	《集成》4321,西周后期 《铭文选》220,西周恭王 【林】,西周ⅡB 《通释》182	邑人、先虎臣后庸、西门夷、秦夷、京夷、夤夷、师笒侧新、□华夷、由夅夷、厮人、成周走亚、戍秦人、降人、服夷。
师酉簋	《集成》4288～4291,中期 《铭文选》192,恭王 【林】ⅢB 《通释》173	邑人、虎臣、西门夷、夤夷、秦夷、京夷、畀身夷。
静簋	《集成》4273,前期 《铭文选》170,穆王 【林】ⅡB 《通释》84	夷仆
师询簋	《集成》4342,后期 《铭文选》245,懿王 《通释》31	夷允三百人
馘簋	《集成》4215,后期 《铭文选》319,中期 【林】ⅢA 《通释》143	夷臣十家

上述铭文中,既有管理各夷的册命,也有隶属于王朝诸夷的事例。

② 淮夷各邦向周室纳贡事例见于兮甲盘铭、师袁簋铭、驹父盨铭等西周后期金文,详见本章。

③ 大盂鼎铭(《集成》2837,西周前期/《铭文选》62,西周康王/【林】西周ⅠB/《通释》12)如下:

　　佳九月,王在宗周,命盂。……王曰:"而! 命汝盂! 型乃嗣祖南公!"王曰:"盂。乃召夹死□戎。谏谏罚讼,夙夕召我一人烝四方。粤我其遹省先王受民、受强土。赐汝鬯一卣、绹衣、鞞、冃、车马。赐乃祖南公旂,用兽。赐汝邦□四伯、人鬲,自驭至于庶人,六百有五十有九夫。赐夷□王臣十有三伯、人鬲千有五十夫。亟甕迁自厥土。"王曰:"盂。若敬乃正,勿废朕命。"盂用对王休,用作祖南公宝鼎。佳王廿又三祀。

【吉本道雅:2007年】对铭文中的"邦□"和"夷□"有所谈及。

明在盂的治下，"邦人"和"夷人"是明确区分的。西周后期的兮甲盘铭中有一段周王派遣兮甲赴"南淮夷"之际对他说的训辞：

> 王命甲政□成周四方绩，至于南淮夷。"淮夷，旧我帛晦
> 人，毋敢不出其帛、其积、其进人，其贮；毋敢不即师、即市。
> 敢不用命，则即刑扑伐。其虽我诸侯、百姓，厥贮，毋不即市，
> 毋敢或入蛮宄贮，则亦刑。"

铭文明确区分了"南淮夷"和"我诸侯、百姓"，周王对"夷"下达了进贡和交易农产品、贡品、徒隶、财货的命令。又，西周后期的驹父盨盖铭记载，作器者驹父受南仲邦父之命赴淮夷，铭文同样区分了"南诸侯"和"南淮夷"各邦，还有"谨夷俗"的训辞。[1]

这些事例表明，周王朝的统治阶级明确区分组成王朝的"诸侯、百姓"和"夷人"，认识到双方之间的"俗"（文化风俗）是不同的。前人已经指出，西周后期金文史料有"夷邦"的记录[2]，可见"夷"和周人一样是有邦国的。再从"鄂侯驭方"能率领夷人打仗这段史实来看[3]，极有可能如果夷有了君主且和王朝有一定联系的话，王朝将不再称之为"夷"，而是视之为"诸侯"。说到底，"夷"是一个基于统治论而划分的他者概念，看的是其和周人文化风俗

---

[1] 驹父盨盖铭：
　　唯王十有八年正月，南仲邦父命驹父："即南诸侯，率高父见南淮夷，厥取厥服。谨夷俗。"遂不敢不敬畏王命，逆见我，厥献厥服。我乃至于淮，小大邦亡敢不致，具逆王命。四月，还至于蔡，作旅盨。驹父其万年，永用多休。

[2] 夷邦的例子，如驹父盨盖铭中淮夷的"小大邦"、师袁簋铭的"邦兽（酋）"、猷钟铭的"南夷、东夷，具见廿有六邦"。

[3] 禹鼎铭："亦唯噩（鄂）侯驭方率南淮夷、东夷广伐南或（国）、东或（国），至于历内。"率领南淮夷和东夷的不是王朝，而是鄂侯驭方这个侯爵。猷钟铭也有"南国□子"这个子爵的名字。

上的差异及周人是否认可其为"诸侯"。

　　"夷"在王朝统治疆域内的地位如何呢？周王的统治疆域称为"四方"，这个词的含义比较模糊，指的是没有明确界线的地平线。"四方"又可细分为周室的直接统治地区——内国①及周边的东南西北四国②。丰田久和松井嘉德两氏注意到，"四方""四国"是一个包含了各个夷邦的观念。西周后期厉王铸造的猒钟铭文载，"南国□子"造反，周王亲征之际，"南夷、东夷具见廿又六邦"。这表明当时周室的认识里，"南国"是南夷、东夷杂居的地区。同样铸造于周厉王时期的晋侯苏钟铭文也记载了周王"遹省东国、南国"，命晋侯讨伐"夙夷"之事。西周后期后半的师袁簋铭中载，淮夷"邦酋"造反，"搏厥众叚，反厥工吏，弗积我东国"，周室遂遣使前去质询并发兵讨伐。

　　这些事例表明，在周王室统治范围内的东国、南国内，"夷"是和"诸侯"相邻的。因此，"夷"绝非居住在"四方"之外，而是在"四方"边境地区与"诸侯"杂居的群体。但即便如此，直到日后各夷邦向周室称臣，成为"帛晦之臣"后，周王朝的统治阶级依然认为彼此之间有着本质差异。

　　住在东南平原地区的异文化群体被视为"夷"，住在王朝西边或北边的异文化群体则被称为"鬼方"或"严允（玁狁）"。西周前

---

① 彔致卣铭："王令致曰：'叡淮夷敢伐内国。'"白川静《通释》91b 云："'内国'一词不见于他处……今读为'内国'，姑视之为王可直接统治的近畿之地。淮河流域上游地区在成周西南，伊洛地区有遭受淮夷入寇的风险。"陈致（2004 年）谓西周王朝的疆域由内国和四国组成，四国即东国、南国、西国、北国。禹鼎铭中有"厤内"一词，应也指王朝直辖的地区，与东国、南国等地有所区别。

② 四方、四国的情况可参见唐兰《四国解》（《禹贡半月刊》第 1 卷第 10 期，1934 年）、丰田久《成周王朝的君主とその位相：豊かさと安寧》（水林彪、金子修一、渡边节夫编《王権のコスモロジー》，弘文堂，1998 年）、松井嘉德（1999 年）。松井嘉德从王命、献服入手，复原了周王肉身的寓意及"周邦""四方"等周室统治观念的结构。

期的康王时期,居住在北边的鬼方造反,王朝遣大军镇压,俘获"兽"(酋长)三人、馘四千八百余级、俘虏一万三千零八十一人,缴获车三十辆及大量的马、牛、羊等。①

西周中期制后的金文和《诗经》的一些篇章中记载了严允(玁狁)入寇周室"京师"(畿内)之事。金文记载显示,玁狁是拥有车马,能实施机动战的人群,他们在京师各邑里抢劫周人,周室也曾发兵追讨玁狁,获执讯(俘虏)和馘首。② 有意思的是,周室对玁狁的战果仅限于缴获人员、车马等物资,没有攻击、包围玁狁的邑的记载,更没有玁狁的邦向王朝称臣的记载。由此我们可推测玁狁应该并不如周人所想那样居住在城邑,而是从黄土高原的森林、丘陵地带进入关中平原,使用车马,过着畜牧生活的人群。

除"夷""玁狁"之外,西周金文中还有"戎"这种夷狄。正如王国维所述,"戎"是"兵器"的词源,是代指一切武装集团的总称,并非单独指代某个特定方位或区域群体。③ 金文史料中,西周中期的臣谏簋铭就有邢侯迎击来犯的"戎"的记载④,西周后

---

① 小盂鼎铭(《集成》2839,西周前期/《铭文选》63,西周康王/《通释》12)铭文有如下记载:

> 王 命 盂以□□伐鬼方。□□□□□ 执兽 三人,获馘四千八百□二馘,
> 俘人万三千八十一人,俘马□□四,俘车卅辆,俘牛三百五十五牛,羊廿八羊。
> 盂或□□□□□□乎□我征,执兽一人,俘馘二百卅七馘,俘人□□人,俘马百
> 四匹,俘车百□辆。……

② 多友鼎铭(《集成》2835,西周后期/《铭文选》408,西周厉王)载,玁狁攻击京师的邑,抓了不少俘虏,多友率军追击,夺回俘虏,还缴获了折首、执讯、车马。今甲盘铭、虢季子白盘铭(《集成》10173,后期/《铭文选》440,周宣王/《通释》192)、不娶簋铭(《集成》4328、4329,后期/《铭文选》441,周宣王/《通释》193)、四十二年逨鼎铭(《文物》2003 年第 6 期,周宣王)均记载了周室从玁狁处取得的战果。

③ 王国维《鬼方混夷玁狁考》,《观堂集林》卷一三。

④ 臣谏簋铭(《集成》4237,西周中期/《铭文选》82,西周康王/【林】西周 II A/《通释》补 18a):"隹戎大出于軝,井(邢)侯搏戎。"

期的戎生钟铭中,晋侯的陪臣戎生记载了祖先受周王之命统治
"戎蛮"的功绩。① 邢在今河北省邢台市附近,晋在今山西省曲
沃县附近都有封地,可知"戎"指的是活动于这片地区的外族
群体。

又,西周中期(西周 II B)的𫑛簋一铭文中记载了周人追击
戎,缴获武器、甲胄,救回了被掠走的周边人员之事②,由此可知
"戎"的确是指代武装集团的称呼。另外还有称玁狁为"戎"③,以
及称夷的武装集团为"淮戎"④"东国痡戎"⑤等事例。⑥ 由此可
知,"戎"是包括玁狁和夷在内的所有非周人武装集团的总称,并
非特定地区或民族的概念。

和"戎"一样用作异文化群体总称的概念还有"蛮"。今甲盘
铭中便称南淮夷的居住地为"蛮",戎生钟铭也将戎生祖先治理的
山西异文化群体称为"戎蛮",此外还有把居住在周室"四方"边境

---

① 戎生编钟铭(《近出》27~34,西周后期/王世民划分为西周后期～春秋前期,见《北
京保利艺术博物馆收藏的部分西周铜器》,《商周铜器与考古学史论集》,艺文印书
馆,2008 年)有如下一段:
　　　唯十又二月乙亥,戎生曰:"休辝皇祖宪公,桓桓翼翼,启厥明心,广经其
　　献,臧称穆天子渊灵,用建于兹外土,逋□蛮戎,用𫐐不廷方。至于辝皇考邵
　　伯,远远穆穆,懿渊不䜌,召匹晋侯,用共王命。"
② 𫑛簋一铭(《集成》4322,西周中期/《铭文选》176,西周穆王/【林】西周 II B/《通释》
朴 12d):"𫑛率有□,卿氏弆追御戎于𫑛林,博戎𢽁……获馘百、执讯二夫,俘戎兵
盾、矛、戈、弓、备、矢,裨胄凡百又卅又五款,孚戎俘人百又十又四人。"
③ 多友鼎、不嬰簋、四十二年逨鼎铭文均称玁狁为"戎"。
④ 𫑛方鼎二铭(《集成》2824,西周中期/《铭文选》1794,西周穆王/【林】西周 II B/《通
释》补 12a):"王用肇事乃子𫑛率虎臣御淮戎。"
⑤ 班簋铭(《集成》4341,西周前期/《铭文选》168,西周穆王/【林】西周 II A/《通释》15
补):"王令毛公以邦冢君、土(徒)驭、□人伐东或(国)痡戎,咸。"
⑥ 吉本道雅《淮夷小考》(河内良弘编《清朝治下的民族问题与国际关系》,平成 2 年度
科学研究费补助金研究成果报告书,1991 年)一文中论述道,这些"戎"实际上指的
可能是"夷"。

处的群体统称为"方蛮""蛮方"的。① 由此我们可推测,"蛮"是

① 关于"蛮",详见本书第七章。金文及《诗经》中的"蛮"如下表:

蛮名	出处	器铭分期	铭文/诗文
方蛮、蛮方	史墙盘	《集成》10175,西周中期 《铭文选》225,西周恭王 【林】西周 II 《通释》补 15	方蛮亡不□见
	虢季子白盘	第 46 页注②	赐用戉(钺),用政(征)蛮方
	诗经·大雅·抑		修尔车马,弓矢戎兵,用戒戎作,用遏蛮方
	新出秦公钟、镈	《集成》265～266、267～269,春秋前期 《铭文选》917、918,春秋秦武公 《通释》补 16	文公、静公、宪公……以虢事蛮方
蛮	兮甲盘	第 41 页注①	其佳我者(诸)侯、百生(姓)……毋敢或入蛮宄貯
百蛮	诗经·大雅·韩弈		以先祖受命,因时百蛮,王锡韩侯
	新出秦公钟、镈	如前	盗(延)百蛮,俱即其服
	晋公盆	《集成》10342,春秋 《铭文选》887,春秋晋定公 【林】春秋晋定公 《通释》202	□□百蛮
蛮戎	戎生编钟	第 47 页注①	通□蛮戎,用斡不廷方
蛮荆	诗经·小雅·采芑		蠢尔蛮荆,大邦为雠
蛮貊	诗经·鲁颂·閟宫		淮夷蛮貊,及彼南夷。莫不率从,莫敢不诺

代指所有居住在周边地区，且不服从周室统治的群体的总称。

综上，我们梳理了西周史料中的各种"夷狄"概念。总而言之，"夷狄"是周王朝的统治阶级给居住在周边的异文化群体贴的标签。有趣的是，以上这些"夷"和"戎"等他者在西周史料中并不是被排除在"中华"主体之外的群体，而是区别于组成周王朝的"诸侯""百姓"而言的。那么，西周对于"中华"又是如何认识的呢？

2. 西周史料中的"中华"

现存最古老的"中国"认识见于西周何尊铭文①和《诗经·大雅·民劳》。一般认为，何尊铸造于西周前期，《民劳》或为流传下来的西周诗歌，其年代最晚不晚于西周后期。我们先来看何尊铭

续表

蛮名	出处	器铭分期	铭文/诗文
蛮夏	秦公簋	《集成》4315，春秋前期 《铭文选》920，春秋秦景公 【林】春秋ⅡB 《通释》199	十有二公……虩事蛮夏
	宋出秦公钟	《集成》270，春秋前期 《铭文选》919，春秋秦武公 《通释》199 参考	十有二公……虩事蛮夏

译者注：关于最后的《宋出秦公钟》，《集成》270 作"秦公镈"，《铭文选》919 作"秦公钟三"，《通释》未能查阅，按中国社会科学院文字学博士谭樊马克的指教，"宋出"应该是区别其他的前缀，钟、镈分类也难界定，不同著录会出现不同的命名，此处作者认为《集成》270＝《铭文选》919，可能是因为同一器物不同摹本。

① 何尊铭文见《集成》6014，西周前期/《铭文选》324，西周成王/【林】西周ⅠA/《通释》补1。何尊铭文释读见唐兰《何尊铭文解释》(《文物》1976年第1期)、马承源《何尊铭文初释》(同)、白川静《通释》补1、小南一郎《西周王朝の成周经营》(《中国文明の形成》，朋友书店，2005年)。

文写了什么：

> 佳王初壅宅于成周，复稟武王，丰福自天。在四月丙戌，
> 王诰宗小子于京室曰："昔才，尔考公氏克弼文王，肆文王受
> 兹大命。佳武王既克大邑商，则廷告于天曰：'余其宅兹中或
> （国），自之薛民。'乌乎，尔又虽小子无识，□于公氏有爵于
> 天，彻命，敬享哉。叀王恭德裕天，顺我不敏。"王咸诰："何赐
> 贝卅朋，用作叀公宝尊彝。"佳王五祀。

铭文中，周成王建设成周洛邑之际，引用了周武王定都"中或
（国）"统治万民之言，表明建设成周是遵从了武王的遗志。显然，
这里所说的"中国"其实是指成周洛邑附近的地区。[①] 从二里头
遗迹和偃师商城的存在推测，古人们似乎早已认识到洛水流域是
中原的腹地，所以周克商后选择了这片"中国"之地来建新都，用
作统治东方的军事和宗教据点。

　　从后来的金文史料中成周的定位出发也能一定程度上推测
出"中国"一词所含的观念。例如前引的兮甲盘铭中，周王命令兮

---

① 何尊铭文的"中国"，前人各有解释，见唐兰（1976 年）、马承源（1976 年）、伊藤道治《西
周王朝と雒邑》（《内田吟風博士頌寿記念東洋史論集》，同朋舍，1978；后收入《中国古
代国家の支配構造：西周封建制度と金文》，中央公論社，1987 年）、于省吾《释中国》
（《中华学术论文集》，中华书局，1981 年）、何志虎《"中国"称谓的起源》（《人文杂志》
2002 年第 5 期）、陈致（2004 年）、小南一郎（2005 年）。唐兰、马承源、伊藤道治、于省
吾、白川静、小南一郎均认为"中国"是对成周作为腹地的称呼，周的疆域中，四方的领
土称为东南西北"四国"，相对地，作为腹地（国中、中土）的成周则称为"中国"。另一
方面，何志虎反对这一观点，认为"中国"就是周人的国家自称。然而从铭文的内容来
看，这个说法几乎毫无说服力。陈致则认为"中国"指的是殷商在中原地区的旧领土，
和"内国"一词同义。可是从铭文内容来看，"中国"一词是在建设成周之际，以回顾周
武王遗志的形式提出的，故"中国"还是应该解释为成周的中心地位。窃以为，唐兰的
"建都于中心地区"、马承源的"'中国'是指天下四方的中心地区，也就是伊洛之间的
洛邑"、伊藤道治的"中央之地"等解释是最恰当的。

甲"政□成周四方绩，至于南淮夷"，可知成周是"四方"诸侯和各夷邦贡纳的人员、财物聚集之地。①

因此，意指成周的"中国"不是一个与"夷狄"相对的概念，而是代指整个"四方"统治结构的"腹地"所在。《诗经》《尚书》等传世文献关于"中国"的事例可用作旁证。②如《诗经·大雅·民劳》对比了"中国"和"四方"，认为给"中国"的"惠"可带来"四方"的安宁。诗句中"中国"和"京师"是互换关系，可知"中国"即"京师"，指代王都周边的邑田。换言之，《劳民》的"中国"不仅指成周，还包括畿内地区。然而，这里的"中国"还是"四方"的中心地区之意，依然不是和"夷狄"相对的概念。所以，我们认为"中国"最早的含义是"王朝统治秩序下的中心地"。

综上，西周史料中的"中国"是成周洛邑及畿内地区的称呼，而且这一阶段的"中国"并不是和"夷"或"玁狁"相对的概念。如前所述，西周史料中的"夷""玁狁"是和"诸侯""百姓"相对的，"诸侯"和"夷"杂居于王朝统治疆域——"四方（四国）"之内，其中心腹地即是"中国"。换言之，"中国"本来就不是与"夷狄"对立的词语，它没有"我们是中国""你们是夷狄"这种意识，而是指涵盖了

---

① 松井嘉德（1999 年，第 47、48 页）对今甲盘铭的"四方积（积）"论述道："来自淮夷等地的贡品作为'四方积'聚集于成周。成周从周初起便是王朝的中央都城——'中国'。所谓的'四方积'就是从'四方'（四国）聚集到'中国'的财赋。……联想到成周能向'四方'各邦下达'四方命'，那么对应'四方命'的'四方积'应该理解为'四方命'的源泉，即'四方'向周王积聚的贡品。"

② 《诗经》《尚书》中的"中国"，参见顾颉刚、王树民《"夏"和"中国"：祖国古代的称号》（史念海主编《中国历史地理论丛》第一辑，陕西人民出版社，1981 年），王树民《中华名号溯源》（史念海主编《中国历史地理论丛》第二辑，陕西人民出版社，1985 年）。不过，对于文章中认为"中国"一词指的是城墙都市内部的解释，笔者无法认同。何尊铭文中的"中国"是成周建设地的称呼，《诗经·大雅·民劳》的"中国"指畿内的田地（京师），两者均用作与"四方"相对的概念。多友鼎铭文中有"京师"一词，是玁狁进犯的多个邑的统称，而非指单一城郭都市内部。

"夷狄"的"四方"范围内的中心腹地。①

除了"中国",西周史料中还有"夏"的概念。尽管现存西周金文中没发现"夏",但在《诗经》《尚书》的部分章节中,"夏"作为西周时期的言论出现。《尚书·康诰》中称周文王建造的丰邑为"区夏",视之为"我一二邦""我西土"的中枢②。这里的"区"或应作"区域"解③,即《康诰》的记载中,周王朝的统治阶级认为宗周丰邑是"夏的区域"④。

"夏"不但可以指周室的中枢地区,还能表示周的政治结构和农耕文化所覆盖的空间。如《诗经·周颂·时迈》中,周王为有"懿德"的臣下排序时,称其所在的空间为"时夏"⑤;而在《周颂·思文》中,"时夏"的意思又变成了"后稷所遗留下来的农耕文化覆盖范围"⑥。这表明在周人认识里,周室的政治、文化属下的整体结构可称为"夏",然而这依然不是和"夷狄"相对的概念,反而像《思文》所说"无此疆尔界"那样,是一个开放性的架构。

---

① 《诗经·大雅·民劳》:"民亦劳止,汔可小康。惠此中国,以绥四方。无纵诡随,以谨无良。式遏寇虐,憯不畏明。柔远能迩,以定我王。"

② 询簋铭中诸夷和"成周走亚"一同出现,据此推测"夷"的隶属团体居住在成周城下。

③ 《尚书·周书·康诰》:"王若曰:'孟侯,朕其弟,小子封。惟乃丕显考文王,克明德慎罚,不敢侮鳏寡,庸庸,祇祇,威威,显民。用肇造我区夏,造我一二邦,以修我西土。惟时怙冒闻于上帝,帝休。天乃大命文王,殪戎殷,诞受厥命越厥邦厥民。惟时叙乃寡兄勖,肆汝小子封在兹东土。'"

④ 关于"区夏"的各种解释,顾颉刚、刘起釪《尚书校释译论》(中华书局,2005年)第1305、1306页有整理。至于丰邑这个地方,《诗经·大雅·文王有声》称之为"禹之绩",即大禹治下的遗迹,诗中还赞丰邑"四方攸同"。这表明,周人对丰邑的称呼有"区夏"和"禹绩"两个,是"四方"的人员、物资集中的中心地。"夏"为"四方"中心地——禹迹,详见本书第六章。

⑤ 《诗经·周颂·时迈》:"明昭有周,式序在位。载戢干戈,载橐弓矢。我求懿德,肆于时夏,允王保之。"诗中的"时夏"具体范围不详,考虑到有"懿德"的是臣下,推测"时夏"应该指王朝中枢的空间范围。

⑥ 《诗经·周颂·思文》:"思文后稷,克配彼天。立我烝民,莫匪尔极。贻我来牟,帝命率育,无此疆尔界,陈常于时夏。"这里的"时夏"表示周始祖后稷所创的农耕文化覆盖的空间,由此推知"时夏"不仅可以代指中心腹地,还能表示周人的整个活动范围。"夏"既有解作文化、秩序中心的例子,也有解作围绕中心的整个结构的例子。

综上所述,西周史料称非周人的异文化群体为"夷""玁狁""戎""蛮"等,而称王朝都城、京师为"中国"或"夏"。西周的"夷狄"并非居住在"中华"之外,不是"夷狄"的诸侯也并非"中华"。"中华"和"夷狄"最初并没有明确的对立关系,而是相互独立的认识概念。周人将文化风俗异于己的他者视为"夷""戎",但是在周人构建起的中华观念之中,"中华"所表示的是"四方"的中心及周室秩序与文化,而"四方"又包括了"夷""戎"在内。因此,我们认为"夷狄"和"中华"一开始是相互独立的观念。

第二节　春秋史料中"夷狄"的层累性

1. 春秋史料中的蛮夷戎狄

春秋时期编年史《春秋》经和《左传》中,除主角鲁国之外,还有八十多个国家出场。① 当中一部分国家拥有国名,君主称

---

① 《春秋》和《左传》中出场的国家数量有好几种计算方式,此处只列举《春秋》中出现的国家,如下 i、ii、iii、iv 四表。《春秋》以《左传》所录的经文为准。国名后括号内的数字为该国在书中的出场次数。表 iv 中的夷狄一般不写爵位,但如果灭国时君主被俘的话,则以"子"爵称之。

i:有爵位的诸侯,共三十七国(带 * 号者表示爵位有变动)

爵位	国　　名
公	宋[279]
侯	齐[388]、晋[311]、卫[239]、陈[150]、蔡[77]、纪[19]、邢[10]、随[2]、邓[1]
伯	郑[248]、曹[127]、杞*[59]、秦[40]、薛*[33]、北燕[5]、盛[4]、滑[3]、谷[1]
子	楚(荆)[166]、邾[115]、莒[80]、滕*[47]、吴[45]、小邾(郳)[29]、徐[14]、鄫[13]、顿[10]、沈[45]、胡[6]、郯[5]、郜[3]、夔[2]、谭[2]、弦[2]
男	许[62]、宿[3]
* 杞为侯爵[3]、子爵[3];薛为侯爵[1]、伯爵[19];滕为侯爵[2]、子爵[29]

"爵",这些国家属于"诸侯"。诸侯之外就是各种"夷""戎""狄",下文我们将这些非诸侯的群体统称为"蛮夷戎狄"。

《春秋》经和《左传》中能找到的蛮夷戎狄名称如下表:

蛮	群蛮、蛮夷
夷	淮夷、东夷、三夷、夷虎
戎	戎、骊戎、犬戎、山戎、北戎、姜戎、陆浑之戎、阴戎、九州之戎、伊洛之戎、戎蛮氏、茅戎、诸戎
狄	狄、白狄、赤狄(东山皋落氏、廧咎氏、潞氏、甲氏、留吁、铎辰)、长狄(鄋瞒、缘斯、侨如、焚如、荣如)、众狄、群狄

上表的蛮夷戎狄中,有一些君主意外地有"子"爵、"男"爵封号,不过大部分还是只写作"X夷""X狄",和诸侯是明确区分开的。各个蛮夷戎狄的分布地,自清朝以来已有多人做过详细考

---

ii:王朝卿大夫(内诸侯),共十四国

称呼	国 名
公	周[3]、虞[2]、州[1]
伯	单*[11]、毛[4]、召[4]、祭*[4]、凡[2]
叔	仍[1]、荣[2]
季	南[1]
子	刘[8]、尹[5]、温(苏)[3]
*单称伯[6]、子[5];祭称公[1]、伯[1]、仲[1]、叔[1]	

iii:经文中无爵位记录的国家,共三十五国

越(於越)[6]、黄[6]、江[6]、鲜虞[5]、莱[4]、萧[3]、巢[3]、介[3]、燕(南燕)[2]、遂[2]、须句[2]、牟[2]、州来[2]、厉(赖)[2]、向[1]、梁[1]、巴[1]、郧[1]、葛[1]、圈(鄻)[1]、偪[1]、郜[1]、英氏[1]、项[1]、诗(邿)[1]、阳[1]、下阳(虢)[1]、柳(崇)[1]、载(戴)[1]、于余丘[1]、郱[1]、六[1]、极[1]、庸[1]、廧咎如(赤狄)[1]

iv:有称呼的蛮夷戎狄

戎[19]	陆浑之戎[2]、戎蛮(曼)[2]、山戎[1]、姜戎[1]、洛戎[1]、贸戎[1]
狄[35]	赤狄[4](潞氏[1]、甲氏[1]、留吁[1])、白狄[3]
夷[2]	淮夷[2]
舒[4]	舒蓼[1]、舒庸[1]、舒鸠[1]

证①,此处不赘。就总体而言,"夷"主要分布在山东半岛至淮水流域,"蛮"分布在楚国周边的长江流域,"狄"则分布在晋地周边的今陕西、山西、河北的山林地带,"戎"的分布范围是最广的,陕西、山西、河北、山东都有他们的踪迹,几乎遍及整个黄河流域。

"夷""戎"都是继承自西周金文的概念。"蛮"本来是"四方"周边的总称,逐渐变成居住在长江流域的群体名称。"狄"在西周金文中用作动词,"远离"之意,但在春秋史料中则用作名词,并称"夷狄"。这或许是从"戎"分化出来的概念。《左传》中还有"众舒"(今安徽省舒城县周边)、"百濮"(长江中游楚国以南)等名称,推测应该是指居住在长江流域某个特定地区的蛮夷。

关于蛮夷戎狄,《论语》中有"被发左衽"之说(《宪问》),认识到他们和诸侯国之间文化习俗上的差异。《左传》中也有描写蛮夷戎狄的语句,如"被发祭野"(僖公二十二年),"不祀"(宣公十五年),不居住在城邑、"贵货易土"(襄公四年),没有车战习惯、徒步战斗(隐公九年、昭公元年),"饮食衣服不与华同,贽币不通,言语不达"(襄公十四年)。除此之外,《左传》还有认为"断发文身"是蛮夷的风俗(哀公七年)及"百濮离居"(文公十六年)等语句。这类描写在《左传》中比较多,也比较明显,但其实在《公羊传》中也有白狄不得行朝见的评价(襄公十八年),《谷梁传》中还有狄人的语言异于诸侯的解释(昭公元年、昭公五年)。

这些事例描写了蛮夷戎狄在语言、文化风俗、居住方式、战斗

① 蛮夷戎狄的地理分布,见江永《春秋地理考实》(《皇清经解》第三十一种)、顾栋高《春秋大事表》卷三九《春秋四裔表》、蒙文通《周秦少数民族研究》(龙门联合书局,1958年;后收入《蒙文通文集2:古族甄微》,巴蜀书社,1999年)、程发轫《春秋左氏传地名图考》(广文书局,1967年)、陈槃《春秋大事表列国爵姓及存灭表譔异》(《"中央研究院"历史语言研究所集刊》第三本,1969年)、舒大刚《春秋少数民族分布研究》(文津出版社,1994年)。

方式与"诸侯"的差异,同时指出蛮夷戎狄自身没有祭祀礼仪,与"诸侯"无外交关系。总之在人们眼里,蛮夷戎狄要么文化上与"诸侯"不同,要么干脆文化有所欠缺。当然,这有可能是刻板印象,我们可以另外讨论这些记载的真实性如何,但至少从春秋史料中我们可以肯定,当时的人们普遍认为蛮夷戎狄是与"诸侯"不同的异文化群体。另外,"众狄""群蛮""九夷"这些复合名词应反映了蛮夷戎狄群体没有统一为一个政治整体,而是分散居住在各处山林薮泽的。史料里之所以将春秋时期的诸侯和蛮夷戎狄分开写,极有可能是基于两者在语言、居住形式和文化风俗上的差异。①

另一方面,春秋史料中还有抛开具体文化差异,直接贬蛮夷戎狄为道德低下的"豺狼",视之为"禽兽"般存在的言论,当中以《左传》《国语》尤甚。《左传》有"戎轻而不整,贪而无亲"(隐公九年)、"戎狄豺狼,不可厌也"(闵公元年)、"狄无耻"(僖公八年)、"四奸具矣"(僖公二十四年)、"戎,禽兽也"(襄公四年)等言论,《国语·周语中》也有"夫戎、狄,冒没轻儳,贪而不让。其血气不治,若禽兽焉。……狄,豺狼之德也。……蛮、夷、戎、狄之骄逸不虔……"等事例。

综上所述,春秋史料中,蛮夷戎狄的记载是和"诸侯"明确区分的,作者对于他们抱有文化上的差异意识,同时也给予了蛮夷戎狄道德低下的评价。可是,春秋史料中并没有具体讨论"戎狄"生活环境或生计类型的记载,不像战国史料对"胡""貉"、秦汉对匈奴那么详细,窃以为这或许是因为春秋时期的戎狄和诸侯在中原地区上比邻而居吧。在此基础上,我们将进一步讨论春秋史料的二次"夷狄"认识。

---

① 史料中特别强调"戎"和"狄"的居住形式异于"诸侯",《左传》中有"戎狄荐居"(襄公四年)、"被发祭野"(僖公二十二年)等语句,描写戎狄住在城邑外的山林中的言论颇多。可能也正因为如此,史料对戎狄的战斗描写里一句话都没有提过攻城战。不聚居于城邑很有可能是《左传》的"戎狄"认识的基础。详见本书第二、三章。

2. 春秋史料的二次"夷狄"定性

除真正的蛮夷戎狄之外,《左传》和《公羊传》中还有给某个特定诸侯国定性为"夷狄"或"蛮夷"的情况。如果说真正的蛮夷戎狄是一次"夷狄",那这些倒霉的诸侯国就是二次"夷狄"了。各文献中对于二次"夷狄"定性的记载比较分散,大致可整理为如下几类:

A 长江流域的大国:楚、吴、越

B 山东地方的小国:莒、邿、杞、莱等

C 陕西地区的秦国

D 服从于楚国的诸侯:蔡、陈、许等

E 对中原诸侯的蔑称:晋、卫、郑、齐

我们先来看 A 项。楚国是长江中游的国家,在西周昭王时脱离周室统治自立之后,就一直被周王和诸侯视为蛮夷,在史书中写作"荆"或"荆蛮"。①《春秋》经文里一开始也接受了这种看法,视之为蛮夷戎狄,只写其国名"荆"或"楚",后来随着楚国与周

① 金文中对楚国的称呼如下:

器皿	收录及分期	铭文对楚国的称呼
令簋	《集成》4300,4301,西周昭王 《铭文选》94,西周昭王 【林】西周 II A 《通释》24	楚伯
过伯簋	《集成》3907,西周前期 《铭文选》102,周昭王 【林】II A 《通释》69	反荆
蠹簋	《集成》3732,西周前期 《铭文选》103,周昭王 《通释》68	荆

系诸侯交流日益频繁,渐渐地"楚子"这个加上爵位的名称成为主流。不过,实际上楚国是一个君主称"王",不在周王朝封建秩序范围内的长江流域大国。

楚国虽然是一个王权国家①,可是《公羊传》和《谷梁传》一直视之为"夷狄"②,斥之为"无义""无道"之国③,排挤性言论处

器皿	收录及分期	铭文对楚国的称呼
□驭簋	《集成》3976,西周中期 《铭文选》106,周昭王 《通释》70	楚荆
史墙盘	见前注	

可见,周昭王之后,楚国爵位被削,只写"荆"或"楚荆"。

① 《春秋·宣公十八年》:"甲戌,楚子旅卒。"《公羊传》对此记载:"何以不书'葬'?吴、楚之君不书'葬',辟其号也。"这里的"其号"无疑是指王号。《公羊传》在"桓公二年"和"定公四年"均有"楚王"记载,表明作者其实是知道楚国君主实际上是称王的。同样的观点还见于《礼记·坊记》:"子云:'天无二日,土无二王,家无二主,尊无二上,示民有君臣之别也。《春秋》不称楚、越之王丧。'"即不写楚国、吴国君主的王号是孔子之前已有的春秋笔法。

② 《公羊传》和《谷梁传》斥楚国为夷狄的言论出处如下:

公羊传	庄公十年 僖公四年、二十一年 文公九年 昭公十六年
谷梁传	庄公十年 僖公十五年、二十七年 文公元年 宣公十一年、十八年 襄公三十年 昭公十一年、十七年 定公四年

关于《公羊传》《谷梁传》的夷狄观研究,见山田琢《春秋の理想:公羊、穀梁二伝の夷狄観をめぐって》(《春秋学の研究》,明德出版社,1987 年)、日原利国《特異な夷狄論》(《春秋公羊伝の研究》,創文社,1976 年)、野间文史《公羊伝の思想》《穀梁伝の思想》两篇(《春秋学:公羊伝と穀梁伝》,研文出版,2001 年)。

③ 《公羊传·僖公二十一年》:"楚,夷国也,强而无义。""定公四年":"楚人为无道。"

处可见。相较于《公羊传》和《谷梁传》，《左传》对楚国的态度没那么反感，但依然明确地认为楚国是"荆蛮"①，斥之"非礼""无别"（僖公二十二年）。可见，《春秋》三传一致认为楚国是夷狄。

　　值得留意的是三传给楚国定性为"夷狄"的原因。《公羊传·僖公四年》谓"楚有王者则后服，无王者则先叛，夷狄也"，斥责楚国脱离了王朝秩序，故是夷狄。《左传·成公四年》则云"非我族类，其心必异"，强调楚国与周系诸侯血缘上的差异。② 有趣的是，和记载其他戎狄不同，两传并没有提到楚国在国家制度、外交关系或祭祀礼仪上的欠缺。③ 可见，楚国虽被视为蛮夷戎狄，但实际上和真正的蛮夷戎狄不同，是一个和周系诸侯一样具备同等的制度、礼仪的国家。④

---

① 《左传·昭公二十六年》载，王子朝亡命楚国，自称"窜在荆蛮"。

② 山田琢（1987 年，第 149 页）认为《公羊传》从道义层面斥责楚国为夷狄，说楚国、吴国是"因为无义、无道、淫乱等反道德行为而被视作夷狄的"。日原利国（1976 年，第 235，236 页）则认为《公羊传》是以"道义的有无、风俗或制度的不同"来区分夷狄，指出"划分华夷的标准局限于文化上的优劣"。然而，《公羊传》中并没有以"无义""无道"为由给某个群体定性为夷狄的言论，这些道义上的蔑视、非难等评价是先有了"楚国是夷狄"的印象之后才给楚国加上的。另外，这些道义上的评价能不能说成是"文化上"的差异，窃以为还有待商榷，毕竟《公羊传》中并没有具体记载吴楚二国的语言、风俗等文化习俗情况，很难说划分华夷的标准仅限于"文化上的优劣"。

③ 《公羊传》和《谷梁传》多次记载楚国"无君""无大夫"，但这并不意味着作者不知道楚国实际上既有君土也有大夫，而是因为《春秋》写作的世界里不允许楚国有人夫。《公羊传·文公九年》："椒者何？楚大夫也。楚无大夫，此何以书？始有大夫也。"这里说楚国刚好在这个时点才有大夫，但"僖公四年"早已记载"屈完者何？楚大夫也"，表明作者早就知道楚国之前就有大夫了。

④ 《左传》认识到周系诸侯与楚国的语言不同，以此作为楚国与周系诸侯血统不同的论据。宣公四年的虎乳子文传说载："楚人谓乳谷，谓虎于菟，故命之曰斗谷于菟。"即楚国语言中，"乳"说成"谷"，"虎"说成"于菟"，这被《左传》作者视为楚国语言的特征记载了下来。这和《孟子·滕文公上》所载的，说楚国语言是"南蛮鴃舌"的观点相同。关于虎乳子文传说，见谷口满《虎乳子文伝説の研究——春秋楚国の若敖氏について》，《東北大学東洋史論集》第 6 辑，1995 年。

吴国和楚国一样位于长江流域,同时也是被春秋三传一致定性为夷狄的王权国家①,不过被视为夷狄的原因和楚国有点不同。《左传》承认吴国的姬姓血统渊源,但又说吴国祖先是"弃在海滨,不与姬通"的"胄裔"(昭公三十年),所以不受周王封建,丧失周礼,染上了蛮夷"断发文身,臝以为饰"的风气(哀公七年)。除此之外,《左传》还有说吴国"发短"(哀公十一年)、"夷言"(哀公十二年)等事例,强调吴国与周系诸侯在语言和文化上的差异。《公羊传》同样承认吴国和姬姓"同宗"(哀公十二年),但也写了吴国和楚国一样僭称"王",是个轻佻、淫乱之国。②《谷梁传》的记载则糅合了两者,既说吴国风俗"祝发文身"(哀公十三年),又说吴人行淫乱,走上了"狄道"(定公四年)。

综上,《左传》强调吴国脱离王朝秩序结构和与周系诸侯在语

---

① 春秋三传一致定性吴国为夷狄,如下表:

	时间	对吴国的描述
左传	成公七年	蛮夷
	哀公十二年	夷
公羊传	成公十五年	夷狄
	襄公二十九年	
	昭公二十三年	
	定公四年	
	哀公十三年	
谷梁传	襄公十年	夷狄
	昭公十七年	
	哀公十三年	
	定公四年	狄之

② 《公羊传·襄公二十九年》载,为了传位给季子,季子诸兄"皆轻死为勇"。"定公四年"载吴国攻占楚都之后,作者论道:"君舍于君室,大夫舍于大夫室,盖妻楚王之母也。"认为吴国这种行为是"反(返)夷狄也"。

言、风俗上的差异;《公羊传》侧重吴国僭称王的问题,贬其道义低劣。春秋三传对吴国和楚国的描写之所以不同,窃以为原因应在于吴国建国晚于楚国,同时吴国王室在与周系诸侯的交流中强调自己的姬姓血脉,获得了周系诸侯的承认。[1]

至于越国,《左传·哀公元年》有伍子胥贬称越国为"蛮夷"的记载,可见越国也是被视为蛮夷的国家。对越国的"夷狄"性描写,《国语·越语下》里记载的范蠡之说较具代表性:

> 昔吾先君固周室之不成子也,故滨于东海之陂,鼋鼍鱼鳖之与处,而蛙黾之与同渚。余虽腼然而人面哉,吾犹禽兽也,又安知是諓諓者乎?

这句话强调了越国不属于周王朝封建秩序之内,被视为"禽兽"之事。

综上,春秋三传基于政治结构、血脉渊源、语言风俗上的差异,把称王的三个不属于周王朝封建秩序之内的长江流域大国——楚、吴、越定性为"夷狄""蛮夷",并给予二国道义低劣的评价。

再来看 B 项,山东至淮河流域的一些小国也被定性为"夷

---

[1]《左传·哀公十三年》载黄池之会:"秋七月辛丑盟,吴、晋争先,吴人曰:'于周室,我为长。'晋人曰:'于姬姓,我为伯。'"吴国和晋国在吴国姬姓血脉的前提下争夺伯爵地位。吴国在发展期间曾获得晋国的援助,推测吴国是靠着与周系诸侯的交流沟通获得了姬姓血缘传说的。关于吴国血缘传说的人为修改,见吉本道雅《吴:系谱の分析》,《立命馆文学》第 563 号,2000 年,后收入《中国先秦史の研究》,京都大学学术出版会,2005 年。

狄"。《左传》称莒、邾、杞、徐、巢、郯、偪阳、莱等国为"蛮夷"或
"夷"[1],《公羊传》说邾娄(邾)、牟、葛、介是"夷狄"[2],但《谷梁传》
只视莒、徐为"夷狄"[3]。这些诸侯小国在《春秋》经文中大部分要
么只有"子"爵号,要么干脆连爵位、君主或大夫名都不记载。

从《春秋》经文的记载推测,春秋时期的鲁人似乎对这些国家
有着某种歧视心理。邾国和莒国在地理上离鲁国很近,在春秋三
传中却均被定性为"夷狄""蛮夷"。这两个国家是异姓诸侯,且封
建传承较为模糊[4],有可能是夷人建立的国家。《左传》中说鲁国
和晋国是"兄弟",并斥邾莒两国为"蛮夷",强调血缘上的差异
("兄弟"详情见后文)。从《左传》对邾国和莒国的言论出发,同理
可知对于山东地区的其他小国,应该也是出于血缘的原因视之为
"夷狄"的。[5]

C 项的秦国,《公羊传》和《谷梁传》中均有"夷狄之""夷也"

---

[1]《左传》中出现过的山东"夷""蛮夷"诸国有莒国(成公八年、昭公十三年)、邾国(僖公二十一年、昭公十三年)、杞国(僖公二十三年、二十七年、襄公二十九年)、徐国、巢国(成公七年)、郯国(昭公十七年)、偪阳国(襄公十年)、莱国(定公十年)。

[2]《公羊传》视邾娄、牟、葛(桓公十五年)、介(僖公二十九年)几个小国为"夷狄"。

[3]《谷梁传》中被视为"夷狄"的山东国家只有徐国(僖公十五年)、莒国(成公九年)两国,但对莒国的描写是"莒虽夷狄,犹中国也"。

[4]据陈槃(1969 年),邾国、莒国是曹姓(《左传》昭公二十五年、哀公二十三年),乃颛顼、陆终后裔(《国语·郑语》)。然而邾公钘钟铭(《集成》102,春秋/《铭文选》828,春秋邾桓公/《通释》222)显示,陆终后裔的说法实际上是邾国自称的。谷口满《祝融诸子伝承の成立》(《文化》第 40 卷第 3、4 号,1977 年)指出,拥有陆终始祖传说的大多是那些无法准确追溯封建历史的蛮夷戎狄国家。吉本道雅(2006 年,京都大学)也有提及邾国和莒国原来都是"夷"。

[5]《左传》对杞国的描写是"夏余"(夏的后裔),但"用夷礼""即东夷"。因此杞国原来极有可能也是夷国。吉本道雅(2006 年,京都大学)引西周后期史密盨铭中的"杞夷"一词,认为当时杞国已经不再被视为诸侯,而被视作夷狄。杞国的"夏"起源见于《论语·八佾》和《左传》,推测出现于春秋时期,或是杞国与周室诸侯交流密切之后,被周系诸侯认可为前代王朝后裔的结果。

"狄之"①等言论,《左传》中也有"戎狄"之语,且极有可能说的就是秦国。②《春秋》经文中,秦国是有"伯"爵地位的国家,可是依然没有明确的封建传承遗留下来,目前普遍认为秦国起源于"戎"。③ 秦国在春秋前期曾一度帮助晋国"勤王",但后来又因为郑国问题与晋国反目。公元前 627 年秦晋殽之战,秦国战败,退出了以晋国为盟主的诸侯同盟。

　　记载了殽之战的《春秋》僖公三十三年条,《公羊传》以"夷狄之"三字释之,即云《春秋》视秦国为夷狄;《谷梁传》则说"秦之为狄,自殽之战始也"。《公羊》《谷梁》二传均以殽之战为秦国堕落为夷狄的契机。至于《左传》,也斥秦国"无礼"(僖公三十三年)。总之,秦国在殽之战后退出了同盟体制,再加上其或出自"戎"的血统,导致了春秋三传一致将之定性为"夷狄""戎狄"。④

---

① 《公羊传·僖公三十三年》:"夏四月辛巳,晋人及姜戎败秦于殽。其谓之秦何? 夷狄之也。""昭公五年":"秦伯卒。何以不名? 秦者夷也,匿嫡之名也。其名何? 嫡得之也。"《谷梁传·僖公三十三年》:"夏,四月,辛巳,晋人及姜戎败秦师于殽。不言战而言败何也? 狄秦也。其狄之何也? 秦越千里之险入虚国,进不能守,退败其师徒,乱人子女之教,无男女之别。秦之为狄,自殽之战始也。"顺带一提,《春秋》经文中记载秦国的事例见于僖公三十三年和文公十年条,不同之处在于僖公三十三年条在《公羊传》所录经文中作"秦",在《左传》《谷梁传》中作"秦师"。

② 《左传·僖公十五年》:
　　　　十月,晋阴饴甥会秦伯,盟于王城。秦伯曰:"晋国和乎?"对曰:"不和。小人耻失其君而悼丧其亲,不惮征缮以立围也,曰:'必报雠,宁事戎狄。'"
这里的"宁事戎狄"如作"宁可侍奉戎狄"解,那么"戎狄"就是晋人对秦国的称呼了。

③ 参见吉本道雅(2005 年,第二部下编第三章)。

④ 吉本道雅(2007 年)指出,《管子·小匡》中的"秦戎"是第一份视秦国为"戎狄"的记载,视秦国为"戎狄"是在公元前 3 世纪齐秦二国对立的背景下形成于齐地的观念,《公羊传》斥秦国为"夷狄"正是基于此。不过,近年公开的竞之定豆、竞之定鬲铭文(吴镇烽《竞之定铜器群考》,《江汉考古》2008 年第 1 期)中有"救秦戎,大有功于洛之戎"一句,且该铜器很有可能铸于春秋末期至战国前期的楚国境内,再加上《左传》和后文所述《战国策·魏策三》的记载,似乎视秦国为夷狄的不仅是齐国一国的做法,而是所有东方诸侯国的共同认识,故不应该将"秦国夷狄论"的起源限定在《管子》。考虑到秦国的戎人血统,其自身为"西戎"所包围,殽之战后被各国孤立的情况,"秦国夷狄论"或是在东方诸侯国之间酝酿而成的共同观念。

D 项见于《春秋·昭公二十三年(公元前 519 年)》,《公羊传》对这段经文有一段稍显特殊的"夷狄"论:

> 经:戊辰,吴败顿、胡、沈、蔡、陈、许之师于鸡父。胡子髡、沈子楹灭,获陈夏啮。
>
> 传:此偏战也,曷为以诈战之辞言之? 不与夷狄之主中国也。然则曷为不使中国主之? 中国亦新夷狄也。

《公羊传》做了一个设问——这明明是两军相会的正面决战,怎么就写成了看起来像是一方偷袭的袭击战了呢? 这是因为《春秋》的表述中,"夷狄"和"中国"同时出现时,"夷狄"不得作为主体。[①] 那么为什么不干脆改成以"中国"为主体的表述呢? 那是因为"中国"诸国也是"新夷狄"。

如上,这里的"中国"指的是顿、胡、沈、蔡、陈、许几个国家,"夷狄"毫无疑问指的是吴国,然后《公羊传》在这基础上给这几个小国定性为"新夷狄",原因何在? 东汉人何休认为是由于周室衰落然诸侯不救,君臣上下失序,人们纷纷效仿夷狄之行所致。[②] 可是,当时不救周室的不止这几个国家,"夷狄之行"的具体内容也不详,这个解释难以服众。真正原因应该是清人孔广森所云,这些诸侯在当时是归属"夷狄"楚国统辖的。[③] 《公羊传》对那些

[①] 正如野间文史(2001 年)所说,"戊辰,吴败顿、胡、沈、蔡、陈、许之师于鸡父"是以吴国这个"夷狄"为主体的表述,如果以"中国"诸侯为主体的话,要改成"戊辰,顿、胡、沈、蔡、陈、许之师及吴战于鸡父"。

[②] 何休《春秋公羊传解诂》:"中国所以异乎夷狄者,以其能尊尊也。王室乱,莫肯救,君臣上下坏败,亦新有夷狄之行,故不使主之。"

[③] 孔广森《春秋公羊通义》《皇清经解》正编九〇)"昭公二十三年"条:"陈、蔡新受楚封而率小国以附楚,故曰新夷狄也。六国为夷楚役,亦不可与使为主。"

明明是周室封建,却归顺于"夷狄"楚国的诸侯,一方面承认其是
"中国",另一方面又斥之为"新夷狄"。因此,这段史料的意思是
在承认顿、胡、沈、蔡、陈、许是"中国"的前提下,基于其政治归属,
给它们新加了"夷狄"的定性。①

E项是仅见于《谷梁传》的"夷狄"。楚、吴、秦、莒等国在三传
中均被视为"夷狄",但《左传》和《公羊传》一些不被认为是"夷狄"
的国家在《谷梁传》中也被定性为"夷狄"。例如《春秋·隐公七
年》提到滕侯,传中便说滕国是"狄道"之国②,同年经文中还谈到
"戎",传中谓这个"戎"就是卫国③;还有"昭公十二年"经文中提
到"晋伐鲜虞",传中说这个"晋"是"狄之"(当之为狄)④;"襄公七
年"传中斥弑杀郑伯投楚的郑国臣下是"夷狄之民"⑤;"定公十
年"更有贬齐人是"夷狄之民",其风俗是"夷狄之俗"的记载⑥。

---

① 高津纯也《先秦时代の"諸夏"と"夷狄"》(《日本秦漢史学会会報》第 1 号,2000 年)
　认为这些"新夷狄"诸侯是被排除在"中国"之外的,窃以为不妥,《公羊传》中的"中
　国亦新夷狄也"一句明显是指这些国家同时存在"中国"和"夷狄"两项属性。
②《谷梁传·隐公七年》:
　　经:滕侯卒。
　　传:滕侯无名,少曰世子,长曰君,狄道也。
③《谷梁传·隐公七年》:
　　经:冬,天王使凡伯来聘,戎伐凡伯于楚丘以归。
　　传:凡伯者何也? 天子之大夫也。国而曰伐,此一人而曰伐何也? 大天子之命
　　也。戎者卫也。戎卫者,为其伐天子之使,贬而戎之也。
④《谷梁传·昭公十二年》:
　　经:晋伐鲜虞。
　　　传:其曰晋,狄之也。其狄之何也? 不正其与夷狄交伐中国,故狄称之也。
⑤《谷梁传·襄公七年》:
　　传:郑伯将会中国,其臣欲从楚,不胜其臣,弑而死。其言不弑何也? 不使夷狄
　　之民加乎中国之君也。
⑥《谷梁传·定公十年》:
　　传:颊谷之会,孔子相焉。两君就坛,两相相揖。齐人鼓噪而起,欲以执鲁君。
　　孔子历阶而上,不尽一等,而视归乎齐侯,曰:"两君合好,夷狄之民何为来为?"
　　为命司马止之。齐侯逡巡而谢曰:"寡人之过也。"退而属其二三大夫曰:"夫人
　　率其君与之行古人之道,二三子独率我而入夷狄之俗,何为?"

《谷梁传》的这些言论和《公羊传》的"新夷狄"论一样，是基于某种原因对周系诸侯的贬称。《谷梁传》中有不少传文继承或引用自《公羊传》[①]，或许《谷梁传》这种"夷狄"论也是对《公羊传》"夷狄"论的继承和发展。上述这些国家被定性为"夷狄"的原因较为明确，滕国是因为不正嫡子之名；卫国是因为攻击周天子的使者；晋国是因为和楚国这个夷狄一起攻击"中国"；郑国是因为脱离了"中国"诸侯跟了楚国；齐国是因为在会盟现场绑架了鲁侯。总之，这些诸侯都是因为做了一些违反王室、诸侯间应遵守的秩序和规范之事，才被视为"夷狄"的。这种情况下的"狄"或"夷狄"并不是基于血缘或文化风俗差异的认识，而是一种纠察不法行为的否定性概念。

综上所述，春秋史料针对 A～E 的诸侯国专门构建了二次"夷狄"认识，不过不同文献的侧重点不同。《左传》侧重与周系诸侯的血缘、文化风俗差异，《公羊传》则强调脱离王朝政治结构、道义低劣等特征，不过在视吴楚两国（A）为夷狄，以及歧视莒国、邾国（B）这两点上，《左传》和《公羊传》都是一样的。《公羊传》还有"新夷狄"论，专门针对归顺于楚国的各国（D），《谷梁传》在此基础上新增了一个特殊的"夷狄"论，用以纠察周系诸侯的犯规行为（E）。窃以为，D 项的"新夷狄"论是以 A 项的"楚国＝夷狄"观点为前提而形成的附加性观念，E 项的特殊"夷狄"论又进一步继承了 D 项，从原则论上泛化、尖锐化后而成。

总之，春秋史料中的二次"夷狄"认识，其思想基础包括对蛮夷戎狄出身的诸国的血缘歧视，以及对脱离拥戴周室这一诸侯秩

---

① 佐川修《〈公羊〉〈穀梁〉二伝先後考》（《東北大学教養部文科紀要》第 1 集，1958 年；后收入《春秋学論考》，东方书店，1983 年）、山田琢（1987 年）第九章《穀梁伝の成立について》、野間文史（2001 年）第五章《穀梁伝の成立とその伝文構造》

序的国家的排挤意识,在这基础上再赋予道义低劣等恶评。那么,既然此时的"夷狄"具备如此复杂的性质,与之相对的"中华"又是个怎样的框架呢?

第三节　《左传》的"中华"言论

1.《左传》的"中国"认识

西周史料中,"中国"指王朝中心腹地;春秋史料中,"中国"一词的含义扩大至包括多个诸侯在内,开始有了与"夷狄"一词对立和划分的意味。"中华"一词,粗略可分为"中国"和"华夏"两个体系,《左传》中"中华"和"华夏"都很常见,但《公羊传》和《谷梁传》更倾向于使用"中国"一词。我们这一节先来讨论《左传》对"中国"的记载。

《左传·庄公三十一年》载:

> 三十一年夏六月,齐侯来献戎捷,非礼也。凡诸侯有四夷之功,则献于王,王以警于夷。中国则否,诸侯不相遗俘。

齐侯给鲁国献山戎俘虏,《左传》认为诸侯如果擒获"四夷"战俘的话应该献给周王,而擒获"中国"战俘的话则不献于王,诸侯之间也不得互赠俘虏。可以肯定,这里的"中国"至少是与"山戎"相对的,指的是一定范围内的"诸侯"国家。同样的观点详见于《左传·成公二年》:

> 晋侯使巩朔献齐捷于周。王弗见,使单襄公辞焉,曰:

> "蛮夷戎狄,不式王命,淫湎毁常,王命伐之,则有献捷。王亲
> 受而劳之,所以惩不敬、劝有功也。兄弟甥舅,侵败王略,王
> 命伐之,告事而已,不献其功,所以敬亲昵、禁淫慝也。……
> 夫齐,甥舅之国也,而大师之后也,宁不亦淫从其欲,以怒叔
> 父,抑岂不可谏诲?"士庄伯不能对。

公元前 589 年,晋国在鞌之战中取胜,向周王献齐国俘虏,周王说
王室接受献俘、下赐赏赐仅限于征战"蛮夷戎狄"的场合,不会承
认对"兄弟甥舅"的战果。周王以齐国是周室的"甥舅之国",同时
也是大师吕尚后裔为由,反过来质问晋国使者"就不能想办法劝
谕一下自己的国君吗"。由此可见,"庄公三十一年"的"中国"明
显是指"诸侯"中的所谓"兄弟甥舅"。

"兄弟甥舅"的详情见本书第四章,《左传》的"兄弟"指鲁、晋、
卫、郑、蔡、邢等周室同姓(姬姓)诸侯,"甥舅"指与周王室或姬姓
诸侯有姻亲关系齐、宋、陈等异姓诸侯。故"兄弟甥舅"是一个拥
有周初封建的历史因由,以王室血统或姻亲关系为基础的血缘框
架。《左传》中就说身为"兄弟"的鲁国和身为"夷狄"的楚国是不
同"族类"的(成公四年),又主张鲁国在同盟内的地位应高于其他
"蛮夷"诸侯(襄公二十九年,昭公十三、二十三年)。

这种基于血缘的"兄弟甥舅"概念与《战国策》《韩非子》等战
国文献中记载的"兄弟"含义迥异。[①] 可以肯定的是《左传》的"兄

---

① 如《战国策·魏策一·张仪为秦连横说魏王》:"合从者一天下,约为兄弟,刑白马以
盟于洹水之上,以相坚也。"《魏策二·五国伐秦》:"燕、齐,仇国也;秦,兄弟之交也。
合仇国以伐婚姻,臣为之苦矣。"《韩策三·或谓韩王》:"不如急发重使之赵、梁,约
复为兄弟。"《宋卫策》中就有《宋与楚为兄弟》一节。《韩非子·存韩》:"夫韩以秦为
不义,而与秦兄弟。"可见战国时期的言论中,"兄弟"来自现实的同盟、联姻关系,而
非血缘。

弟甥舅"至少反映了春秋时期特有的一种关系,而以"兄弟甥舅"为对象的"中国"论既不同于西周史料中的"中国",也不同于后来战国史料中的"中国",其独特性非常明显。这个独特性体现在它是以血缘而非地区或文化为基础的诸侯间归属意识,明确地提出与"蛮夷戎狄"的政治对立。

"成公二年"中说只有"蛮夷戎狄"的俘虏可献给王室,这或许是春秋时期的王朝与诸侯间默认的统治理念。西周时期的诸侯屡屡依"王命"讨伐"夷"或"玁狁",献俘虏给王室[1],春秋时期的霸主晋国也曾献过楚国和狄的俘虏[2]。献不在周室统治结构之下的蛮夷戎狄俘虏,是自西周以来周王与诸侯之间一直保留着的仪式性行为(详见本书第五章)。

《左传》之中还有把周王室畿内城邑阳樊视为"中国"的记载(僖公二十五年)。这段记载的语境和"庄公三十一年""成公二年"一样,都是以亲近的"中国"对比外侧的"四夷",说只有四夷的征伐和俘虏才是被允许的,故认住在王室直辖城邑内的国人为"中国"。又"昭公九年"载,晋国把戎迁进王室的土地,周王怒道:"戎有中国,谁之咎也?"可知,王室畿内的土地同样可称为"中国"。这些将王室畿内的人员或土地视为"中国"的言论,应该是继承自周王朝"京师=中国"的观念。但要强调的是,这是《左传》转化自拟制血亲的概念,以与"夷狄"对立的形式借人之口说出来而已。

同样强调血缘的言论,继承自《左传》的《国语》的记载更为详细。《国语》提到了"我王室之一二兄弟"与"戎狄"在仪式上的区

---

[1] 西周时期诸侯伐"夷"并献俘虏之事,见松井嘉德(1999年),亦可见本书第五章。

[2]《左传·僖公二十八年》载,晋楚城濮之战中,晋国获胜,晋文公向周王献楚国俘虏。又,"宣公十五年"载,晋国献赤狄俘虏。

别(《周语中》),区分了"天子之父兄甥舅"和"蛮夷戎狄",批判了对"父兄甥舅"行使武力的行为(同),又从二元对立的角度谈到"王之支子母弟甥舅"和"蛮荆戎狄"(《郑语》)等。总之,《国语》倾向于从血缘差异角度划分"中华"和"夷狄",这也是《国语》华夷论的一大特征,与《公羊传》《谷梁传》形成鲜明对比。

2. 《左传》中的"诸夏"和"诸华"

如上所述,共享王命的"兄弟甥舅"被视作"中国",类似的概念还有"诸夏""诸华""华夏"等名称。西周史料中,"中国"意味着"四方"的中心,但在春秋史料中,"中国"变成了囊括多个诸侯的语境框架,"夏"也不再指周王朝的大本营,而是扩大至表示特定诸侯国。

《左传·昭公十五年》载晋文公"抚征东夏"。晋文公建立了霸主体制,这段记载将服从于晋文公的诸侯称为"东夏"。同样,"昭公元年"记载晋国执政赵文子的功绩云:"子相晋国,以为盟主,于今七年矣。再合诸侯,三合大夫,服齐、狄,宁东夏,平秦乱……"这里的"东夏",是相对于周室故地的"夏"[①]而言,属于东边的"夏",指的是黄河中下游流域的诸侯。

《左传·成公十三年》回顾了晋文公确立霸权的过程,记载了吕相的绝秦论,里面有同样的表述:"文公躬擐甲胄,跋履山川,踰越险阻,征东之诸侯,虞、夏、商、周之胤,而朝诸秦。"这里的"东之诸侯,虞、夏、商、周之胤"显然与"昭公十五年"的"东夏"是同一个含义。我们具体来看一下晋文公统领的诸侯,公元前 632 年(僖

[①]《左传·襄公二十九年》载,吴国公子聘于鲁国,提到了《秦风》的诗歌,云:"此之谓夏声。夫能夏则大,大之至也,其周之旧乎?"即《左传》认为秦=周故地,也属于"夏"的一分子。

公二十八年)践土之盟中鲁、齐、宋、蔡、郑、卫、莒国,温之盟中鲁、齐、宋、蔡、郑、陈、莒、邾、秦国奉晋国为盟主。这些尊晋国为盟主的东方地区诸侯就称为"东夏"。

《左传》中,尊晋国为盟主的同盟体制称为"夏盟",这可以作为旁证证明《左传》认为晋国属下的同盟诸侯都是"夏"。如"襄公二十四年"载范宣子言:"昔匄之祖,自虞以上为陶唐氏,在夏为御龙氏,在商为豕韦氏,在周为唐杜氏,晋主夏盟为范氏。"

不过,《左传》所认识的"夏"并不仅限于晋国同盟体制内。公元前645年,齐桓公率领宋、鲁、陈、卫、郑、许、曹国军队驰援遭受楚国攻打的徐国,《左传·僖公十五年》对此解释道:"楚人伐徐,徐即诸夏故也。"虽然传文中没有明确记载"即诸夏"的具体内容,但从齐国率领诸侯救援这点来看,可以肯定徐国属于"夏"的阵营。换言之,尊晋国或齐国为盟主的中原东部诸侯,在《左传》中都属于"诸夏""东夏"的一分子。[1]

这种"夏"的用例是派生义,其原义是指周王朝的中枢地区或文化、秩序。霸主体制下的同盟秩序在理念上尊周室,在形式上试图重构王朝秩序。[2] 参列的各个诸侯视认同"周＝夏"这个理念的国家为己方,保持着盟内的和平局面,但另一方面也酝酿出了对盟外国家的排挤意识。[3]

---

[1]《左传·昭公十九年》以"诸夏"来形容尊晋国的诸侯:"楚子为舟师以伐濮。费无极言于楚子曰:'晋之伯也,迩于诸夏,而楚辟陋,故弗能与争。'"

[2] 吉本道雅《春秋齐霸考》(《史林》第73卷第2号,1990年)、《春秋晋霸考》(《史林》第76卷第3号,1993年)、吉本道雅(2005年,第二部上篇第二、三章)论述了春秋时期霸主体制秩序结构在理念上以王朝为顶点。本书第四、五章也讨论了晋国霸主体制与"诸夏"之间的关系。

[3]"夏"的含义的扩大过程见本书第六、七章。从"禹迹"原指宗周丰邑之地,到了春秋时期扩大为指诸侯都城、春秋中后期的秦公诸器铭文中说秦公统治"蛮夏"、《论语·八佾》有"诸夏"概念来看,最晚在春秋后期之前,"诸夏"就有了指多个诸侯国的含义了。

齐国、晋国组成的同盟中,核心是鲁、宋、蔡、郑、陈、卫这些"兄弟甥舅"诸侯。《左传·闵公元年》:"戎狄豺狼,不可厌也;诸夏亲昵,不可弃也。"这句话是用来表示齐国和邢国之间的"兄弟甥舅"关系的。为了说明这种"亲昵"关系,用了"诸夏"这个概念。又,"僖公二十一年"谈到任、宿、须句、颛臾这些小国"服事诸夏"的历史。颛臾是臣属于鲁国的附属国①,由此可知身为姬姓诸侯的鲁国也是"诸夏"的一员。

综上,《左传》中的"东夏""诸夏"指位于中原东部的诸侯,属于"兄弟甥舅""中国"的一员。不过要强调的是,"诸夏"虽然理念上以"兄弟甥舅"为核心,但在实际上所表示的范围要更广,只要与诸侯国有着现实同盟关系或交好都可以被视为"诸夏"。例如前引"成公十三年"的记载中,莒国和邾国这些"蛮夷"国家竟然能够被视为"虞、夏、商、周之胤",还能加入晋国作为盟主的"夏盟"。这表明,能够参与会盟的不仅是周室封建诸侯,其他有着夏朝、商朝甚至更古老的始祖传说的诸侯也能参与,这些诸侯通过会盟论资排辈,形成了相对的秩序。

与"夏"同义的概念还有"华"。"襄公四年(公元前569年)"载:

> 无终子嘉父使孟乐如晋,因魏庄子纳虎豹之皮,以请和诸戎。晋侯曰:"戎狄无亲而贪,不如伐之。"魏绛曰:"诸侯新服,陈新来和,将观于我。我德则睦,否,则携贰。劳师于戎,而楚伐陈,必弗能救,是弃陈也。诸华必叛。戎,禽兽也,获戎失华,无乃不可乎?"

----

① 《论语·季氏》:"夫颛臾,昔者先王以为东蒙主,且在邦域之中矣,是社稷之臣也。"

晋悼公欲讨伐戎狄,魏庄子认为不可,因为晋国统率的同盟目前还不稳定,发兵戎狄会招来"诸华"叛离。这里所说的"诸华"显然是指"新服"于晋国的各个"诸侯"。又,"襄公十四年"载,范宣子要逐附属于晋国的姜戎子出会盟的会场,姜戎子反驳道:"我诸戎饮食衣服不与华同,贽币不通,言语不达,何恶之能为? 不与于会,亦无膋焉。"这里的"华"指的是和"诸戎"反义的"诸侯",准确而言也是指晋国之下与会的同盟诸侯国。

"定公十年(公元前 500 年)"记载了夹谷之会的情形,其中有这么一段言论:

> 十年春,及齐平。夏,公会齐侯于祝其,实夹谷。孔丘相,犁弥言于齐侯曰:"孔丘知礼而无勇,若使莱人以兵劫鲁侯,必得志焉。"齐侯从之。孔丘以公退,曰:"士兵之! 两君合好,而裔夷之俘以兵乱之,非齐君所以命诸侯也。裔不谋夏,夷不乱华,俘不干盟,兵不偪好。于神为不祥,于德为愆义,于人为失礼,君必不然。"齐侯闻之,遽辟之。

"莱人"是为齐国所灭的山东小国,其遗民被抓到齐国参军。齐侯想利用莱人俘虏在与鲁侯会盟的会场内绑架鲁侯。对此,孔子表示反对,认为边境之民不应介入"夏"的关系,蛮夷戎狄不应扰乱"华"的秩序,已成俘虏者不应加入"盟",武器不应带入结"好"的场所,遂命军士诛杀莱人。

要注意的是,这里的"华""夏"是与"盟""好"并列的,用以说明齐鲁关系。《左传》借孔子之口,指出鲁国和齐国之间共享的秩序是"华""夏"。"华"与"夷"相对,"夏"与"裔"相对,不变的是双方均指齐鲁之间缔结的"国际性"会盟关系。即,"华"和"夏"都是用来代指以"兄弟甥舅"为核心的诸侯间秩序关系的词语。①

第四节 《公羊传》《谷梁传》的"中华"言论

1.《公羊传》与《谷梁传》的"中国"认识

比起"诸夏",《公羊传》和《谷梁传》更多地用"中国"一词。我们先列举一下当中较具特征的条文。《春秋·襄公七年(公元前566年)》载:

> 十有二月,公会晋侯、宋公、陈侯、卫侯、曹伯、莒子、邾娄子于鄬。郑伯髡原如会,未见诸侯,丙戌,卒于操。

晋侯主持国际会盟,郑伯在参会路上死于操这个地方。《公羊传》对此解释道:

> 操者何? 郑之邑也。诸侯卒其封内不地,此何以地? 隐之也。何隐也? 弑也。孰弑之? 其大夫弑之。曷为不言其大夫弑之? 为中国讳也。曷为为中国讳? 郑伯将会诸侯于鄬,其大夫谏曰:"中国不足归也,则不若与楚。"郑伯曰:"不可。"其大夫曰:"以中国为义,则伐我丧;以中国为强,则不若楚。"于是弑之。

---

① "华"和"夏"并称"华夏"之事见于《左传·襄公二十六年》,用来指晋楚相争不下的郑国。

《公羊传》梳理了"中国"的不义、孱弱导致郑伯被弑的经过,并解释了《春秋》经文为了隐匿这段史实而故意不写清楚的原因。从上下文来看,这里的"中国"指的就是以晋国为盟主的北方同盟诸侯(晋、宋、鲁、陈、卫、曹、莒、邾娄)。《公羊传》中明确称晋国统率的同盟诸侯为"中国",当中还包括了身为"夷狄"的邾娄。对于《春秋》经的这段记载,《谷梁传》的解释比《公羊传》还极端:

> 未见诸侯,其曰"如会"何也? 致其志也。……其见以如
> 会卒何也? 郑伯将会中国,其臣欲从楚,不胜其臣,弑而死。
> 其不言弑何也? 不使夷狄之民加乎中国之君也。

即使同是郑国人,但是想赴会盟的郑国国君是"中国之君",反对赴盟的郑国臣下就是"夷狄之民"。这也证明了"中国"指的是以晋国为中心的诸侯国际秩序,想要从这个秩序中抽离出去投身楚国旗下的臣下被定性为"夷狄之民",从"中国"沦落为"夷狄"。

综上,《公羊传》和《谷梁传》都认为以霸主为中心,拥戴周王的多国同盟体制为"中国",并以之与"夷狄"对立。这一"中国"论的内容无疑与上文讨论过的《左传》"诸夏""诸华"是重合的。因此,我们首先可以肯定的是,这两份文献基本上立足于与《左传》同样的"中华"认识,只不过具体的"中国"论还是各具特色的。

2.《公羊传》的"中国"论特色

《公羊传》全书中提到了十八次"中国"①,能够知道具体国名

---

① 《公羊传》的"中国"事例,见隐公七年、庄公十年、庄公十八年、僖公二年、僖公四年、僖公九年、僖公二十一年、文公十二年、宣公十五年、襄公二年、襄公七年、襄公八年、昭公元年、昭公二十三年、昭公二十五年、定公四年、哀公十三年、哀公十四年条。

的有凡(周)、鲁、齐、宋、晋、蔡、陈、卫、曹、许、莒、邾娄、顿、胡、沈，共十五国。如前所述，当中的邾娄国被视为"夷狄"，蔡、陈、顿、胡、沈这些是从属于楚国的"新夷狄"。有趣的是，《公羊传》中有些诸侯同时具备"中国"和"夷狄"两种性质。例如邾娄国是"夷狄"，但在"襄公七年"中又说它是"中国"。另外，蔡、陈、顿、胡、沈这些国家既是"中国"，也是"新夷狄"，所谓"中国亦新夷狄也"，虽然是"中国"，但已经沦落为"夷狄"了。

《公羊传》"中国"论的另一个特征是对楚、吴等长江流域王权强烈的排斥思想。在"庄公十年"楚国俘获蔡侯和"僖公二十一年"楚子俘获宋公的记载中，《公羊传》均以"不与夷狄之获/执中国也"评之，展现出一种"中国"诸侯与"夷狄"楚国对立的结构。一方面，《春秋》经文在"庄公二十三年""僖公四年""文公九年"认同楚国，在"襄公二十九年""昭公二十三年""定公二年"认同吴国在某种程度上的"进步"，但另一方面，《公羊传》传文中依然说"许夷狄者，不一而足也"(文公九年)，对两国还是采取根本上否定的立场。

日原利国指出，《公羊传》从来没有承认过楚国和吴国向"中国"的同化①。尽管《春秋》经文对楚国的称呼有着"荆—楚—楚子"的变化，但《公羊传》传文中一直视之为"夷狄"，由始至终都是排斥态度。这表明，《公羊传》的夷狄论始终贯穿着强烈排斥僭称王号，脱离周王朝秩序结构的国家的意识。

《公羊传》的"中国"论第三个特征是承认"中国"未必是礼仪、文化兼优的国家，反而有可能是疲敝、衰弱的国家。例如"僖公四

---

① 日原利国(1976年)指出，《公羊传》中虽然写了"夷狄"有可能进化至"中国"，但实际上根本不承认"夷狄"的同化，这与认为"夷"必然转化为"华"的《孟子》、认为黄河流域即是"夏"，"夏"与楚、越可以相互转换的《荀子》的观点大异其趣，详见后文。

年"："夷狄也,而亟病中国,南夷与北狄交,中国不绝若线。桓公救中国,而攘夷狄,卒怗荆,以此为王者之事也。"对齐桓公救援衰亡的"中国"之功赞不绝口。又,"襄公七年"："以中国为义,则伐我丧;以中国为强,则不若楚。"承认了"中国"无论是道义上还是实力上均已衰退的局面。

综上,《公羊传》的"中国"论和"夷狄"论,不一定是以"文化"为标准划分的,更多的是在斥脱离王朝政治结构的国家为"夷狄"的基础上,强调其道义的低劣。即《公羊传》的"中国"论和"夷狄"论的逻辑是以政治基础区分华夷,并将之置换为道义上的落差。

《公羊传》的"诸夏"和"中国"基本上是同义词。"成公十五年"载：

> 经:冬十有一月,叔孙侨如会晋士燮、齐高无咎、宋华元、卫孙林父、郑公子鰌、邾娄人,会吴于钟离。
>
> 传:曷为殊会吴? 外吴也。曷为外也? 春秋内其国而外诸夏,内诸夏而外夷狄。王者欲一乎天下,曷为以外内之辞言之? 言自近者始也。

传文认为记载钟离之会的《春秋》经文是将吴国定位为"诸夏"之"外"的存在。《公羊传》在这里提出了一个多层内外结构,即"其国"(鲁)—"诸夏"(晋、齐、宋、卫、郑、邾娄)—"夷狄"(吴)。鲁国是中心,鲁国之外的同盟诸侯是"诸夏",吴国是"夷狄"。可见,《公羊传》的"诸夏"和《左传》一样,都表示晋国同盟体制内的诸侯,当中包括了"夷狄"邾娄。

平势隆郎和高津纯也认为《公羊传》的"中国"仅指齐国及其周边地区,是战国齐国为了夸示自身及其属国领域而创作出来的

"特别领域",且当中的"诸夏"和"中国"不同,指的是西边国家,而且地位要比"中国"低一些。① 然而,从上述记载我们可知,这一解释是不准确的。将《公羊传》的"诸夏"解释为齐国领域外的地区,其实忽视了"成公十五年"中齐国的高无咎也是"诸夏"一分子的事实。将"中国"解释为齐国中心的领域,其外侧一律是"夷狄"的解释也不能成立,因为《公羊传》明确把凡②、晋③、郑、蔡、陈定位为"中国",把邻近齐国的邾娄定位为"夷狄"。况且《公羊传》本来就没有什么夸奖"中国"的言论,认为"中国"是某个王权为了自夸而设定的"特别领域",根本是无稽之谈。

3.《谷梁传》的"中国"论特色

接下来我们来谈《谷梁传》的"中国"论特征。《谷梁传》全书

---

① 平势隆郎《〈春秋〉と〈左伝〉》(中央公論社,2003 年)第一章、《都市国家から中華へ》(講談社,2005 年)第四章(译者注:中文版即《从城市国家到中华》,广西师范大学出版社,2014 年);高津纯也《春秋三伝に見られる"華夷思想"について》(《史料批判研究》創刊号,1998 年)、《春秋公羊伝何休注の"中国"と"夷狄"について:公羊伝文との比較から》(《史料批判研究》第 7 号,2006 年)。

② 平势、高津二人认为《公羊传》不承认凡(周)是"中国"。《公羊传·隐公七年》载:

　　经:冬,天王使凡伯来聘,戎伐凡伯于楚丘以归。

　　传:凡伯者何? 天子之大夫也。此聘也,其言伐之何? 执之也。执之则其言伐之何? 大之也。曷为大之? 不与夷狄之执中国也。其地何? 大之也。

平势隆郎(2003 年,第 129、130 页)认为"不与夷狄之执中国也"只是说"(《春秋》)不写夷狄捕获中国",并没有说凡伯就是"中国"。然而,《公羊传》所谓的"不与",是为了解释为什么《春秋》不承认"夷狄(戎)"捕获了"中国(凡伯)"这一事实,要将"戎执凡伯"改成"戎伐凡伯"。这里的"夷狄"明显是戎,"中国"明显是凡伯,根本不可能解读成"并未以'凡伯'为'中国'"。

③ 高津纯也(1998 年)引《春秋·昭公十二年》晋伐鲜虞一事,认为《公羊传》把晋国剔除出了"中国",视之为"夷狄"。但实际上《公羊传》对经文的这段记载根本一句解释都没有,翻查整本《公羊传》也找不到一例能够证明视晋国为"夷狄"的语句,反而在"襄公二年""襄公七年""襄公八年""哀公十三年"的记载中能找到视晋国为"中国"的例子。认为《春秋》经文视晋国为"夷狄"的解释始见于《春秋繁露·楚庄王》和《谷梁传》,但《公羊传》找不到这类解释。

一共提到了 31 次"中国",能找到的具体国名有鲁、宋、蔡、齐、卫、曹、陈、晋、郑、缯、莒、邾、滕、薛、杞、小邾、鲜虞、顿、胡、沈、许。《左传》中所谓的"诸夏""诸华",指的是多国同盟内的几乎所有成员国。《谷梁传》也和《左传》一样,认为拥戴周王室的同盟诸侯就是"中华"。详细论述可见本书第四章。

但是《谷梁传》的华夷论相较于《左传》和《公羊传》,有着自身的明确特征。其一,《谷梁传》认为"中国"和"夷狄"不能并存。前文已述,在一系列"中国"诸侯中,只有莒国被《谷梁传》无条件地定性为"夷狄",正所谓"莒虽夷狄,犹中国也"(成公九年),莒国处于"夷狄"和"中国"之间的灰色地带。这表明《谷梁传》认为"夷狄"与"中国"是本质上不能并存的两种属性,莒国是两者的过渡形态。《左传》基于血缘的差异认为邾、莒、杞、郯等诸侯是"夷狄",而"中华"是包括了"夷狄"在内的框架,然而《谷梁传》基本上不承认"中国"内部有"夷"。[1] 即,《谷梁传》的"中国"定义不再以血缘为标准,而是真真正正地指位于黄河流域的所有诸侯国。

其二,《谷梁传》在上述基础之上,对"中国"诸侯用了一套新的道义评价"夷狄"论,即更强调两者的相互转换性——"中国"可以堕落成"夷狄"。如前所述,晋、齐、卫、郑、滕等"中国"诸侯因为做了"不正"之行,遂在《谷梁传》中被打作"狄",说其堕入"狄道"。这一思想基于道义上的价值判断,认为"中国正道"(哀公四年)与

---

[1]《公羊传》中,"中国"内部的诸侯里只有邾娄国被无条件地定性为"夷狄"。可以确定,基于血缘差异的认识在《公羊传》《谷梁传》二传中已经大幅消退了。再者,《公羊传》在讨论"中国"时,是包括邾娄这个"夷狄"在内的;而《谷梁传》则认为莒国是处于"夷狄"和"中国"之间的过渡状态。这些记载都舍弃了"中华"和"夷狄"的重叠结构。

"狄道"相对,强调两者之间的相互转换性。① 简而言之,《谷梁传》一方面继承了《左传》和《公羊传》的内容,另一方面淡化了血缘这个本质差异,转而特别强调从抽象的道义评价去论述"中国"与"夷狄"的非此即彼及相互转换性。

再者,对于《春秋·昭公十二年》记载的"晋伐鲜虞",《谷梁传》云"其曰晋,狄之也。其狄之何也?不正其与夷狄交伐中国,故狄称之也",说鲜虞是"中国"的一分子。有观点据此认为,《谷梁传》的"中国"仅指以鲜虞为中心的那一片区域,其外侧都是"夷狄"②。但是,这种解释很荒唐。本书第三章将会提到,《谷梁传》这段文字的主旨在于批判晋国,而不是赞扬鲜虞。况且《谷梁传》中提到的"中国"还有鲁、宋、曹、陈、缯、邾、滕、薛、杞、小邾、顿、胡、沈、许等诸侯,提及鲜虞的只有这一处,根本无法认为鲜虞处于中心的位置。视鲜虞为"中国",是因为《谷梁传》的华夷论是非此即彼的,"夷狄"之外的诸侯国全部都是"中国",而非特别重视鲜虞一国。

第五节　春秋史料中华夷认识的层累性

在第二至四节中,我们分别梳理了《左传》《公羊传》《谷梁传》三者的"夷狄"认识及"中华"论。和西周史料不同,春秋史料的"中华"是和"夷狄"对立的体制。"中华"含义的变化并不意味着周室的文化和礼仪的扩大,恰恰相反,这表明王权衰弱,诸侯之间相互构建起同盟体制或友好关系,以"中华"作为同盟内部的共同

---

① 关于《谷梁传》对于周系诸侯的"夷狄"论,野间文史(2001 年,第 265 页)认为:"'夷狄'本来指文化异于中国诸侯、民族也异于中国诸侯的群体,但是在《谷梁传》中,'夷狄'已经脱离了其原来的含义,变成了一个贬义词了。"
② 高津纯也(1998 年)、平势隆郎(2005 年,第四章)。

意识及划分同盟内外的标识。春秋史料的"中华"并非某个有礼仪、有文化的国家,更多地是一个功能概念,指的是霸主之下拥戴王室的同盟诸侯。

在华夷思想的言论中,春秋史料的"中华"和"夷狄"相对,但实际上"诸华"里是有一部分"夷狄"诸侯的,而且诸侯国自身领土内也居住着不少蛮夷戎狄,因此"中华"和"夷狄"之间存在一定的层累关系,大致是以下三种差异意识的层累:

> (1) 诸侯国与"蛮夷戎狄"之间的差异;
> (2) 诸侯内部的"兄弟甥舅"与"蛮夷""小国"之间的差异;
> (3) 拥戴周室的同盟诸侯与同盟外势力之间的差异

(1) 是继西周史料以来,划分"诸侯"与蛮夷戎狄的一次"夷狄"意识。《春秋》和《左传》中描写蛮夷戎狄的首领时,会加上"子"或"男"的爵位,但是这里的"子""男"是作为"戎""狄"等夷狄的分类记号标上的,和普通诸侯的区别很明显。况且春秋史料从语言、居住形式、祭祀、外交、战争形式等差异出发,贬蛮夷戎狄为道义卑劣的存在。或许当时存在着划分两者的文化风俗层面边界。但另一方面,当时的诸侯和蛮夷戎狄住得非常近,两者之间甚至互有婚姻、同盟乃至君臣关系。尤其是晋国,有很多"戎""狄"服从于其势力之下。① 春秋时期的诸侯国对于一同共享某片区域的蛮夷戎狄,又跨越了文化的区别与之相联系。

---

① 晋国军队内有大量"戎""狄"士兵,详见本书第二、三章。

（2）是基于血缘的诸侯间差异意识，可分为共享周初封建记忆或与周室有着血缘、姻亲关系的"兄弟甥舅"诸侯，以及除此之外的"蛮夷""小国"诸侯，这种差异意识承认双方之间存在级差。《左传》《公羊传》尤其视山东小国为"蛮夷"，这或许是源于鲁国人对于有着夷人血统诸国的优越感。春秋时期的国际社会中，除诸侯和蛮夷戎狄的差异之外，诸侯国相互之间也有血缘鄙视链。

（3）是在前两者的差异意识之上构建起来的"中华"和"夷狄"划分。在春秋史料中，"中华"框架是以霸主中心的多国同盟为基础构建的。《左传》称这种同盟体制为"夏盟"，盟内成员诸侯为"诸夏""诸华"；《公羊传》称盟内成员诸侯为"中国"，鲁国之外的同盟诸侯为"诸夏"；《谷梁传》称华北地区的全体同盟成员国为"中国"。值得一提的是，"中华"同盟体制内一直有两个不属于"兄弟甥舅"的"蛮夷"诸侯——莒国和邾国。这表明，"中华"框架的核心固然是基于血缘关系的"兄弟甥舅"，但另一方面也超越了血缘差异意识，实现了更高维度的统合。

另一方面，"诸夏"和"中国"的概念孕育出了强烈排斥同盟外他者的逻辑。春秋时期的霸主中心多国同盟一直不承认蛮夷戎狄的参与，即当时的诸侯国是彻底排挤蛮夷戎狄进入同盟体制的，详见本书第四章。

又，以齐国或晋国为中心的同盟体制，与南方大国——楚国的对立非常明显。在《公羊传》《谷梁传》中，在长江流域称王的楚国、吴国，以及脱离了同盟体制的秦国都被视为"夷狄"，书中充斥着大量对这三个国家的排挤、蔑视言论。和《公羊传》《谷梁传》相比，《左传》这种歧视论调较为淡薄，但依然视楚国和吴国是君临"荆蛮""蛮夷"之地的国家。

同时，三传中又对吴国积极与诸侯交流、积攒善行的做法表示赞许，还有一些认可吴国"进化"或者加入"诸华"的言论。① 学界在以往认为这是三传承认"夷狄"同化为"中华"的例子。但实际上，《左传》和《公羊传》认为吴国是"夷狄"之国这个观点从来没变，不能认为这真的是百分百同化。说白了，《左传》和《公羊传》只不过是承认了吴国这个"夷狄"的一部分进化，本质上对于吴国的描写还是对"夷狄"和"中华"定义的老调重弹。

综上所述，春秋史料的"夷狄"和"中华"之间，至少可以找到三层差异意识——诸侯国与蛮夷戎狄、兄弟甥舅与蛮夷及小国诸侯、同盟诸侯与同盟外势力。诸侯国与蛮夷戎狄之间及诸侯国相互之间还各自形成了跨越上述三种层累边界的统合关系，例如春秋时期的晋国一方面控制了"戎"和"狄"，另一方面又是拥戴周王的"夏盟"主宰；鲁国一方面鄙视其周边的"蛮夷"诸侯，另一方面又与其一同加入同盟体制内。此外，"夏盟"彻底排斥真的蛮夷戎狄，又在盟内区分"兄弟"和"蛮夷"，这表明盟内诸侯国之间同时存在多种级差关系。春秋史料的华夷论结构是层累性的。

第六节　战国史料的华夷言论

春秋史料的"夷狄"认识是层累性的，在层累性的"夷狄"认识之上又形成了自身的"中华"意识，即以同盟体制框架为"中华"，构建起一系列华夷思想言论。那么，春秋史料的华夷言论和战国

---

① 《公羊传·定公四年》载，吴国出兵援蔡伐楚，传文赞之"夷狄也，而忧中国"；《谷梁传·哀公十三年》也夸吴国身为一介"夷狄"，也能够"合乎中国"；《左传·昭公三十年》："吴，周之胄裔也，而弃在海滨，不与姬通。今而始大，比于诸华。"说吴国虽然是不属于封建体制内的"胄裔"，但因为与诸侯交好，成为能够比肩"诸华"的国家。不过，《左传》在后来依然说吴人"发短"（哀公十一年）、斥遭吴国拘禁的卫侯"效夷言"（哀公十二年），还是认为吴国是文化上的"夷"。

史料相比具有怎样的特征呢？下面我们先来概述一下战国史料中的华夷言论。

1. 天下观念的形成与"华夷"认识的变化

我们在序章中曾经谈到，战国史料中存在精确数值范围的"天下"观念。最早提出"天下"观念的文献，目前能够追溯到的是战国中期的《孟子》。

《孟子·梁惠王上》："海内之地，方千里者九，齐集有其一。"这里的"海内"即是"天下"，是九个领土"方千里"的战国国家集合体。"方千里"的九倍即"方三千里"，也就是说《孟子》认为"天下"四方面积为三千里。这表明，最晚在孟子活动的前 4 世纪后半期前，已经有了"方三千里"的"天下"观。

战国末期的《吕氏春秋》则认为这"方三千里"的地区是共同文化圈，将之与周边地区区分开来。如《慎势篇》就认为"方三千里"的领域是礼制、交通、语言都相通的文化圈："凡冠带之国，舟车之所通，不用狄鞮，方三千里。"另一方面，《恃君览》把"天下"区域的外侧，如"非滨之东，夷、秽之乡""扬、汉之南，百越之际""氐、羌、呼唐、离水之西""雁门之北"等地区统统视为未确立君主权的未开化地区，居住着的都是"麋鹿禽兽"之民。在《孟子》中只是被认为是"海内"的"方三千里"地区，在战国末期前已经被视为共享语言、交通、礼仪制度的"冠带"文化圈了。

在这种"天下"观念出现的战国中期之前，原来活动于春秋时期的蛮夷戎狄有的成功独立建国①，有的被吸收到诸侯国域内，

---

① 春秋后期，狄人建立了鲜虞中山国，详见本书第三章。

自此湮灭①。在战国史料中,出现了居住在中原地区周边的"夷狄"。② 当中最明显的变化就是中原地区"戎""狄"消失和长城地带"胡""貉"崛起。

战国时期的西北地区居住着义渠等"西戎"(《史记·匈奴列传》),而东边的今鄂尔多斯、山西北部、河北北部、辽宁等与战国赵国、燕国接壤的地区居住着林胡、楼烦、东胡等族群,这些族群统称为"胡"或"貉"。③ "胡""貉""戎"分布的地区正是包围着华北平原的"长城地带"。随着春秋时期的结束,曾经点缀于华北平原之上的"戎""狄"消失了,分布于长城地带的"胡""貉""戎"在汉语史料中崭露头角。

战国史料的"胡""貉""戎"认识强调该群体与"中国"在生计类型上的差异。《孟子·告子下》:"夫貉,五谷不生,惟黍生之。无城郭宫室、宗庙祭祀之礼,无诸侯币帛饔飧,无百官有司。"说的是"貉"与中国不同,是个未开化地区,农耕生产力低下,制度、礼仪等均未具备。至于"胡",从《战国策·赵策二》的"胡服骑射"故事中就能知道其有着骑马习俗。又,《韩非子·十过》中记载"戎

---

① 春秋时期蛮夷戎狄的消亡,参见吉本道雅(2006 年,京都大学)。
② 战国史料中的蛮夷戎狄概况,见杨宽《战国史(增订本)》,上海人民出版社,1998年,第 283～287 页。春秋史料的"戎""狄"和战国史料的"胡"的差异,见林沄《戎狄非胡论》,《金景芳九五诞辰纪念文集》,吉林文史出版社,1996 年。
③ 林胡、楼烦、东胡的记载见《战国策》,如《赵策二》:"今吾国……白常山以至代、上党,东有燕、东胡之境,西有楼烦、秦、韩之边,而无骑射之备。"《燕策一》:"燕东有朝鲜、辽东,北有林胡、楼烦。"
统称长城地带以北的人为"胡""貉"的记载,见《孟子·告子下》:"夫貉,五谷不生,惟黍生之。"《墨子·兼爱中》:"古者禹治天下,……北为防、原、泒、注后之邸,嘑池之窦洒为底柱,凿为龙门,以利燕、代、胡、貉与西河之民。"《荀子·强国》:"今秦……北与胡貉为邻,西有巴戎。"《史记·匈奴列传》记载春秋时期的情况,陇西有"绵诸、绲戎、翟、貆之戎",今宁夏有"义渠、大荔、乌氏、朐衍之戎",晋北有"林胡、楼烦之戎",燕北有"东胡、山戎"。但是,对于义渠、林胡、楼烦、东胡的记载要在战国之后才出现,这里很有可能是司马迁将之和前 4 世纪的"戎""胡"认识搞混了。

王"终日耽于秦国所赠的"中国"女乐,导致"终岁不迁,牛马半死",最终亡国。可见"戎"也是畜牧民族。这种基于生计类型差异和骑马习俗来定性非"中国"群体的做法,在《左传》的"戎""狄"观念中是不被认可的。① 这种行文上的变化应是华北平原的"戎""狄"或被合并,或遭驱赶,加上中原地区与长城地带的区域差异日益明显的结果。

上述这些包围着中原地区的"夷狄"之人统称为"戎、夷、胡、貉、巴、越之民"(《吕氏春秋·义赏》),和"冠带中国"的诸侯无论在语言、地区还是生计方面都不同。相对地,战国各国虽然在政治上相互对立,但也互相承认是"天下"内部的"诸侯"。就这样,战国时期诸侯国之间逐渐形成了"冠带=非戎、夷、胡、貉、巴、越"的意识,而这个意识正是所谓的"汉人"意识的雏形。

2. 对秦国、楚国的"夷狄"定性

如上,战国时期依然存在着划分诸侯国与蛮夷戎狄的差异意识,而且位于"天下"内部的战国各国之间还残留着视长江流域的楚国和西方的秦国为"夷狄"的认识。例如《孟子·滕文公上》载孟子蔑称楚人许行为"南蛮鴂舌之人",《荀子·儒效》又说"居楚而楚,居越而越,居夏而夏",强调"夏"(黄河流域)与楚国、越国的文化差异及相互转换性。这表明,对于楚国的差异意识,在战国时期依旧残留着。

---

① 《管子·小匡》载齐桓公"中救晋公,禽狄王,败胡貉,破屠何,而骑寇始服"。从字面上来看,这是汉语文献中关于骑马游牧民族的最早记载,但这不可能是春秋时期的事实,而是基于战国各国与"胡""貉"接壤的认识而创造出来的。翻查《左传》和《公羊传》,完全找不到认为"狄"是骑马游牧民族的认识,齐桓公的这些远征也应该只是创作而已。关于《小匡》等文献中的齐桓公故事,本书第二章论述了其虚构性。

　　不过,说楚国是夷狄这个观点所秉持的论据,春秋史料和战国史料大相径庭。如前所述,《左传》和《公羊传》之所以说楚国是夷狄,是因为楚国并非姬姓血缘,要么就是因为楚国僭称王号,所以斥其是夷狄,否认其道义。然而,战国史料说楚国是夷狄,只不过是因为楚国的语言风俗不同中原而已。产生这种变化的直接原因是春秋时期的同盟体制瓦解,血缘上的对立结构逐渐淡薄。再考虑到楚人许行搬到齐国居住、荀子出仕楚国等事例,战国时期的思想家们带起了南北移动和文化交流,导致名义上"不用狄鞮"的汉语文化圈虽然形成了,但实际上口语的地区差异更为显著。战国史料如此强调语言差异,或许就是这种情况的反映。

　　至于秦国,《战国策·魏策三·魏将与秦攻韩》中,朱己对魏王说:"秦与戎翟同俗,有虎狼之心,贪戾好利而无信,不知礼仪德行。苟有利焉,不顾亲戚兄弟,若禽兽耳。"这番话视秦国的文化风俗和"戎翟"相同,是非礼、非道德的"禽兽"。① 春秋史料中虽然也说秦国是"夷狄",但还没到斥之为"禽兽"的程度。战国时期,秦国进军东方,使得东方各国对秦国有了强烈的反感,再加上秦国与"戎""胡"接壤的地区性②,两相结合之下,斥秦国为"夷狄"的观点逐渐尖锐。

---

① "魏策三"的这段故事同样见于马王堆《战国纵横家书》第十六章,日本学术界一般认为这是公元前 260 年左右秦昭王末期的故事,见佐藤武敏监修,工藤元男、早苗良雄、藤田胜久译注《馬王堆帛書戦国縦横家書》,朋友书店,1993 年,第 193～209 页。
　　视秦国为"戎狄"的观点又可见于《史记·商君列传》:"始秦戎翟之教,父子无别,同室而居。今我更制其教,而为其男女之别,大筑冀阙,营如鲁、卫矣。"吉本道雅(2005 年,第 381 页)指出,这是从《左传》《公羊传》中的"无别"类道义评价里衍生出来的"夷狄"论。不过,说秦人的居住方式和畜牧民族一样的观点是在战国史料才出现的。
② 战国秦文化的地区性及其受到的"北方系"文化影响,见杜正胜《周秦民族文化"戎狄性"的考察:兼论关中出土的"北方式"青铜器》,《大陆杂志》第 87 卷第 5 期,1993 年

综上所述，战国史料中，"天下"内部存在二次定性的"夷狄"，即楚国和秦国。相较于春秋史料，战国史料并没有基于血缘或同盟体制的差异意识，而是强调语言风俗的差异（对楚）和贬斥其道义低劣（对秦）。可见，战国史料的"夷狄"论比起王朝秩序或者血缘关系，更多地强调地区、文化上的差异。①

既然以地区、文化的差异来划分华夷，那就意味着"夷狄"可以通过移居、学习来同化或转变为"中华"。《孟子》说"以夏变夷"是必然的（《滕文公上》），舜原是"东夷之人"，周文王原是"西夷之人"，两者都是"夷人"出身，但依然可以成为"中国"的统治者（《离娄下》）。《荀子》也说"夏（雅）"与楚、越的不同不在于"知能材性"或"天性"这些先天条件，而在于"注错习俗""积靡"等后天养成的行为习惯（《荣辱》《儒效》）。

《孟子》和《荀子》的"夷狄"论并不像春秋史料那样强调"夷狄"脱离周王朝政治结构或者和姬姓诸侯在血缘上的差异，反而着重谈及"夷狄"与中原的地区性、文化性差异。这种差异不仅反映了文献成书年代的不同，还反映了言论作者的立场和对象的时代差别。换言之，通过讨论春秋时期历史而构建起来的"夷狄"论，和战国时期的"夷狄"认识之间，存在着颇耐人寻味的差别。

3. 战国史料的"中华"观念与华夷思想

我们讨论了战国史料中的"戎、夷、胡、貉、巴、越之民"及秦楚

---

① 吉本道雅（2007 年）从"性"和"习"两方面论述两种华夷论的差异，认为战国时期其实同时存在春秋式和战国式两种华夷论。《左传》和《国语》的华夷论强调"性"的差异，而《孟子》和《荀子》的华夷论则基于"习"来展开，并发展为同化论。这种差异不仅反映了文献的成书年代差异，还反应了立论者的立场及对象年代的差异。

二国，那么战国史料中的"中国""夏"又是如何的呢？简而言之，战国史料中对"中国""夏"的认识可大致分为三种。

第一种，认为只有黄河中游的周、郑、韩、魏四国才是"夏"或"中国"。《战国策·楚策三》载，张仪对楚王说："彼郑、周之女，粉白墨齿，立于衢闾，非知而见之者，以为神。"楚王对曰："楚，僻陋之国也，未尝见中国之女如此其美也。"显然，楚王所谓的"中国之女"就是"郑、周之女"。同书《秦策三》中又载："今韩、魏，中国之处，而天下之枢也。王若欲霸，必亲中国而以为天下枢，以威楚、赵。"这里说韩国和魏国是"中国"的地方[①]。上述两番言论认为战国各国之中的黄河中游国家是"中国"。《史记·货殖列传》中也有说河南、南阳一带是"夏人"居住地的记载，表明这种认识一直流传到西汉中期。

第二种，认为除秦楚二国之外的整片黄河流域是"中国"。《孟子·梁惠王上》载，孟子对齐宣王说："然则王之所大欲可知已。欲辟土地，朝秦、楚，莅中国而抚四夷也。"孟子称除"四夷"和"秦、楚"之外的所有中原诸侯为"中国"。又，《战国策·楚策一》中苏秦对楚王说："大王诚能听臣之愚计，则韩、魏、齐、燕、赵、卫之妙音美人，必充后宫矣。"这和前引张仪与楚王对话的语境完全一样，依然是视秦楚二国之外的所有诸侯为"中国"。至于《荀子·荣辱》中作为与楚、越对比的"夏"，应也是基于同样的认识。

第三种，认为所有战国国家共同组成的"天下""九州"是"中国"。《史记·孟子荀卿列传》引战国中期思想家邹衍之言："以为儒者所谓中国者，于天下乃八十一分居其一分耳。中国名曰赤县

---

① 《战国策》也有说宋国是中国的言论，见《燕策二》："且夫宋，中国膏腴之地，邻民之所处也。"

神州。赤县神州内自有九州岛,禹之序九州岛是也。"邹衍所处时期的儒家认为大禹所治的"九州"(天下)就是"中国"。

综上,战国史料中的"中华"言论所指的范围至少有三重含义:(1)仅指黄河中游;(2)指秦楚二国之外的黄河流域诸侯;(3)指整个"天下""九州"。这表明,当时人们是共享"黄河中游＝中华"这个观念的,然后会随着比较对象不同对"中华"含义做出一定延伸。战国各国之间,一方面形成了文化上的共同性,但另一方面"中华"的具体范围并非固定的,而是一个复式、可变的区域概念。

再者,认为"中国""夏"的文化优于其他地方也是战国史料的"中华"观念的一个特征。《战国策·赵策二》赵武灵王胡服骑射故事中有这么一段话:

> 臣闻之:中国者,聪明睿知之所居也,万物财用之所聚也,贤圣之所教也,仁义之所施也,诗书礼乐之所用也,异敏技艺之所试也,远方之所观赴也,蛮夷之所义行也。

这段话认为"中国"是包含赵国在内的"冠带"之国,在知识、物产、道德、文化、技术等方面都非常杰出的文明世界。此处的"中国"已经用作一个褒义概念了,而这种下定义式的"中国"文化认识在春秋史料里是没有的。

以"礼"来划分华夷的言论也在战国史料中出现。《荀子·修身》:"容貌、态度、进退、趋行,由礼则雅,不由礼则夷固僻远、庸众而野。"以有无"礼"作为划分"雅(夏)"和"夷固僻远"的标准;同书《劝学》中也有以学习礼乐作为划分"人"和"禽兽"的标准,所谓"为之人也,舍之禽兽也"。华夷的划分标准收敛于有无"礼"的言论,终于在《荀子》中找到了。

结　语

综上,我们讨论了西周史料、春秋史料、战国史料中所见的"夷狄"观念、"中华"观念和华夷思想的各事例。本章的观点可简单归纳如下:

第一,"夷狄"和"中华"本来是相互独立的两个观念,将两者二元对立的华夷思想要到春秋史料中才出现。西周史料中,周王朝的统治阶层把组成王朝的元素命名为"诸侯""百姓",而区别于"诸侯""百姓"的异文化集团就是"夷狄"。而且西周史料中的"中国"并非"诸侯""百姓"的统称,而是指王朝统治疆域——"四方"的中心腹地。"夏"也一样,指王朝中心腹地或周室文化、秩序。也就是说,"夷""獫狁"等蛮夷戎狄最初是汉语人口用来称呼异文化团体的"他者认识","中华"最初也不是民族"自称",而是周王朝统治阶级为了彰显其统治、文明层面等的"核心性"而创造的观念。

第二,春秋史料中"中华"和"夷狄"的层累性质。《左传》中的"中华"和"夷狄"至少有三层差异意识——(1)诸侯国与蛮夷戎狄;(2)"兄弟甥舅"诸侯与"蛮夷""小国";(3)"中华"内部同盟诸侯与同盟外势力。至于判断"夷狄"的标准,有语言、文化风俗、血缘、王朝秩序、礼仪道德等等。"中华"则是以齐国、晋国率领下的同盟体制为基础,在上述三种层累性差异上构建起来的,"中华"内部也有可能存在"夷狄"。"中华"是多个诸侯国的结合,这固然意味着"中华"观念的扩张,但这种扩张的结果是华夷思想的诞生,"中华"与蛮夷戎狄、楚国、吴国、秦国等"夷狄"国家之间显现出清晰的对立局面。

第三,春秋史料和战国史料的华夷思想有所不同。相较于春秋史料,战国史料有几个新的观点:其一是出现了以生计、生态环境的差异划分华夷,并视"戎""胡"为畜牧民族、骑马民族的认识;其次是将"中国""夏"限定在一定的区域内,如以"方三千里"为"冠带"之国或《孟子》《荀子》中对比黄河流域(夏)和长江流域(楚、越)的言论;再者,以血缘关系、同盟内外来划分华夷的做法减少了,取而代之的是以语言文化的差异、有无"礼"来划分,且明确提出"夷狄"可以同化进"中华","中华"也能转为"夷狄"。

综上所述,"中华"观念始于西周史料,在春秋、战国史料中含义不断扩大。在这个过程中,"中华"有时候还包括了"夷狄"在内,是一个层累性的关系概念。从而,当我们要考证先秦时期"中华"和"夷狄"关系的时候,一味地去试图找一个划分两者的唯一标准是不可行的,因为两者之间明显存在断层。另外,以华夷二者非此即彼为前提,限定整份文献的"中华"范围,说这是文献作者故意设定的"特别地域",这种做法也是荒唐的。更可取的做法是认为"中华"是在各种差异认识的基础上构建起来的,同时与非此即彼的二元对立华夷思想保持距离。

第二章 春秋时期的"戎"

序 言

中国古代汉语文献中的"戎""狄"不知是何民族,尤其是在春秋时期,这些民族的实际情况着实萦绕着许多谜团。本章我们将选取《左传》中的"戎"为对象,提出几个问题角度,试图考证"戎"到底是怎样的人群,并以之窥得春秋时期"夷狄"观的一丝端倪。

第一节 春秋时期的"戎""狄"问题

第一章中我们已提到,"戎"这个概念早就见于西周时期的金文史料中,是活动于诸侯国邻近的非周室武装团体的统称。《左传》中出现了更多的"戎""狄",他们和周系诸侯或会盟,或成亲,或开战,关系纷繁复杂。《史记·匈奴列传》中记载这些"戎""狄"是骑马游牧民族——匈奴的祖先,所以直到今天还有人认为"戎""狄"是北方游牧民族。[①] 另

---

① 王国维《鬼方混夷獫狁考》(《观堂集林》卷十三,1923年)立足于《史记·匈奴列传》的史观,从发音的角度考证先秦时期的鬼方、混夷、獫狁、戎、狄与匈奴一脉相承,都是"外族"。相对地,江上波夫《匈奴の盛衰とその文化の変遷》(《ユウラシア古代北方文化》,全国书房,1948年)和内田吟风《匈奴源流考》(《北アジア史研究·匈奴篇》,同朋舍,1975年)则对獫狁、混夷、戎、狄与匈奴的连续性提出质疑。

外,随着长城地带的考古学材料不断增加,学术界开始尝试比定文献中的"戎""狄"的现实民族归属(族属)。①

　　"鄂尔多斯式"或"北方系"的中国北部边境青铜器文化出现于商周时期,其考古学上的后期相当于春秋中期至战国前中期。在这段时期里,甘肃—宁夏地区、内蒙古中南部、冀北三个地区是该青铜器文化的鼎盛地区。这类型的青铜器有各种饰品、铜鍑、车马具、短剑、鹤嘴斧、有翼镞,上面雕着别致的动物纹,而且和内亚关系匪浅。② 一般认为,遗留下这种青铜器文化的长城地区人群是有着骑马习俗的畜牧民族乃至游牧民族。③ 至于各地区的

_____

① 北方系青铜器文化与戎、狄的关系,早有【江上波夫:1948 年】讨论过,近年随着考古发掘的进展,不断有新的研究成果问世。较为全面地讨论北方系文化与戎、狄族属关系的成果,参见林沄《关于中国的对匈奴族源的考古学研究》(《内蒙古文物考古》,1993 年第 1、2 期);田广金《中国北方系青铜器文化和类型的初步研究》(《考古学文化论集(四)》,文物出版社,1997 年);田广金、郭素新合写《北方戎狄诸族文化》(《北方文化与匈奴文明》,江苏教育出版社,2004 年);宫本一夫《オルドス青铜器文化の终焉》(《古代文化》第 51 卷第 9、10 号,1999 年,后收入《中国北疆史の考古学の研究》,中国书店,2000 年);李海荣《北方地区出土夏商周时期青铜器研究》(文物出版社,2003 年)第四、五章;中国社会科学院考古研究所《中国考古学(两周卷)》(中国社会科学出版社,2004 年)第十二章。

② 关于北方系青铜器文化的研究颇多,其概况可参见田广金、郭素新《鄂尔多斯式青铜器研究》(内蒙古自治区文物工作队、田广金、郭素新编《鄂尔多斯式青铜器》,文物出版社,1986 年)、田广金(1997 年)、高浜秀《中国北方系青铜器の研究》(平成七～九年度科学研究费研究成果报告书,1998 年)、三宅俊彦《中国古代北方系青铜器文化の研究》(国学院大学大学院,1999 年)。具体讨论春秋战国时期长城地带青铜器文化的专著有林沄(1993 年)、杨建华《春秋战国时期中国北方文化带的形成》(文物出版社,2004 年)。上述一系列研究成果的基本共识是认为长城地带由燕山山脉一带的"冀北地区"、内蒙古中南部的"岱海地区"和"鄂尔多斯地区"、甘肃—宁夏的"甘宁地区"组成,且长城地带的北方系青铜器文化在春秋中期至战国中期盛极一时。

③ 过去的观点认为中国北部边境的骑马游牧习俗形成于公元前 500 年前后(江上波夫,1948 年),不过随着内蒙古宁城南山根三号墓(属夏家店上层文化)出土了骑马像之后,现在一般认为骑马习俗的出现可以追溯到公元前 8 世纪　　　(转下页)

"族属",有观点认为甘宁地区的人群是"西戎"①,内蒙古中南部地区的人群是"狄""林胡"和"楼烦"②,冀北地区的人群是"山戎""代"③。

　　然而,长城地带的这种青铜器文化是不是真的能够这么简单地就附会上春秋时期的"戎""狄"呢?《史记·匈奴列传》和战国史料中记载的"西戎""胡""貉"与长城地带的青铜器文化或许真的存在某种重合,可是《左传》中记载的春秋时期的"戎""狄"几乎遍布整个中原地区,如邻近鲁国的"戎"、搬至伊洛流域的"陆浑之

（接上页）（高浜秀,1998 年）。春秋战国时期长城地带的墓葬中埋有动物头骨,普遍认为这是牺牲,用以象征被葬者所拥有的牲畜。由此推知,春秋战国时期长城地带的人群是有着骑马习俗的游牧或畜牧民族。不过,汉语文献中关于骑马游牧民族的最早记载是《管子·小匡》（战国中期后成书）中的"骑寇"和《战国策·赵策二》的赵武灵王"胡服骑射"故事,最多只能追溯到公元前 4 世纪前后。见川又正智《ウマ駆ける古代アジア》（講談社選書メチェ,1994 年,第 186～201 页）；《漢代以前のシルクロード》（雄山閣,2006 年）。川又先生指,长城地带的骑马游牧民族即汉语文献中的"胡"。

　　《管子》成书于战国至秦汉时期,相关论述详见金谷治《管子の研究:中国古代思想史の一面》（岩波书店,1987 年）,与本章内容相关的《小匡》等记载了齐桓公远征的篇章是基于《国语·齐语》而成的,在整本《管子》之中属于较早的部分。

① 田广金（1997 年）、田广金和郭素新（2004 年）、中国社会科学院考古研究所（2004 年,第十二章第八节）均认为以宁夏固原杨郎墓为代表的甘宁地区族属就是《史记·匈奴列传》中的"西戎"诸国。

② 田广金（1997 年）、宫本一夫（2000 年）、田广金和郭素新（2004 年）、中国社会科学院考古研究所（2004 年,第十二章第六、七节）认为内蒙古鄂尔多斯地区的桃红巴拉类型相当于春秋时期的"白狄"和战国时期的"林胡""白马羌",岱海地区的毛庆沟类型相当于春秋时期的"狄"和战国时期的"楼烦"。

③ 以北京市延庆县军都山（玉皇庙、葫芦沟、西梁洸）及河北省怀来县为中心的冀北地区,其出土的北方系青铜器文化族属如何,目前有分歧。靳枫毅《北京延庆军都山东周山戎部落墓地发掘纪略》（《文物》1989 年第 8 期）、田广金（1997 年）、宫本一夫（2000 年）认为是"山戎";林沄《东胡与山戎的考古探索》（河北省文物研究所《环渤海考古国际学术讨论会论文集:石家庄 1992》,知识出版社,1996 年）、杨建华（2004 年,第 80～83 页）认为是"代";韩嘉谷《从军都山东周墓谈山戎、胡、东胡的考古学文化归属》（《内蒙古文物考古文集 1》,中国大百科全书出版社,1994 年）认为是"白狄"。

　　截至本书完稿,军都山墓地的玉皇庙发掘报告已经出版（北京市文物研究所《军都山墓地:玉皇庙》,文物出版社,2007 年）,葫芦沟、西梁洸的报告也将陆续付梓。

戎"和"姜戎氏"、割据今山西省中南部的"赤狄"等。① 把他们的活动范围对比长城地带的北方系青铜器文化出土地点及年代,能发现无论在空间还是时间层面,双方都有不少差别。②

再加上《左传》里为数不多的对"戎""狄"的文化习俗的记载中,找不到说他们是游牧民族的证据,反而说他们打仗的时候多靠步兵。这和《史记》中的匈奴习俗明显有异,也不同于战国史料中对长城地带的"戎""胡"的记载。因此,很早有人质疑过春秋时期的"戎""狄"是游牧民族这个观点。③

---

① 春秋时期的"戎""狄"分布见蒙文通《周秦少数民族研究》(龙门联合书局,1958 年;后收入《蒙文通文集 2》第二、四、五章,巴蜀书社,1993 年)、程发轫《春秋左氏传地名图考》(广文书局,1967 年)、陈槃《春秋大事表列国爵姓及存灭表譔异》(文津出版社,1994 年)、杨伯峻《春秋左传注(修订本)》(中华书局,1990 年)中也有准确的注解。

② 以"狄"为例,一般认为"白狄"居于陕西省南部渭河流域至吕梁山脉一带,"赤狄"居于山西省潞城县一带,无论从时间还是空间上都无法直接附会上毛庆沟类型或桃红巴拉类型。

另一方面,陕西省北部忻州、定县一带发现了春秋后期至战国前期的石郭墓、土坑竖穴墓,有观点认为这些是"戎狄"墓。见贾志强《无终、楼烦考》(《山西省考古学会论文集 1》,山西人民出版社,1992 年),陶正刚《山西东周戎狄文化初探》(《远望集:陕西省考古研究所华诞四十周年纪念文集(上)》,陕西人民美术出版社,1998 年),贾志强、郭俊卿、宋玲平《山西中北部东周时期青铜器及相关问题》(《山西省考古学会论文集 3》,山西古籍出版社,2000 年),李培林、丁伟高《忻定盆地春秋时期戎狄文化浅论》(同上),贾志强、郭俊卿、刘小胖《忻定盆地春秋铜器墓主的文化族属问题》(同上)。按,《左传·昭公元年》载,晋国中行穆子在太原击败了"无终及群狄",忻州、定襄盆地邻近太原北边,在时间上也说得通。这个地区的墓葬可能真的是"无终""诸戎"或"群狄"的。

③ 江上波夫(1948 年)指出,春秋时期的"戎狄"并非纯粹的游牧民族,而是半农半牧民族,与骑马民族匈奴是有所区别的。在江上氏看来,公元前 1000~前 500 年活动于长城地带南边的半农半牧(牧主农副)民族是"獫狁""戎""狄",到了公元前 500 年前后,纯粹的游牧民族南下,长城地带遂游牧化,绥远式青铜文化后期就是游牧化后的文化。

又,杜正胜《欧亚草原动物文饰与中国古代北方民族之考察》(《"中央研究院"历史语言研究所集刊》第 64 本第 2 分册,1993 年,第 294~317 页)指,春秋之前的"戎""狄"就是同时具备中原、北方两个文化体系的农主牧副民族,和完全的骑马游牧民族匈奴不能等同,长城地带的游牧化始于春秋时期。

又,林沄《戎狄非胡论》(吕绍纲编《金景芳九五诞辰纪念文集》,吉林文史出版社,1996 年)也认为春秋时期的"戎""狄"和战国时期长城地带的"胡"(冀北、内蒙古、甘宁地区游牧文化)有所区别。

从而,我们考证春秋时期的"戎""狄"之时,不仅要分析文献中的"戎"和"狄"具体指哪个群体,在对照考古材料的时候也要慎之又慎。以"山戎"为例,据《左传》记载,公元前664年齐桓公征讨山戎,《史记》说山戎居住在燕国北边。最近,人们在燕山山脉的军都山一带发现了春秋战国时期的墓葬群,挖出了一批北方系青铜器,一时间认为这批青铜器文化就是"山戎文化"的观点成了主流①。在春秋时期这么多"戎"中,"山戎"是唯一能够附会上长城地带文化的事例。

但是,"山戎"是不是真的住在燕北呢? 在考证"山戎"的地理位置及其与长城地带青铜器文化的关系之前,我们可以先对《左传》的"戎"观念做一个整体把握,然后再搞清楚其与《史记》的"戎狄"观之间的关系。这是本章要解决的第一个问题。

考证了春秋时期的"戎""狄"之后,另一个大问题就是该如何解释《左传》这个基础史料中的华夷言论。正如序章所说,以往的研究均认为《左传》的言论其实是后人添加上去的,小仓芳彦更是认为春秋时期的诸侯与"戎""狄"通过联姻、会盟等手段结成了"平等"且"紧密"的关系,这与视夷狄为"禽兽"的差别意识之间存在矛盾。② 于是,小仓芳彦就春秋时期的"夷狄"提出了如下观点:西周至春秋时期的邑制国家之间,通过会盟、联姻等手段结成了同盟或同族团体——华夏,而夷狄就是被排挤出"华夏"团体的人群,故"华夏"和"戎""狄"的区别并不基于文化因素。然而战国时期之后,"戎""狄"所指的对象发生了变化,变成了北方的游牧

---

① 见第95页注③。
② 小仓芳彦《裔夷の俘:〈左伝〉の華夷観念》,《中国古代史論集》第二集,吉川弘文館,1965年;《華夷思想の形成》,《思想》第503号,1966年。此两篇后均收入《中国古代政治思想研究:〈左伝〉研究ノート》,青木书店,1970年。

民族和不属于国家"礼"制秩序下的人群,遂产生了完全排斥"戎""狄"的意识。《左传》的记载就是这个时代的产物。①

按照小仓芳彦的观点,春秋时期的"戎""狄"和诸侯国之间并没有实质性的差别,《左传》的记载反映的是后世形成的差别意识。但是,这个观点存在几个问题。首先,我们在第一章中已经知道,"戎"这个概念在"华夏"(多个诸侯国)出现之前就已经为周人所用了,所以不能说"戎"是被排除在"华夏"之外的人群,从而我们有必要从另一个角度来考证春秋时期的诸侯国与"戎""狄"之间的差异。

另外,《左传》对"戎""狄"的记载是不是真的反映了对北方游牧民族的认识呢? 如前所述,《左传》的"戎""狄"认识和战国史料的"戎""胡""貉"认识存在描述上的差异,故不应视《左传》记载的"戎""狄"为战国之后的北方民族。还有,有观点认为战国时期专制国家对于"礼制秩序"外人群的鄙视孕育出了绝对的华夷观念,可是这种观点没有提出明确的论据,本书不予采信。

再者,小仓一方面以"华夏"诸侯和"戎""狄"之间通过会盟、联姻结成"平等"关系为由,指《左传》的华夷观念是后世附会的,另一方面又说"华夏"与"戎""狄"的区别在于"戎""狄"不在会盟、联姻的框架内。这两个论点似乎无法互通。况且,诸侯国与"戎""狄"的关系当真是平等的吗? 即使是平等的,又当真与《左传》的"戎狄"观念相矛盾吗?

---

① 小仓芳彦(1966 年,第 326～327 页)认为:"以所谓的'封建'为媒介,秉持着姬姓一族意识的诸国通过与别国联姻、会盟,逐渐孕育出了同族意识和同盟意识,进而由于某些原因被排除出团体,或者自行离开团体的部族就会被这些同族、同盟成员鄙视,斥之为污秽。不管他们过着的是和中华同样的土著农耕生活,抑或是游牧为主的生活,只要他们被同族、同盟团体——所谓的'华夏'诸国——在巫术层面上隔离,那就可以称他们为'戎''夷''狄'了。"

　　田中柚美子在小仓观点的基础上，从历史地理和婚姻关系的角度入手讨论春秋时期的"戎""狄"。① 田中认为，春秋时期的"戎""狄"是居住在山岳、丘陵、森林里的狩猎、畜牧人群，不同于过着定居农耕生活的"华夏"。② 和小仓观点不同之处在于，田中的观点认为诸侯国和"戎""狄"之间存在实质性的文化风俗差异。只不过，田中一方面引用《左传》的记载来论证"戎""狄"是狩猎、畜牧民族，一方面又怀疑《左传》的记载反映的其实是后世的北方民族观，其立论不免有些模糊。

　　可见，以往的研究中，"断层"论是主流观点，即认为《左传》内部存在时代性的差异，其华夷论是战国时期之后的观念。可是，认为《左传》对"戎""狄"的记载反映了战国之后的北方民族观这个观点本身就有问题，反而导致人们更难理解春秋时期的"戎""狄"情况。《左传》的言论是战国之后才创作出来的言论，与春秋时期诸侯国和"戎""狄"关系的实际情况相矛盾——这种解释，真的是对的吗？

　　因此，本章将特别选取《左传》中关于"戎"的记载，讨论"戎"是如何与诸侯国构建联系的，被视为"戎"的人群又有着怎样的特征。这是本章关注的第二、三个问题点。至于"断层"论的分析，只好暂且搁置。

---

① 田中柚美子《晋と戎狄——献公の婚姻関系を中心として》(《国学院雑誌》第 76 卷第 3 号，1975 年)、《晋をめぐる狄について》(中国古代史研究会编《中国古代史研究》第四册，雄山閣，1976 年)

② 松丸道雄《殷周国家の構造》(旧版《岩波講座世界歴史 4》，岩波書店，1970 年，第 59 页)提出，"戎""狄"是邑外的非定居族群。佐藤长《秦王朝の系统について》(《中国古代史論考》，朋友書店，2000 年，第 205～209 页)推测"戎"过着农牧并存的生活。

第二节 山戎与北戎

1. 山戎、令支、孤竹、无终

鲁庄公三十年(公元前 664 年)冬,齐桓公与鲁公联军攻击"山戎"。《左传》记载这次军事行动是为了救援燕国。翌年六月,齐桓公见鲁公,献纳山戎俘虏,向鲁国炫耀自己的武功。在齐桓公霸权全盛之时,齐国还远征过南方的蔡国和楚国,而这次远征山戎更是作为实力的彰显,在不少文献中占据一席之地。例如《左传·僖公九年》载周宰孔之言,提到了齐国这两次南征北伐[1];《国语·齐语》[2]和《管子·小匡》[3]中更是把齐桓公北伐山戎、令支、孤竹的事迹作为其威震天下的其中一部分。

"山戎"所处的地理位置,历来有多种说法:

---

[1]《左传·僖公九年》:"秋,齐侯盟诸侯于葵丘,曰:'凡我同盟之人,既盟之后,言归于好。'宰孔先归,遇晋侯,曰:'可无会也。齐侯不务德而勤远略,故北伐山戎,南伐楚,西为此会也。东略之不知,西则否矣。其在乱乎!君务靖乱,无勤于行。'晋侯乃还。"

[2]《国语·齐语》:"即位数年,东南多有淫乱者,莱、莒、徐夷、吴、越,一战帅服三十一国。遂南征伐楚,济汝逾方城,望汶山,使贡丝于周而反,荆州诸侯莫敢不来服。遂北伐山戎,刜令支,斩孤竹而南归,海滨诸侯莫敢不来服。……西征攘白狄之地,至于西河,方舟设泭乘桴济河,至于石枕,悬车束马,逾太行与辟耳之溪拘夏。西服流沙西吴,南城于周,反胙于绛,岳滨诸侯莫敢不来服。"

[3]《管子·小匡》:"于是乎桓公东救徐州,分吴半,存鲁、蔡、陵,割越地,南据宋、郑,征伐楚。济汝水,踰方地,望文山,使贡丝于周室。成周反胙于隆岳,荆州诸侯,莫不来服。中救晋公,禽狄王,败胡貉,破屠何,而骑寇始服。北伐山戎,制泠支,斩孤竹,而九夷始听。海滨诸侯,莫不来服。西征,攘白狄之地,遂至于西河。方舟投柎,乘桴济河,至于石沉。县车束马,踰太行,与卑耳之貉拘秦夏。西服流沙、西虞,而秦戎始从。故兵一出而大功十二。故东夷、西戎、南蛮、北狄、中国诸侯,莫不宾服"

　　a.辽西说,即今河北省卢龙县附近或辽宁省喀左蒙古自
治县附近。

　　b.冀北说,即今天津市蓟县附近。

　　c.燕北说,即今北京市密云县以东至喜峰口的燕山
一带。

　　辽西说以齐桓公伐山戎时同时攻击的"令支""孤竹"的位置
为论据,这也是过去的普遍观点。[1] 冀北说以山戎一脉的"无终"
的位置为论据。[2] 燕北说没有举出明确的论据,只是说山戎的范
围在燕北。[3] 这三个观点刚好都符合《史记·匈奴列传》中山戎
在北燕之北的记载,所以历代注家按采信观点的不同有不同解
释。而将山戎附会为燕山地区青铜器文化的观点其实也是基于
同样的地理附会。那么,这些关于山戎地理位置的观点,具体是
如何论证的呢?

　　我们先来看辽西说。令支、孤竹之名不见于《春秋》三传,初
见于《国语·齐语》和《管子》,与山戎并列。《汉书·地理志下》载
汉代辽西郡有令支县,班固注云"有孤竹城"。所以,春秋时期的
令支、孤竹的位置应在今河北省卢龙县。又,《国语》韦昭注云令
支、孤竹二国是"山戎之与"。综上得出了山戎位于辽西的结论。
最近发现了刻有"孤竹"二字的青铜器,故也有观点认为山戎在东

---

① 顾祖禹《读史方舆纪要·卷十七·直隶卢龙县·令支城》、杨伯峻《春秋左传注》第
　　246页、林沄(知识出版社,1996年)、韩嘉谷(1994年)。
② 孔颖达《左传正义·昭公元年》引杜预《春秋释例》《读史方舆纪要·卷十一·直隶
　　玉田县》
③ 王夫之《皇清经解续编四·春秋稗疏卷一·山戎、狄》。另,关于"山戎"的地理附会
　　诸说,参见陈槃(1969年,第1015页)。

北方的辽宁省喀左县。①

但很快就有人对此提出了质疑②，我们以吕思勉的反驳为例：《管子》的《大匡》《小匡》《霸形》《轻重甲》诸篇对齐桓公伐山戎的记载中都提到了令支和孤竹，《谷梁传》也说齐桓公跨越"千里之险"伐山戎。可是《公羊传》记载齐桓公征伐完山戎之后"旗获过鲁"，《左传》也记载齐侯会合鲁公，商量攻打"病燕"的山戎。如果山戎真的远在千里之外，齐桓公又有何必要会合鲁公？《新序·杂事五》记载孔子访"山戎氏"，《礼记·檀弓下》作"泰山"，由此推之山戎应该在泰山，也因此齐桓公讨伐完山戎之后会经过鲁国。《管子》虽然记载了齐桓公和管仲的事迹，但这是在口传过程中经过夸大的内容，不足取信之处甚多。春秋时期的"山戎"与燕无关，反而山东地区住着众多"戎"。很有可能山戎原本住在山东，然后渐次向北扩张到达燕北，再逐渐为各国所并，最终只有燕北的山戎留了下来。

吕思勉的这个解释质疑了以《管子》的桓公传说为论据附会山戎现实地理的做法。的确，于《春秋》庄公三十、三十一年出场的国家只有齐鲁二国，《左传》虽然说了山戎与燕国有关系，但到头来也没告诉我们山戎的准确位置何在。反而是《国语·齐语》和《管子》各篇明确提到了山戎、孤竹、令支都在北燕之北。而且，《国语·齐语》和《管子》各篇中各场架空的远征——征戎、吴、越、秦、白狄等等，反倒像秦代琅琊台石刻上的"流沙""大夏"那样，是

---

① 李学勤《试论孤竹》，《新出青铜器研究》，文物出版社，1990 年。

② 内藤湖南《中国上古史》，《内藤湖南全集》第十卷，筑摩书房，1969 年，第 114～117 页；冈崎文夫《古代中国史要》，弘文堂，1944 年，第 137～148 页；童书业《春秋史》，开明书店，1946 年，第 116 页；吕思勉《山戎考》，《中国民族史》，东方出版社，1996 年；钱穆《〈史记〉地名考·卷一·山戎》，商务印书馆，2001 年。

用来表示"天下"尽头的名词。① 所以,我们认为《国语》和《管子》的桓公故事,目的是强调齐桓公的威信被及"天下",而非真正的历史事实。②

换言之,山戎位于燕国北边的认识,始见于《国语·齐语》和《管子》,而且这种认识是经人手极力夸张过的"齐桓公统治天下"故事的一部分,和现实的齐桓公事迹有一定距离。退一步说,假设令支和孤竹真的位于辽西,那也不能证明春秋前期的山戎位于辽西。吕思勉一针见血地指出了山戎辽西说以令支、孤竹的地名为论据的问题所在。

至于冀北说的论据是《左传·襄公四年》无终子嘉父向晋国提出和议的记载,吕思勉也对这一观点提出了质疑。的确,《左传·襄公四年》杜预注谓"无终"是"山戎国名",《汉书·地理志下》也说右北平郡无终县就是"无终"的故地,由此得出"山戎"位于汉代无终县的说法。然而这一观点比辽西说还不可信。清人顾炎武已考证,春秋无终与汉代无终县不一定有关系。③ 以汉代无终县的位置来倒推春秋山戎的位置,这种做法欠妥。

因此,吕思勉反对以令支、孤竹、无终等汉代郡县地名来附会山戎的地理位置。只不过吕思勉的观点也并非毫无问题。吕先生一方面反对以《管子》和《国语·齐语》对孤竹、令支的记载为论据,但自己又支持引述同样史料的燕北说,认为山戎曾经占据了自山东至燕北的一大片土地。山戎位于燕北这一认识见于《史

---

① 《史记·秦始皇本纪》:"(始皇二十八年)作琅邪台,立石刻,颂秦德,明得意。曰:维二十八年,皇帝作始。……六合之内,皇帝之土。西涉流沙,南尽北户。东有东海,北过大夏。人迹所至,无不臣者。"
② 津田左右吉《左传の思想史の研究》(東洋文庫,1935 年)在讨论霸主传说之际,也认为齐桓公的征伐范围是虚构的。
③ 顾炎武《日知录·卷三十一·无终》。

记》的《秦本纪》、《秦始皇本纪》卷末《秦记》、《匈奴列传》、《郑世家》。又,《秦记》中写明了"齐伐山戎、孤竹",可知《史记》的认识和《齐语》《管子》的桓公故事一样,以孤竹、令支的位置为论据。一边反对以孤竹、令支为论据的辽西说,另一边又赞成基于同样认识的燕北说,吕先生的这番解释着实无法服众,而且山戎如果真的曾经割据今天山东半岛至河北北部这么一大片土地的话,很难想象这种狠角色在《春秋》经文中只出现过一次。①

那么,遭齐桓公攻击的山戎到底位于何处呢? 解答这个问题的最好方法是尽量不受后世注释的干扰,从事实联系出发推定。《左传》和《史记》中,"山戎"有一个同义词"北戎",而且也有相关的一些记载。可是一直以来的考证都将"山戎"和"北戎"区别对待,下面我们将重新讨论"山戎"和"北戎"的关系,进而推定春秋时期山戎的位置。

2."北戎非山戎"说再议

《左传·桓公六年》记载了"北戎"攻击齐国之事。这件事在《史记·匈奴列传》中写作"山戎越燕而伐齐",在《郑世家》中写作"北戎伐齐"。这表明,《左传》和《史记》的"山戎""北戎"是同义词,杜预也是这么注解的。②

然而,清人江永的《春秋地理考实》(《皇清经解》收)在考证"隐公九年"条时,提出了"北戎非山戎"的观点,其依据是《左传·

---

① 舒大刚(1994 年,第 89 页)基于民族迁移的角度,从冀北说、辽西说和吕思勉说之间提出了一个折中观点,其赞同山戎是山东、河南诸戎的一支,但认为鲁国近郊的山戎在桓公北伐之际已经迁徙至辽西。窃以为这有点想当然了。
② 《左传·僖公十年》杜预注:"北戎,山戎。"孔颖达《春秋左传正义·昭公元年》:"〈释例〉:土地名以北戎、山戎、无终三名为一。"

隐公九年》所载北戎攻打河南地区的郑国(今河南省新郑市)之事。江永认为,如果山戎位于燕国北边的话,很难想象其能够直接打到南方千里迢迢之外的郑国,所以"北戎"应该是不同于山戎、无终的另外一支"戎",位于黄河北岸一带。

江永从《左传》的史实记载推定"北戎"的位置,的确有其合理性,但不能说完美无缺。因为江永也是基于《史记》的"山戎在燕北"这个认识为前提认为北戎不是山戎的。但这么一来,北戎不在燕北的话,同理可推山戎也不一定在燕北。如前所述,《国语·齐语》和《管子》非常肯定山戎的位置就在燕北,而且还捏造了一系列强调齐桓公霸业横扫"天下"的内容。可是问题在于,《国语》和《齐语》并没有说山戎就是北戎,只是说山戎在燕北而已。

齐桓公伐山戎之事,《春秋》中所载的当事国只有齐鲁二国。《左传》中能找到的与"北戎"有关的国家是郑国和许国(今河南省许昌市东)。又,《后汉书·西羌传》引古本《竹书纪年》,谓邢国(今河北省邢台市)、晋国(今山西省翼城县附近)也与"北戎"有关系。既然"北戎"和这么多国家都有联系,那么正如江永所说,"北戎"不大可能位于今天北京的更北边。西周时期的臣谏簋铭文已经提到"戎"活动于邢附近[①],《西羌传》的记载应该不是毫无根据的。山戎极有可能是居住在今河南省北部至河北省南部山岳地带诸戎的其中一支。

吕思勉也曾提到,今山东省至河南省北部地区在春秋前期是

---

① 李学勤《元氏青铜器与西周的邢国》(李学勤:1990 年)释臣谏簋铭文(《集成》4237,西周中期/《铭文选》82,周康王/【林】西周 II A/《通释》补 18a),指出井(邢)侯命臣谏迎击戎的地点——軝就在今天河北省元氏县附近,认为铭文中的"戎"是北戎。

诸戎之地。① 春秋中期起,就史料而言,"狄"取代了"戎"成为这片地方的主人(《左传·庄公三十二年》)。窃以为,这反映了赤狄等"狄"人收编了"戎"。②

齐桓公伐山戎两年后,邢、卫(今河南省淇县)受"狄"侵扰,桓公遂率诸侯救之。可惜两国依旧无法收复故土,只好迁至黄河以南以图再兴(《左传·僖公元年、二年》)。也就是说,当时的齐国连渡过黄河驱除"戎""狄"的实力都没有。因此,内藤湖南不认为齐国能够远征至北燕以北。③

况且,庄公三十年的所谓"燕"真的是北燕吗?燕国在《春秋》经文中一共出现了七次,最初的"燕"见于桓公十二、十三年,但这个"燕"是南燕(今河北省延津县东),要到差不多一百年后的襄公二十九年才第一次有"北燕"这个称呼。《左传》的"庄公十九年""庄公二十年"中虽然也有关于燕国的记载,但这个燕国依然是南燕而非北燕。换言之,至少在春秋前期,北燕与中原诸侯国是无甚联系的,《左传·庄公三十年》所说的"燕"应该是南燕。钱穆早已认为这里的燕国是南燕,可惜没有详细论证。④

综合吕思勉等诸家观点,我们认为《左传·庄公三十年》中齐桓公所救的燕国是南燕,而非北燕。"山戎"也不在今河北北部,而是南燕邻近的其中一支"戎",其位置应在江永所说的"北戎"之地——黄河下游北岸至太行山脉东南麓一带。

---

① 《左传》隐公二年、隐公七年、桓公二年、庄公十八年、庄公二十年、庄公二十四年、庄公二十六年均有"戎"与齐、鲁、曹各国或同盟或开战的记载。
② 王国维(1923年,第12～13页);蒙文通(1958年)《狄兼并代戎》。
③ 内藤湖南(1944年,第115页)。
④ 钱穆(1968年,第22页):"案,燕为南燕。山戎越燕伐齐,应在今晋、豫交界太行山中。此即唐虞以来所谓山戎也。"

那么,认为"山戎"在北燕以北的观点是如何形成的呢?"北燕"一词不见于春秋前期史料中,要等到《春秋》所载的春秋中期后半段才首次出现,而且很多事例都和齐国有关。① 如此一来,《国语》和《管子》认为齐桓公救援的是"北燕",更有可能是春秋后半期之后齐国和北燕频繁交流之下衍生出来的解释,而非历史事实。在这个错误的解释之上,又生出了山戎居住在河北北部的观点。

可是,军都山玉皇庙墓地等在燕山地区发现的北方系青铜器文化又当如何解释呢? 这批青铜器的编年目前众说纷纭,但可以肯定出土这批青铜器的墓大部分修于春秋中期至战国这段时期。② 然而齐桓公所讨伐的"山戎"处于春秋前期,时间上不合。如果硬是要从文献中找出对应燕山地区文化的群体,那就不应该是《春秋》和《左

---

① 《左传》对"北燕"的记载如下表:

条文	出处
齐高止出奔北燕	经文襄公二十九年
北燕伯欸出奔齐	经文昭公三年
齐侯伐北燕	经文昭公六年
春王正月……癸巳,齐侯次于虢。齐人行成……二月戊午,盟于濡上	传文昭公七年
春,齐高偃帅师纳北燕伯于阳	经文昭公十二年
夏五月,齐高无丕出奔北燕	经文哀公十五年

② 杨建华(2004 年,第 63～83 页)反对军都山玉皇庙类型的上限是春秋前期的观点,认为应是春秋中期至战国前期。杨氏还以"山戎"强大的时期是春秋前期,与玉皇庙类型所处时期不合为由反对"山戎"说,赞同林沄所提出的"代戎"说。杨氏反对"山戎"说,窃以为是对的,可是个人无法赞同"代戎"说。代国在今山西省北部代州、浑源至今河北省蔚县一带(陶正刚,1998 年),公元前 5 世纪中叶为赵国所灭,无论从时间上还是空间上都不符合玉皇庙类型。另一方面,《国语·齐语》和《管子》说山戎邻近燕国(北燕),从文字上看的确符合玉皇庙类型的位置,但如正文所说,这并非齐桓公北伐的真实情况,所以真的要说玉皇庙类型相当于文献中的哪个群体的话,那也不是春秋前期齐国所征伐的"山戎",而是战国时期人们口口相传齐桓公的故事时那个"被认为是山戎"的群体。

传》中的"山戎",而应该是《国语》和《管子》中住在燕北的"山戎"。换言之,燕山地区的这个群体并非春秋前期齐桓公讨伐的"山戎",只不过是春秋中期之后齐桓公传说的传话者们当他们是"山戎"而已。

综上所述,齐桓公征伐的"山戎"本是居住在华北东部山区的"戎"。《史记·匈奴列传》记载的春秋时期山戎——西戎、东胡、林胡、楼烦等都住在长城地带,但这是不对的。战国时期,黄河中下游已经没有了"戎","戎"变成了专门指代长城地带畜牧群体的称呼,司马迁误把战国时期的情境当成是春秋时期写了进去。

第三节　晋国对"戎""狄"的掌控与《左传》的"戎狄"观念

那么,《左传》所载的春秋时期的"戎"到底是个怎样的群体呢? 这就是我们在第一节里提到过的第二、三个问题。首先我们要谈的是春秋时期诸侯国与"戎"的关系。按照断层论的观点,当时的诸侯国事实上与戎、狄是平等交流的,但在《左传》等文献里又视戎、狄为禽兽,由此推测春秋战国时期的历史书写存在"断层"。这一观点认为蔑视戎狄和与之紧密交流是不能并存的。但这种解释真的正确吗? 下面我们就以诸侯国之中与戎狄关系最为密切的晋国为例,与《左传》的"戎狄"观做一对比。

1. 欑关之会

纵观春秋时期"戎""狄"的活动,《春秋·宣公十五年》所载的晋国灭赤狄潞氏可谓是一条分界线。赤狄灭亡后,《春秋》经文和《左传》传文中频繁可见的戎狄活动,尤其是那些甚至可让诸侯国陷入灭国危机的侵略行为消失不见了,取而代之的是以晋国为中心的周系诸侯单方面地压制戎狄。

宣公十一年(公元前598年)的欑关之会是导致赤狄灭亡的导火索。晋侯亲赴欑关会见众狄,"众狄疾赤狄之役",故转投到晋国麾下。四年后,晋国借口联姻矛盾出兵攻打赤狄,掳走潞子婴儿,灭赤狄潞氏,占领了长治盆地(后上党郡)的"狄土"。这意味着晋国打通了翻越太行山脉,进军黄河沿岸和山东的路线。正如蒙文通所说,赤狄灭亡是诸侯国与戎狄关系的转折点①,在这之后,戎狄逐渐为诸侯国蚕食。

除让公室之女嫁给赤狄(《左传·宣公十五年》)之外,晋国和戎狄还有许多紧密交流。然而,这些事例并不能证明两者是平等的。戎狄本来就不在周室秩序之下,要详细讨论晋国与戎狄的关系,就得先知道晋国是如何强硬地掌控戎狄,不断扩张本国势力的。

2. 晋国与河南阴地诸戎

公元前585年,晋国出兵攻打宋国,向麾下的"伊洛之戎"的其中两支——陆浑戎和蛮戎氏征兵(《左传·成公六年》)。伊洛之戎是河南伊水、洛水流域诸戎的总称,又因为伊洛流域又名"阴地"②,所以伊洛之戎也叫"阴戎"。后藤均平的研究指出,春秋时期的河南地区居住着大量的"戎"。③

早在春秋时期之初,阴地便居住着"扬拒、泉皋、伊洛之戎",与周王室时有摩擦。公元前638年,晋惠公迁陆浑戎于此④,不

---

① 蒙文通(1958年)《晋灭赤狄》。
② 《左传·宣公二年》杜预注:"阴地,晋河南山北,自上洛以东至陆浑。"
③ 后藤均平《春秋时代の周と戎》,《中国古代史研究》,吉川弘文馆,1960年。
④ 《左传·僖公二十二年》:"初,平王之东迁也,辛有适伊川,见被发而祭于野者,曰:'不及百年,此其戎乎!其礼先亡矣。'秋,秦、晋迁陆浑之戎于伊川。"

久又迁姜戎于此。① 在这之后，河南阴地呈现出两大局面，一是周王室与"戎"的势不两立，二是晋楚二国争着要统治"戎"。

后来，晋国范宣子回顾姜戎殖民之时，说晋惠公分了"不腆之田"给姜戎，姜戎子也说自己殖民了晋国的"南鄙之田"。② "南鄙"一词亦见于古本《竹书纪年·晋烈公三年》③，即汉代上洛县附近的阴地。④ 晋国说这片阴地自古以来就是晋国的土地，但从姜戎子自述开拓的南鄙是"狐狸所居，豺狼所嗥"之地，以及周王斥晋国迁徙陆浑戎是"入（侵）我郊甸"来看⑤，晋国的主张应不可信。晋国徙诸戎殖民河南阴地，实际上不是把本国土地分给诸戎，而是让归属的诸戎搬到周王室的近郊居住，试图把伊水、洛水流域纳入自家版图内。

晋国日渐加强对河南阴地诸戎的控制。公元前 525 年，晋国干脆出兵灭掉了陆浑戎。⑥ 晋灭陆浑戎应该是为了对抗楚国对河南阴地的染指，巩固自身对该地区的控制。⑦ 公元前 491 年，

---

① 《左传·襄公十四年》："（范宣子）曰：'来！姜戎氏！昔秦人迫逐乃祖吾离于瓜州，乃祖吾离被苫盖，蒙荆棘，以来归我先君。我先君惠公有不腆之田，与女剖分而食之。'"

② 《左传·襄公十四年》："（姜戎子驹支）对曰：'昔秦人负恃其众，贪于土地，逐我诸戎。惠公蠲其大德，谓我诸戎是四岳之裔胄也。毋是翦弃，赐我南鄙之田，狐狸所居，豺狼所嗥。我诸戎除翦其荆棘，驱其狐狸豺狼，以为先君不侵不叛之臣，至于今不贰。'"

③ 《水经注·丹水注》引《竹书纪年》："晋烈公三年，楚人伐我南鄙，至于上洛。"

④ 王先谦《汉书补注·地理志上·弘农郡上洛县》

⑤ 《左传·昭公九年》："周甘人与晋阎嘉争阎田。晋梁丙、张趯率阴戎伐颍。王使詹桓伯辞於晋，曰：'……先王居梼杌于四裔，以御螭魅，故允姓之奸，居于瓜州。伯父惠公归自秦，而诱以来，使逼我诸姬，入我郊甸，则戎焉取之。戎有中国，谁之咎也？后稷封殖天下，今戎制之，不亦难乎？伯父图之。'"

⑥ 《左传·昭公十七年》："晋侯使屠蒯如周，请有事于洛与三涂。……九月丁卯，晋荀吴帅师涉自棘津，使祭史先用牲于洛。陆浑人弗知，师从之。庚午，遂灭陆浑，数之以其贰于楚也。陆浑子奔楚，其众奔甘鹿。周大获。"

⑦ 《左传·昭公二十九年》："冬，晋赵鞅、荀寅帅师城汝滨。"杜预注："汝滨，晋所取陆浑地。"

晋士蒍以"阴地之命大夫"的身份控制了这片地区①，"晋之阴地"一词始见。这从侧面证明了晋国通过迁徙和征服陆浑等诸"戎"，成功地将阴地纳入到自身版图内。

综上，晋国迁徙陆浑戎、姜戎之后，通过控制这些"戎"，间接地蚕食周王室近郊土地。晋国与诸戎的关系，除晋惠公徙戎和使之归属之外，还有会盟和婚姻手段，例如晋献公通过婚姻手段掌控诸戎，晋文公与"戎"会盟、与"狄"联姻。② 正如田中柚美子所指出的，晋国通过掌控周边的戎狄，逐渐构筑起自身的势力基础。

值得注意的是，晋国与周王、诸侯的关系，以及其与戎狄的关系是明确区分的，详见本书第四章。晋国虽然主持了多次诸侯国的多国会盟，但归顺晋国的戎狄一次都没有与会。可见，晋国与戎狄的通婚和会盟都不能证明双方是平等的关系，反而证明了晋国对待他们和对待诸侯是截然不同的。诸侯国从未对戎狄有过聘问也证明了两者之间关系的不平等。晋国与戎狄的会盟、通婚、统属关系，是和诸侯间的"国际关系"相互独立，并行不悖的。

《左传·襄公四年》记载的一段话侧面体现了晋国与戎的这种关系。晋悼公想讨伐如同"禽兽"的戎，魏绛劝道：

---

① 《左传·哀公四年》："夏，楚人既克夷虎，乃谋北方。左司马眅、申公寿余、叶公诸梁致蔡于负函，致方城之外于缯关。曰：'吴将溯江入郢，将奔命焉。'为一昔之期，袭梁及霍。单浮余围蛮氏，蛮氏溃。蛮子赤奔晋阴地。……使谓阴地之命大夫士蒍曰……"

② 晋献公、晋文公时期的晋国与戎狄关系见田中柚美子（1975 年、1976 年）及本书第五章。《左传》记载，庄公二十八年晋献公与大戎、小戎、骊戎联姻，僖公二十三年晋文公娶赤狄廧咎如之女，宣公十五年晋公室与赤狄潞氏通婚。《国语·晋语四》载，晋文公向"草中之戎，丽土之狄"赠赂，以确保河南方面的路线畅通。

和戎有五利焉：戎狄荐居，贵货易土，土可贾焉，一也。
边鄙不耸，民狎其野，穑人成功，二也。戎狄事晋，四邻振动，
诸侯威怀，三也。以德绥戎，师徒不勤，甲兵不顿，四也。鉴
于后羿，而用德度，远至迩安，五也。君其图之！

魏绛认为戎狄是在山野居无定所的人①，与这些犹如"禽兽"的戎
狄讲和是恢复晋国霸权的前提条件。即在《左传》同一个出场人
物的同一番言论中，视戎狄为"禽兽"的观念和赞成与戎狄交好的
观念是并存的，不能单抽出其中一个观点就斥之为是后人添加上
去的。

春秋时期的诸侯国一边鄙视邻近的异文化团体，贬之为
"戎""蛮"，另一边又与他们会盟、通婚。可是，这并不意味着双
方的关系是平等的。与戎狄打好关系是春秋时期各国现实中
的必然选择，与心理上的歧视意识不矛盾。鄙视居于山林薮
泽里的戎狄，同时赞成诸侯国掌控戎狄，这两种历史认识并存
于《左传》的人物话语部分中，我们不应该视之为时代的
"断层"。

---

① "荐居"的含义众说纷纭。杜预注："荐，聚也。"《左传正义》引《释言》："荐，再也。"又
引服虔："荐，草也。言狄人逐水草而居，徙无常处。"蒙文通（1958 年）从服虔之说，
认为戎狄是游牧民族。杜正胜（1993 年）则从杜注，认为戎狄是定居的部落民族。
田中柚美子（1976 年）质疑服虔说，引《汉书·终军传》颜师古注"荐，屡也"，认为戎
狄会迁居，也受后世北方游牧民族的影响。林沄（吉林文史出版社，1996 年）引《诗
经·节南山》的"天方荐瘥"、《云汉》的"饥馑荐臻"两句，认为"荐"本是"一再、频仍"
之意，指戎狄虽然时常更变住处，但不一定过着游牧生活。个人赞同林沄的观点。
《左传》传文云"贵货易土"，足可证明"荐居"非聚居，而是"时常变更住处"之意，这
个词是对生活在山林薮泽中的非定居群体的描写。正如林沄所指，非定居不一定
就是游牧，还有狩猎、粗放农耕等多种生计可能。

第四节　"九州之戎"与戎蛮氏——
春秋时期"戎"的居住模式

那么,戎狄具体在哪些方面不同于诸侯国呢?《左传》说蛮夷戎狄的语言、饮食、衣着、外交、祭祀礼仪、居住形式等方面均异于"华"——诸侯国。这些文化因素我们现在难以一一验证其记载准确与否,只有居住模式这一点留下了一些较具特征的记载。下面我们将分析"戎"和城邑聚落的关系,考证春秋时期"戎"的居住模式。

关于春秋时期"戎"的居住模式,小仓芳彦从邑制国家对"戎"的歧视意识入手论述[1],松丸道雄从商周以来"邑"与周边外族的对立角度论述[2],田中柚美子则认为春秋时期的戎狄是山林地区的狩猎、游牧民族[3]。也就是说,以往的研究认为城邑不是"戎"的居住模式,可是翻查文献史料,我们既能找到戎狄是迁居群体的记载,也能找到暗示"戎"有城邑的记载。

我们先来回顾一下认为戎狄居住在城邑之外的言论。《左传·襄公四年》载魏绛之言,云"戎狄荐居",即戎狄居于野,而且时不时搬家。"庄公二十八年"也说"疆埸(边境的邑)无主,则启戎心""狄之广莫,于晋为都(城邑)。晋之启土,不亦宜乎",认为戎狄是居于城邑之外的边境地区群体。这种言论某种程度上是说得通的,毕竟诸侯与"戎"的战争大多是野战,而且几乎找不到

---

① 小仓芳彦(1966年)。又,杜正胜(1993年)引戎蛮氏与鲜虞中山国都城为例,认为春秋时期的戎狄定居于部落。
② 松丸道雄(1970年),第59页。
③ 田中柚美子(1976年,第255~260页)。

描写戎狄城邑的记载，何况西周金文中的"戎"又是指非周人的武装团体。

然而，没有直接描写戎狄城邑的史料，不代表没有暗示戎狄城邑的史料。汉代之后的地方志中依旧保留着一些春秋时期的戎狄城邑地名，例如戎蛮氏的"蛮中（郑聚）"①"郑乡城"②，鲁西的"戎城"③，伊洛之戎的"泉亭""戎城"④，茅戎的"茅亭"⑤等。杜预在注中也推测过不少地方是"戎邑"。⑥ 这些聚落名被宫崎市定用作论证其城邦国家论（译者注：又译成"都市国家"）的事例。⑦ 窃以为，春秋时期的一些聚落的确有可能一直保留到汉代。

《左传》中也有暗示"戎"有城邑的记载，见于"哀公四年"：

> 夏，楚人既克夷虎，乃谋北方。左司马眅、申公寿余、叶公诸梁致蔡于负函，致方城之外于缯关。曰："吴将溯江入郢，将奔命焉。"为一昔之期，袭梁及霍。单浮余围蛮氏，蛮氏

---

① 《汉书·地理志上·河南郡新成县》："蛮中，故戎蛮子国。"《后汉书·郡国志一·河南尹新城县》："有郑聚，古郑氏，今名蛮中。"《水经注·卷十五·伊水注》："伊水又北迳新城东，与吴涧水会。水出县之西山，北流，南屈迳其县故城西，又东转，迳其县南，故蛮子国也，县有郑聚，今名蛮中，是也。"

② 《水经注·卷二十一·汝水注》："汝水自狼皋山东出峡，谓之汝阨也。东历麻解城北，故郑乡城也，谓之蛮中。《左传》所谓单浮余围蛮氏，蛮氏溃者也。杜预曰：城在河南新城县之东南，伊洛之戎陆浑蛮氏城也。"

③ 《左传·隐公二年》杜预注："陈留济阳县东南有戎城。"

④ 《后汉书·郡国志一·河南尹洛阳前亭》刘昭注引杜预："县西南有泉亭，即泉戎也。"同志《圉乡》注引《左传·昭公二十二年》单氏伐东圉传文杜预注："县东南有圉乡，又西南有戎城，伊洛之戎。"

⑤ 《后汉书·郡国志一·河东郡大阳县茅津条》注："《左传》曰'秦伐晋，遂自茅津济'，杜预曰在县西。南有茅亭，即茅戎。"

⑥ 《左传·僖公十一年》杜预注："扬、拒、泉、皋皆戎邑，及诸杂戎居伊水、洛水之间者。今伊阙北有泉亭。""哀公四年"杜预注："梁，河南梁县西南故城也。南梁有霍阳山，皆蛮子之邑也。"

⑦ 宫崎市定《中国における聚落形体の变迁について：邑、国と乡、亭と村に对する考察》，1956年，后收入《宫崎市定全集3》，岩波书店，1991年。

溃。蛮子赤奔晋阴地。司马起丰、析与狄戎,以临上洛。左师军于菟和,右师军于仓野,使谓阴地之命大夫士蔑曰:"晋、楚有盟,好恶同之。若将不废,寡君之原也。不然,将通於少习以听命。"……士蔑乃致九州之戎,将裂田以与蛮子而城之,且将为之卜。蛮子听卜,遂执之与其五大夫,以畀楚师于三户。司马致邑立宗焉,以诱其遗民,而尽俘以归。

楚国欲趁晋国范氏、中行氏作乱进军北方,首当其冲的是如水流域的戎蛮氏。戎蛮氏不敌楚军围攻而溃败,蛮子逃往阴地。彼时晋人士蔑正统治着当地诸戎,蛮子向士蔑寻求庇护,然而士蔑担心晋楚关系恶化,反倒把蛮子引渡往楚国。注意一下原文的用词,楚军"围"蛮氏,晋人士蔑"将裂田以与蛮子而城之",楚国又"致邑立宗"来吸引蛮氏遗民。"围"即包围城邑,"城"一般解作筑城墙之意,显然戎蛮氏是居住在城邑里的(尽管规模不详),楚国和晋国都曾经打算给他们建一座新的城邑。

只不过,这些记载无法证明春秋时期的戎狄和诸侯一样住在城邑里。后文将说到,城邑并不是他们原来的居住模式,而是诸侯国为了把他们集中在本国统治之下而建造的聚落。

还有一个问题,传文用了"九州之戎"来表示归顺晋国的阴地诸戎,"九州"当作何解? 至少可以肯定,这里的"九州"不是《禹贡》里解作"天下"的九州。《左传·昭公二十二年》杜预注云:"州,乡属也。"即这里的"州"是比县邑还要小的聚落。

另一方面,顾颉刚在论述陆浑戎原住地"瓜州"时,对"州"的含义提出了不同看法。[1] 一般认为,"瓜州"即是敦煌,可是顾先

---

[1] 顾颉刚《瓜州》,《史林杂识初编》,中华书局,1963年。

生认为春秋时期的晋国、秦国不大可能染指到这么远的地方,又指河南、陕西的山阴地区可相当于"原九州",故此处的"九州"应就是"瓜州",即阴地。

顾炎武早就注意到先秦史料中的"州"有大小两种含义,指出"州有二名"①。顾颉刚所论述的是顾炎武所谓的"大名"之州,而且质疑了"瓜州＝敦煌"的旧有观点,无可否认是一大贡献。可是,顾先生的立论并没有充分斟酌杜预所说的"小名"之州,故我们无法贸然首肯。

正如顾炎武所述,《左传》中零散可见诸如"州兵"、"夏州"(宣公十一年)、"戎州"(哀公十七年)等,这些"州"其实是都城城下的小规模聚落。新出土的包山楚简虽然是战国中期之物,但里面也有暗示楚国郢都附近有"州"的记载。② 如此看来,杜预的"乡属"说尚有待考的价值。更重要的是,《左传》中的"夏州""戎州"并非自然形成的聚落,而是统治者人为地在都城周边建造,用以收纳臣属群体的③。

再者,《左传》中的所谓"九州之戎"一词,是在晋国逐渐掌控河南阴地诸戎之后,精确而言是在陆浑戎灭亡(意味着阴地并入晋国版图)之后才出现的。可知,晋国强化对"戎"的统治,结果就是"阴戎"变成了"九州之戎"。如果按顾颉刚所说"九州"即是瓜州的话,那么陆浑戎和姜戎就是从瓜州搬到了另一个瓜州,这不

---

① 顾炎武《日知录・卷二十二・九州》。
② 陈伟《包山楚简初探》,武汉大学出版社,1996 年,第 86～93 页。
③ 关于都市城下的被统治者聚落,谷口满以楚郢都城下的巴人聚落为例做过相关整理和考证,见氏著《"下里巴人"新解——先秦都市城外的居住民》(平成元～二年年度科学研究费报告书《先秦都市の研究》,1991 年)。让被统治者聚居于都城城下,早在周代已存在,如本书第一章中引用过的询簋铭、师酉簋铭便提到成周城下的诸夷和商人聚居的"九里"。《史记・秦始皇本纪》又载,战国秦都咸阳也有"戎翟君公",详见本书第八章。

仅字面意思上难以说通,更无法解释"阴戎"转变为"九州之戎"的背景。

从而,"九州之戎"的"九州"并不是指所谓的"原九州",而是专门指并入晋国统属关系下的"戎"的聚落群。在这一点上,顾颉刚的"九州＝瓜州"之说是有问题的,反而杜预的"乡属"说更有说服力。总之,"九州"是晋国为统治河南阴地诸戎而筑起的小规模聚落群。当然,"九"是虚数不是实数,表示洛阳以南的阴地早有零星的"州"存在。

公元前 525 年,陆浑戎一度被"灭",但在公元前 520 年又以"九州之戎"的一员为晋国所动员。[①] 这也反映了晋国对"州"这一小规模聚落内的戎的统治模式——晋国并不强行打破戎原有的社会组织,强迫他们搬迁,反而保留了其"陆浑"组织,很有可能晋国是通过控制戎的统治阶层来间接统治整个戎。

《左传·宣公十一年》载楚国以"乡取一人焉以归,谓之夏州"的方式统治陈国,"哀公十七年"载卫国也以迁"戎州己氏"到都城城下的方式来统治戎[②]。楚卫二国的"州"和晋国的"州"性质上是一样的,聚居至"州"内并不意味着原有的社会组织瓦解[③],反

① 《左传·昭公二十二年》:"冬十月丁巳,晋籍谈、荀跞帅九州之戎及焦、瑕、温、原之师,以纳王于王城。庚申,单子、刘蚠以王师败绩于郊,前城人败陆浑于社。"
② 《左传·哀公十七年》:"十一月,卫侯自鄄入,般师出。初,公登城以望,见戎州。问之,以告。公曰:'我姬姓也,何戎之有焉?'翦之。公使匠久。公欲逐石圃,未及而难作。辛巳,石圃因匠氏攻公,公阖门而请,弗许。踰于北方而队,折股。戎州人攻之,大子疾、公子青踰从公,戎州人杀之。公入于戎州己氏。初,公自城上见己氏之妻发美,使髡之,以为吕姜髢。既入焉,而示之璧,曰:'活我,吾与女璧。'己氏曰:'杀女,璧其焉往?'遂杀之,而取其璧。"
③ 春秋时期的诸侯国经常迁徙被统治团体。一直以来,这一现象都被纳入县制研究范围内,认为这么做的目的是瓦解城邑内部组织。见增渊龙夫《先秦时代的封建と郡県》,《一橋大学研究年報:経済学研究Ⅱ》,1958 年,后收入《新版中国古代の社会と国家》,岩波书店,1996 年。关于县制的研究,松井嘉德《"県"制の遡及》(《泉屋博古館紀要》第 9 卷,1993 年,后收入《周代国制の研究》,汲古书院,2002 年)从问题意识分类角度做了相关综述。

而正因为保留了原有的组织架构,诸侯国才得以通过"州"有效地统治戎狄群体。

"九州"并不建在晋国国都周边,反而建在成周附近,这表明晋国尽管实质上统括了"阴地之命大夫",可征之入伍,但表面上还是要摆出"戎狄服膺的不是晋国而是周室"的样子。周王子朝在王城附近起兵造反①,晋国以极快速度动员"九州之戎"介入,足以证明晋国对"九州之戎"拥有独立于周王室的统治权。

综上所述,"九州之戎"的"州"是成周城外的小规模聚落。《左传·哀公四年》记载的晋国欲"城"戎蛮子,即新建一个"州",让戎蛮子搬到里面居住之意。另一个值得留意的是,晋国是先召集了"九州之戎"再去与戎蛮氏会盟的,由此可推知聚落建成之后,戎蛮氏将会被编入"九州之戎"里。

戎蛮氏有"蛮中"(今河南省洛阳市南)、"鄤乡"(今河南省临汝县东南)两地遗留后世,也能作为此处的"九州"其实是小聚落的旁证。

如前所述,戎蛮氏在公元前585年前后臣服于晋国。可是在那之后,我们找不到任何描写晋国与戎蛮关系变化的记载。公元前533年,晋国与周室发生纷争,动员了"阴戎"(《左传·昭公九年》)。这个"阴戎"应该包括了陆浑、戎蛮氏在内。公元前526年,发生了楚子诱杀戎蛮子之事(《左传·昭公十六年》)。楚子以戎蛮子不送"质"到楚国为借口,诱杀戎蛮子,扶植其子继位。之后,戎蛮臣服于楚国。这件事我们可以理解为楚国杀害了臣服于晋国的戎蛮子,另立一个臣服于自己的戎

---

① 见《左传·昭公二十二年》。松井嘉德《分裂する王室》(松井嘉德,2002年)详细考证了王子朝之乱的来龙去脉。

蛮子。

公元前 526 年,戎蛮氏归顺楚国。公元前 491 年,楚国再次征服戎蛮氏。以这两件事为背景,我们可知戎蛮留下的两处聚落遗迹反映了晋楚二国对戎蛮统治权的变更。也就是说洛阳近郊的"蛮中"是晋国在公元前 533 年前修筑给戎蛮子的,而汝水南岸的"鄳乡城"则是公元前 526 年楚国扶植戎蛮子继位后,为了使之成为自身进军北方的先锋而修筑供其居住的城邑。

即便戎蛮氏早已经被围歼,但晋楚两国依然不惜花费重金修建城邑也要吸引戎蛮遗裔,原因何在? 窃以为解释只有一个,即鄳乡城陷落之后,绝大部分的戎蛮氏族内成员并没有被楚国俘虏。修筑这些小规模聚落,目的不是让所有"戎"都搬到里面居住,而是让"戎"的酋长、统治阶级搬到里面居住,通过掌控"戎"的高层来间接统治整个"戎"。很有可能戎蛮氏的高层定居于聚落之后,大多数普通成员依旧生活在河南阴地的山林薮泽内。《左传·昭公二十二年》的记载中,"九州之戎"与"焦、瑕、温、原之师"并列,与各县的军队区分开来,这表明晋国把"戎"编入"九州"之后,"戎"的性质依然不同于其他县邑。

综上所述,和戎蛮氏相关的两处聚落并不是戎蛮氏自己的城邑,而是他们归降之后,晋国和楚国给他们新修筑的。春秋时期的"戎"本是住在山林薮泽里的迁徙族群,可是当中的统治阶级在诸侯国的威压下逐渐定居。如此看来,"戎狄荐居"一词与春秋时期"戎"的居住模式并不矛盾,反而告诉了我们"戎"在定居之前的居住模式。对当时的诸侯国而言,要想拿到山林薮泽的土地,就必须让居住在山林薮泽里的"戎"转为定居模式,纳入到自身掌控之下。这种做法的目的是实利,和对"戎"的蔑视不在同一维度上。

结　语

本章认为,"山戎"的居住地位于太行山脉东南麓一带。春秋中期至战国时期,随着生活在华北平原的诸戎陆续被诸侯国合并、驱逐,中原地区和长城地带的区别越发泾渭分明,导致"山戎"被误以为是河北北部的群体,还被编入了桓公故事当中。换言之,"山戎"这个名词所指的群体是随着春秋后期至战国时期"戎"的消失及齐桓公故事的不断传播而逐渐变化的。

春秋时期的"戎"除山戎(北戎)之外,还有河南阴地的"伊洛之戎"、山西至陕西南部的"骊戎""大戎""小戎""草中之戎"、山西北部的"无终""代戎"、山东半岛北部至淮水流域的"戎""徐戎",以及《左传》中几乎没提到的秦周边的"西戎"。另外,楚国周边还有"卢戎"。从近年新出的青铜器铭文中,我们还知道楚国和"秦戎"有联系。① "戎"的分布遍及整个华北地区,甚至华中地区也有"戎"的足迹,难以想象"戎"会是一个单一民族。

《左传》里的"戎"原来是零散居住在山林薮泽里的群体,没有自己的城邑,留至后世的春秋时期的与"戎"有关的城邑遗迹,原是在诸侯国收编他们,使之定居的过程中建造的聚落。居住模式不同于诸侯国,或许连语言、风俗也不同于诸侯国的"戎",不被认可为城邦国家的一员,而是被视为"禽兽"般的存

---

① 吴振烽《竞之定铜器群考》(《江汉考古》2008 年第 1 期)对澳门崇源国际拍卖公司搜集的铜器群做了初步考释,发现当中的竞之定豆、竞之定鬲铭中有"王命竞之定救秦戎,大有功于洛之戎"一句。按照吴振烽的考证,这批铜器是春秋后期至战国前期时的楚国铜器,"秦戎"应是从秦地搬迁至阴地的陆浑戎,"洛之戎"应是伊洛诸戎。

在。再考虑到楚国周边也是"戎"的活动范围,可知"戎"并不特指长城地带的游牧、畜牧民族,而是对居住在山林薮泽里的非定居群体的统称。

问题在于,在山林薮泽里逐水草而居的"戎"靠什么过日子呢?尽管《左传》中对此有些片段性记载,例如无终子向晋国纳"虎豹之皮"(襄公四年)、姜戎氏驱逐"狐狸豺狼"开垦耕地(襄公十四年),却找不到说他们是游牧民族的记载。由此我们可推测,"戎"过着狩猎或半农半牧的生活,和居住在城市的农耕民族是互补关系。

《左传·隐公五年》载,诸侯国的皂隶、官司等基层官吏负责管辖"鸟兽之肉""皮革、齿牙、骨角、羽毛"等山林薮泽里生产的动物资源。增渊龙夫认为,山林薮泽本来是"邑"的公共财产,但在春秋至战国这段时期里,君主逐渐吞并山林薮泽作为私产。[①] 可是,山林薮泽并非全是无主之地,正如本章所述,诸侯国邻近的山林薮泽里广泛分布着诸"戎",他们极有可能为城市居民提供着山林资源。

既然"戎"是所有非周室体系的移居民族的统称,他们的生计自然会存在地域差异。尤其是"西戎"这些居住在黄土高原邻近地区的,以畜牧为生的可能性很高。不过,春秋时期的诸侯国和"戎"并不是农耕和游牧的二元对立关系。从城市周边广泛分布着非定居群体来看,"戎"的消失其实意味着中原地区和长城地带的区域划分逐渐明朗。

正因如此,《左传》中同时存在蔑视戎狄的观念和对掌控戎狄

---

① 增渊龙夫《先秦时代の山林薮沢と秦の公田》,中国古代史研究会编《中国古代の社会と文化》,東京大学出版会,1957 年;后收入增渊龙夫(1996 年)。

表示肯定的观念,而反映这两种观念的言论正准确地告诉了我们周系诸侯国众人希望通过掌控戎狄来开疆拓土的意识。其实,《左传》有不少言论蕴含着春秋时期的时代特征,可对照其他文献得出进一步结论。篇幅所限,本章只选取了有关"戎"的言论记载,将之置于春秋时期的社会关系的背景下展开论述。

第三章　鲜虞中山国的建立

序　言

位于今河北省石家庄市附近的鲜虞中山国,是春秋后期狄人所建的国家。[①] 一些文献干脆直接用"狄"字来代指鲜虞中山国,或释之为"姬姓白狄"之国。鲜虞中山国的后身是战国时期的中山国,战国中山国王墓中不仅有中原式的青铜礼器,还有装饰着"山"字形器物的天幕和一些雕刻着奇异动物纹路的精美青铜器。[②] 中山国境内发现的其他春秋中期至战国时期的墓葬是颇

[①] 鲜虞中山国旧城在今河北省石家庄市正定县、新乐县附近,其附属国鼓(昔阳)、肥在晋州市附近;战国中山国都——顾在定州市,灵寿在今灵寿县西北 12 公里的平山县北边,中山王陵陵墓和灵寿旧城遗迹就在该地。关于中山国的历史地理相关问题,见陈槃《春秋大事表列国爵姓及存灭表譔异(三)》第六《鲜虞》、第七《肥、鼓》,"中央研究院"历史语言研究所,1969 年;程发轫《春秋左氏传地名图考·昭公十二年》,广文书局,1967 年;谭其骧主编《中国历史地图集(一)》,中国地图出版社,1982 年;王先谦著,吕苏生补释《鲜虞中山国事表疆域图说补释》,上海古籍出版社,1993。至于战国中山的考古发掘报告,河北省文物研究所出版了中山王陵和灵寿旧城两份报告,即《厝墓:战国中山国国王之墓》(文物出版社,1996 年,下文简称为《厝墓》)、《战国中山国灵寿城:1975～1993 年考古发掘报告》(文物出版社,2005 年,下文简称为《灵寿城》)。两书的第一章均有相关历史地理概况介绍。

[②] 中山王墓的出土文物,见河北省文物管理处《河北省平山县战国时期中山国墓葬发掘简报》,《文物》1979 年第 1 期;《厝墓》第三章;五井直弘《華夏族の形成と中山国》,《專修人文論集》第 53 号,1994 年,后收入《中国古代国家の形成と史学史》,名著刊行会,2003 年。

具特色的石椁结构,墓里不仅出土了鼎、豆、壶等青铜礼器,还出土了铜镬、动物形饰牌、首饰等北方系文物。①

李学勤、刘来成、李晓东、五井直弘等学者从文献史料中的中山国关联记载、中山王墓及中山国墓葬中所见的考古学文化特征入手,得出了如下结论②:墓葬遗迹中的多文化因素混合现象反映了春秋时期的"白狄"鲜虞入侵中原之际,一方面被"华夏族"的文化所同化,但另一方面又顽强地保留着自身北方游牧民族特色。中山王墓的发掘报告在上述观点的基础上,进一步猜想在"白狄"入侵之前,中山国这片区域已经存在子姓(商人后裔)鲜虞,提出了"子姓鲜虞—白狄鲜虞—华夏族战国中山国"的历史演变脉络。③

上述观点利用了"华夏"和"戎狄"这两个文献史料中的概念来解释考古学角度的文化因素,设定了一个二元对立性质的逻辑,即春秋时期的"华夏"=中原地区的农耕民族、春秋时期的"戎狄"=北方地区的游牧民族。李学勤认为"中山不同于中原诸侯,它不属于华夏,而是北方少数民族白狄的国家,春秋时原称鲜虞",其实就是这一观点的体现。但是,我们在前面的章节中已经说过,春秋时期的华夷关系不能简单地从二元论出发去理解。

---

① 河北省滹沱河流域发现的春秋中期至战国中期的墓葬特征,见刘来成、李晓东《试谈战国时期中山国历史上的几个问题》,《文物》1979 年第 1 期;李学勤《平山墓葬群与中山国的文化》,《文物》1979 年第 1 期。另,江村治树《春秋戦国秦漢時代出土文字資料の研究》(汲古書院,2000 年)第一部第一章的《D 地域青銅器出土一覧表》整理了该地出土的青铜器。

② 刘来成和李晓东(1979 年)、李学勤(1979 年)、五井直弘(1994 年)。

③《厝墓》,第 541～547 页。又见孙闻博《鲜虞、中山族姓及渊源问题之再探》,《四川文物》2005 年第 5 期。文章指出,春秋时期的鲜虞和中山是两个国家,鲜虞是"白狄子姓"的北方民族,中山国是"白狄姬姓"之国,战国中山国是春秋中山国的后裔。

　　基于上述问题意识,本章将先回顾文献对中山国的相关记载[1],具体地分阶段重新审视以往研究只视之为北方游牧民族"华夏"化的中山国建国经过。首先,我们将翻阅有关鲜虞中山国、战国中山国的相关文献记载,再对比中山王墓里的出土文字材料,阐明文献史料对中山国认识的更新嬗变与中山国的发展史。然后讨论春秋时期的"狄"与鲜虞中山的关系,揭示春秋后期鲜虞中山国的建立到底有何历史意义。

第一节　中山国的历史及其问题点

　　中山国的历史大致上可分为前后两期。前期为《春秋》《左传》《国语》中所见的鲜虞中山时期,后期为《史记》及其他战国史料中所见的战国中山时期。鲜虞中山和战国中山的时代划分大致上与春秋战国的时代划分重合,当中我们可以发现明显的名称改变、国君世系的断链等问题。下文中,我们将称春秋时期的中山国为"鲜虞中山",战国时期的中山国为"战国中山"。

　　鲜虞中山在文献上出现于春秋后期,传说是周初封建箕子的国家[2],《国语·郑语》记载中,西周末年已有鲜虞[3]。但实际上"鲜虞"之名在文献中始见于《左传·昭公十二年》的晋国中行吴

---

[1] 王先谦和吕苏生(1993年)已搜集了绝大部分关于中山国的文献史料记载,另可参见蒙文通《周秦少数民族研究》(龙门书局,1958年,后收入《蒙文通文集2》,巴蜀书社,1993年)第五章《白狄东侵》。

[2]《后汉书·第五伦传》中有人名曰"鲜于褒",李贤注引《风俗通》佚文:"武王封箕子于朝鲜,箕子食采于朝鲜,因氏焉。"

[3]《国语·郑语》:"桓公为司徒,甚得周众与东土之人,问于史伯曰:'王室多故,余惧及焉,其何所可以逃死?'史伯对曰:'王室将卑,戎、狄必昌,不可偪也。当成周者,……北有卫、燕、狄、鲜虞、潞、洛、泉、徐、蒲……'韦昭注:"鲜虞,姬姓在狄者也。"

伐鲜虞一事。① 此后,晋国中行氏虽多次进攻鲜虞,但是公元前497年晋国范、中行氏之乱时,鲜虞依然联合齐、鲁、卫三国军队站到了两氏阵营,与晋国正规军交战(《左传·哀公元年》)。随着《左传》《国语》的完结,"鲜虞"一词也消失不见,在描写战国诸国的文献中从未出现。

"中山国"之名再次出现是在《史记·六国年表》,其云赵献子十年(公元前414年),中山国武公"初立"。② 公元前406年,建国没多久的战国中山被魏文侯攻占。③ 公元前380年前后,武公之子桓公成功"复国",并从顾迁都至灵寿。④ 公元前323年,中山国和其他国家一同称王。⑤ 公元前316年,邻国燕国发生了燕王子哙禅让事件,中山国和齐国等邻近诸侯起兵介入,取得了一定战果。可是,在那之后中山国国力逐渐衰退,于公元前296年

---

① 《春秋·昭公十二年》:"晋伐鲜虞"。《左传》:"晋荀吴伪会齐师者,假道于鲜虞,遂入昔阳。秋八月壬午,灭肥,以肥子绵皋归。……晋伐鲜虞,因肥之役也。"

② 《史记·六国年表·赵献子十年》:"中山武公初立。"战国时期的公元纪年,本章从杨宽《战国史(增订版)》(上海人民出版社,1998年)年表。

③ 魏文侯伐中山国,见于《史记》的《魏世家》《赵世家》及《六国年表》的《魏表·文侯十七年》和《赵表·烈侯元年》,即公元前408年。灭中山花了三年时间,故是公元前406年攻占。相关记载见《战国策》的《秦策二》《赵策一》《魏策一》、《吕氏春秋》的《举难》《自知》《乐成》、《韩非子》的《说林上》《外储说左下》、《史记》的《甘茂传》。参见王先谦和吕苏生(1993年,第32~38页)、蒙文通(1958年)、杨宽(1998年,第291、292页)、五井直弘(1994年)。

④ 《史记·乐毅列传》:"乐羊为魏文侯将,伐取中山,魏文侯封乐羊以灵寿。乐羊死,葬于灵寿,其后子孙因家焉。中山复国,至赵武灵王时复灭中山,而乐氏后有乐毅。"《赵世家》献公十年条《索隐》引《世本》:"中山武公居顾,桓公徙灵寿,为赵武灵王所灭。"中山国的所谓"复国",应是从魏国占领下独立之意,亦即《世本》所载桓公徙灵寿之事。杨宽推测此事发生于公元前380年前后。参见蒙文通(1958年)、李学勤(1979年)、杨宽(1998年,第299、300页)、五井直弘(1994年)。

⑤ 《战国策·中山策·犀首立五王》载,中山国君与魏、赵、韩、燕等国君同称王,齐王不满中山国与己同级,起兵攻之,此事应在公元前323年。参见王先谦和吕苏生(1993年,第42、43页)、杨宽(1998年,第350、351页)、五井直弘(1994年)。

为"胡服骑射"的赵武灵王和赵惠文王所灭。[1]

中山王墓中出土的带"中山王厝""妾□"等作器者名的青铜器，从铭文内容推断应铸于公元前 310 年前后。[2] 当中的中山王厝方鼎铭中有一句中山王厝自述祖先的话："唯朕皇祖文武、桓祖、成考。"对照文献史料记载，战国中山的君主世系复原如下：

文公—武公—桓公—成公—王厝—王妾□—王尚

推测公元前 323 年称王的中山王正是中山王墓的墓主——王厝本人，他逝于公元前 308 年前后。由此，我们可推知战国中山的世系为公元前 414 年武公初立，公元前 380 年前后桓公"复国"，公元前 4 世纪后半叶王厝称王，最后是公元前 3 世纪初王妾□、王尚灭国。不过，王厝自述的祖先世系只追溯至"皇祖"文公，文公之前的君主世系不详。

以往的研究中积累了不少有关中山国的特征、国君血缘的成果，当中较为受关注的是认为鲜虞中山国是"姬姓白狄"的《世本》说和认为战国中山是周室一脉（周桓公之子）封建之国的《汉书·古今人表》说。[3] 随着中山王诸器的出土，人们发现《汉书》认为"中山武公"是"周桓公之子"的记载与铭文中的"文、武"君主世系

[1]《史记·六国年表·赵惠文王四年（公元前 295 年）》："围杀主父。与齐、燕共灭中山。"参见王先谦和吕苏生（1993 年，第 66～68 页）、杨宽（1998 年，第 327、373 页）、五井直弘（1994 年）。

[2] 小南一郎对中山王墓青铜器铭文做了译注及相关的思想史讨论，见小南一郎《中山王陵三器铭とその时代背景》，林巳奈夫编《战国时代出土文物の研究》，京都大学人文科学研究所，1985 年。本章对中山王墓器铭的讨论均依据小南一郎的释读。

[3]《汉书·古今人表·中中》："中山武公。"班固自注："周桓公子。"《史记·赵世家》"献公十年"条《集解》引徐广："西周桓公之子。桓公者，孝王弟而定王子。"

相矛盾,遂舍弃了周室封建说,认为鲜虞中山和战国中山都是"白狄"鲜虞建立的国家。① 既然鲜虞中山是"白狄",那么其"姬姓"传说便有可能不是真的②,还有一些学者猜测鲜虞中山的建国是"白狄"从陕西搬迁到河北的民族迁徙③,是游牧民族的"华夏化"。

但是,上述诸家观点其实有不少值得商榷之处。其一是文献对鲜虞中山、战国中山的认识随时代而改变。例如认为鲜虞是"姬姓白狄"的解释初见于战国末成书的《世本》,为魏晋时期的注家所普遍接受,可是翻查其他的先秦、秦汉文献,未见一语明确提到鲜虞是"姬姓白狄"。又如"子姓"说,初见于西汉中期成书的《史记》。因此,我们有必要重新审视文献中的记载,搞清楚对中山国认识的层累和嬗变过程。

其二是关于鲜虞中山与战国中山的连续性,以及所谓的周室封建说。如前所述,目前学术界普遍认为鲜虞中山和战国中山是连续不绝的,但黄盛璋曾对此提出质疑,认为鲜虞中山和战国中山的君主世系不是连续的,战国中山武公真的是周室子弟。④ 的确,从《左传》对鲜虞中山的最后一段记载起算,到公元前414年武公"初立",中间存在七十多年的空白期。这么长的时间里不大可能只有一个君主在位,文献以武公"初立"为战国中山的开端,肯定是因为武公做了一些前人所未及的事。从这点看来,鲜虞中山和战国中山还有待讨论之处,不能看作是连

---

① 五井直弘(1994年);舒大刚《春秋少数民族分布研究》,文津出版社,1994年,第36~38页;平势隆郎《左伝の史料批判の研究》,汲古书院,1998年,168页。
② 五井直弘(1994年,第三节)。
③ 蒙文通(1958年,第五章)《白狄东侵》;舒大刚(1993年,第34~46页)。
④ 黄盛璋《关于战国中山国墓葬遗物若干问题辨正》,《文物》1979年第5期;《再论平山中山国墓若干问题》,《考古》1980年第5期。

续的整体。

第三是鲜虞中山与"狄""白狄"及"北方民族"的关系。鲜虞中山是位于太行山东麓的国家,正好是"狄"的活动范围之内。《国语》、战国诸子文献、《史记》明确说鲜虞中山是"翟(狄)",但是作为春秋史基础史料的《春秋》经和《左传》没有一句提到鲜虞中山是"狄"或"白狄"。此外,目前普遍认为鲜虞中山是"北方民族"或"游牧民族"南下建立的国家,但事实果真如此吗? 上述三点我们有必要重新审视。

第二节　关于中山国的文献记载

下面我们将梳理文献中关于鲜虞中山和战国中山的记载,看看每份史料对中山国的认识是如何层累、变化的。

首先来看《春秋》经文。鲜虞之名在《春秋》经文中一共出现了五次——昭公十二年、昭公十五年、定公四年、定公五年、哀公六年。值得一提的是,和"赤狄潞氏"等"狄"不同,鲜虞在《春秋》中并没有被称为"狄"。不过,考虑到《春秋》经文的行文性质,有可能只是作者不愿意写,但鲜虞的具体特征如何我们也的确找不到相关的经文记载。

其次是《左传》。在昭公十二年之后,鲜虞中山在《左传》传文中一共出现了十一次——昭公十二年、昭公十三年、昭公十五年、昭公二十一年、昭公二十二年、定公三年、定公四年、定公五年、哀公元年、哀公四年、哀公六年。从《左传》的记载中,我们可归纳出三点信息:第一,鲜虞中山所处的位置在太行山脉东麓向南北延伸的"东阳"地区里。自春秋前期至中期,东阳地区的南部一直有赤狄等"戎""狄"在活动。① 晋国灭赤狄后,"戎""狄"的活动逐渐收敛,被晋国陆续蚕食。② 至于东阳地区的北部,春秋末年出现于文献记载上的正是鲜虞中山(见本书地图6)。第二,鲜虞中山麾下有鼓、肥两个属国,境内有昔阳、中人、左人等城邑。《左传·昭公十二年》载,晋国中行吴"假道于鲜虞","入"昔阳,俘虏肥子而还。③ "入"是隐语,用于军队入侵他国国邑④,这表明肥子所居的昔阳和其他诸侯国邑是同级别的城邑。"昭公十五年"又载,中行吴再伐鲜虞,围鼓邑,"鼓人或请以城叛",中行吴不许其降,道:"或以吾城叛,吾所甚恶也。人以城来,吾独何好焉?……获一邑而教民怠,将焉用邑?"最终鼓邑在力战之下为中行吴所占。⑤ 由此可知,鲜虞中山的属国里有一座叫"鼓"的城邑。至于鲜虞本身,似乎也有一座叫"中人"的城邑曾遭晋国军队用冲车攻击。⑥ 这种攻城战的记载,《左传》的其他"狄"是完全没有的。第三,《左

① 《左传·襄公二十三年》杜预注:"东阳,晋之山东,魏郡广平以北。"即,东阳是钜鹿北边的太行山脉东麓、黄河西岸地区。钜鹿附近的今河北省邢台市有邢人,公元前662年,狄人驱逐了邢人,自占之。

② 晋国疆域的扩大及染指东阳之事,见顾炎武《日知录·卷三十一·晋国》、史念海《论两周时期农牧业地区的分界线》(《中国历史地理论丛》1987年第1辑;后收入《河山集6》,陕西人民出版社,1997年)、吉本道雅《三晋成立考》(《春秋战国交代期の政治社会史の考察》,平成7~9年度科学研究费補助金研究成果报告书,1998年)、马保春《晋国历史地理研究》第六章《晋国的疆域和交通状况》(文物出版社,2007年),该章中还详细图示了晋国疆域的扩大过程。

③ 《左传·昭公十二年》:"晋荀吴伪会齐师者,假道于鲜虞,遂入昔阳。秋八月壬午,灭肥,以肥子绵皋归。"

④ 《左传》中的"入"字含义,见谷口满《春秋时代の都市——城郭问题探討》,《東洋史研究》第46卷第4号,1988年。

⑤ 《左传·昭公十五年》:"晋荀吴帅师伐鲜虞,围鼓。鼓人或请以城叛,穆子弗许。左右曰:'师徒不勤,而可以获城,何故不为?'穆子曰:'吾闻诸叔向曰:'好恶不愆,民知所适,事无不济。'或以吾城叛,吾所甚恶也。人以城来,吾独何好焉?'……鼓人告食竭力尽,而后取之。克鼓而反,不戮一人,以鼓子鸢鞮归。"

⑥ 《左传·昭公十三年》:"鲜虞人闻晋师之悉起也,而不警边,且不修备。晋荀吴自著雍以上军侵鲜虞,及中人,驱冲竞,大获而归。"

传》从没说鲜虞中山是"狄"或"白狄"。《左传》对蛮夷戎狄会冠以"戎"或"狄"字在前,用以与其他诸侯国作区分,如"赤狄潞子""白狄子"等。可是《左传》传文中,鲜虞中山并没有"戎""狄"的前缀。有观点认为"鲜虞"二字本身就是一种夷狄认识①,可是我们至少可以肯定,《春秋》和《左传》中的鲜虞是一个正经的国名,而非一般的戎狄。再者,《左传·定公四年》载,晋荀寅对范献子说:"国家方危,诸侯方贰,将以袭敌,不亦难乎!水潦方降,疾疟方起,中山不服,弃盟取怨,无损于楚,而失中山,不如辞蔡侯。"这番话干脆直接将"中山"放到了和"诸侯"同级的语境下了。

接着是《公羊传》和《谷梁传》。《春秋》经文中的鲜虞在《公羊传》传文里并没有被特地提及,反而是《谷梁传》有认为鲜虞是"中国"的言论,详见后文。两传中均找不到视鲜虞中山为"夷狄"的记载。

再来是《国语》。《国语·郑语》载西周末年郑桓公之言,话里有"鲜虞"之名。乍看起来,似乎鲜虞中山在西周末年已存在。但《郑语》的内容应是在春秋时期的史实基础上构建起来的,不能以之作为鲜虞中山在西周末年已经存在的证据。② 另一方面,《晋语九》中有中行穆子、赵襄子攻"狄"之事。这两段记载中出现了名为"鼓""中人"的狄人属邑,和《左传》中记载的鲜虞属邑同名。③ 换言之,《国语》把《春秋》经文和《左传》中的"鲜虞"说成

① 参见本书第一章第二节及吉本道雅《中国戦国時代における四夷觀念の成立》,京都大学《東アジアにおける国際秩序と交流の歴史的研究ニューズレター》No.4,2006年。
② 谷口满《祝融諸子伝承の成立》(《文化》第40卷第3、4号,1977年)指,《郑语》的世界观是建立在春秋时期的政治动向之上的。
③《国语·晋语九》载"中行穆子帅师伐狄,围鼓","赵襄子使新稚穆子伐狄,胜左人、中人"。鼓出现在《左传·昭公十五年》,是鲜虞附属国的城邑;中人出现在"昭公十三年",是鲜虞的属邑。《吕氏春秋·慎大览》中,"左人"作"老人"。《后汉书·郡国志二·中山国》载,新市县下有"鲜虞亭",唐县下有"中人亭"和"左人乡"。

了"狄"。

战国末年成书的《吕氏春秋》里没有"鲜虞"这个名字,但有几段似乎与鲜虞中山相关的记载。先是《慎大览》记载赵襄子攻"翟",夺其城邑(老人、中人),①这和《国语·晋语九》所说的应是同一件事。另外,《爱士》中也有赵简子攻"翟"的故事。又,《简选》谓"中山亡邢,狄人灭卫",把《左传·庄公三十二年》的"狄伐邢"说成了"中山",可见《吕氏春秋》是将中山国视为"狄"的。再者,《权勋》记载了晋知伯进攻"中山厹繇"之事。

另一方面,《吕氏春秋》倒是有不少关于战国中山的记载,如《先识览》中的晋大史预言晋国与中山国将灭亡、白圭赴中山,《乐成》中的魏文侯遣乐羊攻占中山,《应言》中的司马喜与墨者师在中山王面前争论,《适威》中的魏武公居中山,《审为》中的中山公子牟,《贵卒》中的中山勇士吾丘鸠,《自知》中的宋、中山灭亡及魏文侯封自己的儿子于中山。从上述记载中可知,《吕氏春秋》视鲜虞中山为"狄""翟",但又不视战国中山为"夷狄",而是以"中山"二字称之。

战国末期至秦代成书的法家文献《韩非子》不见鲜虞中山的记载,倒有几件关于战国中山的记载,如《说林上》载魏文侯借道赵国伐中山、乐羊以魏文侯将军的身份领兵攻打中山、鲁丹见中山君,《说林下》载晋知伯攻仇由国,《内储说上》载中山相乐池使赵,《内储说下》载中山司马喜里通赵国、中山贱公子被诛,《外储说上》载吴起率魏兵攻打中山、赵主父(武灵王)灭中山,《外储说下》载魏翟黄向魏文侯举荐乐羊以攻中山,《难二》载魏李兑治中山。《韩非子》也不视战国中山为"狄"。

---

① 《吕氏春秋·慎大览》:"赵襄子攻翟,胜老人、中人。"

再看《战国策》。这份文献一般认为是战国时期纵横家的故事集，战国中山在里面出现了多次——《西周策》一次、《秦策》四次、《齐策》两次、《赵策》九次、《魏策》三次、《燕策》两次，还有专门的《中山策》。《韩非子》《吕氏春秋》中的中山国相关记载，基本上也都能在《战国策》中找到。《战国策》中还有一些两份文献中没有的记载，当中比较值得留意的当数赵武灵王"胡服骑射"故事和称"胡狄之乡"为"胡地、中山"（《赵策二》），《战国策》认为中山国不是胡人居地，赵国与中山国的边疆地区是"水居之民"的居处。①

据传是战国末年赵人编纂的《世本》②有认为鲜虞是"姬姓白狄"的记载，可惜《世本》原文已佚，今据《谷梁传·昭公十二年》范宁注引知之③。

与上述战国诸子文献一样，《史记》中也有零星关于战国中山的记载，但没有一段话直接说战国中山是"戎狄"。相对地，鲜虞中山的记载甚少，只有《赵世家》记载了赵简子时的一段预言，其云"主君之子将克二国于翟，皆子姓也"。④《史记正义》注谓"代及智氏也"，误。首先，先不说代，称智氏为"翟"的记载从来未见，故《赵世家》这段话明显说的是《国语·晋语九》和《吕氏春秋·慎

---

① 《战国策·赵策二》："今吾国东有河、薄洛之水，与齐、中山同之，而无舟楫之用。自常山以至代、上党，东有燕、东胡之境，西有楼烦、秦、韩之边，而无骑射之备。故寡人且聚舟楫之用，求水居之民，以守河、薄洛之水，变服骑射，以备其参胡、楼烦、秦、韩之边。且昔者简主不塞晋阳，以及上党，而襄王兼戎取代，以攘诸胡，此愚知之所明也。"
② 陈梦家《世本考略》，《周叔弢先生六十五岁生日纪念论文集》，1950 年；后收入《尚书通论（外二种）》，河北教育出版社，2000 年。
③ 《谷梁传·昭公二十二年》范宁注："鲜虞，姬姓白狄也。"唐杨士勋疏："释曰鲜虞姬姓白狄也者，《世本》文也。"
④ 《史记·赵世家》载赵简子梦见上帝，醒后与"当道者"言，问："帝赐我二笥皆有副，何也？"当道者答："主君之子将克二国于翟，皆子姓也。"这里的"主君之子"，显然是在说赵襄子。

大览》中记载的赵襄子攻"翟",下"左人""中人"二邑之事。

上述这段记载表明《史记》继承了《吕氏春秋》和《韩非子》的观点,只认为武公之后的战国中山是"中山",鲜虞中山则视之为"翟(狄)"。尽管《史记》也说了"翟"(鲜虞)是子姓之国,但其认识源自何处则不详。如后文所述,东汉时人谓鲜虞即箕子朝鲜,鲜虞人乃商人(子姓)后裔,《史记》的这番记载显示早在西汉时,人们似乎已经有了类似的雏形认识。无论如何,总之截至西汉,存在不同于《世本》鲜虞姬姓的另一种传说,认为鲜虞是"子姓"。

《汉书》中依然没有关于鲜虞中山的记载,《古今人表》班固自注中倒是有认为战国中山的"中山武公"是"周桓公之子"的说法。据此,东汉初期存在认为战国中山君主是周室子弟的传说。这又是有别于上述"鲜虞中山姬姓说"的另外一个"战国中山姬姓说"。

《后汉书·第五伦传》中有个叫鲜于褒的人,该条注引东汉应劭《风俗通》佚文云:"武王封箕子于朝鲜,其子食采于朝鲜,因氏焉。"《后汉书·郡国志二》"钜鹿郡"条:"下曲阳有鼓聚,故翟鼓子国。有昔阳亭。""中山国"条:"新市有鲜虞亭,故国,子姓。……唐有中人亭,有左人乡。"东汉鲜于璜碑文中也有鲜于氏起源于商箕子的语句。[①] 综上,最晚在东汉之前,认为"鲜虞(鲜于)"是箕子后裔、子姓的观点已然形成。

魏晋时期的注家普遍认为鲜虞是"白狄""白狄别种"或"姬姓白狄"。《国语·郑语》韦昭注:"鲜虞,姬姓在狄者也。"《谷梁传·昭公十二年》范宁注:"鲜虞,姬姓白狄也。地居中山,故曰中国。"《左传·昭公十二年》杜预注:"鲜虞,白狄别种。……肥,白狄

---

① 永田英正编《漢代石刻集成》(同朋舍,1994 年)正文第八十八有鲜于璜碑文的译注。

也。"又注"昭公十五年"："鼓，白狄之别。"

从上述诸文献的记载，我们可以归纳出如下流程：首先，春秋后期的"戎""狄"活动地区——太行山脉东麓建立了鲜虞中山。《春秋》三传中不称鲜虞中山为"狄"，也没有将之视为夷狄的记载。其次，《国语》《吕氏春秋》《史记》中，鲜虞中山写作"狄（翟）"，战国中山写作"中山"。《后汉书·郡国志》同。先秦文献中说中山国是"狄（翟）"的记载里，除《国语·晋语九》的中行穆子故事外，全部和赵氏有关。这或许表明了战国赵国认为中山国是起源于"狄（翟）"的国家。可是，在其他先秦文献中我们找不到视战国中山为"戎""狄"的记载，也找不到认为中山国是游牧或畜牧民族之国的记载。

说鲜虞中山是"姬姓白狄"的解释始见于《世本》，很有可能这个观点最晚在战国末年之前已经存在。一方面，认为鲜虞中山是子姓商人后裔的传说不见于先秦文献，反而在《史记》中能找到，谓"翟"是子姓。《史记》还记载了箕子被封建于朝鲜的传说[①]，因此"鲜虞中山子姓说"应是在西汉中期前，以"鲜虞"与"朝鲜"混同的形式而诞生的传说。另一方面，《汉书·古今人表》记载了战国中山君主是周室后裔的传说，告诉了我们另一个不同于《世本》的"姬姓说"。

这里要强调的是以下四点。第一，"鲜虞中山子姓说"是在西汉时期以箕子朝鲜和鲜虞混同的形式形成的，这个"子姓"的鲜虞在《史记》中依然被称为"翟"。这表明在狄人的鲜虞建国之前已经不太可能已经存在子姓商人后裔的鲜虞。

---

① 《史记·宋世家》："武王乃封箕子于朝鲜，而不臣也。"《尚书大传》有另一故事版本。

第二,先秦、秦汉时期的文献中没有视中山国为游牧民族国家的记载。战国文献和《史记》虽然称鲜虞中山为"狄(翟)",但也没有说他们是游牧民族或畜牧民族。《战国策》中的赵武灵王故事更是明确区分了战国中山和骑马游牧民族——胡。简而言之,在先秦、秦汉的文献史料中,我们完全找不到任何论据支撑鲜虞中山和战国中山是游牧民族国家的判断。

第三,鲜虞中山和战国中山存在明显区别。《吕氏春秋》《韩非子》和《史记》称鲜虞中山为"狄(翟)",但对战国中山则绝大部分情况称为"中山"。《战国策·赵策二》的赵武灵王故事中倒是称战国中山为"狄",但也仅此一例,其余部分一律以"中山"称之,不视之为"夷狄"。从这些记载可知,在战国诸子和《史记》的历史认识中,鲜虞中山和战国中山是有所区别的。

第四,作为春秋时期基础史料的《春秋》三传明确区分鲜虞和"狄"。称鲜虞为"狄"初见于《国语》,直到战国末期的《世本》才发展成了鲜虞是"白狄"。这表明鲜虞中山在春秋时期是一个和其他的"戎""狄"有所不同的国家,认为鲜虞是"白狄"的认识实际上在西汉之前都不是主流观点。

基于上述梳理后所得的结论,下一节我们将进一步讨论"中山姬姓说"和"中山'中国'论"。

第三节　鲜虞中山、战国中山的各种关联学说

1. 鲜虞中山"中国"论及"姬姓"说

《世本》认为鲜虞中山是"姬姓白狄"的这个观点为魏晋之后的《春秋》三传、《国语》注家所普遍接受。鲜虞中山的"姬姓",一

直以来都被认为是归化入"华夏族"的鲜虞人冒称的。另一方面，《谷梁传》中有称鲜虞为"中国"的记载，以往的研究中有学者以此为论据，指《谷梁传》是成书于战国中山的文献，为了正统化本国，遂在文中仅以本国疆域为"中国"。

但是，我们再细读一下就能发现，鲜虞中山的"中国"和"姬姓"都不是中山国的自称。正如吕苏生所指出，这两个观点有可能是在《春秋》经文的注释不断叠加的过程中诞生的。① 我们先来看《谷梁传》所说的"中国"论，这段记载出自"昭公十二年"的"晋伐鲜虞"之事，传文如此写道：

> 其曰晋，狄之也。其狄之何也？不正其与夷狄交伐中国，故狄称之也。

这里的"夷狄"指的是楚国。晋国出兵鲜虞，《春秋》经文不写"晋某某"，只写"晋"一字，《谷梁传》认为这种不写出率兵统帅的做法表明《春秋》在这件事上是把晋国当成"夷狄"了。乍看起来，经文很明显是在反对晋国，所以《谷梁传》认为因为晋国出兵伐鲜虞，所以才被经文贬称。②

明确认为鲜虞是"中国"的记载仅在《谷梁传》中能找到，但暗示鲜虞是"中国"的记载在《国语·吴语》中也能找到。公元前

---

① 在王先谦和吕苏生（1993年）第4～5页，吕苏生指出"鲜虞姬姓说"仅见于《世本》，此说应派生自《春秋·昭公十二年》"晋伐鲜虞"的解释。窃以为甚当。

② 吉本道雅《中国古代における華夷思想の成立》（夫马进编《中国東アジア外交交流史の研究》，京都大学学術出版会，2007年）指，《谷梁传》提出"鲜虞＝中国"的背景有二，一是公元前4世纪后半叶，战国中山成为"中国"的一员；二是《春秋·昭公十二年》的"晋伐鲜虞"是贬称晋国的唯一事例，而《谷梁传》成书于公元前3世纪的鲁国，彼时鲁国正受魏国压迫。

482 年黄池之会上，吴王斥晋侯"亿负晋众庶，不式诸戎、狄、楚、秦；将不长弟，以力征一二兄弟之国"。① 虽然吴王没有明确说出是哪个国家，但是从他斥责晋国攻击的是"一二兄弟之国"来看，和《谷梁传》中斥责晋国伐"中国"的思想是如出一辙的。换言之，《国语·吴语》和《谷梁传》共享斥责晋国霸权的历史认识。

另一方面，西汉中期的春秋学文献《春秋繁露》对《春秋》经文的解释却不同于《谷梁传》。《春秋繁露·楚庄王》认为晋国因为冷遇了"同姓"的鲁昭公，《春秋·昭公十二年》那段话才贬称晋国为"狄"。② 同样以《春秋》经文为对象，同样持斥责晋国的立场，但《春秋繁露》和《谷梁传》的结论完全不同。另外，《春秋繁露》和《国语·吴语》一样，强调"同姓"血缘关系，不提鲜虞，反而扯到了鲁国身上，这种解释着实有点牵强。

从上述三份文献的记载中我们可以肯定，在战国时期到西汉这段时间，社会上流行着指责晋国压迫"兄弟"诸国的历史认识。截至西汉中期前，在这个认识的基础上，对于晋国被指责的原因形成了两种不同的解释——晋国压迫"中国"（鲜虞中山）的《谷梁传》解释，和扯上"同姓"的鲁国的《春秋繁露》解释。如此一来，我们可以推测《世本》的"鲜虞姬姓说"乃是将《国语·吴语》的"兄

---

① 《国语·吴语》："吴王亲对之曰：'天子有命，周室卑约，贡献莫入，上帝鬼神而不可以告。无姬姓之振也，徒遽来告。孤日夜相继，匍匐就君。君今非王室不平安是忧，亿负晋众庶，不式诸戎、狄、楚、秦；将不长弟，以力征一二兄弟之国。'"

② 《春秋繁露·楚庄王》："《春秋》曰：'晋伐鲜虞。'奚恶乎晋而同夷狄也？曰：《春秋》尊礼而重信。信重于地，礼尊于身。何以知其然也？……今我君臣同姓适女，女无良心，礼以不答，有恐畏我，何其不夷狄也。……今晋不以同姓忧我，而强大厌我，我心望焉。故言之不好。谓之晋而已，婉辞也。"

弟"与《春秋》经文的"晋伐鲜虞"结合后所形成的。[①] 即晋国压迫"兄弟"这个历史认识,孕育出了三种解释:(1)《世本》的"鲜虞姬姓"说;(2)《谷梁传》的"鲜虞中国"说;(3) 委婉地指责晋国冷遇、压迫鲁国而非鲜虞的《春秋繁露》解释。如此看来,鲜虞的"中国"论和"姬姓"说这两个历史认识层面的解释乃源出一脉。

如上所述,《谷梁传》的"鲜虞＝中国"论是从《春秋》经文的"晋伐鲜虞"引申出来的历史认识。正如本书第一章所说,《谷梁传》的华夷观点非黑即白,对于华北诸侯国,只要不是"夷狄",那必然是"中国"。既然《春秋》经文不把鲜虞视为"夷狄",那么《谷梁传》的作者便自然而然地将之归为"中国"的一员。

再者,鲜虞中山"中国"论成立的另一个背景是春秋末期至战国时期这段时间里,鲜虞中山在诸侯间的国际地位渐次上升。《左传·哀公元年》载"师及齐师、卫孔圉、鲜虞人伐晋",鲜虞会师鲁、齐、卫国,一同出兵介入晋国的范、中行氏之乱。这表明在春秋末年,鲜虞中山已经获得了比肩诸侯国的地位。战国中山的地位又比鲜虞中山更上一层楼——下面我们将要讲述的战国中山周室封建说证明了这一点。

2. 战国中山周室封建说

如前所述,《汉书·古今人表》中能找到认为战国中山国是周王室一脉的封建之国的记载。不过,这段记载与中山王诸器铭文

---

① 《世本》的"鲜虞姬姓说"似乎还有一个来历。《左传·庄公二十八年》载,晋公子重耳之母乃"大戎狐姬",是姬姓,有观点认为"大戎"即是"白狄"。翻查现存文献,《史记·晋世家》谓公子重耳逃往的"翟"是母亲的祖国,再联系"翟＝白狄"和"鲜虞白狄说",就能得出"大戎狐氏＝白狄＝鲜虞＝姬姓"的结论。只不过,这个解释终究是建立在"鲜虞即白狄"这个前提之上,符不符合历史事实要另计。关于鲜虞和白狄的关系,详见本章后文。

所载的君主世系矛盾,目前学界普遍已经不采信《汉书》之说。但是,周室封建战国中山倒也不是无稽之谈,毕竟中山王墓出土的其他青铜器铭文显示,战国中山的君主的确有着拥戴周王室的自我意识。

中山王方鼎铭谓:"适燕君子哙,不顾大义,不求诸侯,而臣宗易位。以内绝召公之业,废其先王之祭祀;外之则将使上觐于天子之庙,而退与诸侯齿长于会同。则上逆于天,下不顺于人也,寡人非之。"铭文斥责了燕君子哙让位给子之,朝见"天子"即周王,"会同"诸侯等事。这反映了中山王厝是有着和其他诸侯一同拥戴"天子"(周王)的意识的。铭文又写道:"天子不忘其有勋,使其老策赏仲父,诸侯皆贺。"中山国出兵燕国之后,周王"策赏"了中山王的臣下仲父,这也能证明在中山王厝的意识中,中山国是拥戴周王,能够与其他诸侯国"会同"的国家。

王厝之前的中山国君所铸中山侯铜钺铭文[1]写道:"天子建邦,中山侯憼。作兹军钺,以警厥众。"表明当时的战国中山君主——中山侯憼的意识中,中山国是"天子"(周王)所"建"(封建)之国。由此我们可以肯定,战国中山自认为是周王的封建诸侯。再从后来描述周王遣使者嘉奖中山王战功的铭文来看,周王室很有可能也承认中山国的封建诸侯地位。

如此一来,《史记·六国年表》中所载的中山武公"初立",应该是中山国的统治阶级终于获得了周室承认其诸侯地位之意。中山王墓青铜器铭文透露出的战国中山君主世系只能够追溯到可能是武公之父的文公,故中山侯铜钺的作器者应该是武公、桓

---

[1]《集成》1758,战国后期/《铭文选》883,战国。

公、成公三人的其中一人。① 鲜虞中山与战国中山之间,存在着文武公等新的君主世系确立及获得周室承认这两个重大转折点。

因此,《汉书》认为中山武公出自周王室虽然严格意义上来说不符合历史事实,但也不能完全说是捏造,可能是战国中山武公获周王室承认为诸侯之事在以讹传讹之下变成了武公是周室的封建子弟。②

综上所述,鲜虞中山的"姬姓"说和"中国"论都是解释论层面的认识,两者本是同源,孕育于战国至西汉这段时期。另外,自春秋末期至战国时期期间,中山国与周王室、诸侯国的联系逐渐紧密,国际地位不断上升,最终获得了"天子"承认其"诸侯"的地位。随着战国中山的地位提升,生出了春秋时期鲜虞中山的"姬姓"和"中国"观点。

第四节　春秋时期的"狄"与鲜虞中山的建立

下一个问题是春秋时期的"狄"和鲜虞中山的关系。如前所述,《春秋》无论经文还是传文都把鲜虞中山和"狄"区分开来,但

---

① "中山侯"具体是谁,目前众说纷纭。五井直弘(1994年)指该器铸于中山王厝出兵伐燕(公元前316年前后)时,但铭文中的中山王称号、名讳都和王厝不同,故五井氏的观点不确,该器肯定铸于王厝前的某个中山王时期。黄盛璋(1979年)认为武公"初立"即铭立所谓的"天子建邦",所以作器者是武公。《商周青铜器铭文选》粹"建邦"为"复国"之意,认为作器者是桓公。本章认为"天子建邦"乃是中山君主获得周室承认其诸侯地位,即"封建"之意,文献史料中的武公"初立"所指正是此事。因此,中山侯钺的作器者只能说是武公、桓公、成公之间的其中一人,但无法确定是哪一人。

② 黄盛璋(1979年)引中山侯钺铭,认为战国中山是周王室所封建的诸侯国,以之证明《汉书·古今人表》中的"中山武公=周桓公之子"观点。但是中山侯钺铭只告诉了我们战国中山自认为是周室封建诸侯而已,无法证明其真的是王族子弟的封建之国。公元前414年中山武公"初立"是说周王承认武公是封建诸侯,而非封建周室子弟。《汉书·古今人表》的记载或是讹传。

另一方面《国语》、战国诸子、《史记》又用"狄（翟）"字来称呼鲜虞中山。那么,鲜虞中山和"狄"有什么关系呢?《世本》说鲜虞中山是"白狄"的原因何在? 认为"狄"和"白狄"是游牧民族的观点是否成立? 下面我们将通过解答这些问题,思考春秋后期鲜虞中山建立的意义。

1. 春秋前、中期"狄"的活动

"狄"这个名称初见于《春秋·庄公三十二年》,用来称呼攻击邢、卫二国的群体。王国维和吉本道雅指出[1],西周金文中的"狄"字不是名词,而是动词,"打退""驱离"之意。[2] 春秋时期,华北的山岳、森林地带内的"戎"结成了多个团体,逐渐成长为威胁到诸侯国的势力。在如此背景之下,"狄"字在原有的"排斥、避忌"意识的基础上,与"戎"的概念逐渐融合,从动词变成了一个名词。

---

[1] 王国维《鬼方混夷玁狁考》,《观堂集林》卷十三,1923 年;吉本道雅(2006 年,京都大学)。

[2] 如下表:

器名	出处及编年	铭文
史墙盘	《集成》10175,西周中期 《铭文选》2254,西周恭王 【林】西周 II 《通释》补 15	狄虘虤,伐夷童
敔狄钟	《集成》494,西周后期	敔狄不龏
曾伯□簠	《集成》4631、4632,春秋前期 《铭文选》691,春秋前期 《通释》226	克狄淮夷

可知,"狄"通"逖",作动词"打退""驱离"解。

　　"狄"的活动范围以山西地区为中心,遍及整个黄河流域。①
《春秋》经文中,从庄公年间起算,至文公年间为止,"狄"一共出现
了二十一次,攻击过的对象包括邢、卫、晋、温、齐、鲁、宋等国。由
此,可反推"狄"的活动范围大致集中于太行山脉以东和吕梁山脉
以西两处。《春秋》经文在宣公年间之后,称太行山以东的狄为
"赤狄",吕梁山以西的狄为"白狄"。②

　　另外,《春秋》经文和《左传》中还载有"东山皋落氏"(庄公二
十八年)、"廧咎如"(僖公二十三年、成公三年)、"潞氏"(宣公十五
年)、"留吁"、"甲氏"、"铎辰"(宣公十六年)、"无终"(襄公四年、昭
公元年)等名称,这些应该都是"狄(赤狄)"的氏族名。作为氏族
成员的狄人被称为"众狄"(宣公十五年)或"群狄"(昭公元年)。
可见,"狄"本来是和"戎"重合的统称,而且"狄"的内部存在数个
强大氏族,"众狄""群狄"这些团体都要听命于大氏族。

　　至少在《春秋》经文和《左传》传文中,诸侯国和"狄"是严格区
分开来的。首先,对"狄"的称呼方式就不同于其他诸侯。《春秋》
经文在记载狄的侵伐或会盟时会称之为"狄"或"狄人",且不会写
出统率者的名字,出现狄人名字的场合仅限于其被灭之时。至于

---

① 关于春秋时期"狄"的研究很多,早在清代时已经有了对狄人分布、活动范围的考
　证,近代以来,在民族史语境下,"狄"常常被提及,近年还出现了附会考古学的观
　点。例如第二章第 96 页注②所引诸论、杨纯渊《春秋山西北狄考》(《山西省考古学
　会论文集(一)》,山西人民出版社,1992 年)、杨建华《〈春秋〉与〈左传〉中所见的狄》
　(《史学集刊》,1999 年第 2 期)、佐藤長《春秋期の狄について》(《中国古代史論
　考》,朋友書店,2000 年)
② 《春秋》经文中,庄公三十二年至文公年间只有"狄",宣公三年首次有"赤狄",宣公
　八年首次有"白狄"。《左传》传文要更早一些,僖公三十三年已经有"白狄子",文公
　十一年称经文中的"狄"为"长狄(鄋瞒)"。在《春秋》三传和《国语·鲁语下》中,长
　狄群体被描写为巨人四兄弟之一,活动于山东鲁、齐、卫、宋等地,赤狄灭亡后,长狄
　为齐、卫所灭(《左传·文公十一年》)。蒙文通(1958 年)、舒大刚(1994 年)说长狄
　是身材高大的"大人"族,沈长云《"长狄"解》(《中国史研究》,2004 年第 4 期)指"长
　狄"是用来称呼身材高大的某个特定个人的称号,"鄋瞒"才是隶属于赤狄的一族。

狄的君主谥号、世系则完全没有一字提及。这表明《春秋》经文和《左传》传文只认为"狄"是一个统称,不承认其是一个诸侯国。

其次,"狄"由始至终都被排挤在国际会盟或聘礼之外。的确,各诸侯国私下会与"狄"会盟,晋国还曾召集"众狄",但是多个诸侯共同参与的国际会盟从来不会有"狄"的身影。另外,诸侯国和"狄"的外交关系中,只有逃亡、谴责之类的负面事例,找不到一例诸侯国正式遣使前往"狄"处的。这暗示了周系诸侯不认为"狄"是一个平等外交对象。

再次,"狄"的国都、城邑没有留下任何记录。《左传》记载了不少"狄"攻打诸侯国的事例,也记载了诸侯国攻打"狄"的事例,例如僖公三十二年(公元前 628 年)卫国攻打"狄",宣公十五年(公元前 594 年)、宣公十六年(公元前 593 年)、成公三年(公元前 588 年)晋国攻打"赤狄",昭公元年(公元前 541 年)晋国击败"群狄及无终",可是没有一句提到过围攻"狄"的城邑。又,晋公子重耳在僖公五年(公元前 655 年)、晋大夫姑射狐(贾季)在文公六年(公元前 621 年)逃往"狄"地。即使加上这些逃亡的记载,依然找不到关于狄人城邑的只言片语。如前章所述,这和《左传》认为"狄"是城邑外群体的描写是相符的。

2. 晋国的赤狄征服及狄土经略

田中柚美子指出,晋国在春秋前、中期曾以联姻等手段积极地与赤狄、白狄的统治阶层打好关系。[1] 公元前 594～前 588 年晋国征服赤狄后,晋国不再拉拢狄人,转而试图统治狄人的土地。

---

[1] 田中柚美子《晋と戎狄——献公の婚姻関係を中心として》,《国学院雑誌》第 76 巻第 3 号,1975 年。

下面我们先来详细梳理一下晋国征服赤狄的经过。

公元前598年，晋景公赴欑关，召集赤狄潞氏麾下的"众狄"到该处（《左传·宣公十一年》）。公元前594年六月，晋国以潞子夫人晋伯姬遇害为借口出兵攻打赤狄潞氏（宣公十五年）。晋荀林父在曲梁（今山西省潞城县北石梁）击败赤狄，俘虏潞子婴儿而还。次年，晋国灭赤狄甲氏、留吁、铎辰（宣公十六年），又于公元前588年灭廧咎如（成公三年），结束与赤狄的战事。考虑到潞氏等赤狄的大本营位于今山西省潞城县一带的长治盆地，这场征服战争或许是晋国跨越太行山脉，染指黄河西岸东阳地区的契机。

从晋国征服赤狄的过程中我们可以发现，晋采取的手段不是攻城拔寨，也不是改部落为县邑，而是消灭赤狄的统治阶层及控制当地的狄人群体。本来晋国在欑关上召集"众狄"就是为了撕破与赤狄以往的表面和谐关系，试图直接控制狄人群体。晋景公征服赤狄潞氏之后，对狄土实施"略"这一行为。《左传》对这个过程如此记载：荀林父率晋军在曲梁击败赤狄之后，秦国出兵从后方攻打晋国，于是晋侯在稷（今山西省稷山县南）"治兵"，"以略狄土，立黎侯"。晋侯到洛（今山西省大荔县东南）时，晋大夫魏颗在辅氏（今陕西省朝邑县西北）击败秦军。

田中柚美子认为这里所谓的"狄土"应是稷附近的黄河弯曲位区域，窃以为不确。从上下文可知，狄土明显是指赤狄潞氏之地，即今山西省潞城县附近。晋侯经略狄土时扶植的"黎侯"曾经被赤狄夺去故土（《左传·宣公十五年》），这也侧面证明了"狄土"就是赤狄的土地。晋景公在稷这个地方动员军队之后，亲率一军"略"潞氏之地，魏颗则率余众抵御秦军。

所谓的"略"，说的是率领军队在特定地区内巡行，用以威慑对象地区的城邑和群体。《左传》中记录了几次"略"，例如公元前

718年鲁隐公"略"棠,控制当地渔民①;公元前656、前644年,齐桓公率诸侯"东略"淮夷之地②;公元前555年,晋国攻打齐国,晋国军队"略"齐,"东侵及潍,南及沂"③;公元前520年,晋中行吴"略东阳"之后,转头征服了造反的鼓④;公元前518年,楚王"为舟师以略吴疆",并会同越国君主一直开到了吴国的圉阳才班师⑤。《左传·隐公五年》杜预注:"略,总摄巡行之名。"可见"略"是率领军队对本国疆域外的"远地"或他国疆域实施威慑的行为。鲁国略渔民,齐侯略淮夷,楚王略吴(译者注:原文谓略越,与上文不合,今改之),都是企图控制对象地的当地群体。⑥

那么,公元前594年晋景公"略狄土"又是针对谁呢?我们想到,在欑关之会上,晋景公召集了赤狄属下的"众狄",可推知"略狄土"很有可能是打算巩固自身对赤狄下属诸狄的控制。也就是说晋国征服赤狄的过程中,攻城拔寨、划分土地这些都是次要的,更重要的是控制当地的团体,毕竟狄人不是城邑定居民族,要征

①《左传·隐公五年》:"春,公将如棠观鱼者。臧僖伯谏曰:'……若夫山林川泽之实,器用之资,皂隶之事,官司之守,非君所及也。'公曰:'吾将略地焉。'遂往,陈鱼而观之。僖伯称疾不从。书曰'公矢鱼于棠',非礼也,且言远地也。"

②《左传·僖公四年》:"陈辕涛涂谓郑申侯曰:'师出于陈、郑之间,国必甚病。若出于东方,观兵于东夷,循海而归,其可也。'申侯:'善。'涛涂以告,齐侯许之。""僖公九年"以"东略"二字称这次远征,谓:"齐侯不务德而勤远略,故北伐山戎,南伐楚,西为此会也。东略之不知,西则否矣。""僖公十六年"又载:"十二月,会于淮,谋鄫,且东略也。城鄫,役人病。有夜登丘而呼曰:'齐有乱!'不果城而还。"

③《左传·襄公十八年》:"齐侯驾,将走邮棠。大子与郭荣扣马,曰:'师速而疾,略也。将退矣,君何惧焉?且社稷之主不可以轻,轻则失众。君必待之!'将犯之。大子抽剑断鞅,乃止。甲辰,东侵及潍,南及沂。"

④《左传·昭公二十二年》:"晋之取鼓也,既献而反鼓子焉,又叛于鲜虞。六月,荀吴略东阳,使师伪籴者负甲以息于昔阳之门外,遂袭鼓,灭之,以鼓子鸢鞮归,使涉佗守之。"

⑤《左传·昭公二十四年》:"楚子为舟师以略吴疆,……越大夫胥犴劳王于豫章之汭,越公子仓归王乘舟。仓及寿梦帅师从王,王及圉阳而还。"

⑥《史记·赵世家》载,赵武灵王二十年"略"中山地、胡地,会见林胡王,动员胡兵。此可作为旁证证明"略"是试图控制当地团体的行为。

服他们,把其疆域纳入版图,更有效的方法是直接控制"众狄",即控制"人"比控制"地"更有效。

3. 晋国对狄人的使役及染指东阳

晋国征服赤狄之后,"狄"在华北东部的活动逐渐收敛,史料上开始出现晋国使役狄人和染指东阳地区的记载。

潞氏方灭,晋景公便赐予荀林父"狄臣千室"(《左传·宣公十五年》)。这批狄人应该是灭潞氏战役中俘获的一部分战俘。次年,晋国又灭甲氏、留吁、铎辰,晋侯向周王室献"狄俘"(宣公十六年)。由此可知,晋国把狄人俘虏编为隶属民,或献纳或使役之。

晋国将归顺的狄人独立编队。公元前 589 年鞌之战,晋军中便有"狄卒"组成的队伍(《左传·成公二年》)。公元前 529 年平丘会盟上,晋国绑架了鲁国的季孙意如,交给"狄人"看守(昭公十三年)。公元前 496 年范、中行氏之乱,范、中行氏阵营的析成鲋、小王桃甲率"狄师"攻打晋都(定公十四年)。晋军中的这些"狄卒""狄师",组成人员不但包括了曾经的战俘,还应当包括了归顺晋国的"众狄"。可见,狄人即使归顺称臣,晋国依然将之与本国人及其他诸侯国人区分开来,就连部队也是独立编制的。[1]

黄河西岸的邢、卫故土为赤狄所占,晋灭赤狄后,这些土地并入晋国版图。公元前 589 年,楚巫臣逃到晋国,被任命为"邢大夫",负责"扞御北狄"(《左传》成公二年、襄公二十六年)。同样

---

[1] 从上博楚简中,我们发现了一些关于晋军狄人部队的新信息。《姑成家父》记载了公元前 574 年的诛郤氏事件,当中提到郤犨(姑成家父)统率"百豫(白狄部队)"。《姑成家父》的内容,参见周凤五《上博五〈姑成家父〉重编新释》(《中国简帛学国际论坛 2006 学术检讨会论文集》,武汉大学,2006 年)、浅野裕一《上博楚简〈姑成家父〉における百豫》(《竹簡が語る古代中国思想(二):上博楚簡研究》,汲古書院,2008 年)。

地,公元前 543 年,从郑国逃到晋国的羽颉也被任命为"任大夫"
(襄公三十年)。公元前 550 年,晋赵胜率"东阳之师"追击齐军
(襄公二十三年),可知东阳在晋国境内。东阳地区的钜鹿一带是
著名的山林薮泽地,有"晋大陆"之称。[①] 晋国一边加强对居住在
太行山脉东麓山林薮泽地里的"众狄"的控制,一边使之殖民邢、
卫旧地,设县置邑,逐渐蚕食。[②]

此后,晋国的两大世族——中行氏和赵氏手握东阳地区的权
益,开始积极地经营当地。公元前 530 年,中行吴(中行桓子)伐
鲜虞;公元前 520 年"略"东阳,攻占了鲜虞属国——鼓国(昔阳),
试图确立对东阳北部的统治[③];公元前 497 年范、中行氏之乱中,
攻占了卫国旧都朝歌,可反推晋国在征服赤狄之后占领了该处
(《左传·定公十三年》)。说起来,"中行"这个族名本身就是源自
晋国专门用来对付狄人的"三行"部队[④],中行氏是晋国世族中的
抗狄专家,例如在征服赤狄的过程中,荀林父便起到了核心作用。
有了抗狄的基础,中行氏很有可能顺势地统治了鲜虞。

至于东阳南部的情况,《左传·定公十年》传文中出现了一个叫
"邯郸午"的人,他是赵氏旁系的一员,宰领邯郸,故有此名。后来赵
午背叛了赵氏宗家赵鞅(定公十三年)。赵氏何时攻占邯郸目前不

---

① 可能是晋大陆泽的地方有三处,一是汉代钜鹿,二是河内修武县,三是太原邬县(杨
守敬《水经注疏·卷六·汾水注》)。钜鹿是狄攻占的邢国旧地,河内是温国为狄所
灭之处,至于太原,按《左传·昭公元年》记载,在荀吴败"群狄及无终"之后为晋国
所占。
② 晋国的东阳诸县情况,参见马保春(2007 年)。又,晋国在鲁昭公元年打败无终、群
狄之后,太原、忻州盆地方面出现了晋国的县邑。
③ 中行氏的领邑情况,参见平势隆郎《晋国の县》(《左传の史料批判的研究》,汲古书
院,1998 年,第 324～328 页)、马保春(2007 年)。
④《左传·僖公二十八年》:"晋侯作三行以御狄,荀林父将中行,屠击将右行,先蔑将
左行。"

详,但从前述赵胜在公元前550年就统率"东阳之师"来看,赵胜一族应该在前6世纪初至中叶之前就已经占领邯郸,开始建设了。

公元前497年,晋国爆发范、中行氏之乱,在东阳地区有势力的邯郸赵氏、中行氏、范氏结成阵营,与赵氏宗家及各支持赵氏宗家的氏族开战(《左传·定公十三年》)。内战初期,范氏、中行氏动员了"狄师"(定公十四年),这表明中行氏早就已经构建了对东阳之狄的统属关系。公元前492年,范氏、中行氏的大本营朝歌陷落,中行寅逃至邯郸(哀公三年)。公元前491年七月,齐国、卫国出兵支援两氏,然而当年九月晋国正规军便包围了邯郸,十一月攻占之,中行寅再次出逃,这次是逃到鲜虞。齐人国夏攻占邢、任、栾、鄗、逆畤、阴人、盂、壶口,会鲜虞,在柏人这个地方接纳了中行寅(哀公四年)。次年春,晋军围柏人,中行寅和范吉射逃往齐国(哀公五年)。

在这场内乱之中成为争夺地的诸邑,其名均不见于公元前594年晋国征服赤狄过程中,或许是赤狄灭亡后到范、中行氏之乱为止的这一个世纪之间,随着晋国逐渐吞并东阳地区而在当地建设起来的。

4. 鲜虞中山建国

从上述赤狄灭亡后,晋国染指东阳地区的过程来看,晋国在公元前6世纪前半段起不断设县置邑的同时,中行氏也在持续地加强对"狄"的统治。春秋后期,鲜虞中山出现在东阳北部的滹沱河流域。一开始鲜虞中山备受中行氏的打压,后来干脆直接归顺了中行氏。从地理位置及其出场前的一系列历史进程来看,鲜虞中山应该起源于邢侯巫臣负责"扦御"的"北狄"。即,随着公元前6世纪初晋国逐渐蚕食东阳地区,居住在东阳北部的狄人们聚集起来建立了鲜虞中山这个国家。

可是,鲜虞中山及肥、鼓两个属国至少有一点和以往的"狄"不同——它们和诸侯国一样是城邦国家,聚居在城邑里。《春秋》经文和《左传》传文之所以将他们区别于以往的"狄",或许就是这个原因。在《左传》的认识范围里,鲜虞中山早就不是"狄"了。①另一方面,《国语·晋语》之所以用"狄"字来称呼鲜虞中山,或许是出于鲜虞中山起源于狄人的血统考量。《左传》和《国语》之间,"狄"的定义有所变化。

从考古学层面来看,鲜虞中山的疆域——今天河北省石家庄市辖下的平山县、灵寿县、新乐市(译者注:原文为"新乐县",查新乐县系石家庄代管的县级市,今正)、行唐县等地区都发现了春秋后期至战国中期的墓葬,出土了一批颇具特色的青铜器随葬品。②这些墓葬推测应是鲜虞人的遗迹,从年代上看也和文献中的鲜虞中山所处时期一致。墓葬的石椁结构颇具地域特色,随葬品除鼎、豆、

---

① 杜正胜《欧亚草原动物纹饰与中国古代北方民族之考察》(《"中央研究院"历史语言研究所集刊》第 64 本第 2 分册,1993 年)引史料中的鲜虞中山、肥、鼓记载,认为春秋时期的狄人都定居于城邑之内。此说不确,因为《左传》明确区分鲜虞中山和"狄",并没有可证明"狄"有城邑的记载。

② 河北省石家庄附近的新乐市中同村、灵寿县西岔头、行唐县李家庄、唐县北城子、平山县访驾庄等地均发现了春秋后期至战国时期的墓葬,见《考古》1984 年第 11 期、《文物》1963 年第 4 期、1978 年第 2 期、1985 年第 6 期、1986 年第 6 期,《光明日报》1976 年 7 月 16 日、《灵寿城》第五章《城址外一般墓葬》。这些墓葬的年代归类参见江村治树(2000 年,第一部第一章)。墓葬出土物有鼎、甗、豆、壶、盘、匜等青铜礼器,剑、戈、斧、镞等武器,衔、车辖、铜泡等车马具,带钩、动物样饰牌、金耳环、绿松石和玛瑙串珠等首饰,当中能看到受北方系青铜器文化的影响。春秋时期的墓葬大多是石椁墓,战国墓葬多是木椁墓。另外,临近的山西省滹沱河流域、忻州盆地内的浑源县李峪、原平县刘庄塔岗梁、原平县练家岗、定襄县中霍村等地也发现了具有类似特征的同时期墓葬。见《考古》1983 年第 8 期,《文物》1986 年第 11 期、1997 年第 5 期,《文物季刊》1998 年第 1 期,李有成《原平县练家岗战国青铜器》(《山西省考古学会论文集(一)》,山西人民出版社,1992 年)。第二章第 96 页注②所列举的陶正刚(1998 年)一文指出,这些墓葬很有可能是当地狄人的。

壶等中原系青铜礼器之外,还有一些类似游牧民的铜镇的器皿出土①,另外还挖出了青铜短剑②、各种车马具、玛瑙和绿松石串、黄金耳饰、镀金动物样佩饰等一系列与北方系青铜器文化相同的遗物。从这些青铜器物主所处的阶级状况,我们或许可以在某种程度上推测鲜虞中山建国的情形。

对中山国这种多元的青铜器文化该如何评价,目前学术界还没有共识。本章序言已述,中国学者的主流意见是这种青铜器文化是鲜虞族从游牧民转为"华夏"的结果,但中国之外也有诸如罗泰等学者明确反对这种观点,认为从战国中山王墓出土器物无法解读出游牧民的特征。③ 囿于文献和考古材料的匮乏,目前还有很多问题有待日后解决,但窃以为鲜虞中山不大可能是自北方而来的游牧民族,理由有二:

第一,春秋时期的"狄"和鲜虞中山难以认为是游牧或畜牧民

① 镇形器发现于新乐中同村二号墓(考古报告中写作"豆形器")、行唐李家庄墓("直耳豆")。其他地方也有出土,如山西省原平县练家岗("篡形器")、沁水县河西村、侯马上马13和2008号墓、临猗程村墓等。见李继光《沁水县出土的春秋战国铜器》《山西省考古学会论文集(三)》,山西古籍出版社,2000年),《考古》1963年第6期、1991年第11期,《文物》1989年第6期,第二章第96页注②所列举的宋玲平(2000年)。铜镇是骑马游牧民族的青铜器,在整个内亚均有分布,长城地带墓葬内也有出土。
② 鲜虞人墓葬中出土的青铜短剑大抵有两类。一类是扁茎式剑,见于行唐李家庄、新乐中同村2号墓、平山穆家庄8101号墓,唐县北城子1号墓的青铜剑在考古报告中也说是扁柄剑,但图录未公开。另一类是剑柄上雕有蟠螭纹的花格剑,见于平山穆家庄8102号墓、访驾庄8221号墓、灵寿城3号建筑遗迹。扁柄剑属于中原系,而花格剑因为在玉皇庙墓地中也有出土,被认为是近似春秋秦墓的秦式剑。玉皇庙墓地的86把青铜短剑中,有4把花格剑,考古报告中说是春秋前期之物。参见高浜秀《オルドス青銅短剑の型式分類》,《東京国立博物館紀要》第18号,1982年;北京市文物研究所《军都山墓地:玉皇庙》,文物出版社,2007年,第928~931、959~960页。
③ 罗泰在《周代中国的社会考古学》(吉本道雅译,京都大学学術出版会,2006年。译者注:中文版即《宗子维城》,由上海古籍出版社于2017年出版)第208页中反对将中山王厝墓的山字形器和天幕与游牧民蒙古包式帐篷生活的联系起来的做法。他认为将"狄"与游牧生活联系起来的做法不仅"年代有误,而且几乎纯属想象"(译者注:详见中文版第六章"中山国"一节)。

族。如前所述,《左传》没有认为"狄"是游牧或畜牧民族的言论,其他先秦文献中也找不到认为鲜虞中山和战国中山是游牧或畜牧民族的记载。此外,鲜虞建国前的历史流程并非北方民族逐渐南下入侵中原地区,而是晋国逐渐北上统治居住在太行山脉东麓、黄河西岸的"狄"。从而,鲜虞中山的建国并不意味着游牧民族入侵中原地区后被同化,而是居住在华北地区的山岳、森林地带的非定居民族——"狄"建立起自己的城邦国家以对抗晋国的蚕食。

第二,尽管鲜虞中山和战国中山的文化受到北方系文化的深度影响,但依然能找到明显异于长城地带的部分。长城地带的北方系青铜器文化在春秋中期至战国中期曾盛极一时,其墓葬中多有牲畜——羊、犬、牛、马等的头骨和蹄骨殉葬,可是滹沱河流域的鲜虞人墓葬中并没有这种特征。① 此外,鄂尔多斯青铜短剑等触角式短剑②、鹤嘴

① 长城地带的殉葬习俗概况见田广金《中国北方系青铜器文化和类型的初步研究》,苏秉琦主编《考古学文化论集 4》,文物出版社,1997 年;三宅俊彦《中国古代北方系青铜器文化の研究》,国学院大学大学院,1999 年,第 183～186、256 页;杨建华(2004 年,第 96～108 页)。冀北地区、内蒙古中南部、甘宁地区各自的殉牲习俗存在地区差异,但都会把牲畜肢解,只用头部和蹄部随葬。然而河北省的中山国墓葬中找不到相同的殉牲习俗,虽然唐县北城子 2 号墓中发现了马坑,找到了和马车一同埋葬的被肢解的马匹头骨,但是这是专门设置的殉马坑,而长城地带的殉牲习俗是一个墓中埋几种牲畜骨,两者不能简单地混为一谈。

② 北方系青铜器文化始于商周时期,而青铜短剑正是其中的一种代表性文物。春秋中期至战国中期,长城地带广泛存在一批具特色的短剑,这种短剑直刃,剑身、剑格、剑柄、剑首铸为一体,可按剑首和剑格的形状再行细分,如双鸟头纹剑首(高浜秀,1982 年,F 类)、双环形剑首(G Ⅱ,G Ⅲ 类)、撞木形剑首(G Ⅳ 类)、镂刻动物纹剑首和剑柄(G Ⅴ 类)、浮雕动物纹剑首和剑柄(H 类)、环形剑首(I 类)等。这些短剑有些类似斯基泰短剑,在冀北地区,内蒙古阴山、鄂尔多斯地区,甘宁地区均有出土,无论时间上还是空间上都很集中。详见高浜秀(1982 年)、田广金(1997 年)、杨建华(2004 年,第二章)。本书称之为鄂尔多斯式短剑群。中山国墓葬虽然出土了花格剑,可是迄今为止没发现一把鄂尔多斯式短剑。关于北方系青铜剑的分类,除高浜秀(1982 年)外,还有很多研究成果,如乌恩《关于我国北方的青铜短剑》,《考古》1978 年第 5 期;郑绍宗《中国北方青铜剑的分期及形制研究》,《文物》1984 年第 2 期;田广金、郭素新《鄂尔多斯式青铜器研究》,《鄂尔多斯式青铜器》,文物出版社,1986 年;翟德芳《中国北方地区青铜短剑分群研究》,《考古学报》,1988 年第 3 期。

斧这些同时期长城地带的典型青铜兵器在鲜虞人墓地中也找不到。铜鍑、动物饰牌、饰品的出土的确证明了滹沱河流域的居民受到了长城地带以北青铜器文化的影响,可是这并不能直接证明他们就是游牧民族。① 鲜虞墓葬中的多元文化反映不了所谓的游牧民族"华夏化",其所反映的是华北地区的山岳、森林地带居民同时接受了北方系和中原系两种青铜器文化,并有选择地建设起中原地区式的城邦国家。

5. 鲜虞中山与"白狄"的关系

综上所述,居住在东阳地区的狄人不甘于晋国的压迫,决定建设城邑独立建国,所建起来的就是鲜虞中山国。至此,我们要解答的最后一个问题就是鲜虞中山和"白狄"之间的关系了。以往很多研究都不加取舍地采用了"鲜虞中山＝白狄"这个解释,然而这个解释是魏晋时期韦昭和杜预注中才成为定论的,先秦、秦汉时期的文献中只有《世本》提出过"姬姓白狄"之说,而且其论据也并不充分。

另一方面,《春秋》经文和《左传》传文中所见的白狄一直活动在秦晋两国的边疆地区,完全找不到能够与鲜虞中山扯上关系的记载。"白狄"之名初见于《左传·僖公三十三年》,其云晋国迎击"狄",俘虏"白狄子"。在这之前,晋公子重耳逃往的"狄(翟)"地或许也是白狄之地,《左传·僖公二十四年》记载重耳在渭水沿岸

---

① 其实吕思勉先生在其札记《中山》(《吕思勉读书札记》,上海古籍出版社,1982 年)中早就提出过把战国中山等同于林胡、楼烦是错误的。春秋、战国时期的中山国墓葬文化的确受到了长城地带文化的影响,可是两者依然存在相当的差别,况且中山国人的生计模式也不是游牧经济,更有可能是农耕狩猎并行。战国时期之后,中山国墓葬中不再出现石椁结构,陶制礼器随葬逐渐成为主流,反映了中山国文化逐渐向中原诸侯国靠近。

的狄地过着"余从狄君以田渭滨"的流亡生活。

其后,公元前 601 年,白狄和晋国联军攻打秦国(宣公八年),但在公元前 582 年又反过来联合秦国攻打晋国(成公九年)。《左传·成公十三年》载晋吕相的"绝秦"论,云"白狄及君(秦)同州,君之仇雠,而我之昏姻也",又指责秦国唆使白狄反抗晋国。事实上,晋军在去年(成公十二年)刚好在交刚(或在今山西省隰县附近)这个地方打败狄军,这里的"狄"或许也是吕相口中的白狄。从这些史料判断,白狄应该是"狄"中颇为强大的一支,活动范围为今陕西省至山西省吕梁山脉一带。

蒙文通和舒大刚两氏认为原居于陕西地区的白狄经由晋国北部迁往东方,建立起鲜虞中山国。① 但是,这归根结底是基于"鲜虞＝白狄"为前提的弥缝之说,没有能确切证明白狄的民族移动的史料证据。

另一方面,吕思勉和吕苏生两氏质疑了"鲜虞＝白狄"的观点。② 吕思勉指出,先秦文献中没有能够证明鲜虞即白狄的史料证据,鲜虞是白狄一说是后世注家误以为赤狄灭亡后剩下的狄人全是白狄而导致的。吕苏生引《元和郡县图志·丹州》指出,白狄的后裔——白室直至隋代一直居住在河西,找不到白狄迁移至东方的证据,从而否定了鲜虞白狄说。

不仅是《春秋》经文和《左传》传文,连《国语》、战国诸子文献,甚至《史记》都没有将鲜虞中山联系上白狄的记载,这本身就暗示鲜虞白狄说不可信。《世本》之说很有可能是误以为赤狄之外的"狄"全都是白狄而导致的结果。白狄后裔是否一直存活到隋代

---

① 蒙文通(1958 年)《白狄东侵》;舒大刚(1994 年,第 34～40 页)。
② 吕思勉《赤狄白狄考》,《中国民族史》,东方出版社,1996 年;王先谦和吕苏生(1993 年,第 5、6 页)。

暂且不提,至少鲜虞中山是来自陕西的白狄所建立的观点是值得怀疑的。

综上,本章不采信鲜虞白狄说,推测是春秋前期以来的一部分狄人,在前6世纪于今河北滹沱河流域建立起鲜虞中山这个城邦国家。

结　语

归纳前文四节所论述的内容,大致如下:

一直以来学术界普遍认为鲜虞中山和战国中山是游牧民族白狄南侵所建立的国家,但是本章考证后认为"游牧民族"和"白狄"两个论点都是站不住脚的。鲜虞中山是春秋时期活动于河北山岳、森林地带的一部分"狄"所建立的国家,建国目的或许是对抗晋国的北上。鲜虞中山同时具备北方系和中原系两者的青铜器文化因素,是一个和周系诸侯国一样拥有城邑的城邦国家。

鲜虞中山的建国是狄人参与诸侯国国际关系的契机。《左传》中记载,鲜虞曾经和齐、鲁、卫国一同介入到范、中行氏之乱中,这表明鲜虞中山逐渐获得了足以比肩周系诸侯的地位。在《春秋》经文和《左传》传文中,鲜虞已经不再被称为"狄",甚至《谷梁传》中还有一段认为鲜虞是"中国"的经文解释。另一方面,《国语》、战国诸子和《史记》依然用"狄(翟)"来称呼鲜虞,这反映了虽然鲜虞中山已经摆脱了"狄"的模式,确立了参与诸侯国际关系的地位,但是战国诸国之间的主流认识依然觉得中山国有"狄"的血缘。

始于公元前414年中山武公"初立"的战国中山国认为自身是受到周王承认的"天子建邦",即周王封建之国。又,在战国中期称王的中山王厝在自作器铭中强调中山国拥有在"天子"之下"会同"诸侯国的地位,坚决反对燕君子之加入"会同"的行列。先秦文献就像是在与铭文内容相呼应似的,几乎找不到一句视战国中山为夷狄的记载。由此可见,随着战国中山获得周王室承认,其国际地位也在渐次上升,到了战国中期,不仅其自身认为自己是战国诸侯国的一员,其他国家也认可其是战国诸侯国的一员。

从而,中山国的历史是有几个重大转折点的。第一是狄人建立起自己的城邦国家——鲜虞中山国,第二是鲜虞中山统治阶级内部确立起以文武二公为起始的君主世系与获得周王室承认,第三是桓公的"复国",最后是中山王厝称王。《春秋》经文和《左传》传文以第一个转折点,即狄人定居城邑为标志,区分了鲜虞中山和其他"狄";《国语》、战国诸子和《史记》在第二个转折点前后区分了战国中山和"狄(翟)"。中山国的历史一直以来都被置于"华夏族化"的语境之下,但是现在我们知道,中山国历史上存在过多次建(复)国,其国际地位的上升是有过程的。

综上所述,鲜虞中山是原居于华北农耕—畜牧边境地区的非定居民族"狄"为了对抗南方中原各国的侵扰所建立的中原式城邦国家。鲜虞中山的建国并非北方骑马游牧民族单方面被吸纳到"华夏族"内的过程,而是河北山岳、森林地区的狩猎—农耕民族开始聚居于城邦国家,逐渐提高自身在中原诸侯中的国际地位的经过。通过这种划界而治的行为,农牧边界地区的区域界线逐渐清晰,形成了南方的"中国"地区和北方的"胡戎"地区。

第四章　春秋时期的国际会盟与华夷秩序

序　言

在讨论春秋时期历史的文献里，我们能找到不少表示"中华"观念的词语，如"中国""华夏""诸夏""诸华"等等。这些所谓的"中华"概念，具体到底指什么呢？这些概念又告诉了我们多少春秋时期人们的想法呢？正如本书序章所说，有关先秦史文献史料的作者或作者群体、成书年代的信息极为匮乏，文献中的言论时常会被质疑时代性。

本书第一章论述了春秋史料中的"中华"观念，本章将更进一步，从春秋时期的国际会盟入手，分析诸侯和蛮夷戎狄的关系，尝试归纳周系诸国之间共享的同时代意识。换言之，第一章中我们讨论了"中华"观念的含义，这一章中我们将通过具体分析诸侯和蛮夷戎狄之间的关系，从另一个角度证明第一章的结论。

在之前的论述中我们指出，"中华"是一个以周系诸侯为核心，同时联络非周系诸侯的纽带。在说到国际会盟的与会逻辑，即什么国家要被排除在"中华"行列之外时，我们只简单地说了结论，并没有通过会盟的事例来详细论证。本章将详细讲述春秋时期的诸侯会盟、聘问结构一直排斥蛮夷戎狄的状况，证明"中国"与"夷狄"对立的结构——"华夷思想"发源于春秋时期。从而得出《左传》的华夷思想并非凭空捏造，反而反映了当时的国际秩序的结论。

第一节　夷不乱华

我们知道，先秦时期的汉语文献《左传》收录了很多春秋时期周系诸侯国贵族们的言论，或者假托他们名义的言论。[①] 窃以为，我们可以先从《左传》入手，或许能够找到推进本书论述的线索。

《左传·襄公十四年》载，与晋国友好的吴国报告了自身为楚国所败之事，于是身为盟主的晋国以如何处置楚国的名义呼吁同盟，晋国执政士匄（范宣子）在向这个地方召集了诸国大夫。春秋时期的会盟是在帐幕等隔离外人的场所内举行的，范宣子在会上以吴人"不德"和莒人"通楚使"为由，将之斥退。然后，范宣子把在晋国军队内的姜戎酋长戎子驹支喊来，当着诸国大夫的面斥责他：

> "来！姜戎氏！昔秦人迫逐乃祖吾离于瓜州，乃祖吾离被苫盖，蒙荆棘，以来归我先君。我先君惠公有不腆之田，与女剖分而食之。今诸侯之事我寡君不如昔者，盖言语漏泄，则职女之由。诘朝之事，尔无与焉。与，将执女。"

[①] 关于《左传》的成书年代，本书已在序章阐明了立场，本章亦基于同样的立场展开论述，特别是着眼于会盟这一行为，试图归纳春秋时期周室诸侯国人的同时代意识。

范宣子这段话透露出两个关键信息：一是晋国与戎狄的其中一支——姜戎氏之间存在统属关系；二是晋国与其他诸侯结成了同盟，晋国是盟主，其他诸侯是盟友。范宣子认为同盟体制出现问题的原因要怪姜戎氏泄露情报，遂欲将戎子驹支逐出国际会盟的会场。戎子驹支如此反驳道：

> "昔秦人负恃其众，贪于土地，逐我诸戎。惠公蠲其大德，谓我诸戎是四岳之裔胄也，毋是翦弃。赐我南鄙之田，狐狸所居，豺狼所嗥。我诸戎除翦其荆棘，驱其狐狸豺狼，以为先君不侵不叛之臣，至于今不贰。昔文公与秦伐郑，秦人窃与郑盟，而舍戍焉，于是乎有殽之师。晋御其上，戎亢其下，秦师不复，我诸戎实然。譬如捕鹿，晋人角之，诸戎掎之，与晋踣之。戎何以不免？自是以来，晋之百役，与我诸戎相继于时，以从执政，犹殽志也，岂敢离逷？今官之师旅无乃实有所阙，以携诸侯而罪我诸戎！我诸戎饮食衣服不与华同，贽币不通，言语不达，何恶之能为？不与于会，亦无瞢焉。"

这段话对于晋与诸侯的会盟关系及晋与诸戎的君臣关系说得比范宣子更细致。范宣子是想通过排挤戎来达到巩固同盟的目的，而姜戎子驹支则通过强调晋国和诸戎牢固的统属关系、戎和同盟诸侯（"华"）之间的文化差异来证明范宣子的处理欠妥。戎子驹支这段话不是说晋国不应该和"戎"接触，而是说晋国将诸侯间的关系和诸侯与戎的关系混为一谈了。《左传》还有另一个反映了其历史认识的著名事例，即第一章中引用过的夹谷之会，我们可以重温一遍。

公元前500年，鲁侯和齐侯为了结束两国纷争，遂约定在祝其(夹谷)举行会盟,彼时孔子陪鲁侯赴会。会上,齐侯指使故国为齐所灭,现正寄在齐国篱下的莱人闯入,欲威胁鲁侯。孔子见状,护鲁侯退场。《左传》原文如此记载:

> (定公)十年春,及齐平。夏,公会齐侯于祝其,实夹谷。孔丘相,犁弥言于齐侯曰:"孔丘知礼而无勇,若使莱人以兵劫鲁侯,必得志焉。"齐侯从之。孔丘以公退,曰:"士兵之!两君合好,而裔夷之俘以兵乱之,非齐君所以命诸侯也。裔不谋夏,夷不乱华,俘不干盟,兵不偪好。于神为不祥,于德为愆义,于人为失礼,君必不然。"齐侯闻之,遽辟之。

《左传》的这段记载明确地表达了反对齐侯将齐国与夷俘的统属关系带到鲁齐二国会盟会场上的思想。孔子之所以要护送鲁侯退场,让卫兵们介入,就是因为齐侯的所为将会让会盟失效。

从范宣子、姜戎子驹支和孔子之言可知,"华夏"诸国的关系不应该有"戎""裔""夷""俘""兵"等参与其中。但这里就有一个问题了。正如小仓芳彦所指出的,春秋时期的周系诸侯国和"夷狄"之间常常会举行会盟或朝聘,甚至还会联姻。[①] 原则上应该被排除在"华夏"之外的蛮夷戎狄和俘虏,实际上竟然能和周王及诸侯国会盟甚至联姻,而且发生了不止一次。

那么,戎子驹支和孔子的话到底是立场先行的言论,和春秋时期的实际情况有所偏差呢? 还是两人话中所反映的排戎思想真的存在于春秋时期诸侯会盟中呢? 好在,《春秋》经文和《左传》传文中有不

---

① 小仓芳彦《裔夷の俘:〈左伝〉の華夷観念》,《中国古代史論集》第二集,吉川弘文館,1965 年,后收入《中国古代政治思想研究:〈左伝〉研究ノート》,青木書店,1970 年。

少关于诸侯会盟政治的记载。本章打算穷举当中的会盟事例,从中归纳出春秋时人的意识,试图还原一个真正的"华夏"意识形态。

第二节　春秋时期的"国际"会盟与蛮夷戎狄

　　春秋时期,各个社会阶层都会举行盟誓,可以说盟誓是一种普遍的社会联系方式。[①] 盟誓大致上有两种,一种是国内盟誓,如国君与国人、大夫之间、国人之间或国人与大夫之间;另一种是国际会盟,由诸侯国之间互派代表举行。[②]《春秋》经文和《左传》传文记录了春秋时期 250 多年间的各国大事,当中的国际会盟事件,笔者统计到了 406 次,详见表 1。虽然时期划分可能有可商榷之处,但总体而言从春秋初期至中期这段时间,国际谈判的次数是不断增多的,尤其是鲁襄公时期(公元前 572～前 542 年)最多,春秋后期之后逐渐减少。当然,《春秋》是以鲁国的角度编写的,因此鲁国有份参与的会盟记载得比较详细,鲁国没参与的会盟或许记载得比较笼统模糊,所以我们接下来的论证大多会偏向于鲁国参与的会盟。

---

① 春秋时期盟誓风俗的综合研究参见高木智见《春秋時代の結盟習俗について》,《史林》第 68 卷第 6 号,1985 年。高木氏认为举行会盟要先确定好会期(会盟的时间)和会所(会盟的地点),会所处设坛,撑起帐幕,木牌上写上参加者的位置。与会诸侯共同商议议题,达成共识后举行仪式起誓付诸实施。仪式上,首先要写载书,然后在地上挖个坑。载书的内容就是会议所达成的共识,又名盟辞。挖坑的同时杀牛,盟主割牛耳盛于盘内,歃血,宣读载书,向神灵起誓。余下盟友亦歃血,宣读载书。之后,把载书埋到坑里,一般情况下还会杀羊一同埋葬,是为"衅礼"。载书另有抄本保存于盟府内,各盟友亦可自行保留一份抄本。正文引用的向之会和夹谷之会中,会盟地应该也有设坛和撑幕,与外界分隔开来。
② 江村治树《春秋時代盟誓参加者の地域的特質》(《名古屋大学東洋史研究報告》第 25 号,2001 年)考证了春秋时期的国内盟誓和国际盟誓。据其统计,共有 342 次国际会盟。本章对国际会盟的整理以江村论文为基础,时代划分亦从之。不过,笔者自身的统计要比江村多一点,为 406 次。

表 1　春秋时期"国际"会盟次数

时间(公元前)	两国间会盟	诸侯与戎狄蛮夷间的会盟	多国间会盟	合计
隐公 722～712	15	2	9	26
桓公 711～694	21	1	12	34
庄公 693～662	20		10	30
闵公 661～660	2			2
僖公 659～627	19	5	29	53
文公 626～609	19	2	8	29
宣公 608～591	21	2	11	34
成公 590～573	28	1	21	50
襄公 572～542	29	1	42	72
昭公 541～510	17		13	30
定公 509～495	13		5	18
哀公 494～468	21	1	6	28
春秋时期 722～468	225	15	166	406

时间(公元前)	两国间会盟	诸侯与戎狄蛮夷间的会盟	多国间会盟	合计
前期前半 772～700	36	3	16	55
前期后半 699～650	26		27	53
中期前半 649～600	45	8	31	84
中期后半 599～550	53	3	58	114
后期前半 549～500	40		27	67
后期后半 499～468	25	1	7	33
春秋时期 722～468	225	15	166	406

注:1. 会盟除"会"和"盟"之外,还包括"平""遇""成""劳""及"等。

2. "会""盟"等行为如果是连续在同一个地方举行的话,只算作一次,但如果换了地点,则各算一次。

3. 两国互派使者的"涖盟"各算一次。

4. 表 4 中的"盟主"栏中带星号表示该次会盟有周王室参与。

5. 表 2 的出席次数包含在表 4 的次数中,以小括号括出。

　　虽然光靠《春秋》经文和《左传》传文统计出来的数据有其局限性,但是经文和传文的记载倒是告诉了我们当时诸侯间的聚散离合情况①。这里我们说的"国际"会盟,其实包括了各国按照自身利益与他国谈判的双方会盟和多个国家基于一定的共同理念和目的意识组成某种国际性社会的多国会盟("同盟""会同")。在多国会盟中,由霸主所组织的同盟规模更大,频率更高。② 简而言之,春秋时期的国际关系要分阶段来看。前、中期有以齐晋二国先后确立的霸主体制、与楚国的南北对立、襄公末年晋楚和谈(宋之盟)带来的南北对立缓和、朝聘增多;春秋后期则有吴越二国的兴起、晋国霸主体制的瓦解、多国会盟减少等。在霸主体制中,立于金字塔顶点的是周天子;南北争端的焦点是郑国;为南北对立提供谈判斡旋地点的是宋国。

　　上述均是周知的史实,那么我们不禁要问,"夷狄"在国际会盟之中受到了怎样的对待呢? 在回答问题之前,我们先来回顾一下第一章中从春秋史料归纳出来的"夷狄"种类,当中能在《春秋》三传中找到的"夷狄"如下:

　　(1)"蛮""夷""戎""狄"
　　蛮——群蛮、蛮夷
　　夷——淮夷、东夷、三夷、九夷、夷虎

---

① 关于春秋时期会盟政治的整体研究,见陈顾远《中国国际法溯源》(1931 年,后收入《民国丛书》第 3 编第 27 号,上海书店,1991 年)、徐传保《先秦国际法之遗迹》(1931 年;后收入《民国丛书》同号)、本田济《春秋会盟考》(《日本中国学会报》第 1集,1949 年)等。

② 吉本道雅对晋国和齐国的霸主权利做了全面的考证,见氏著《春秋齐霸考》(《史林》第 73 卷第 2 号,1990 年)、《春秋晋霸考》(《史林》第 76 卷第 3 号,1993 年)。尤其是《春秋晋霸考》一文,讨论了晋国主导下的所有多国会盟。

戎——戎、骊戎、犬戎、山戎、北戎、秦戎、陆浑之戎、阴戎、九州之戎、伊洛之戎、戎蛮氏、茅戎、诸戎

狄——狄、白狄、赤狄(东山皋落氏、廧咎如、潞氏、甲氏、留吁、铎辰)、长狄(鄋瞒、缘斯、侨如、焚如、荣如)、众狄、群狄

(2) 言论、解释角度上被二次定义为"蛮夷"或"夷狄"的诸侯国

    a. 楚、吴、越

    b. 莒、邾、杞、莱等山东地区小国

    c. 蔡、陈、许等归顺楚国的诸侯

    d. 晋、卫、郑等周系诸侯国

(1)类"夷狄"又可以细分为两小类,一类是有特定的氏族名流传下来的群体,如赤狄潞氏、甲氏、留吁、铎辰、廧咎如、东山皋落氏、白狄、扬拒泉皋伊洛之戎、姜戎氏、陆浑之戎、戎蛮氏等;另一类是泛指居住于某片土地的群体,比较笼统,如淮夷、三夷、东夷、九夷、群蛮、群舒、百濮、诸戎、众狄、戎狄、狄戎、西戎、北狄等。(1)和(2)虽然都被称为"夷狄",但两者的区别其实是很明显的。在这些蛮夷戎狄之中,绝大部分的"戎""狄"是拥有名字的特定群体,而"夷""蛮"则是泛指。

"夷狄"名称的不同或许一定程度上反映了当时的实际情况。例如《左传》中的"戎"和"狄"全都属于第(1)类似乎就表明了非邑居的戎狄不被认可为诸侯国。这一点我们在第二章讨论"戎"的居住模式,和第三章讨论"狄"与鲜虞中山时已经阐明。至于第(2)类"蛮夷"诸侯,它们有自己的正式国名,并不真的被称为"蛮夷",这或许和西周金文中夷邦的存在有关。即,被周人称为"蛮

夷"的东南方族群,他们虽然语言和习俗均不同于周人,但是他们和周人一样是定居民族,有自己的邦国,这又有别于没有城邑的"戎""狄"。

第一章中我们论述过,从西周金文的记载来看,周系诸侯一直都知道蛮夷戎狄[(1)类蛮夷]的文化习俗异于自身。因此,忽视诸侯国与蛮夷戎狄之间的文化差别,只以邑制国家间的歧视意识来分辨春秋时期的华夷是不对的。从遗留至今的文字信息来看,无论是周系诸侯的自我意识,还是被定性为"夷狄"的其他国家的情况,都存在一定的层累性。"中华"和"夷狄"的区分,不能单纯地从二元对立角度去回答。

为免冗长,下面我们将先围绕真正的"夷狄"——(1)类夷狄,分析其在国际会盟中的定位。如无特殊说明,下文提到的蛮夷戎狄均默认为(1)类夷狄。当提到诸侯国的时候,指的是并非真正夷狄的国家。

第三节　蛮夷戎狄与诸侯国之间的会盟及来朝

表3中列出了《春秋》经传中出现过的双方会盟,为行文方便,表里剔除了多国与会的会盟。纵览表3,我们能发现诸侯国和蛮夷戎狄曾多次会盟,例如公元前721、前710年,鲁公与"戎"会盟;公元前649年,晋国做中介"平"周王室与"戎";公元前648年,齐国做中介"平"晋国与"戎";公元前640年,卫国与邢国相争,齐人与"狄人"会盟,决意援邢;公元前628年,卫国与"狄"结盟;公元前619年,鲁公子遂与晋赵盾会盟,后又与"洛戎"会盟;公元前601年,晋国"平"白狄之后,又"盟"白狄以伐秦。由此可见,诸侯和蛮夷戎狄的会盟虽然频率不如诸侯国之间那么多,但

也是确实存在的。

另一方面,晋国和楚国也召集过(2)类夷狄会盟。如公元前611年,楚庄王与"群蛮"会盟;公元前476年,楚沈诸梁与"三夷男女"会盟。

比起国与国之间的会盟,诸侯国与蛮夷戎狄的会盟更类似于国君与国人相互起誓的国内盟誓。例如楚子与群蛮会盟,史料中写作"群蛮从楚子盟"。考虑到楚子是在灭庸国时与群蛮会盟,晋侯与众狄之会也是其灭赤狄潞氏的直接契机,我们认为这些会盟的作用是切断庸国与群蛮、赤狄与众狄的原有联系,另外构筑起楚国与群蛮、晋国与众狄之间的统属关系。诸侯国和"夷狄"群体的这种会盟反映了诸国周边蛮夷戎狄群体星罗棋布的社会状况,以及大国欲通过构建君臣关系统治他们的意图。

除会盟之外,蛮夷戎狄也会来朝诸国。春秋时期的朝聘事例虽然很多,但是和蛮夷戎狄有关的只有三例,即隐公七年"戎"朝见周王,给王室卿士"发币";襄公十八年白狄"来"鲁国;襄公二十八年齐侯、陈侯、蔡侯、北燕伯、杞伯、胡子、沈子、白狄"朝"晋国。然而,我们找不到周王室或诸侯国反过来向蛮夷戎狄派遣聘问使者的事例,周王或诸侯朝见蛮夷戎狄之事更是全无踪迹。周王和诸侯并不拒绝蛮夷戎狄来朝,会接受蛮夷戎狄的币物进贡,但绝不会主动朝聘蛮夷戎狄,更不会向蛮夷戎狄进贡。可见,这种关系是单方面的。

综上所述,虽然比不上诸侯国相互之间的会盟次数,但诸侯国和蛮夷戎狄之间的确存在过会盟。除晋、楚等大国之外,与蛮夷戎狄的会盟的国家大多是鲁、齐、卫等山东诸国,考虑到《春秋》的写作情况,现实中的诸侯国与蛮夷戎狄的会盟次数应该更多一些。

不过,正如我们在第二章中所说,诸侯国与蛮夷戎狄有会盟,并不代表两者的地位是平等的。① 相较于诸侯相互之间的会盟,诸侯与蛮夷戎狄的会盟给人一种孤立感,朝聘也是周王和诸侯单方面的接受,而最明确地反映诸侯国的这种姿态的,当数多国代表一同与会,构建共同秩序的多国会盟。

第四节　多国会盟对蛮夷戎狄的排斥

多国会盟的性质多种多样。表 4 列出了春秋时期多国诸侯同时参加的多国会盟,这是表 2 所列的多国会盟次数的详情。接下来我们将以表 2 和表 4 为基础,着眼于主持多国会盟的国家(盟主),讨论春秋时期国际关系的开展。

首先我们来确认一下多国会盟的次数。春秋前期前半段(公元前 722～前 700 年)16 次,前期后半段(公元前 699～前 650 年)27 次;中期前半段(公元前 649～前 600 年)31 次,中期后半段(公元前 599～前 550 年)58 次;后期前半段(公元前 549～前 500 年)27 次,后期后半段(公元前 499～前 469 年)7 次。可见,会盟的频率截至中期之前是不断增大的,配合与会国数量来看,这一倾向更加明显。前期前半段 54 国,后半段 138 国;中期前半段增加至 179 国,中期后半段更是爆炸性地增加至 493 国;到了后期,与会国数量呈下降趋势,前半段 248 国,后半段只剩下 23 国。

接下来我们来看主持国的情况。先是前期前半段,郑庄公奉"王命"动员诸侯(表 4∶1、5～9)。这里的背景为郑伯被任命为周

---

① 陈顾远(1931 年,第 32、33 页)在论述夷狄与中国的国交时云∶"是显然有国交之往来。然其目的或在御夷狄,以济一时之急,而不一其道;或在和戎以取利,俾免获戎而失华,并不以其为敌匹之国也。"

王室卿士。郑国主持的会盟集中在春秋前期前半段,随着郑伯卸任卿士及郑国与周室关系恶化(桓公五年),郑国渐渐地不再主持会盟。

然后是齐国主持的会盟。齐国在春秋时期就是东方的大国,在此不得不提的就是在霸主齐桓公主持之下形成的同盟(表4:24～46)。参加齐桓公会盟的国家有鲁、宋、陈、蔡、卫、邢、郑、曹、滑、滕、许、江、黄等国。齐桓公死后,齐国似乎不再主持会盟,不过在春秋后期,晋国主持的同盟有松动迹象,齐国又开始尝试独自召集东方诸国(表4:149)。①

春秋前期的会盟中完全不见晋国的身影,可是到了中期前半段晋文公称霸(表4:56～59)之后,诸侯国的会盟几乎都由晋国主持,而且这些会盟都是规模大、持续时间长的强势会盟。晋国的霸主体制历经了春秋中后两期。春秋时期,参与晋国会盟的国家有鲁、齐、宋、陈、蔡、卫、郑、曹、薛、秦、莒、邾、小邾、杞、滕、吴、徐、胡、顿、鄫等国。春秋中期前半段的31次会盟中,有14次是晋国当盟主,占了45.1%(累计与会国数量101/179,占56.4%);中期后半段58次会盟中,当了53次盟主,占91.3%(累计与会国数量463/493,占93.9%);春秋后期前半段27次会盟中,当了19次盟主,占70.3%(累计与会国数量199/248,占80.2%);后期后半段7次会盟中,当了1次盟主,占14.2%(累计与会国数量4/23,占17.3%),呈下降趋势。数据显示,多国会盟盛行的春秋中期,同盟体制是由晋国所构建的。

既然会盟由齐国和晋国主持,盟内实权自然归两国所有。但

①《左传·昭公十六年》:"齐侯伐徐。……二月丙申,齐师至于蒲隧,徐人行成。徐子及郯人、莒人会齐侯,盟于蒲隧,赂以甲父之鼎。叔孙昭子曰:'诸侯之无伯,害哉!齐君之无道也,兴师而伐远方,会之,有成而还,莫之亢也。无伯也夫!'"

另一方面,我们还能找到周王室参加会盟的事例(表 4 星号部分)。正如吉本道雅所指出,晋国的霸主体制内存在"王朝—盟主—同盟诸侯"的序列①,这意味着以齐晋二国为中心的多国会盟,是在周王室存在的前提下召开的,诸国一致拥戴周室,以盟主——晋国为核心,相互约定维护国际环境的安稳。

北方形成了齐晋二国主持的霸主体制,南方也有楚国组编而成的同盟(表 4:11、13、51、52、60、65、66、73、76、81、134、144、145)。楚国主持的多国会盟,与会国包括贰、轸、陈、蔡、郑、宋、许、鲁、秦、卫、齐、邾、薛、鄫、滕、顿、胡、沈、小邾、淮夷等。楚国主持的南方同盟和齐晋二国主持的北方同盟围绕郑国的归属时常发生冲突。多国会盟总数中楚盟的占有率,春秋前期前半段 16 次中有 2 次,占 12.5%(累计与会国数量 6/54,占 11.1%),前期后半段 0 次(只有屈完出席桓公召陵之会这么一次);春秋中期前半段 31 次中有 7 次,占 22.5%(累计与会国数量 33/179,占 18.4%),中期后半段 58 次中有 2 次,占 3.4%(累计与会国数量 17/493,占 3.4%);春秋后期前半段 27 次中有 4 次,占 14.8%(累计与会国数量 33/248,占 13.3%)。可见,在齐桓公掌握霸权的春秋前期后半段,以及晋盟全盛期的春秋中期后半段,楚盟呈显著的颓势。

楚盟的其中一个特征是始终不被周王室承认,没有王室成员与会。从齐桓公称霸到宋之盟,以齐晋二国为核心的北方尊周王的同盟,与奉南方"楚王"为尊的同盟一直冲突不断。楚盟之所以不被周室承认,应是因为这个同盟是单纯凭着硬实力组建起来的,

---

① 吉本道雅(1993 年)。

并非名正言顺①。

此外,宋国也曾当过盟主。宋国主持的会盟除召集曹、邾、鄫、小邾、徐等周边国家(表 4:2、18、47、48、50、51、150)之外,还曾召集"宋之盟",调停南北两阵营(表 3:149;表 4:138、139)。在宋国的斡旋之下,由晋国主持,形式上拥戴周王的北方同盟,和尊楚王的南方同盟实现了和谈。尤其是襄公二十七年宋之盟后,晋盟和楚盟的冲突收敛了一段时间,两阵营的诸侯甚至还相互朝见。②

上述所列的是盟主能够准确定位的会盟事例。另外也有一些无法确定盟主的会盟,例如表 4:10 的稷之会(鲁、齐、陈、郑)、表 4:14 的折之会(鲁、宋、陈、蔡)和表 4:160 的牵之会(鲁、齐、卫)等。在霸主体制未建立或有所松动的情况下,我们有时候无法确定谁才是盟主。兴许这些会盟比较平等,没有主次之分也不一定,详情待考。表 4 中的这些无法确定盟主的会盟,我们姑且认为文献记载顺序的第一位(鲁国除外)是盟主,填在"盟主"一栏中,并以括号标示。

表 4 中我们可以看到,尽管多国会盟足足有 166 次之多,但有蛮夷戎狄与会的只有公元前 538 年楚灵王主持的申之会,与会

---

① 楚庄王问九鼎轻重之后,与其说周王主动承认其盟主地位,倒不如说楚庄王是凭着硬实力逼迫周王承认的。《左传·昭公十二年》载楚灵王语:"昔我先王熊绎,与吕伋、王孙牟、燮父、禽父并事康王。四国皆有分,我独无有。今吾使人于周,求鼎以为分,王其与我乎?"楚灵王一边自认为是不在周王封建下的"王",另一边又回顾了祖先辅助周室先王之事,强调自己为盟主的正当性。按照谷口满的解释,楚灵王说的这番楚国祖先传说,是为了让身为江汉蛮夷盟主的楚国能够名正言顺地染指北方,将中原诸侯纳入麾下而创造出来的,是"面向中原"的传说故事。见谷口满《若敖、蚡冒物語とその背景:古代楚国の一理解》,《集刊東洋学》第 34 号,1975 年。

② 《左传·襄公二十八年》:"夏,齐侯、陈侯、蔡侯、北燕伯、杞伯、胡子、沈子、白狄朝于晋,宋之盟故也。为宋之盟故,公及宋公、陈侯、郑伯、许男如楚。"

的是"淮夷"（表 4：144）。而且这和齐晋二国的会盟还不一样。《左传》《公羊传》说二国会盟是"华夏""中国"举行的，说楚国的会盟却是"蛮夷"举行的，"成公四年"中鲁人就说这"非我族类"。因此，我们接下来要讨论的，就是以晋国为中心的多国会盟是如何排挤蛮夷戎狄的。

在本章开头曾引用的向之会（表 4：122）上，戎子驹支一番陈词后，范宣子向其道歉，"使即事于会"。然而，同年的《春秋》经文却如此记载：

> 十有四年，春，王正月，季孙宿、叔老会晋士匄、齐人、宋人、卫人、郑公孙虿、曹人、莒人、邾人、滕人、薛人、杞人、小邾人会吴于向。

按照经文的说法，姜戎子是未与会的。这表明姜戎氏即使为晋军出生入死，也被允许在会盟场内"即事"，却依然不被算作盟内成员。吴国也一样，诸侯国之间相互举行了一场会盟之后，才全体与吴国专门再办一场会盟。诸侯国和姜戎氏，以及诸侯国和吴国之间，存在某种"界线"。

这种倾向也反映在蛮夷戎狄即使服从于某个特定诸侯，加入其军队[1]，但在诸侯国的国际会盟中依然没有一席之地上。在上述诸侯国与蛮夷戎狄之间的会盟事例中，诸侯国会与"戎"

---

[1] 《左传·成公六年》："三月，晋伯宗、夏阳说、卫孙良夫、宁相、郑人、伊洛之戎、陆浑、蛮氏侵宋，以其辞会也。"臣属于晋国的伊洛之戎、陆浑、戎蛮氏和诸侯联军攻宋，可是他们并没有和诸侯们举行"会"或"盟"。攻打宋国的原因是宋国拒绝在虫牢之会（鲁、晋、齐、宋、卫、郑、曹、邾、杞，见表 4：83）上"复会"，但就算是虫牢之会，诸戎也不被算作正式与会者。

"狄"单独会盟,抑或将蛮夷戎狄团体置于自身统属之下,但是在春秋一代,蛮夷戎狄却始终被排除在诸侯国组成的国际社会之外。

那么晋国命令姜戎氏"即事"到底是让他干什么呢?传文中没有告诉我们,推测所谓的"事"应该是晋国吩咐的职务、工作之类的意思,或许这是让姜戎氏以盟主臣下的身份负责会盟周边安保也未可知。《左传·昭公十三年》所载的平丘之会的情形可作此推测的旁证(表4:147,148):晋国修筑虒祁宫后,诸侯赴晋国朝见祝贺。回国之时,各国渐生反意。于是晋叔向献言可召开会盟,施威压于诸侯,以维系同盟。会盟场内,邾人和莒人向晋国控诉鲁国侵略,晋国采纳了二国的控诉,禁止鲁侯与会,还当场逮捕了鲁卿季孙意如。传文如此记载:

> 公不与盟。晋人执季孙意如,以幕蒙之,使狄人守之。司铎射怀锦奉壶饮冰,以蒲伏焉。守者御之,乃与之锦而入。

负责在会盟场内逮捕季孙意如并隔离之,不让其与外部有所联系的正是狄人。再联系《左传·襄公十四年》中范宣子怀疑姜戎氏"言语漏泄",窃以为姜戎氏和平丘之会上的"狄人"一样,负责会盟场地内外的安保工作。

从《书经》和《礼记》中对周王朝举行仪式时的场所记载我们也能找到一些有关"戎""狄"工作的片段。例如《书经·顾命》中,周康王即位之际,堂内陈列器物,与百官诸侯一同列队,然后"越七日癸酉,伯相命士须材。狄设黼扆、缀衣"。狄人在周王登基仪式场所负责摆设屏风和帷幄(《伪孔传》:"狄,下士也。")。又,《礼记·丧大记》:"复,有林麓则虞人设阶,无林麓则狄人设阶。"这里的"林麓"说的是被圈地之后成为私产的山林薮泽。① 整句话的解释目前还有争议,本章认为"虞人"指管理私产山林薮泽的官员,而居住在还未被圈地的山林薮泽内的人群则是"狄人"。②

黼扆、缀衣和阶的作用都是将神圣的或其他需要隔离的场所与外部分开,相当于一种边界线③,而不被允许参与到内部的"狄人"就负责设置这种内外边界。西周金文中还有描写诸夷"进人"被集中到成周的铭文④,以及周王向诸侯下令管理聚居在成周的"西门夷"等诸夷的册命金文⑤。成周作为"四方"的中心——"中国",城下聚居着众多卑贱的"夷",他们负责守护着"门"这道边界。

和《顾命》《丧大记》中的"狄"同理,负责会盟地安保警备的"戎"和"狄"本质上起到了划分边界的作用。臣属于晋国的"戎"和"狄"不被允许参与同盟,而是留守在会场负责隔离外部环境的滋扰。尽管从空间上来看,参与同盟的诸侯和在场负责安保的"戎""狄"相当接

---

① 《周礼·地官·林衡》:"林衡掌巡林麓之禁令而平其守,以时计林麓而赏罚之。若斩木材,则受法于山虞,而掌其政令。"虽然《周礼》的最终成书是在西汉末年之后(山田胜芳《中国古代における均の理念:均输平準と〈周礼〉の思想史的検討》,《思想》第 721 号,1984 年),但其关于"林麓"——私产化后的山林地的管理规定记载本身应能上溯至先秦时期。另外,《礼记》各篇的成书时间也有很多问题,但是负责管理周王私产的"林""虞"之官的确在西周时已经存在。松井嘉德指出,设有管理山林薮泽的林、虞、牧诸官的西周时期的"还"的含义是军事、行政的组织化,以及构成中央权力的氏族的支系分散居住。西周时期的"还"和春秋时期的"县"起着相同的作用。见松井嘉德《"県"制的遡及》,《泉屋博古館紀要》第 9 卷,1993 年,后收入《周代国制的研究》,汲古書院,2002 年。
② 《礼记》郑玄注:"虞人,上林麓之吏也。狄人,乐史之贱者。"孙希旦《礼记集解》质疑郑注,云:"此其事皆与乐官无与,疑冬官别有狄人。"
③ 在还未能正确分类认识世界的古代社会,神圣即意味着隔离或禁制。神圣和污秽虽然都要被"隔离",但这并不表示神圣和污秽是可以等同的。参见[英]玛丽·道格拉斯著,冢本利明译《污穢と禁忌》,思潮社,1995 年,第 28~33 页。描写卑贱的"狄人"负责空间的隔离和边界的划分之类的记载,有助于我们理解春秋时期会盟场内的"戎""狄"的关系。
④ 见兮甲盘铭,铭文内容详见本书第一章。
⑤ 参见第一章第 43 页注①师询簋、师西簋诸器铭文。另,关于春秋时期成周周边的"九州之戎"的居住聚落群情况,见本书第二章第四节。

近,但他们在关系层面上是被明确区分开来的。春秋时期蛮夷戎狄和会盟的联系我们可以用孔子所说的"夷不乱华"四字概括。[1]

唯一的例外是淮夷参与了申之会。这反映了楚国似乎并不拘泥于多国会盟不得让蛮夷戎狄参与的潜规则。主持申之会的楚灵王企图向北方的"方城"染指,他灭掉陈、蔡两国,改设"县"。[2]《左传·昭公十二年》中载楚灵王的历史认识,说楚国先王曾与齐、晋、鲁、卫的先君一同辅助周成王,却未获周王封建。这番话应该是楚国希望通过主张自己与周王室的历史联系以获得与晋国、齐国同样的盟主资格而说的。然而,楚灵王虽然试图统治"诸夏",但终究不过是从外部强行让"诸夏"服从而已,楚国自身并不被接纳为"诸夏"——周王封建诸侯的一员。[3] 窃以为,

---

[1] 玛丽·道格拉斯如此定义"污秽"(《污秽と禁忌》,第 79 页。译者注:中文版为黄剑波等译《洁净与危险》,民族出版社,2008 年,第 45 页):

> 如果把关于污秽的观念中的病原学和卫生学因素去掉,我们就会得到对于污秽的古老定义,即污秽就是位置不当的东西。这是一个十分具有启发性的研究进路,它暗示了两个情景:一系列有秩序的关系以及对此秩序的违背。这样一来,污秽就绝不是一个单独的孤立事件。有污秽的地方必然存在一个系统。……在我们自己对于污秽的观念中,我们能够发现自己使用的是一种无所不包的纲要,它包括了所有有序体系所摒弃的元素。这是一个相对的观念。鞋子本身不是肮脏的,然而把它放到餐桌上就是肮脏的……

虽然"夷狄"观念和"污秽"的关系还有待进一步考证,但玛丽所谓的"对一系列有秩序的关系的违背=污秽"的逻辑,的确有助于我们思考春秋时期蛮夷戎狄与多国会盟的关系。本章开头所引的《左传·定公十年》中孔子所说的话就是在斥责莱人违反了"有秩序的关系"(华、夏)。

[2] 楚灵王灭陈置县见《左传·昭公八年》,灭蔡见"昭公十一年"。楚灵王之后,楚国把大本营搬到了方城以北,积极经略当地。详见谷口满《灵王弑逆事件前後——古代楚国の分解(その二)》,《史流》第 23 号,1982 年。

[3] 公元前 560 年楚共王去世,《左传·襄公十三年》载令尹子囊之言:"赫赫楚国,而君临之,抚有蛮夷,奄征南海,以属诸夏,而知其过,可不谓共乎?"这里的"属诸夏",应是令诸夏诸侯服从之意,如公元前 589 年的蜀之会(表 4:81)。又,《左传·昭公十九年》载费无极向楚王进言:"晋之伯也,迩于诸夏,而楚辟陋,故弗能与争。若大城城父,而寘大子焉,以通北方,王收南方,是得天下也。"《国语·楚语》也有同样记载。这两者都是将服从于楚盟的南方诸国与服从于晋盟的北方"诸夏"相对比的事例。

春秋时期的楚国几乎始终被排除在拥戴周王的"夏盟"之外。

第五节　同盟诸侯与兄弟甥舅

　　蛮夷戎狄被排除在多国会盟之外,那么能够参与其内的国家又是哪些呢? 对于《左传》中出现过的国家总数,有多种统计方式,如表 2 所示,春秋时期能够参与多国会盟的国家有鲁、宋、齐、晋、卫、陈、蔡、邢、随、郑、曹、薛、纪、滑、南燕、秦、莒、邾、小邾、鄫、杞、滕、许、吴、越、楚、黄、江、贰、轸、徐、胡、沈、顿、郯、淮夷、鲜虞,共三十七国。在这三十七国当中,曾参与到晋、齐为盟主的霸主体制下的诸侯有鲁、齐、宋、陈、蔡、卫、郑、曹、薛、秦、莒、邾、小邾、杞、滑、滕、江、黄、吴、徐、胡、顿、鄫,共二十三国。

表 2　各国参加多国会盟的次数

国名	前期前半	前期后半	中期前半	中期后半	后期前半	后期后半	合计
鲁(侯)	11	20	19	55	19	7	131
宋(公)	7	24	21	49	21	2	124
卫(侯)	4	13	15	53	20	3	108
齐(侯)	8	23	10	40	13	3	97
晋(侯)			13	54	20	1	88
陈(侯)	3	14	20	5	7		49
蔡(侯)	2	4	10	1	7		24
邢(侯)			1				1
随(侯)	1						1
郑(伯)	9	13	19	31	19		91
曹(伯)		9	15	42	17		83

国名	前期前半	前期后半	中期前半	中期后半	后期前半	后期后半	合计
薛（侯、伯）				21	12		33
秦（伯）			3	1			4
纪（伯）		2					2
滑（伯）		1					1
南燕（伯）	1						1
邾（子）	1	2	4	46	14	2	69
莒（子）	1		6	27	12		46
小邾（子）				18	15		33
杞（侯、伯、子）	1			20	11		32
滕（侯、子）		1		19	15		35
许（男）		7	10	1	7		25
楚（子）	2	1	9	2	6		20
吴（子）			1	6		2	9
胡（子）					4		4
鄟（子）			1	2			3
徐（子）					3		3
顿（子）					3		3
郯（子）			1		1	1	3
越（子）			1			1	2
沈（子）					1		1
黄	1	2					3
江		2					2
贰	1						1

国名	前期前半	前期后半	中期前半	中期后半	后期前半	后期后半	合计
轸	1						1
淮夷					1		1
鲜虞						1	1
出席国数合计	54	138	179	493	248	23	1135
会盟次数	16	27	31	58	27	7	166

这些国家和群体,在不同的文献有不同的分类。不过,正如本书第一章所述,《左传》和《国语》更强调的是"兄弟甥舅"这种血缘纽带。那么,"兄弟甥舅"到底意味着什么呢? 原来,"兄弟"在春秋时期是姬姓诸侯相互承认对方受周王封建时所用的词语。《左传·昭公二十八年》载晋人魏舒之言:"昔武王克商,光有天下,其兄弟之国者十有五人,姬姓之国者四十人,皆举亲也。"《左传·僖公二十四年》又载周人富辰云:

> 昔周公吊二叔之不咸,故封建亲戚以蕃屏周。管、蔡、郕、霍、鲁、卫、毛、聃、郜、雍、曹、滕、毕、原、酆、郇,文之昭也。邗、晋、应、韩,武之穆也。凡、蒋、邢、茅、胙、祭,周公之胤也。召穆公思周德之不类,故纠合宗族于成周而作诗,曰:"常棣之华,鄂不韡韡。凡今之人,莫如兄弟。"其四章曰:"兄弟阋于墙,外御其侮。"如是,则兄弟虽有小忿,不废懿亲。今天子不忍小忿以弃郑亲,其若之何?

富辰先列举了周初封建的姬姓诸侯,又引召穆公作诗传说,将姬姓诸侯之间的紧密联系比喻为"兄弟"。前引"昭公二十八年"中的武王"兄弟之国者十有五人",应该是在"文之昭"的十六国中剔除了因造反而被杀的管叔,故得十五国。至于"姬姓之国者四十人"和"武之穆"四国、"周公之胤"六国如何对应目前不详①,但至少文王、武王、周公的子孙,再加上郑国(周厉王之子姬友初封)组成的这些姬姓封建诸侯国被认为是与周王关系尤其"亲"的国家,其程度被喻为"兄弟"。

再从具体国家来看,翻查《左传》,僖公二十八年曹国与晋国,成公二年晋国与鲁国、卫国,成公十三年晋国与滑国,襄公二十年蔡国与晋国,昭公十三年鲁国与晋国,哀公十六年卫国与晋国各自称"兄弟"。又,王子朝在昭公二十六年评晋、郑二国平定王子颓、王子带之乱,道:"则是兄弟之能率先王之命也。"这些事例全都可以证明姬姓封建诸侯国相互之间的亲近关系被喻为"兄弟",尤其是成公二年鲁国和晋国称"兄弟"的事例中,鲁国因为拥有姬姓诸侯国这个身份地位(status),遂自称"兄弟列国",认为自己的级别要比邾国、莒国这些"小国""蛮夷"高。②

简而言之,"兄弟"这个词强调周王与姬姓诸侯国,或姬姓诸侯相互之间的血缘联系之紧密可跨越时间。上述所列举的各国

---

① 其他的姬姓诸侯国还有虞国、虢国,《左传·僖公五年》:"大伯、虞仲,大王之昭也;大伯不从,是以不嗣。虢仲、虢叔,王季之穆也;为文王卿士,勋在王室,藏于盟府。"另外,《荀子·君道》载:"夫文王非无贵戚也,非无子弟也,非无便嬖也,倜然乃举太公于州人而用之……兼制天下,立七十一国,姬姓独居五十三人。周之子孙,苟非狂惑者,莫不为天下之显诸侯。"这和《左传·昭公二十八年》的"姬姓四十"一样,不知其具体所指为哪几个国家。

② 《左传》中多见鲁国主张自身级别要比邾国、莒国高的记载,如"襄公二十七年":"季武子使谓叔孙以公命,曰:'视邾、滕。'既而齐人请邾,宋人请滕,皆不与盟。叔孙曰:'邾、滕,人之私也。我,列国也,何故视之? 宋、卫,吾匹也。'""昭公十三年":"邾人、莒人愬于晋曰:'鲁朝夕伐我,几亡矣。我之不共,鲁故之以。'" (转下页)

当中,鲁、晋、卫、蔡、邢、随[1]、郑、曹、滑、滕[2]在《左传》中是被明确视为姬姓诸侯的。[3] 春秋时期,周王权力旁落,姬姓诸侯们相互抱团认对方为"亲昵"的"兄弟",主张自身阶层高于其他国家。

战国时期,"兄弟"这个词变成了以"约"和婚姻构建起来的亲密关系的称呼。[4] 但是,我们不能以此就将春秋时期的"兄弟"意识与会盟关系、婚姻关系画等号,因为同盟内部除"兄弟"之外,还有"蛮夷"诸侯参与其中。有人认为这种类似结拜兄弟的意识是通过会盟形成的,然而这并不对。"兄弟"和"同盟"是相互独立的概念。至少在《左传》中,"兄弟"确是基于血缘关系的概念。

另一方面,《左传》中还有"甥舅"一词,"成公二年"云:"夫齐,甥舅之国也。"杜预注:"甥舅,异姓国。"乍看起来,似乎姬姓之外的所有诸侯国都是"甥舅",但实际上《左传》明言是周王"甥舅"的国家只有齐国一国。也就是说,"甥舅"并不是指所有的异姓诸

(接上页)晋侯不见公,使叔向来辞曰:'诸侯将以甲戌盟,寡君知不得事君矣,请君无勤。'子服惠伯对曰:'君信蛮夷之诉,以绝兄弟之国,弃周公之后,亦惟君。寡君闻命矣。'……子服惠伯私于中行穆子,曰:'鲁事晋,何以不如夷之小国? 鲁,兄弟也,土地犹大,所命能具。若为夷弃之,使事齐、楚,其何瘳於晋?'""昭公二十三年":"邾人愬于晋,晋人来讨。叔孙婼如晋,晋人执之。书曰'晋人执我行人叔孙婼',言使人也。晋人使与邾大夫坐,叔孙曰:'列国之卿当小国之君,固周制也。邾又夷也。寡君之命介子服回在,请使当之,不敢废周制故也。'乃不果坐。"

[1]《左传·桓公六年》:"楚武王侵随,……少师归,请追楚师,随侯将许之。季梁止之曰:'……今民各有心,而鬼神乏主。君虽独丰,其何福之有? 君姑修政,而亲兄弟之国,庶免于难。'""定公四年","斗辛与其弟巢以王奔随。吴人从之,谓随人曰:'周之子孙在汉川者,楚实尽之。天诱其衷,致罚于楚,而君又窜之,周室何罪? 君若顾报周室,施及寡人,以奖天衷,君之惠也。汉阳之田,君实有之。'"

[2]《左传·隐公十一年》载滕随国乃"周之卜正",与鲁国同姓。可是滕国在春秋时期的政治局势下只能以一介"小国"的身份附属于宋国,或许正是因为如此滕国的爵位才从"侯"滑落到"子"。

[3]《汉书·地理志》云沈国、顿国均为姬姓,不知其所据为何。至于吴国,我们在第一章中已经说过,《左传·昭公三十年》谓之"胄裔",不属于受封建的"兄弟"之国一份子。但是《国语·吴语》中,吴王又自称"我一二兄弟之国"。

[4] 参见第一章第68页注[1]。

侯,而是指在异姓诸侯当中和周王有着婚姻关系等亲密关系的国家。类似的国家还有陈国,陈国开国君主是周初功臣,同时也是周王的女婿,与周王室关系颇为亲近①;宋国作为殷商后裔,是周王朝的"客",地位特殊②,郑国和宋国的关系正是"甥舅"(哀公九年)。因此,我们认为陈国和宋国也属于"甥舅"之国。

由此可见,《左传》中所谓的"兄弟甥舅"之国是指春秋时期的一些特定诸侯国,具体而言是姬姓诸侯国,再加上齐、宋、陈等几个。"兄弟甥舅"这个词强调的是这些国家来源根正苗红,相互之间的亲近能跨越时间③,同时又可基于自身根正苗红的特征,向其他不享有如此纽带的他者④主张优越性。

---

① 《左传·襄公二十五年》:"昔虞阏父为周陶正,以服事我先王。我先王赖其利器用也,与其神明之后也,庸以元女大姬配胡公,而封诸陈,以备三恪。则我周之自出,至于今是赖。……今陈忘周之大德,蔑我大惠,弃我姻亲,介恃楚众,以凭陵我敝邑,不可亿逞。"

② 《左传·僖公二十四年》:"宋及楚平,宋成公如楚。还,入于郑。郑伯将享之,问礼于皇武子。对曰:'宋,先代之后也,于周为客,天子有事膰焉,有丧拜焉,丰厚可也。'郑伯从之,享宋公有加,礼也。"

③ 《春秋》经文均以"公""侯""伯"称"兄弟甥舅"诸侯,只有滕国例外。竹内康浩《〈春秋〉から見た五等爵制:周初における封建の問題》(《史学雑誌》第100编第2号,1991年)探讨了《春秋》经文中出现过的爵位,指出侯爵和伯爵诸侯在西周初期的"大封建"中扮演着核心角色。

④ 曾出席多国会盟的非"兄弟甥舅"国家,其祖先传说多不完整,不详之处甚多。每个国家都有不同的祖先传说来解释自身的血统渊源,但都解释不清楚自身在周初封建时的情况。关于这些非"兄弟甥舅"国家的祖先血缘,参见陈槃《春秋大事表列国爵姓及存灭表譔异》全三册,"中央研究院"历史语言研究所,1969年。按陈氏的整理,非"兄弟甥舅"之国的祖先血缘如下表:

国	爵位	祖先血缘	姓
薛	侯、伯	黄帝后裔,夏车正奚仲	任
纪	侯	不详	姜
南燕	伯	黄帝后裔伯鯈	姞
秦	伯	伯益后裔非子	嬴

综上所述,《左传》中的"兄弟甥舅"显然是一个反映归属意识

续表

国	爵位	祖先血缘	姓
莒	子	小昊后裔兹与 (《国语·郑语》作颛顼、陆终后裔)	己 (《国语·郑语》作曹)
邾	子	颛顼、陆终后裔	曹
小邾	子	邾文公之子	曹
鄫	子	禹之后裔	姒
杞	侯、伯、子	禹之后裔	姒
许	男	四岳伯夷之后裔	姜
吴	子	太王之子大伯	姬
越	子	夏后少康之子	姒
楚	子	颛顼、陆终后裔熊绎	芈
徐	子	伯益之后	嬴
胡	子	不详	归
沈	子	不详	姬(?)
顿	子	不详	姬(?)
黄		不详	嬴
江		不详	嬴
贰		不详	不详
轸		不详	不详
淮夷		不详	不详
鲜虞		白狄旁系或箕子后裔	姬或子 (参见本书第三章)

竹内康浩(1991年)云这些国家本来就和周王室关系疏远,只不过是在春秋时期的现实局势之下形式上受封为子爵而已。窃以为甚当。又考虑到会盟场内的诸侯均认可薛国(《左传·定公元年》)和吴国的血缘,推测当中的某几个上溯到夏商的祖先传说是受会盟诸侯国承认的。关于春秋时期各国相互承认祖先传说一事,参见江村知朗《春秋時代の国際秩序について:その原理と始祖伝説》,《集刊東洋学》第87号,2002年。

的词语。这种归属意识通过回顾周初的"封建"①和血统渊源得以体现。西周时期,周王和诸侯的关系以先王和旧臣缔结的"封建"为原点,通过继承和重复的方式来维系。② 问题在于,我们在现存金文材料里找不到周王和姬姓诸侯自称"兄弟甥舅",歧视他者的言论。也就是说,"兄弟甥舅"这个自我意识只存在于《左传》和《国语》所载的春秋时期之后的言论中。这又是为何呢?

我们知道,在西周时期周王的意识里,自己就是"天子",统领"下国万邦"。③ 在这一观念之下,"万邦"不论是何种血统出身,均应服从周王,周王没有必要设定一个"兄弟甥舅"的框架来限制自己的统治范围。而从诸侯的角度看来,他们关注的是当今周王与本国的联系、祖先与周室先王的联系,以及象征着这些联系的青铜器能够让"子子孙孙永宝用"。因此,春秋诸侯会盟内部划分等级序列、内外边界这种事,可以肯定不源于西周金文中所记载的周王与诸侯关系。

然而随着周室东迁,权力旁落,所谓"我周之东迁,晋、郑焉依"(《左传·隐公六年》)。春秋时期,周室靠着郑国和晋国才勉强维持,不管周王自己怎么想,在现实情况下他已经不可能统治

---

① 关于周初姬姓诸侯的"封建",参见伊藤道治《姬姓諸侯封建の歷史地理的意義》(《中国古代王朝の形成》,創文社,1975 年)、《西周封建制度の形態》(《中国古代国家の支配構造:西周封建制度と金文》,中央公論社,1987 年)。又,吉本道雅(1993 年)指出,姬姓诸侯在同盟内占优势。

② 小南一郎《天命と德》(《東方学報(京都)》第 64 册,1992 年)通过分析西周册命金文中的"德",指出册命仪式的目的在于将先王与旧臣缔结的关系原原本本地过继到今王与今臣之上。即,与其说册命仪式反映了扩大发展观念,倒不如说反映了继承的观念。而支撑这一观念的是原型和重复的逻辑。松井嘉德《周の国制》(《殷周秦漢時代史の基本問題》,汲古書院,2001 年)在此基础上,将西周时期基于世袭继承和重复原理而维系的周王与臣下、诸侯关系称为"封建"原理。

③ 关于周王权的自我意识,参见丰田久《成周王朝の君主とその位相:豊かさと安寧》,水林彪、金子修一、渡边节夫编《王権のコスモロジー》,弘文堂,1998 年。

所有国家了。从诸侯角度看,他们除和周王的君臣关系之外,还多了一项与他国之间的现实关系。于是就产生了一个新的论资排辈需求。这个需求新就新在各国不再在周王权力之下整然与会,而是自行与他国会盟或朝见,要么就是在盟主主持下会同列国。①

在如此背景下,周王和姬姓诸侯通过互相承认周初的"封建",主张自身地位高于其他诸侯。另一方面,又希望通过相互承认"封建"的历史,以回归并维系以周室为中心的秩序。相较于同盟内的"小国""蛮夷",这些"兄弟甥舅"国家还面临着西周时期的"封建"原理濒临崩溃的危机。因此,某种程度上"兄弟甥舅"这个框架是一种复古性质的纽带。

然而,光靠回顾"封建"和血统没办法解决现实的争端,更不可能以之来对抗南方的楚国和北方的狄人。事实上,这些所谓的"兄弟"诸侯在春秋前期前半段已经开始不听王命了②,而蔡国和随国因为地理原因一直唯楚国马首是瞻③,卫国和邢国更是被狄

---

① 《左传·隐公十一年》:"春,滕侯、薛侯来朝,争长。薛侯曰:'我先封也。'滕侯曰:'我周之卜正也。薛,庶姓也。我不可以后之。'公使羽父请于薛侯曰:'……周之宗盟,异姓为后。寡人若朝于薛,不敢与诸任齿。君若辱贶寡人,则愿以滕君为请。'薛侯许之,乃长滕侯。"

② 《左传·隐公十年》:"蔡人、卫人、郕人不会王命。秋七月庚寅,郑师入郊。犹在郊,宋人、卫人入郑,蔡人从之伐戴。八月壬戌,郑伯围戴,癸亥克之,取三师焉。宋、卫既入郑,而以伐戴召蔡人。蔡人怒,故不和而败。九月戊寅,郑伯入宋。"

③ 公元前690年(庄公四年),随国归顺楚国(表4:46、47)。公元前684年(庄公十年),蔡哀公为楚国所俘。公元前680年,楚军攻入蔡都。此后,蔡国似乎一直活在楚国阴影之下,在公元前656年(僖公四年)还被齐桓公率领诸侯攻打过(表4:36)。蔡国多次参加楚盟(表4:52、55、60、81、134、144),尤其是在公元前589年(成公二年)蜀之会上,蔡国还是以楚国属国的身份行动的。《左传》记载道:"十一月,公及楚公子婴齐、蔡侯、许男、秦右大夫说、宋华元、陈公孙宁、卫孙良夫、郑公子去疾及齐国之大夫盟于蜀。卿不书,匮盟也。于是乎畏晋而窃与楚盟,故曰'匮盟'。蔡侯、许男不书,乘楚车也,谓之失位。"如前所述,蔡国在楚灵王时期曾一度成为"县",后为楚国所复国。

人打得几近亡国,此外还出现了一些随意灭掉他国的国家(吞并了最多姬姓诸侯国的国家正是晋国)。于是,凭借着硬实力统率诸侯国的盟主登场了,加入盟主麾下的成员国之间不得随意起兵互相攻打[1],进而结成了以尊周王为秩序[2]的同盟体制。

值得注意的是,这种同盟秩序时不时会与诸侯国的同族意识相冲突。晋盟内部"皆奖王室",这表明同盟的确是以周王的存在为前提的,但另一方面,盟主营造的同盟秩序会与"兄弟甥舅"意识冲突。例如平丘之会(表 4:147、148)上,身为盟主的晋国在处理鲁国与莒国、邾国的诉讼时便表现出了"信蛮夷之诉,以绝兄弟之国"(《左传·昭公十三年》)的姿态。晋国的这种姿态还反映在动员诸侯给"夏"的后裔杞国筑城之事上(表 4:140)。按《左传·襄公二十九年》的记载,受动员的郑、卫诸国对晋国十分不满,云:"晋国不恤周宗之阙,而夏肆是屏。其弃诸姬,亦可知也已。诸姬是弃,其谁归之?"此事中,晋国作为盟主的姿态明显偏离了"兄弟甥舅"意识。又,公元前 509 年,各诸侯国就为成周筑城之事,遣大夫会于狄泉,发生了下面这么一段对话(《左传·定公元年》):

> 孟懿子会城成周。庚寅,栽。宋仲几不受功,曰:"滕、薛、郳,吾役也。"薛宰曰:"宋为无道,绝我小国于周,以我适楚,故我常从宋。晋文公为践土之盟,曰:'凡我同盟,各复旧

---

[1] 关于同盟内的和平协议,详见吉本道雅(1993 年)。晋国在春秋前期吞并众多姬姓诸侯国之事,详见本书第五章。

[2] 可见于晋盟内部缔结的盟誓,《左传·襄公十一年》:"秋七月,同盟于亳。范宣子曰:'不慎,必失诸侯。诸侯道敝而无成,能无贰乎?'乃盟,载书曰:'凡我同盟,毋蕴年,毋壅利,毋保奸,毋留慝,救灾患,恤祸乱,同好恶,奖王室。或间兹命,司慎、司盟,名山、名川,群神群祀,先王、先公,七姓十二国之祖,明神殛之。俾失其民,队命亡氏,踣其国家。'"

职。'若从践土，若从宋，亦唯命。"仲几曰："践土固然。"薛宰
曰："薛之皇祖奚仲，居薛，以为夏车正。奚仲迁于邳，仲虺居
薛，以为汤左相。若复旧职，将承王官，何故以役诸侯?"仲几
曰："三代各异物，薛焉得有旧? 为宋役，亦其职也。"士弥牟
曰："晋之从政者新，子姑受功。归，吾视诸故府。"仲几曰：
"纵子忘之，山川鬼神其忘诸乎?"士伯怒，谓韩简子曰："薛徵
于人，宋徵于鬼，宋罪大矣。且已无辞而抑我以神，诬我也。
启宠纳侮，其此之谓矣。必以仲几为戮。"乃执仲几以归。三
月，归诸京师。

宋国主张滕、薛、郳(小邾)是自己的役属①，而薛国则认为同盟秩
序下所有国家都是平等的，双方闹到了盟主晋国跟前，而晋国此
时就担当了一个裁判的角色。薛宰以本国在夏商两代的历史地
位及践土之盟中各国约定要"各复旧职"为由，认为应该按同盟成
员各国的排序处理，宋、滕、薛、小邾的待遇应是相同的。对此，宋
仲几认为"三代各异物"，指出周代之前的所谓历史渊源不具效
力，然后说"为宋役，亦其职也"，主张周代之后宋国和滕、薛、小邾
之间所缔结的统属关系具有效力，最后来一句"山川鬼神其忘诸
乎"，表明宋与三国之间的统属关系是通过鬼神为媒介缔结起来
的盟誓。

　　这里有几点值得留意。第一，对话里回顾了晋文公主持的践

---

① 宋国在黄父之会(表 4:152)上也反抗了。《左传·昭公二十五年》："夏，会于黄父，
谋王室也。赵简子令诸侯之大夫输王粟、具戍人，曰：'明年将纳王。'……宋乐大心
曰：'我不输粟。我于周为客，若之何使客?'晋士伯曰：'自践土以来，宋何役之不
会，而何盟之不同? 曰同恤王室，子焉得辟之? 子奉君命，以会大事，而宋背盟，无
乃不可乎?'右师不敢对，受牒而退。"

土之盟,并以之作为同盟诸侯应平等的论据;第二,除和周王朝的关系之外,诸侯国在夏商周三代的历史渊源会由"故府"记录下来,作为认证其在同盟内地位的参照物;第三,和鲁国同为"甥舅"之国的宋国被晋国裁定败诉。在这个例子中,夏商周后裔的同盟诸侯之间的共同秩序,优先级明显要高于"兄弟甥舅"的亲近度。

综上所述,春秋时期的晋盟的确是以"兄弟甥舅"为核心,但是体系框架并非一成不变,而是广泛吸纳其他血统来源的诸侯国,起到稳定现实国际争端的作用。[①] 只要查一下春秋中期后半段参与了国际会盟的成员名单,我们就能发现很多不属于"兄弟甥舅"的诸侯国也在晋盟内有一席之地,如薛国(20 次)、邾国(45次)、莒国(27 次)、小邾(18 次)、杞国(20 次),另外姬姓"小国"——滕国也频繁参与会盟(19 次)。窃以为,这些国家在当时的国际社会背景下主张本国权限的理论依据并非周初的"封建",而是晋文公主持的践土之盟。

"四方"诸国,即夏、商、周的后裔(虞夏商周之胤)诸侯国在会盟场所之内相互承认对方权限,并论资排辈。在"华夏""中国"的会盟场所里,秩序是由霸主而非周王构建的,而为了团结盟内成员,则必须全员对盟外国家、脱盟者实施暴力惩罚(戮)。[②] 通过会盟,我们得以管窥所谓的"华夏"秩序是如何以霸主压倒"王命",同时在各种层面的联系和划分中不断膨胀的。

---

① 晋国曾多次采取非"攘夷"的方式解决戎狄与周王室的纷争,详见本书第五章。

② 与会成员一致行使的武力既针对郑国等脱离同盟的诸侯,也针对同盟外的"夷狄"国家,甚至还让其君主当祭祀小官。《春秋·襄公十年》:"夏五月甲午,遂灭偪阳。"《左传》传文:"晋荀偃、士匄请伐偪阳,而封宋向戌焉。荀罃曰:'城小而固,胜之不武,弗胜为笑。'固请。丙寅,围之,弗克。……五月庚寅,荀偃、士匄帅卒攻偪阳,亲受矢石。甲午,灭之。……以偪阳子归,献于武宫,谓之夷俘。偪阳,妘姓也。使周内史选其族嗣,纳诸霍人,礼也。"

结　语

通过上述考证,窃以为《左传》所描绘的春秋时期华夷秩序的实况图像已然清晰可见了。在此重申,春秋时期的"华夏"是以"兄弟甥舅"为核心,同时囊括"小国"和"蛮夷"的一种国际秩序,而春秋中期后半段的晋盟正是该秩序的最紧密形式。

本章着眼于国际会盟,尤其是多个诸侯国同时出席的多国会盟。这种会盟是反映春秋时期的同期意识的场合。尽管春秋时期的诸侯国会单独与蛮夷戎狄会盟,抑或统治蛮夷戎狄群体,但在多个诸侯国共同会面,构建共同秩序的多国会盟上,蛮夷戎狄是始终被排除在外的对象。在同盟会场上,拥戴周王室的诸侯均彻底地排挤蛮夷戎狄,不许其参与同盟。这表明春秋诸侯的意识里,同盟即是"华夏",而"华夏"是与蛮夷戎狄对立的体系。

可是另一方面,同盟内部中除"兄弟甥舅"诸侯国之外,还能看到"蛮夷"诸侯国的身影。这些诸侯国身为"蛮夷",却能参与同盟,因此至少在《左传》里,它们被认为是"中国"或"华夏"的一分子。然而,我们又能找到一些记载说"兄弟甥舅"诸侯和"蛮夷"诸侯时不时有冲突。这些事例表明,春秋时期的"华夏"是基于文化习俗、血统血缘等多重差异的基础上构建起来的动态性关系概念,是比"兄弟甥舅"更广泛的体系。

提出过"断层"论的小仓芳彦对此认为,春秋时期的"同盟"是"华夏"的必要条件之一。[①] 小仓指华北地区的邑制国家之间通过会盟、婚姻等方式形成的同族、同盟意识就是"华夏",主动或被

---

① 小仓芳彦(1966 年)。

动地脱离"华夏"的群体就是"戎""夷""狄"。这种源于同族、同盟群体的"巫术性"隔离是判断"华夏"和"戎狄"的标准,从而"华夏"诸国和蛮夷戎狄之间能够有现实上的交流,至于《左传》《公羊传》中所谓华夏不与夷狄通的华夷思想,是后来才形成的。

小仓氏着目于会盟来论述华夷边界的做法着实是慧眼。但是,详细分析春秋时期的诸侯国、蛮夷戎狄的会盟关系之后,发现其"断层"论并不可信。我们在第一章、第二章已经阐述过,西周以来,"夷"和"戎"是周人用来称呼异文化群体的概念,且诸侯国也时不时会和"戎""狄"缔结会盟或联姻,就连多国会盟内部也有被视为是"蛮夷"的国家参与其中。因此,认为"夷狄"是被排除在同族、同盟群体之外的人群是不对的。当然,蛮夷戎狄始终被排除于多国会盟之外的事实,表明春秋时期的确存在着隔离"华夏"与蛮夷戎狄的意识。然而,多国会盟并非判断某群体是"戎"或"狄"的标准,而只是在层累的"夷狄"概念上构筑起来的、统合性与排挤性并存的体系。

现在我们倒回头看本章开头引用的《左传》的言论,其实不是说要禁止诸侯国与蛮夷戎狄的交流,而是说在多个诸侯聚会的地方不应该让蛮夷戎狄掺和进来,说白了就是不能搞错地方。小仓以齐侯差遣莱人做事等类似事例为论据,认为夹谷之会上孔子的言论不符合春秋时期的实情,可惜这也是不对的。孔子的言论恰恰与春秋时期不许蛮夷戎狄及俘虏参与其中的国际会盟秩序相符。这表明,认为"中华"与"夷狄"相对立的华夷思想,扎根于春秋时期的国际关系之中。

晋国、齐国成为盟主之后,同盟诸侯之间不断地反复确认拥戴周王的姿态,猜想还会用周的音乐、语言,即"雅(夏)"来举办外交仪式。① 极有可能就是在春秋中期迎来鼎盛的晋国同盟造就了视盟内诸侯为"夏"的意识。正如本书后文所述,春秋中后期的青铜器铭文中出现了意为"中华"的"夏"字②,《论语·八佾》中也有"诸夏"一词,表明称同盟诸侯为"诸夏"的意识最晚在春秋后期前已经形成了。多国会盟囊括了各种血缘血统来源的诸侯,构建了以"周"为核心的体系,同时孕育出了更大范围的归属意识——"中华"。

表 3　春秋时期的双边会盟

	鲁国纪年(公元前)	会盟地	形式	中介方	与盟人
1	隐公元(722)	蔑	盟		鲁侯、邾仪父
2		宿	盟		(鲁侯)、宋人
3	隐公二(721)	潜	会		鲁侯、戎
4		唐	盟		鲁侯、戎
5		密	盟		纪子、莒子
6	隐公三(720)	石门	盟		齐侯、郑伯
7	隐公四(719)	清	遇(会)		鲁侯、宋公
8	隐公五(718)		会伐		郑人、(王师)、邾→宋

① 吉本道雅《中国古代における華夷思想の成立》(夫马进编《中国東アジア外交交流史の研究》,京都大学学術出版会,2007 年)认为,春秋时期的会盟、朝聘等持续性外交带来了仪式的规范化,针对不接受这套规范(礼)的同盟外他者的同盟内共同体意识应运而生。

② 宋出秦公钟铭(《集成》270,春秋前期/《铭文选》919,秦武公/《通释》199a)、秦公簋铭(《集成》4315,春秋前期/《铭文选》920,秦景公/【林】春秋 II B/《通释》199)中都提到秦国"十有二"位先公统治"蛮夏"的历史。又,陕西省凤翔县南指挥村秦公一号墓(或为秦景公墓)中出土的石磬残铭也有"蛮夏"一词。再者,江苏省丹徒县北山顶春秋墓出土了春秋后期的舒国甚六编钟(《东南文化》1988 年第 3、4 期/《近出》94),钟铭引用了《诗经·小雅·鼓钟》的"以雅以南"一句,不过写作"以夏以南",以"南"声的音乐与周的音乐作对比,称之为"夏"。参见曹锦炎《遙邖编钟铭文释议》,《文物》,1984 年第 4 期。至于秦公诸器铭,详见本书第七章。

	鲁国纪年（公元前）	会盟地	形式	中介方	与盟人
9	隐公六（717）	鲁	渝平		郑人→鲁
10		艾	盟（平）		鲁侯、齐侯
11	隐公七（716）	鲁	（盟）		齐夷仲年→鲁
12		郑	平、涖盟		陈五父→郑
13		陈	涖盟		郑良佐→陈
14	隐公八（715）	垂	遇	齐僖公	宋公、卫侯
15		浮来	盟		鲁侯、莒人
16	隐公九（714）	防	会	（王命）	鲁侯、齐侯
17	隐公十一（712）	时来	会		鲁侯、郑伯
18	桓公元（711）	垂	会		鲁侯、郑伯
19		越	会		鲁侯、郑伯
20		鲁	拜盟		（鲁侯）、郑伯
21	桓公二（710）	邓	会		蔡侯、郑伯
22		唐	盟		鲁侯、戎
23	桓公三（709）	嬴	会		鲁侯、齐侯
24		蒲	胥命（不盟）		鲁侯、卫侯
25		郕	会		鲁侯、杞侯
26		讙	会		鲁侯、齐侯
27	桓公六（706）	成	会		鲁侯、纪侯
28	桓公八（704）	沈鹿	平、盟		楚、随
29	桓公十（702）	桃丘	会（弗遇）		鲁侯、卫侯
30	桓公十一（701）	郑	盟		郑祭仲、宋人
31		夫钟	会		鲁侯、宋公
32		阚	会		鲁侯、宋公

续表

	鲁国纪年（公元前）	会盟地	形式	中介方	与盟人
33		句渎之丘	会盟		鲁侯、宋公
34		虚	会		鲁侯、宋公
35	桓公十二（700）	龟	会		鲁侯、宋公
36		武父	盟		鲁侯、郑伯
37		绞城下	城下之盟		楚、绞
38	桓公十四（698）	曹	会		鲁侯、郑伯
39		鲁	来盟		郑子人→鲁
40	桓公十五（697）	艾	会		鲁侯、齐侯
41	桓公十七（695）	趡	会盟		鲁侯、邾仪父
42	桓公十八（694）	泺	会		鲁侯、齐侯
43	庄公二（692）	禚	会		鲁夫人姜氏、齐侯
44	庄公三（691）	卫	会伐		鲁溺、齐师→卫
45		滑	（会）		鲁侯、郑伯
46	庄公四（690）	随	入盟		楚莫敖屈重、随侯
47		随	入盟		楚莫敖屈重、随侯
48	庄公七（687）	防	会		鲁夫人姜氏、齐侯
49		谷	会		鲁夫人姜氏、齐侯
50	庄公九（685）	蔇	盟		鲁侯、齐大夫
51	庄公十（684）		（同盟）		谭、莒
52	庄公十三（681）	柯	会盟（平）		鲁侯、齐侯
53	庄公二十一（673）	弭	胥命		郑伯、虢叔
54	庄公二十二（672）	防	盟		齐侯、齐高傒
55	庄公二十三（671）	榖	遇		鲁侯、齐侯
56		扈	会盟		鲁侯、齐侯
57	庄公二十七（667）	洮	会		鲁侯、杞伯
58		城濮	会		鲁侯、齐侯

	鲁国纪年(公元前)	会盟地	形式	中介方	与盟人
59	庄公三十(664)	鲁济	遇		鲁侯、齐侯
60	庄公三十二(662)	梁丘	遇		宋公、齐侯
61	闵公元(661)	落姑	盟		鲁侯、齐侯
62	闵公二(660)	鲁	来盟		齐高子→鲁
63	僖公三(657)	鲁	来寻盟		齐→鲁
64		齐	涖盟		鲁侯子友→齐
65	僖公九(651)		会		齐隰朋、秦师
66	僖公十(650)		会		周公忌父、王子党、齐隰朋
67	僖公十一(649)	阳谷	会		鲁侯、夫人姜氏、齐侯
68			平	晋惠公	周王、诸戎
69	僖公十二(648)		平	齐管仲	周、诸戎
70			平	齐隰朋	晋、诸戎
71	僖公十四(646)		遇		鲁季姬、鄫子
72	僖公十五(645)	王城	会盟		晋阴饴甥、秦伯
73	僖公十七(643)	卞	会		鲁夫人姜氏、齐侯
74	僖公十八(642)	楚	朝、盟		郑伯→楚
75	僖公二十(640)	邢	盟		齐人、狄人
76	僖公二十二(638)		劳		郑文公夫人芈氏、姜氏、楚子
77	僖公二十四(636)	郇	盟	狐偃	狐偃、秦、晋大夫
78		王城	会		晋侯、秦伯
79			平		宋、楚
80	僖公二十八(632)	敛盂	盟		晋侯、齐侯
81		郑	入盟		晋栾枝、郑伯
82		衡雍	盟		晋侯、郑伯

续表

	鲁国纪年(公元前)	会盟地	形式	中介方	与盟人
83	僖公三十(630)	郑	盟		秦伯、郑人
84			成		晋、郑
85	僖公三十二(628)		盟		卫人、狄
86	僖公三十三(627)		贰		许→楚
87	文公元(626)	戚	会		鲁侯孙敖、晋侯
88	文公二(625)	晋	盟		鲁侯、晋阳处父
89	文公三(624)	晋	盟		鲁侯、晋侯
90	文公七(620)		聘、盟		鲁侯孙敖→莒
91	文公八(619)	衡雍	会盟		鲁侯子遂、晋赵盾
92			会盟		鲁侯子遂、洛戎
93	文公九(618)		平		楚、郑
94	文公十(617)	女栗	盟		周苏子、鲁
95	文公十一(616)	承匡	会		鲁叔彭生、晋郤缺
96		晋	寻盟		晋侯、鲁侯
97	文公十三(614)	沓	会		卫侯、鲁侯
98		棐	会		郑伯、鲁侯
99	文公十四(613)		成(追述)		秦、楚
100	文公十五(612)	鲁	来盟		宋司马华孙→鲁
101		蔡	城下之盟		晋、蔡
102	文公十六(611)	阳谷	会		鲁季孙行父、齐侯
103		郪丘	盟		鲁侯子遂、齐侯
104			盟		楚子、群蛮
105	文公十七(610)	谷	盟		鲁侯、齐侯
106		扈	平		晋、宋
107			成		晋、郑

	鲁国纪年（公元前）	会盟地	形式	中介方	与盟人
108		平州	会（成）		鲁侯、齐侯
109	宣公元（608）		受盟（追述）		晋、宋
110			受盟		楚、郑
111			受盟		晋、陈灵公
112	宣公三（606）	郑	平、盟		晋士会、郑伯
113	宣公五（604）		平		陈、楚
114	宣公六（603）		成		楚、郑
115	宣公七（602）	鲁	来盟		卫孙良夫→鲁
116			平、会伐		晋师、白狄→秦
117	宣公八（601）		平		晋、陈
118			成		楚、陈
119	宣公十（599）		平		楚、郑
120	宣公十一（598）		会伐		鲁侯孙归父、齐人→莒
121		欑关	会		晋侯、众狄
122		郑	平、盟		楚瑉厄、郑伯
123	宣公十二（597）		平		楚、郑
124			成（盟）		楚、晋
125	宣公十四（595）	谷	会		鲁侯孙归父、齐侯
126		宋	会		鲁侯孙归父、楚子
127	宣公十五（594）	宋	平（盟）		楚、宋
128			盟		宋华元、楚子反
129	宣公十八（591）	缯	会盟		晋侯、齐侯
130	成公元（590）	赤棘	盟		鲁臧孙许、晋侯
131			平（盟）	晋瑕嘉	周、戎

	鲁国纪年(公元前)	会盟地	形式	中介方	与盟人
132	成公二(589)		(盟)		齐侯、龙人
133		爰娄	盟		晋师、齐国佐
134		上鄍	会		鲁侯、晋师
135		蜀	会(盟、平)		鲁侯、楚公子婴齐
136	成公三(588)		盟		鲁侯、晋荀庚
137			盟		鲁侯、卫孙良夫
138	成公五(586)	谷	会		鲁叔孙侨如、晋荀首
139		垂棘	盟		郑伯、晋赵同
140	成公七(584)		成		吴、郯
141	成公八(583)		会		郑伯、晋师
142	成公九(582)	邓	会		郑伯、楚公子成
143			结成		楚公子辰→晋
144	成公十一(580)	鲁	盟		鲁侯、晋郤犨
145		晋	涖盟		(晋侯)、季文子
146			成	宋华元	晋、楚
147		河东	盟		晋侯、秦史颗
148		河西	盟		秦伯、晋郤犨
149	成公十二(579)	宋西门之外	会盟	宋华元	晋士燮、楚公子罢、许偃
150		晋	听成		晋侯、郑伯
151		楚	涖盟		晋郤至→楚
152		赤棘	涖盟		楚公子罢→晋
153	成公十三(578)		盟誓(追述)		晋、秦
154			盟(追述)		晋、秦
155			盟(追述)		秦、楚

	鲁国纪年（公元前）	会盟地	形式	中介方	与盟人
156	成公十六（575）	武城	盟		楚子、郑子驷
157		扈	盟		晋郤犫、鲁季孙行父
158	成公十八（573）	宋	会伐		楚子、郑伯→宋
159	襄公三（570）	长樗	盟		晋侯、鲁侯
160		邢丘	盟		晋士匄、齐侯
161	襄公四（569）		盟		晋魏绛、诸戎
162	襄公六（567）		同盟（追述）		鲁、杞
163	襄公七（566）	鲁	盟		鲁侯、卫孙林父
164	襄公八（565）		平（盟）		楚、郑
165	襄公九（564）	郑	入盟		楚公子罷戎、郑伯
166		中分	同盟		楚子、郑伯
167	襄公十（563）	颍水	盟		郑子蟜、楚人
168	襄公十一（562）	郑	盟		晋赵武、郑伯
169		郑东门	盟		郑子展、晋侯
170	襄公十五（558）	刘	来盟		宋向戌→鲁
171	襄公十九（554）	大隧	盟		晋、齐
172		柯	会		鲁叔孙豹、晋士匄
173	襄公二十（553）	向	会盟		鲁仲孙速、莒人
174	襄公二十三（550）	蒲侯氏	（盟、成）		齐杞殖、华还、莒子
175	襄公二十四（549）	舒鸠氏	盟		楚沈尹寿、祁犁、舒鸠子
176	襄公二十五（548）		平		郑、陈
177			涖盟		晋韩起→秦
178			涖盟		秦伯车→晋
179	襄公二十六（547）	晋	成		秦鍼→晋
180			盟（伪盟）		楚客、宋大子

	鲁国纪年（公元前）	会盟地	形式	中介方	与盟人
181	襄公二十七（546）	宋	成言	宋向戌	楚公子黑肱、晋大夫
182		陈	成言	宋向戌	宋向戌、楚子木
183		宋	盟、齐言	宋向戌	晋赵孟（赵武）、楚子皙（公子黑肱）
184		宋西门之外	盟	宋向戌	晋赵孟、楚子木
185		楚	涖盟		晋荀盈→楚
186		晋	涖盟		楚迖罷→晋
187	襄公二十九（545）		来盟		杞子→鲁
188	襄公三十（544）	陈	涖盟		郑子产→陈
189	昭公五（537）	邢丘	会		郑伯、晋侯
190		琐	会		楚子、越大夫
191	昭公七（535）		平、成		（鲁？、北燕？）、齐
192		濡上	盟		齐侯、北燕人
193		齐	涖盟		鲁叔孙婼→齐
194	昭公八（534）		会		楚公子弃疾、宋戴恶
195	昭公十一（531）	申	召、飨		蔡侯→楚
196		祲祥	会盟		鲁仲孙貜、邾子
197		戚	会		周单子、晋韩宣子
198	昭公十三（529）	良	（会）		晋侯、吴子
199	昭公二十一（521）		盟（追述）		楚子、蔡侯
200	昭公二十二（520）	莒	盟		齐司马灶、莒子
201		齐稷门之外	涖盟		莒子→齐
202	昭公二十四（518）		劳		越王→楚子
203	昭公二十五（517）	野井	唁		齐侯→鲁侯
204	昭公二十九（513）		唁		齐高张→鲁侯

197

	鲁国纪年（公元前）	会盟地	形式	中介方	与盟人
205	昭公三十一（511）	适历	会		鲁季孙意如、晋荀跞
206	定公三（507）	拔（郯）	盟		鲁仲孙何忌、郯子
207	定公七（503）	咸	盟		齐侯、郑伯
208		琐	盟		齐侯、卫侯
209		瓦	会		鲁侯、晋士鞅、赵鞅、荀寅
210	定公八（502）	鄟泽	盟		晋涉佗、成何、卫侯
211			会伐		晋士鞅、周成桓公→郑
212		曲濮	盟		卫侯、郑伯
213	定公九（501）	晋	盟		宋向巢→晋
214	定公十（500）	夹谷	会盟（平）		鲁侯、齐侯
215	定公十一（499）		平、涖盟		鲁祝还→郑
216	定公十二（498）	黄	会盟		鲁侯、齐侯
217	定公十四（496）	洮	会		齐侯、宋公
218		比蒲	来会		鲁侯、邾子
219	哀公元（494）		平		吴、越
220		乾侯	会		齐侯、卫侯
221	哀公二（493）	句绎	盟		鲁叔孙州仇、仲孙何忌、邾子
222	哀公四（491）		会		齐国夏、鲜虞
223	哀公六（489）	柤	会		鲁祝还、吴
224	哀公七（488）	鄫	会		鲁侯、吴
225	哀公八（487）	鲁莱门	成、盟		鲁侯、吴人
226			平		鲁、齐
227		齐	涖盟		鲁臧宾如→齐
228		鲁	涖盟		齐间丘盟→鲁

续表

	鲁国纪年（公元前）	会盟地	形式	中介方	与盟人
229	哀公十一（484）		会伐		鲁侯、吴子→齐
230	哀公十二（483）	橐皋	会		鲁侯、吴子
231		郧	会		卫侯、吴子
232	哀公十三（482）		平		吴、越
233	哀公十五（481）		平		鲁、齐
234	哀公十六（480）		盟		楚令尹子西、郑
235	哀公十七（479）		平		晋、卫
236		蒙	会盟		鲁侯、齐侯
237	哀公十九（476）	敖	盟		楚沈诸梁、三夷男女
238	哀公二十（475）	廪丘	会		鲁侯、齐侯
239	哀公二十四（471）	廪丘	会伐		鲁臧石、晋侯→齐
240	哀公二十七（468）	平阳	盟		越舌庸→鲁

表 4　春秋时期的多国会盟

	鲁国纪年（公元前）	会盟地	形式	主持人	与盟者
1	隐公元（722）	翼	盟	郑庄公*	鲁侯孙豫、邾人、郑人
2	隐公四（719）		会伐	宋殇公	鲁翚、宋公、陈侯、蔡人、卫人→郑
3	隐公八（715）		平	齐僖公	宋、卫、郑
4		瓦屋	盟	齐僖公	宋公、齐侯、卫侯
5	隐公十（713）	中丘	会	郑庄公*	鲁侯、齐侯、郑伯
6		邓	盟	郑庄公*	鲁侯、齐侯、郑伯
7			会伐	郑庄公*	鲁翚、齐人（齐侯）、郑人（郑伯）→宋
8		老桃	会（伐）	郑庄公*	鲁侯、齐侯、郑伯→宋

	鲁国纪年(公元前)	会盟地	形式	主持人	与盟者
9	隐公十一(712)		及伐	郑庄公	鲁侯、齐侯、郑伯→许
10	桓公二(710)	稷	会、成	(齐僖公)	鲁侯、齐侯、陈侯、郑伯→宋
11	桓公八(704)		合(会)	楚武王	楚子、诸侯(黄、随不会)
12	桓公十一(701)	恶曹	盟	(齐僖公)	齐人、卫人、郑人、宋
13		蒲骚	盟	楚屈瑕	楚屈瑕、贰、轸
14		折	会盟	(宋庄公)	鲁柔、宋公、陈侯、蔡叔
15	桓公十二(700)	曲池	会盟(平)	鲁桓公	鲁侯、杞侯、莒子
16		谷丘	会	鲁桓公	鲁侯、宋公、燕人
17	桓公十三(699)		会	郑厉公	鲁侯、纪侯、郑伯
18	桓公十五(697)	袤	会伐	宋庄公	鲁侯、宋公、卫侯、陈侯→郑
19	桓公十六(696)	曹	会	(宋庄公)	鲁侯、宋公、蔡侯、卫侯
20			会伐	(宋庄公)	鲁侯、宋公、卫侯、陈侯、蔡侯→郑
21	桓公十七(695)	黄	会盟(平)	鲁桓公	鲁侯、齐侯、纪侯
22	庄公四(690)		遇	(齐襄公)	齐侯、陈侯、郑伯
23	庄公五(689)	北杏	会伐	(齐襄公)	鲁侯、齐人、宋人、陈人、蔡人→卫
24	庄公十三(681)		会	(齐桓公)	齐侯、宋人、陈人、蔡人、邾人
25	庄公十四(680)	鄄	会伐	齐桓公*	周单伯、齐侯、宋公、卫侯、郑伯→宋

续表

	鲁国纪年（公元前）	会盟地	形式	主持人	与盟者
26	庄公十五（679）	鄄	会	齐桓公（始霸）	齐侯、宋公、陈侯、卫侯、郑伯
27	庄公十六（678）	幽	同盟	齐桓公	（鲁侯）、齐侯、宋公、陈侯、卫侯、郑伯、许男、滑伯、滕子
28	庄公十九（675）	鄄	盟	齐桓公	鲁侯子结、齐侯、宋公
29	庄公二十六（668）		会伐	齐桓公	鲁侯、宋人、齐人→徐
30	庄工二十七（667）	幽	会盟	齐桓公	鲁侯、齐侯、宋公、陈侯、郑伯
31	庄公二十八（666）		会、救	齐桓公	鲁侯、齐人、宋人→郑
32	僖公元（659）	柽(牚)	会盟	齐桓公	鲁侯、齐侯、宋公、郑伯、曹伯、邾人
33	僖公二（658）	楚丘	会、城、封	齐桓公	诸侯（齐侯、宋公、曹伯）→卫
34		贯	盟	齐桓公	齐侯、宋公、江人、黄人
35	僖公三（657）	阳谷	会	齐桓公	齐侯、宋公、江人、黄人
36		蔡、郾	会侵	齐桓公	鲁侯、齐侯、宋公、陈侯、卫侯、郑伯、许男、曹伯→蔡
37	僖公四（656）	召陵	盟	齐桓公	楚屈完→诸侯（鲁、齐、宋、陈、卫、郑、许、曹）
38			会侵	齐桓公	鲁侯、齐人、宋人、卫人、郑人、许人、曹人→陈

	鲁国纪年(公元前)	会盟地	形式	主持人	与盟者
39	僖公五(655)	首止	会盟	齐桓公*	王世子、鲁侯、齐侯、宋公、陈侯、卫侯、郑伯、许男、曹伯
40	僖公六(654)		会伐	齐桓公	鲁侯、齐侯、宋公、陈侯、卫侯、曹伯→郑
41	僖公七(653)	宁母	会盟	齐桓公*	鲁侯、齐侯、宋公、陈侯、郑世子华
42	僖公八(652)	洮	会盟	齐桓公*	鲁侯、王人、齐侯、宋公、卫侯、许男、曹伯、陈世子款
43	僖公九(651)	葵丘	会盟	齐桓公*	鲁侯、宰周公、齐侯、宋子、卫侯、郑伯、许男、曹伯
44	僖公十三(647)	咸	会、城	齐桓公	鲁侯、齐侯、宋公、陈侯、卫侯、郑伯、许男、曹伯→周
45	僖公十五(645)	牡丘	会盟	齐桓公	鲁侯、齐侯、宋公、陈侯、卫侯、郑伯、许男、曹伯
46	僖公十六(644)	淮	会、城	齐桓公	鲁侯、齐侯、宋公、陈侯、卫侯、郑伯、许男、邢侯、曹伯→鄫
47		曹南	盟	宋襄公	宋公、曹人、邾人
48	僖公十九(641)	邾	会盟	宋襄公	鄫子、(宋公、曹仁、邾人)
49		齐	会	陈穆公	(鲁侯)、陈人、蔡人、楚人、郑人
50		鹿上	盟	宋襄公	宋人、齐人、楚人
51	僖公二十一(639)	盂	会伐	宋襄公(→楚成王)	宋公、楚子、陈侯、蔡侯、郑伯、许男、曹伯→宋

	鲁国纪年(公元前)	会盟地	形式	主持人	与盟者
52		薄	会	楚成王	鲁侯、诸侯(楚、陈、蔡、郑、许、曹)
53	僖公二十五(635)	洮	会盟	卫成公	鲁侯、卫子、莒庆
54	僖公二十六(634)	向	会盟	(鲁僖公)	鲁侯、莒子、卫宁速
55	僖公二十七(633)	宋	会伐、盟	楚成王	鲁侯、诸侯(楚人、陈侯、蔡侯、郑伯、许男)
56		践土	会盟	晋文公*	王子虎、鲁侯、晋侯、齐侯、宋公、蔡侯、郑伯、卫子、莒子、(陈)
57	僖公二十八(632)	温	会	晋文公	鲁侯、晋侯、齐侯、宋公、蔡侯、郑伯、陈子、莒子、邾子、秦人
58			会围	晋文公	晋侯、曹伯、诸侯(鲁、齐、宋、蔡、郑、陈、莒、邾、秦)→许
59	僖公二十九(631)	翟泉	会盟	晋文公*	鲁侯、王人、晋人、宋人、齐人、陈人、蔡人、秦人
60	僖公三十三(627)		成、伐	楚子上	楚、陈、蔡→郑
61	文公二(625)	垂陇	会盟	晋士縠	鲁侯孙敖、宋公、陈侯、郑伯、晋士縠
62	文公三(624)		会伐	晋人	鲁叔孙得臣、晋人、宋人、陈人、卫人、郑人→沈
63	文公七(620)	扈	会盟	晋赵盾	鲁侯、诸侯(齐侯、宋公、卫侯、陈侯、郑伯、许男、【曹伯】、晋赵盾)

	鲁国纪年(公元前)	会盟地	形式	主持人	与盟者
64	文公九(618)		会、救	晋赵盾	鲁侯子遂、晋人、宋人、卫人、许人→郑
65	文公十(617)	息	会	楚穆王	楚子、陈侯、郑伯
66		厥貉	次(会)	楚穆王	楚子、陈侯、郑伯、宋公、(麇)
67	文公十四(613)	新城	会盟	晋赵盾	鲁侯、宋公、陈侯、卫侯、郑伯、许男、曹伯、晋赵盾
68	文公十五(612)	扈	盟	晋灵公	晋侯、宋公、卫侯、蔡侯、陈侯、郑伯、许男、曹伯
69	宣公元(608)	棐林	会、救	晋赵盾	宋公、陈侯、卫侯、曹伯、晋赵盾→陈、宋
70	宣公四(605)		平		鲁侯、齐侯→莒、郯
71	宣公七(602)	黑壤	会	晋成公	鲁侯、晋侯、宋公、卫侯、郑伯、曹伯
72		黄父	盟	晋成公	晋侯、宋公、卫侯、郑伯、曹伯
73	宣公八(601)	滑汭	盟	楚庄王	楚子、吴、越
74	宣公九(600)	扈	会伐	晋成公	晋侯、宋公、卫侯、郑伯、曹伯→陈
75	宣公十(599)		成	晋人	诸侯(晋人、宋人、卫人、曹人)、郑
76	宣公十一(598)	辰陵	盟	楚庄王	楚子、陈侯、郑伯
77	宣公十二(597)	清丘	同盟	晋原縠	晋人、宋人、卫人、曹人

	鲁国纪年（公元前）	会盟地	形式	主持人	与盟者
78	宣公十七（592）	断道	会	晋景公	鲁侯、晋侯、卫侯、曹伯、邾子、（齐人）
79		卷楚	同盟	晋景公	鲁侯、晋侯、卫侯、曹伯、邾子
80	成公二（589）	鞌	会战	晋郤克	鲁季孙行父、臧孙许、叔孙侨如、公孙婴齐、晋郤克、卫孙良夫、曹公子首→齐
81		蜀	盟	楚共王	鲁侯、楚人、蔡人、许人、秦人、宋人、陈人、卫人、郑人、齐人、曹人、邾人、薛人、鄫人
82	成公三（588）	郑	会伐	晋景公	鲁侯、晋侯、宋公、卫侯、曹伯
83	成公五（586）	虫牢	会、同盟	晋景公	鲁侯、晋侯、齐侯、宋公、卫侯、郑伯、曹伯、邾子、杞伯
84	成公七（584）		会救	晋景公	鲁侯、晋侯、齐侯、宋公、卫侯、曹伯、莒子、邾子、杞伯→郑
85		马陵	同盟	晋景公	鲁侯、晋侯、齐侯、宋公、卫侯、曹伯、莒子、邾子、杞伯、郑伯
86	成公八（583）	鲁	会伐	晋士燮	鲁叔孙侨如、晋士燮、齐人、邾人→郯
87	成公九（582）	蒲	会盟	晋景公	鲁侯、晋侯、齐侯、宋公、卫侯、郑伯、曹伯、莒子、杞伯、（吴人）

续表

	鲁国纪年(公元前)	会盟地	形式	主持人	与盟者
88		郑	会伐	晋大子	鲁侯、晋侯(大子)、齐侯、宋公、卫侯、曹伯→郑
89	成公十(581)	修泽	盟(成)	晋	郑子然、诸侯(鲁、晋、齐、宋、卫、曹)
90		琐泽	会	晋厉公	鲁侯、晋侯、卫侯、(郑伯)
91	成公十三(578)	京师	会	晋厉公*	刘康公、成肃侯、鲁侯、晋侯、齐侯、宋公、卫侯、郑伯、曹伯、邾人、滕人
92		戚	会、同盟	晋厉公	鲁侯、晋侯、卫侯、郑伯、曹伯、宋世子成、齐国佐、邾人
93	成公十五(576)	钟离	会	晋厉公	鲁叔孙侨如、晋士燮、齐高无咎、宋华元、卫孙林父、郑公子鳝、邾人
94		钟离	会	晋厉公	诸侯(鲁、晋、齐、宋、卫、邾)、吴
95		沙随	会	晋厉公	(鲁侯)、晋侯、齐卫侯、宋华元、邾人
96	成公十六(575)		会伐	晋厉公*	鲁侯、周尹子、晋侯、齐国佐、邾人→郑
97	成公十七(574)		会伐	晋厉公*	鲁侯、周尹子、单子、晋侯、齐侯、宋公、卫侯、曹伯、邾人→郑
98		柯陵	同盟	晋厉公*	鲁、周、晋、齐、宋、卫、曹、邾

206

续表

	鲁国纪年(公元前)	会盟地	形式	主持人	与盟者
99			会伐	晋厉公*	鲁侯、周单子、晋侯、宋公、卫侯、曹伯、齐人、邾人→郑
100	成公十八(573)	虚打	会、同盟	晋悼公	鲁仲孙蔑、晋侯、宋公、卫侯、邾子、齐崔杼
101	襄公元(572)	彭城	会围	晋栾黡	鲁仲孙蔑、晋栾黡、宋华元、卫宁殖、曹人、莒人、邾人、滕人、薛人→宋彭城
102		鄑	会	(齐崔杼)	鲁仲孙蔑、齐崔杼、曹人、邾人、杞人
103	襄公二(571)	戚	会	晋荀罃	鲁仲孙蔑、晋荀罃、宋华元、卫孙林父、曹人、邾人
104		戚	会、城	晋荀罃	鲁仲孙蔑、晋荀罃、齐崔杼、宋华元、卫孙林父、曹人、邾人、滕人、薛人、小邾人→虎牢
105			成	晋荀罃	郑、诸侯(鲁、晋、齐、宋、卫、曹、邾、滕、薛、小邾)
106	襄公三(570)	鸡泽	会、同盟	晋悼公*	鲁侯、周单子、晋侯、宋公、卫侯、郑伯、莒子、邾子、齐世子光
107		鸡泽	如会	晋悼公*	陈袁侨→诸侯(鲁、晋、齐、宋、卫、郑、莒、邾)
108			盟	晋大夫	叔孙豹、诸侯之大夫、陈袁侨

	鲁国纪年(公元前)	会盟地	形式	主持人	与盟者
109		善道	会		鲁仲孙蔑、卫孙林父、吴
110	襄公五(568)	戚	会盟	晋悼公	鲁侯、晋侯、宋公、陈侯、卫侯、郑伯、曹伯、莒子、邾子、滕子、薛伯、齐世子光、吴人、鄫人
111		城棣	会救	晋悼公	鲁侯、晋侯、宋公、卫侯、郑伯、曹伯、莒子、邾子、滕子、薛伯、齐世子光→陈
112	襄公七(566)	鄬	会	晋悼公	鲁侯、晋侯、宋公、陈侯、卫侯、曹伯、莒子、邾子
113	襄公八(565)	邢丘	会	晋悼公	鲁季孙宿、晋侯、郑伯、齐人、宋人、卫人、邾人
114	襄公九(564)		会伐	晋悼公	鲁侯、晋侯、宋公、卫侯、曹伯、莒子、邾子、滕子、薛伯、杞伯、小邾子、齐世子光→郑
115		戏	同盟	晋悼公	郑伯、诸侯(鲁、晋、宋、齐、卫、曹、莒、邾、滕、薛、杞、小邾)
116	襄公十(563)	钟离	会	晋悼公	齐世子光、诸侯(鲁、晋、宋、卫、曹、莒、邾、滕、薛、杞、小邾)
117		柤	会	晋悼公	鲁侯、晋侯、宋公、卫侯、曹伯、莒子、邾子、滕子、薛伯、杞伯、小邾子、齐世子光、吴(吴子寿梦)

	鲁国纪年(公元前)	会盟地	形式	主持人	与盟者
118			会伐	晋悼公	鲁侯、晋侯、宋公、卫侯、曹伯、莒子、邾子、齐世子光、滕子、薛伯、杞伯、小邾子→郑
119		北林	会伐	晋悼公	鲁侯、晋侯、宋公、卫侯、曹伯、齐世子光、莒子、邾子、滕子、薛伯、杞伯、小邾子→郑
120	襄公十一(562)	亳	同盟	晋悼公	郑伯、诸侯(鲁、晋、宋、齐、卫、曹、莒、邾、滕、薛、杞、小邾)
121		萧鱼	会	晋悼公	鲁侯、晋侯、宋公、卫侯、曹伯、齐世子光、莒子、邾子、滕子、薛伯、杞伯、小邾子、郑伯
122		向	会	晋士匄	鲁季孙宿、叔老、晋士匄、齐人、宋人、卫人、郑人、曹人、莒人、邾人、滕人、薛人、杞人、小邾人、(吴人)
123	襄公十四(559)		会伐	晋荀偃	鲁叔孙豹、晋荀偃、齐人、宋人、卫北宫括、郑公孙虿、曹人、莒人、邾人、滕人、薛人、杞人、小邾人→秦
124		戚	会	晋士匄	鲁季孙宿、晋士匄、宋华阅、卫孙林父、郑公孙虿、莒人、邾人

	鲁国纪年(公元前)	会盟地	形式	主持人	与盟者
125		溴梁	会	晋平公	鲁侯、晋侯、宋公、卫侯、郑伯、曹伯、莒子、邾子、薛伯、杞伯、小邾子
126	襄公十六(557)	温	会	晋荀偃	鲁叔孙豹、晋荀偃、宋向戌、卫宁殖、郑公孙虿、小邾大夫
127			会伐	郑简公	鲁叔老、郑伯、晋荀偃、卫宁殖、宋人→许
128	襄公十八(555)	鲁济	会围	晋平公	薛伯、杞伯、小邾子→齐
129	襄公十九(554)	祝柯	盟	晋平公	诸侯(鲁、晋、宋、卫、郑、曹、莒、邾、滕、薛、杞、小邾)
130	襄公二十(553)	澶渊	会盟(成)	晋平公	鲁侯、晋侯、齐侯、宋公、卫侯、郑伯、曹伯、莒子、邾子、滕子、薛伯、杞伯、小邾子
131	襄公二十一(552)	商任	会	晋平公	鲁侯、晋侯、齐侯、宋公、卫侯、郑伯、曹伯、莒子、邾子
132	襄公二十二(551)	沙随	会	晋平公	鲁侯、晋侯、齐侯、宋公、卫侯、郑伯、曹伯、莒子、邾子、薛伯、杞伯、小邾子
133	襄公二十四(549)	夷仪	会	晋平公	鲁侯、晋侯、宋公、卫侯、郑伯、曹伯、莒子、邾子、滕子、薛伯、杞伯、小邾子
134			会伐	楚康王	楚子、蔡侯、陈侯、许男→郑

	鲁国纪年(公元前)	会盟地	形式	主持人	与盟者
135	襄公二十五(548)	夷仪	会	晋平公(赵武)	鲁侯、晋侯、宋公、卫侯、郑伯、曹伯、莒子、邾子、滕子、薛伯、杞伯、小邾子
136		重丘	同盟(成)	晋平公	鲁侯、晋侯、宋公、卫侯、郑伯、曹伯、莒子、邾子、滕子、薛伯、杞伯、小邾子、(齐)
137	襄公二十六(547)	澶渊	会	晋赵武	晋鲁侯、晋人、郑良霄、宋人、曹人
138	襄公二十七(546)	宋西门之外	会	宋向戌楚子木	路叔孙豹、晋赵武、楚屈建、蔡公孙归生、卫石恶、陈孔奂、郑良霄、许人、曹人、(邾悼公、滕成公)
139		宋蒙门之外	盟	宋平公	宋公、诸侯大夫(鲁、晋、楚、蔡、卫、陈、郑、许、曹、邾、滕)
140	襄公二十九(544)		会城	晋荀盈	鲁仲孙羯、晋荀盈、齐高止、宋华定、卫世叔仪、郑公孙段、曹人、莒人、滕人、薛人、小邾人→杞
141	襄公三十(543)	澶渊	会	晋赵武	晋人、齐人、宋人、卫人、郑人、曹人、莒人、邾人、滕人、薛人、杞人、小邾人
142		澶渊	盟	晋赵武	鲁叔孙豹、晋赵武、齐公孙虿、宋向戌、卫北宫佗、郑罕虎、小邾之大夫

	鲁国纪年(公元前)	会盟地	形式	主持人	与盟者
143	昭公元(541)	虢	会	晋赵武	鲁叔孙豹、晋赵武、楚公子围、齐国弱、宋向戌、卫齐恶、陈公子招、蔡公孙归生、郑罕虎、许人、曹人
144	昭公四(538)	申	会	楚灵王	楚子、蔡侯、陈侯、郑伯、许男、徐子、滕子、顿子、胡子、沈子、小邾子、宋世子佐、淮夷
145	昭公九(533)	陈	会	楚灵王	鲁叔公、宋华亥、卫赵黡、楚子
146	昭公十一(531)	厥慭	会	晋韩起	路季孙意如、晋韩起、齐国弱、宋华亥、卫北宫佗、郑罕虎、曹人、杞人
147	昭公十三(529)	平丘	会	晋昭公*	鲁侯、周刘子、晋侯、齐侯、宋公、卫侯、郑伯、曹伯、莒子、邾子、滕子、薛伯、杞子、小邾子
148		平丘	盟	晋昭公*	周刘子、晋侯、齐侯、宋公、卫侯、郑伯、曹伯、莒子、邾子、滕子、薛伯、杞子、小邾子
149	昭公十六(526)	蒲隧	会盟	齐景公	齐侯、徐子、郯子、莒子
150	昭公十九(523)	虫	同盟	宋元公	宋公、邾人、郳人、徐人
151	昭公二十一(521)		会救	晋荀吴	曹翰胡、晋荀吴、齐苑何忌、卫公子朝→宋

	鲁国纪年（公元前）	会盟地	形式	主持人	与盟者
152	昭公二十五（517）	黄父	会	晋赵鞅	鲁叔诣、晋赵鞅、宋乐大心、卫北宫喜、郑游吉、曹人、邾人、滕人、薛人、小邾人
153	昭公二十六（516）	鄟陵	会盟	（齐景公）	鲁侯、齐侯、莒子、邾子、杞伯
154	昭公二十七（515）	扈	会	晋士鞅	晋士鞅、宋乐祁犁、卫北宫喜、曹人、邾人、滕人
155	昭公三十一（510）	狄泉	会城	晋魏舒*	鲁仲孙何忌、晋韩不信、齐高张、宋仲几、卫世叔申、郑国参、曹人、莒人、薛人、杞人、小邾人→成周
156	定公元（509）	狄泉	合（会城）	晋魏舒*	晋魏舒、诸侯大夫（鲁孟懿子、宋仲几、滕人、薛人、郳人等）→成周
157	定公四（506）	召陵	会侵	晋定公*	鲁侯、刘子、晋侯、宋公、蔡侯、卫侯、陈子、郑伯、许男、曹伯、莒子、邾子、顿子、胡子、滕子、薛伯、杞伯、小邾子、齐国夏→楚
158		皋鼬	盟	晋定公*	鲁侯、诸侯（刘、晋、宋、蔡、卫、陈、郑、许、曹、莒、邾、顿、胡、滕、薛、杞、小邾）
159	定公十（500）	安甫	会	（齐景公）	齐侯、卫侯、郑游速

	鲁国纪年(公元前)	会盟地	形式	主持人	与盟者
160	定公十四(496)	牵	会	(齐景公)	鲁侯、齐侯、卫侯
161	哀公元(494)		及伐	(齐景公)	鲁师、齐师、卫孔圉、鲜虞人→晋
162	哀公十(485)		会伐	吴王夫差	鲁侯、吴子、邾子、郯子→齐南鄙
163	哀公十二(483)	郧(发阳)	会盟	(吴王夫差)卫石魋	鲁侯、卫侯、宋黄瑗(辞吴盟)
164	哀公十三(482)	黄池	会盟	晋平公*	鲁侯、单平公、晋定公、吴夫差
165	哀公二十一(474)	顾	盟	(齐平公)	鲁侯、齐侯、邾子
166	哀公二十六(469)		会	(越皋如)	鲁叔孙舒、越皋如、舌庸、宋乐茷

第五章　晋文公流离各国的故事及其背景

序　言

　　春秋时期的晋国是姬姓诸侯国,大本营位于今山西省南部汾水下游,与周边的"戎""狄"联系紧密。公元前 632 年晋文公称霸之后,晋国以"夏盟"盟主的身份当上了霸主体制下的"侯伯",纠合诸侯拥戴周王室。西周时期,分布于黄河中、下游的各个周系诸侯国处于以周王为中心的一元秩序之下,但自从平王东迁和晋国称霸后,诸侯国开始在霸主麾下相互结盟,以周王为中心的一元秩序变成了既拥戴周王,也承诺互不侵犯的秩序。在春秋时期的如此国际秩序之下,晋国起到了主导秩序的作用。此外,窃以为在晋国霸主体制下,春秋中期盛行的多国会盟为孕育出"中华"归属意识扮演着决定性角色。

　　建立起晋国霸主体制的晋文公重耳,在还是公子时曾流亡他乡,在"狄"地及其他诸侯国辗转了十九年之久,留下了著名的重耳流离各国的故事。故事里着重强调了公子重耳和"戎""狄"的亲缘关系,浓墨重彩地描述了逃亡集团内部紧密的人际关系及逃亡途中滞留的诸侯国内亲重耳和反重耳两方的所作所为,为后来重耳回国后晋国建立世族体制和采取一系列军事行动埋下了伏笔。文公故事在先秦时期的汉语文献中也堪称一篇详细且特殊的传记。

然而,文公身为"中华"同盟的创立者和周王朝的"侯伯",而戎、狄则是被视为"禽兽"的存在,为什么晋文公的传记会不惜笔墨地描述他们之间的紧密联系呢? 窃以为文公故事的背景不仅反映了春秋时期华夷关系的层累性,还蕴藏着目前对晋国霸权的最早历史认识。本章将查阅并分析诸文献中的文公流离诸国故事,试图还原春秋至战国时期的历史写作者们共享的历史认识,从而更为立体地描绘出前面几章探讨过的春秋时期华夷秩序结构。

第一节　春秋晋国的性质与霸主体制

关于春秋时期的晋国,早有前人研究珠玉在前。

宫崎市定着眼于晋国与戎狄的紧密联系及同姓通婚事例,推测春秋时期的晋国本来是不在周王朝秩序范围内的北狄群体,为求盐地之财才从山西北部南下,齐、楚、秦、吴、越等诸侯国同理,也是兴起于周边,逐渐向着周王朝压迫的势力。[1]

江头广[2]和田中柚美子[3]对晋国与"戎""狄"的婚姻关系做过研究。田中指出,晋献公至晋文公时期,晋国的势力仅限于今山西省南部,通过不断与周边的"戎""狄"联姻,结成合作关系而逐

---

[1] 宫崎市定《東洋における素朴主義の民族と文明主義の社会》,《宫崎市定全集》第二卷,岩波書店,1992 年,第 15~23 页。

[2] 江头广《姓考:周代の家族制度》,風間書房,1970 年,第 33~75 页。

[3] 田中柚美子《晋と戎、狄:献公の婚姻関係を中心として》,《国学院雑誌》第 76 卷第 3 号,1975 年;《晋をめぐる狄について》,《中国古代史研究》第 14 号,雄山閣,1976 年。

渐壮大,掌控周边地区。联姻是晋国强大起来的一大原因。

　　小野泽精一研究了文公传说本身,认为晋文公逃亡时与狐偃、赵衰等异姓从者的合作关系是日后晋国君主与异姓大夫合作关系的基础,反映了晋国霸主集团内部的特质。另外,文公传说的另一个特征是包含了类似事后预言性质的"报施"思想,读出了故事中蕴藏的春秋时期晋国的历史特性。①

　　张以仁翻阅了《左传》《国语·晋语》和《史记·晋世家》,考证了晋文公的年龄问题。② 李隆献整理了有关晋文公的各个文献记载,考证了文公的流亡路径,同时对晋国称霸达成的"尊王攘夷"功绩表示肯定。③

　　吉本道雅全面分析了春秋时期晋国的霸主体制,尝试揭示其实况。吉本认为晋国的称霸来源于周王策命,反映了"王朝—霸主—诸侯"这么一个层级结构;晋国称霸的目的是恢复王朝疆域、维系同盟内部的和平及确保通往淮河流域的交通线路;晋国的霸权归根结底是维系王权的一个过渡性权力,当中的一部分一直保留到战国时期。④

　　近年来,山西省曲沃县天马—曲村一带发现了西周至春秋时期的大量遗迹,当中包括了晋侯墓地,为晋史研究提供了新材料。⑤

------

① 小野泽精一《晋の文公説話にみられる覇者の性格について》,《中国古代説話の思想史的考察》,汲古書院,1982 年。
② 张以仁《晋文公年寿辨误》《晋文公年寿问题的再检讨》,均载于《春秋史论集》,联经出版事业公司,1990 年。
③ 李隆献《晋文公复国定霸考》,台湾大学文学院,1988 年。
④ 吉本道雅《春秋晋霸考》,《史林》第 76 卷第 3 号,1993 年。
⑤ 关于北赵村西周晋侯墓地,见李伯谦《晋侯墓地发掘与研究》,载于《晋国奇珍:山西晋侯墓群出土文物精品》,上海人民美术出版社,2002 年。晋侯墓之外的遗迹,见邹衡主编《天马—曲村:1980～1989》(科学出版社,2000 年)等详细考古发掘报告。

比较重要的出土文字材料有记录了晋侯名的青铜器铭文①和记录了西周后期晋侯遵周王之命讨伐夙夷的经过的晋侯苏钟铭文②。此外,晋文化的多元特征也逐渐明朗,例如墓葬中出土的青铜三足瓮因为其文化因素与北方地区有所关联而受到瞩目。学界根据这些新材料,结合文献史料中透露的晋国与"戎""狄"的联系发表了一系列论述。③

晋侯墓地的发现,证明了西周以来晋国的大本营一直是今山西省南部曲沃、翼城附近,且最晚在西周后期时,晋国已经是周王朝属下的封建诸侯了。曾经有观点认为晋国是戎狄,和周王室无关,这一观点至少在西周后期之后是不成立的。在考证晋文化中所含有的北方因素时,我们不应视之为证明晋国和戎狄本质相同的论据,而应视之为证明了共享一片地区的晋国和戎狄之间文化交流十分紧密的证据。

综上,我们梳理了前人对春秋时期晋国权力结构及晋国与戎狄关系的研究。春秋时期的晋国是扎根于今山西省南部的一支姬姓诸侯,晋文公获周襄王策命后,晋国获得了"侯伯"的身份,建立了拥戴王室、维持同盟内和平的霸主体制。另一方面,晋国与周边的"戎""狄"联系密切,尤其是晋献公和晋文公时期,双方甚

---

① 记录了晋侯名的青铜器,参见李朝远《晋侯墓地出土青铜器总览》,载于《晋国奇珍》,2002 年。
② 晋侯苏钟(《近出》35~50,西周晚期)的铭文释读见马承源《晋侯稣编钟》,《上海博物馆集刊》第 7 期,1996 年。该文后再刊于《晋侯墓地出土青铜器国际学术研讨会论文集》,上海书画出版社,2002 年。
③ 侯毅《从晋侯墓铜器看晋文化的形成与发展》、陈芳妹《晋侯墓地青铜器所见性别研究的新线索》、张童心《晋与戎狄:由 M113 出土的青铜三足瓮所想到的》,三篇文章均收录于《晋侯墓地出土青铜器国际学术研讨会论文集》,2002 年。据称,陶制三足瓮起源于内蒙古地区和山西北部,在西周时期广泛分布于陕西、山西南部甚至北京房山等黄河以北地区。

至积极联姻。

正如本书第二、三章所揭示的,晋国与"戎""狄"的联系并不止于献公和文公时期。例如霸主体制建立后,晋国还统治了居住于周室"郊甸"的九州之戎,编"狄卒"入伍。第四章中我们知道了以晋国为盟主的多国会盟构建了拥戴周室,排挤蛮夷戎狄的秩序,和南方楚国鼎足而立。如此一来,晋国同时和周室、诸侯国、蛮夷戎狄之间各自有着千丝万缕的联系,无法单纯视之为"尊王攘夷"的周王朝臣下,但也不能视之为戎狄同类。因此,我们有必要细致分析晋国霸权的各种联系,理解其层累性。

最能够反映晋国霸权性质的史料当数让晋国初成霸业的君主——晋文公重耳的相关传说故事。故事说的是重耳登基称霸之前的经历,内容交织着重耳与戎狄、诸侯国的关系。接受周王策命的霸主文公,为什么其事迹要这么浓墨重彩地描写他和"戎"、"狄"、楚国这些不听周王命令的势力的因缘呢? 窃以为,这不仅仅是单纯的事实经过记录,还包含了故事传播者们共享的对于霸主权力最早的历史认识。或许通过分析这段传说故事,我们才能够更加清楚晋国权力的整体结构。这段传说故事的重点不在于哪一部分是史实,哪一部分是虚构,而在于其作为一个完整的文本所透露出来的最早历史认识是如何概括春秋时期霸主的特质和文献中的华夷思想的。

基于此,本章并不打算考证文公传说是真是假,而是试图对文公形象所象征的霸主观念做个整体诠释。

第二节 《左传》《国语》《史记》中的晋文公故事

有关晋文公的传说散见于先秦文献,当中又以《左传》《国语·晋语四》和《史记·晋世家》的流离各国故事较为完整。整体而言,三部文献所载的故事内容没多少出入,大体内容就是晋献公末年,公子重耳因骊姬之乱逃到狄地避难,在狄地过了十二年后再度出走,于卫国五鹿获当地野人赠土块,狐偃认为这是祥瑞之兆,劝重耳收下。然后重耳辗转齐国等国,在逃出晋国的十九年后到了秦国,得到了秦穆公的帮助成功回国,杀晋怀公继位。及后,晋国插手周室内乱,拥立周襄王,于被卢治三军,率诸侯在城濮之战中打败楚军。以这场胜仗为契机,重耳在践土朝见周襄王,被策命为"侯伯"。

首先我们从时间线的角度入手讨论故事的基本特征。从晋公子重耳出逃(鲁僖公五年,公元前 655 年)到晋文公在践土称霸(鲁僖公二十八年,公元前 632 年),过了二十四年时光。《国语·晋语四》在重耳逃亡的十二年后这个正中间时点加入了发生在五鹿的木星预言情节。木星运行一轮需时十二年,也就是说这个逃亡故事是在木星运行两轮的期间所发生的,前半部分是滞留狄地,后半部分是流离各国到称霸。此外,以回到晋国为界线,逃亡中的时间格式发生了变化。重耳在获得秦穆公的帮助回国之后,用的是详细的干支纪年①,在那之前的流离生涯中是找不到这种时间线纪年格式的。这不禁让人联想猜测,重耳回晋国前和回晋国后的情节中,《左传》等文献使用的原始材料存在质的差别。

换言之,在写重耳回晋国之前的情节时,文献作者们使用的

---

① 关于重耳回国时的纪年,文献之间存在矛盾。吉本道雅《国語小考》(《東洋史研究》第 48 卷第 3 号,1989 年)认为,出现这种矛盾是因为《左传》使用的原始编年史材料是基于建寅夏历的,但《左传》作者在写作的时候对此做了修改,使之符合《春秋》经文的记载,而《晋语四》在写作时还原了夏历的说法。

并不是有时间线的材料(例如随行史官的记录)①,而是先参照记载了秦穆公帮助重耳的某个编年史性质文本写出大概框架,再添加上重耳流离狄、五鹿、卫国、齐国、曹国、宋国、郑国、楚国各地,最后入秦等情节而成。《左传》将晋文公逃出晋国至重回晋国这十九年间的经历全部归入"僖公二十三年"也可证明这一点。

另外,上文已述,晋文公逃亡期间到访的国家如何对待他是日后晋国军事行动的伏笔。② 例如晋文公在卫国、曹国和郑国受到冷遇,于是回国后晋国便出兵卫曹二国,分割其土地,又远征郑国。相对地,晋文公在齐国和宋国受到厚待,所以这两个国家日后是晋国对楚战争的队友。这就是小野泽先生所谓的"报施"思想。再者,文公在五鹿获土块这个情节是日后晋国出兵卫国之际顺道攻占五鹿的伏笔。《国语·晋语四》加入了文公经过五鹿时岁星运行的描写,进一步证明了两者的对应关系。

综上可知,文公流离各国的故事,不能将之理解成单纯的事件过程记录,它应该是在文公回国后所作所为的基础上,添加了一系列片段作为其回国前的经历,使之首尾呼应而成的。接下来,我们将在这 认识的基础上,比较前述三份文献记载的文公故事。

三部文献的文公故事中,有一些小细节存在差异。当中最为明显的是文公的年龄及其到访各国的顺序。除此之外,有关文公身世部分的记载也有不同。

首先是重耳的母亲和她的娘家狐氏,三份文献对此的记载稍

---

① 高木智见《春秋左氏伝:歴史と法の源流》(滋贺秀三编《中国法制史》,東京大学出版会,1993 年)认为晋文公逃亡中的记载是随行史官的记录。
② 宫崎市定《史記を語る》,《宫崎市定全集》第五卷,岩波书店,1991 年,第 55～59 页。

有差异。《左传·庄公二十八年》说重耳之母是"大戎狐姬",即既是"戎"又是姬姓之女;《国语·晋语四》对重耳母亲狐姬的记载是"狐氏出自唐叔。狐姬,伯行之子也,实生重耳",根本没说她是戎,反而说狐氏的起源是晋国始祖唐叔一脉。至于《史记·晋世家》则说"重耳母,翟之狐氏女也。夷吾母,重耳母女弟也",只交代了重耳之母是"翟(狄)"的狐氏族人,并没有说她是姬姓。可见,《左传》和《史记·晋世家》都认为重耳之母是戎狄,《国语·晋语四》则不;《左传》和《晋语四》都认为重耳之母是姬姓,《晋语四》甚至说狐氏起源于唐叔一脉,但《晋世家》则不。我们发现,《左传》中的狐氏拥有双重属性,而《晋语四》和《晋世家》则偏向其中之一。

然后是重耳最初的逃亡地——狄地。《左传·僖公二十三年》载重耳和从者赵衰在狄地期间娶了狄女,《僖公二十四年》载重耳和狄女季隗育有二子,留在狄地,未从父离开。而《国语·晋语四》根本没提到重耳和狄女的婚姻,还让狐偃说:"夫狄,近晋而不通,愚陋而多怨。走之易达,不通可以窜恶,多怨可与共忧。"(《晋语二》)又说:"日,吾来此也,非以狄为荣,可以成事也。"(《晋语四》)即逃到狄地不过是临时的应急措施,狄人本质上是低劣的。《史记·晋世家》则说"狄,其母国也",把重耳设定为与狄有因缘,并以之作为彼时晋国正与狄人交战,重耳却依然留在狄地的原因,最后还和《左传》一样写了重耳娶狄女,生下子嗣留在狄地。

这两点差异反映了同样的写作倾向。《左传》中,重耳之母及其娘家狐氏同时具备"戎"和"姬姓"两个属性,或许是戎狄中一支地位比较尊贵的血脉吧。而《史记·晋世家》只说狐氏是翟(狄)的一族,《国语·晋语四》里还让狐偃说狄人"愚陋而多怨",这与

《左传》形成鲜明对比。另外,《左传》写了重耳娶狄女季隗,暗示重耳在逃亡期间与狄人缔结了联姻关系,但是《晋语四》则认为逃往狄地只是单纯的紧急避难,并不在意重耳、狐氏和狄的关系。至于《晋世家》不仅说了重耳有来自母亲娘家的狄人血脉,还和《左传》一样记载了重耳娶狄女之事,着重强调了重耳与狄的关系。

再来是重耳逃亡时的年龄差异。《左传·昭公十三年》载:

> 我先君文公,狐季姬之子也,有宠于献。好学而不贰,生十七年,有士五人。有先大夫子余、子犯以为腹心,有魏犨、贾佗以为股肱,有齐、宋、秦、楚以为外主,有栾、郤、狐、先以为内主。亡十九年,守志弥笃。惠、怀弃民,民从而与之。献无异亲,民无异望,天方相晋,将何以代文?

重耳十七岁时候得五名从者,逃亡集团内部还有赵衰、狐偃这些心腹老臣,也有魏犨、贾佗这些辅佐之臣,国外有齐国、宋国、秦国、楚国的援助,国内有栾氏、郤氏、狐氏、先氏的支持。

同样地,《国语·晋语四》载一行人经过曹国时,僖负羁说:"晋公子生十七年而亡,卿材三人从之,可谓贤矣。"显然是认为重耳是在十七岁时逃亡的。

相对地,《史记·晋世家》对重耳的年龄如此记载:

> 晋文公重耳,晋献公之子也。自少好士,年十七,有贤士五人:曰赵衰;狐偃咎犯,文公舅也;贾佗;先轸;魏武子。自献公为太子时,重耳固已成人矣。献公即位,重耳年二十一。献公十三年,以骊姬故,重耳备蒲城守秦。献公二十一年,献公杀太子申生,骊姬谗之,恐,不辞献公而守蒲城。献公二十

二年,献公使宦者履鞮趣杀重耳。重耳踰垣,宦者逐斩其衣袪。重耳遂奔狄。狄,其母国也。是时重耳年四十三。

从出生到十七岁得五士为止都和《左传》《国语·晋语》一样,但是在那之后却写明献公即位时重耳二十一岁,出逃时四十三岁。或许在重耳年龄这一点上,《史记》有着自己的材料吧。

接下来是到访国家的顺序。《左传·僖公二十三年》按照狄→卫→五鹿→齐→曹→宋→郑→楚→秦的顺序记载重耳逃亡期间发生的事件。相对地,《国语·晋语四》的顺序是狄→五鹿→齐→卫→曹→宋→郑→楚→秦,和《左传》有相当差异。《史记·晋世家》中记载的路线同《左传》,但是在《十二诸侯年表》中又不同。翻查《晋表》,献公二十二年(公元前 655 年)"重耳奔狄",惠公七年(公元前 644 年)"重耳闻管仲死,去翟之齐";又查《卫表》,周襄王十五年、鲁僖公二十三年(公元前 637 年)时"重耳从齐过,无礼",即重耳取道卫国去齐国。同年,即《楚表》成王三十五年、《曹表》共公十六年都有重耳路过本国的记录。再查《秦表》,穆公二十三年载"迎重耳于楚,厚礼之,妻之女,重耳愿归",即重耳从楚国到了秦国。这么一来,《十二诸侯年表》记载的路线就和《晋世家》不同,呈狄→齐→卫→曹→郑→(宋)→楚→秦的顺序,反而和《晋语四》的路线相近。

上述的年龄问题和到访路线分别有张以仁[①]和李隆献[②]两位先生做过考证。张以仁着眼于《国语》的十七岁出逃说和《史记》的四十三岁出逃说两者的矛盾,搜集了各个学者的考据成果加以

---

① 张以仁(1965 年,以及 1985 年)。
② 李隆献(1988 年,第三章)。

批判整理后，得出了《国语》为真的结论。李隆献则着眼于《左传》与《史记·晋世家》所示的路线一和《国语·晋语四》与《史记·十二诸侯年表》所示的路线二，探讨了其各自的正误，反对梁玉绳等人认为路线一为错误的观点，认为《左传》和《晋世家》的路线是对的。本章行文立足于上述成果，但比起事实关系，更多地思考三份文献的继承关系。

首先是重耳逃亡时的年龄，《晋语四》和《晋世家》的记载是相反的，《左传》则更像是整合两者的一个中立性文本。如前所述，《左传·昭公十三年》说重耳"生十七年，有士五人……亡十九年，守志弥笃"，提到了他十七岁时得心腹、股肱之臣及逃亡时的一批内外志士，但没有明确告诉我们他出逃时的年龄。相对地，《国语·晋语四》说重耳"生十七年而亡"，这句话的确和《左传》的"生十七年，有士五人"基于同样的认识，但明确地说出了重耳出逃时的年龄是十七岁。另一方面，《史记·晋世家》和《左传》一样，说重耳在十七岁时得士五人，但又明确地记载重耳"年四十三"出逃。

至于逃亡的路线，三者也有相当差异。《左传·僖公二十三年》和《国语·晋语四》的记载明显是相反的，而《史记》则在不同的章节分别采取了两家之说。这表明《史记》在写作之时已经存在《左传》和《国语》所载的两条不同路线的传说，这给了我们思考三份文献关系一个重要提示。

在谈及母亲及狐氏的定位、对待狄的方式、逃亡时的年龄问题时，三份文献大体上以《左传》为中心，《国语·晋语四》和《史记·晋世家》作为对照。由此能够衍生出两种可能：一是《左传》的记载是原型，派生出《晋语四》和《晋世家》两种故事模式；二是先存在《晋语四》和《晋世家》两种模式，《左传》取了两者的中间路线。又因为《史记》记载的逃亡路线同时保留了《左传》和《晋语四》两条,可推知"《国语》《史记》→《左传》"这个可能不成立。同理,《国语》显然是先于《史记》成书的文献。因此,三份文献就文公故事这一点上的关系是《左传》的记载为原型,然后派生出《晋语四》,再派生出《晋世家》的故事模式。镰田正曾经论述过的《左传》→《国语》→《史记》继承关系,也适用于文公传说的内容。①

综上所述,《左传》的文公故事要比其他文献所记载的更为原始,从而可认为文公重耳的确是和"戎""狄"有着亲密联系的。公子重耳失去了晋国继承人的身份后,和既是戎狄也是姬姓的狐氏一同流离各国,在受到卫、曹、郑等姬姓诸侯冷遇的同时,又受到了齐、宋、楚、秦等国的帮助,最后在周王策命下确立了霸主体制。《左传》所记载的就是这么个奇特的人物形象。在这个故事里,我们能够找到晋国和戎狄、兄弟诸国和齐宋楚秦等几个相对立的因素,而文公则是一个跨越了对立的边界,游历了"四方"——整个"天下"的人。

那么,文公故事里包含的这些因素到底象征了什么呢? 在讨论这个问题之前,我们必须先分析一下践土策命所反映的周王与晋侯的关系,确认霸主体制的理想结构。

第三节　践土策命

公元前632年四月,赢得城濮之战的晋文公班师回国,至衡雍,在践土建王宫,召郑伯做好接受周王策命的准备。五月丁未日,文公唤周襄王至践土,向他献纳楚国俘虏,数量达"驷介百乘,

① 镰田正《左伝の成立と其の展開》第一编第二章,大修館書店,1963 年。

徒兵千"。己酉日，周襄王飨醴晋侯，行策命，任之为"侯伯"。《左传·僖公二十八年》记载了策命的过程：

> 己酉，王享醴，命晋侯宥。王命尹氏及王子虎、内史叔兴父策命晋侯为侯伯，赐之大辂之服、戎辂之服、彤弓一、彤矢百、玈弓矢千、秬鬯一卣、虎贲三百人。曰："王谓叔父：'敬服王命，以绥四国，纠逖王慝。'"晋侯三辞，从命，曰："重耳敢再拜稽首，奉扬天子之丕显休命。"受策以出，出入三觐。

如上所载，践土之盟由象征周王与晋侯关系的两个仪式组成。一是在践土建造王宫，献纳楚国俘虏；二是周王策命晋侯为"方伯"，下赐车马、醴酒、弓矢、近卫兵。策命之后，文公率诸侯朝见周王，更主宰多国会盟，建立起霸主体制。

无论是考证周代王权的历史性质还是春秋时期国际秩序的性质，发生在践土的策命和会盟都是绕不开的重要事件。早已失势的王室通过让渡统率"四国"的权限给霸主，得以保持其观念上的"本源"性地位。而正是这个所谓的"本源"地位，给当时的国际秩序赋予了正当性。围绕着霸主的各个与盟诸侯也相互认同王室的权威，为日后的多国会盟做好了铺垫。

献捷和策命（册命）都是西周时期君王和臣下之间所举行的仪式。践土策命想必也不会跳出这一传统礼制结构的框架。关于西周金文史料中的献捷和册命早有丰富的研究成果，我们下面就在这些成果的基础上，探讨践土策命用以联系周王和晋侯的观念性纽带到底是何物。

首先来看献纳楚俘的含义。西周时期的金文史料中常有诸

侯或臣下受周王之命讨伐夷狄,并向周王献纳战中获得的馘首
(折首)、俘虏(执讯)的记载。松井嘉德分析西周王权的统治结构
过程中也提到了献捷仪式①,认为周王在其统治领域——"四方"
邦国之内构建了王命→献服→赐予这一循环,用以维系自先王继
承下来的秩序。即源自天命的"命"从周王处与军事力量一同传
往四方,作为回应,来自四方的献服也将集中到周王处,这些集中
到一处的财物又将以赐予的方式再度流出。周王朝的统治就是
在这种周王与四方邦国的循环关系中起作用的。按照松井的说
法,打完仗后举行的献捷仪式其实就是王命与献服这一流程的具
体表现形式之一,是非常重要且具有实际意义的行为。

然而到了春秋时期,献捷仪式的含义发生了很大变化,再也
不是周王与臣下之间举行,而是面向各国相互关系,甚至是各国
宗庙自发举行的仪式。② 斋藤道子分析了春秋时期的时间观念,
指出春秋时期随着周王权威的衰微,各国逐渐从王朝的统治下独
立出去,纷纷形成了以本国为中心的时间观念。③ 所谓的"中心
分散"现象在春秋时期也正如斋藤所说的那样不断发展。对于这
种献捷仪式的分散,《左传》表现出反对的态度。本书第一、二章
曾引述过的《左传·庄公三十一年》记载云:

> 夏六月,齐侯来献戎捷,非礼也。凡诸侯有四夷之功,则
> 献于王,王以警于夷。中国则否,诸侯不相遗俘。

---

① 松井嘉德《周の領域とその支配》,载《周代国制の研究》,汲古書院,2002 年。
② 关于春秋时期诸侯国的献捷仪式,参见杨希枚《先秦诸侯受降、献捷、遣俘制度考》,
  载《"中央研究院"历史语言研究所集刊》第 27 本,1956 年。
③ 斎藤道子《春秋時代の支配権と時間》,《東海大学紀要文學部》第 66 号,1996 年。

这段话反对了诸侯不向周王献纳对四夷的战果,反而相互送俘虏的行为。《左传》这段评论的出发点是西周以来对王朝的献捷仪式及春秋时期的"中国"定义①,针对的是与周室亲近,且与反复无常的"四夷"相对的"兄弟甥舅"诸侯。春秋时期的诸侯的确如《左传》所说,不管是不是"兄弟甥舅",诸侯之间均自行互相赠送俘虏。②

文公献纳楚国俘虏正是在这种献捷仪式分散化、周王丧失了军事命令权地位的背景之下有意为之的。这场向周王献捷的仪式是做给那些已经不受周王权力约束的诸侯看的。自此之后,晋国时不时都会举行向周室献捷的仪式,史料中我们能找到献狄人、齐国、楚国俘虏的记录。③

接下来我们来看策命仪式。策命仪式中赏赐的各种物品,即"大辂之服、戎辂之服、彤弓一、彤矢百、玈弓矢千、秬鬯一卣、虎贲三百人"也是西周以来周王权威的象征。文公之前的晋侯至少曾经两次获得周王同样的赏赐。一是西周后期晋侯苏钟铭文中记载的"驹四匹""旧卣一卣、弓矢百、马四匹"。这是晋侯苏奉周厉

---

① 对"中国"的解释参见本书第　章第二节。
② 诸侯间互赠俘虏在《左传》中常有记载,例如郑国向齐国献纳北戎馘首(桓公六年)、齐国向鲁国献纳卫国俘虏(庄公六年)、齐国向鲁国献纳戎捷(庄公三十一年)、楚国向鲁国献纳宋捷(僖公二十一年)等。非严格定义上的献纳还有晋国向秦国赠已成"媵"的虞公(僖公五年)、楚子向郑国的子女出示俘馘(僖公二十二年)等。这些都是诸侯间自行赠送俘虏的事例。
③ 晋国持续举行献捷仪式的例子有宣公十五年"晋侯赏桓子狄臣千室,……晋侯使赵同献狄俘于周,不敬";宣公十六年"春,晋士会帅师灭赤狄甲氏及留吁、铎辰。三月,献狄俘";成公二年"晋侯使巩朔献齐捷于周";成公十六年"晋侯使郤至献楚捷于周"。

王之命从军参与伐"夙夷",立下军功后获赐的奖品。① 另一个是《书经·文侯之命》中所载的"秬鬯一卣、彤弓一、彤矢百、卢弓一、卢矢百、马四匹",这是晋文侯因帮助周平王东迁有功而获的赏赐②。窃以为,这些物品均象征着王室对"四方"的军事权③。

关于册命金文的格式和分类早有很多研究成果了④,当中小南一郎从正面探讨了与仪式的本质相关的受"命"和承"德"。⑤即小南认为周王任命或承认臣下某项职能的"册命"仪式,其本质是在现在的周王和臣下之间重现并继承以前的周王和臣下之间所缔结的关联,从中透露出的观念与其说是扩展延伸,更像是继承观念,也就是祖型和重复的逻辑。不仅如此,小南还指出,本属于周王权所有的军事权和祭祀权分别是"四方"统治者性质和"天命"继承者性质的象征,然而到了西周中期之后只剩下了作为"天命"源头性质的权威,军事权则逐渐旁落。

践土策命就是在王权的执行力旁落的趋势中,身为受命一方的晋侯主动要求,为重现周先王与晋先君所缔结的君臣关系而举

---

① 晋侯苏钟铭文:"王隹反,归在成周公族整颖宫。六月初吉戊寅旦,王各大室,即立。王呼善夫曰:'召晋侯苏。'入门,立中廷。王亲易驹四匹。稣拜旺首,受驹以出,反入,拜旺首。丁亥旦,王御于邑伐宫。庚寅旦,王各大室,欲工扬父入右晋侯稣。王窥齌晋侯稣旧鬯一卣、弓矢百、马四匹。"

②《书经·文侯之命》:"王曰:'父义和,其归视尔师,宁尔邦。用赍尔秬鬯一卣、彤弓一、彤矢百、卢弓一、卢矢百、马四匹。'"

③ 丰田久《西周王朝と彤弓考:'四方の甸有'者(王)の性格について》(《東方学》第80辑,1990年)考证了彤弓矢。按《左传·昭公十五年》记载,周王在践土还赏赐了"鍼钺"。又,虢季子白盘铭(《集成》10173,西周后期/《铭文选》440,周宣王/《通释》192)载虢季子白征讨严允,"经维四方",获赐马匹、弓矢和周王"用钺",命辞云:"用征蛮方。"

④ 武者章《西周册命金文分类の試み》,松丸道雄编《西周青銅器とその国家》,東京大学出版会,1980年;吉本道雅《西周册命金文考》,《史林》第74卷第5号,1991年。

⑤ 小南一郎《天命と德》,《東方学報》第64册,1992年;同《古代中国:天命と青銅器》第四章,京都大学学術出版会,2006年。

行的。从策命的赏赐品与往日几无差别可知，这场仪式肯定是按照周室传统秩序结构而设计实施的。

综上所述，晋侯在践土献纳楚俘和周王在践土策命晋侯为侯伯，都建立在西周以来以周王为核心的礼制结构的基础上。正如策命的命辞所示，晋侯应当服从于周王的"王命"，周王则赋予晋侯镇守"四国"全境的权力，这些都在仪式中得以承认。策命后，晋国在同盟里颁布了"皆奖王室"的盟辞，又时不时邀请周公、召公等王室代表参与多国会盟，在其见证之下修改同盟关系。就这样，晋侯成功地将城濮之战时的本国与其他诸侯的关系替换成了"王命"背景下王与诸侯的恒常性君臣关系。①

可是，我们不能凭周王与晋侯的这层关系就轻易断定晋国霸主体制是周王朝统治秩序的回归。正如两者缔结策命关系的地点是晋侯所建的践土"王宫"而非周王朝的"中国"成周所示，春秋时期的晋侯与很多国家、群体都缔结了各种关系，这些关系无法只靠王朝秩序观念来解释。相反地，我们倒是能够从中窥探出一系列历史现象的进展。

第四节　晋文公故事的背景(1)——晋国与戎狄、诸侯的关系

晋国一直和"戎""狄"有联系。例如《左传·昭公十五年》就记载晋国始祖唐叔在受封建之际获赐"密须之鼓与其大路"及"阙

---

① 近年台湾地区公开的子犯和钟铭文(《近出》10～25，春秋后期)记载，晋文公回国、对楚战争的胜利、稳定王位等一系列事件都有狐偃子犯的功劳。当中数落楚国罪行时，说的是楚国不听"王命"。参见张光远《故宫新藏春秋晋文称霸"子犯和钟"初释》，《故宫文物月刊》第13卷第1期，1995年；同《春秋中期晋国子犯龢钟的新证、测音与校释》，《故宫文物月刊》第18卷第2期，2000年。

巩之甲",并居"参虚"之地"匡有戎狄"。这些器物表明唐叔被赋予了能够征发乃至征伐当地人的权力。① "定公四年"又载,唐叔获赐狄人"怀姓九宗"团体②,遂一边基于夏人的风俗开垦土地,另一边按照戎人统治的范围划定边界,即所谓的"启以夏政,疆以戎索"。③

以上是《左传》对唐叔封建的认识。进入春秋时期后,我们依然能够找到晋国使役"戎""狄"的事例。如晋献公与"大戎""小戎""骊戎"等诸戎联姻,晋惠公迁陆浑戎和姜戎到周近郊的河南地区(僖公二十二年),将之定义为"不侵不叛之臣"加以控制(襄公十四年)。晋文公称霸之后,晋国对"戎""狄"的统治并没有结束,在以后晋国的一系列军事行动里我们还能看到晋军里有"九州之戎""狄卒"的身影。

在第二、三章中我们提到,晋国在公元前594年灭掉赤狄潞氏后,继续不断地蚕食着狄人的疆土,但其统治狄人的方式并非立马解散狄人集团,而是先通过"略"这一军事巡行构建起与"众狄"的统属关系。④ 又,公元前569年晋悼公命魏绛与"诸戎"讲和(《左传·襄公四年》)。正如"和诸戎狄以正诸华。八年之中,九合诸侯"这句所示,与戎狄关系的稳定是晋国霸权的基础(《左传·襄公十一年》)。《左传》中还有晋国在会盟地使役戎狄(昭公十三年),将原本居住在河南阴地的诸戎重组为"九州之戎"并使之转为

---

① 《左传·昭公十五年》:"密须之鼓,与其大路,文所以大蒐也。阙巩之甲,武所以克商也。"可知唐叔在受封建之际获赐的器物象征着能够征发、征伐当地群体的权力。
② 王国维认为"怀姓九宗"的"怀"通"隗",狄人群体的意思。见王国维《鬼方昆夷獫狁考》,《观堂集林》卷十三,1923年。
③ 《左传·定公四年》所载的封建之事参考伊藤道治《西周封建制度の形態》,载《中国古代国家の支配構造:西周封建制度と金文》,中央公論社,1987年。
④ 关于晋国在征服赤狄后如何"略"狄土,参见本书第三章第四节。

定居民,从而吞并河南地区的记载。① 不仅如此,甚至还有晋国指使戎狄向王室施加军事压力的记载。公元前 533 年,周王室与晋国发生矛盾,晋国率领"阴戎"——河南诸戎攻打周室颍县(昭公九年),最后晋国在周室的抗议下归还了颍县的俘虏。从中我们可知,晋国与"戎"的统属关系和拥戴周室的国际秩序是并行不悖的。

我们再来看晋国与其他诸侯的关系。早在晋国称霸之前,晋献公就灭掉了很多姬姓诸侯国,改之为县邑。② 晋国建立霸主体制后,晋国的地位转为了同盟内诸侯的保护者,再也没有出现过吞并别国的事。可是,晋国在稳定国际纠纷时,经常会威胁"兄弟甥舅"诸国。晋文公回国后攻打卫、曹、郑国,将其君主剔出会盟,但后来又动员兄弟诸国,强迫他们在杞国筑城(襄公二十九年),更在调停纷争时"信蛮夷之诉,以绝兄弟之国"。可知,晋国虽然被周王封为"侯伯",获得了主导周系诸侯同盟的地位,但晋国有时却以之来压迫"兄弟"诸国。

第四章中我们讨论过,春秋时期的"兄弟甥舅"是以同姓诸侯为中心,回顾周初封建秩序的意识。彼时周王统治"四方"全境的军事权逐渐旁落,姬姓诸侯和周王又急需一个纽带来维系与自身联系紧密的国家,遂产生了这一意识。当中,周王通过让渡统率"四国"的权力给晋侯,使晋国构筑起了以本国为中心的同盟体制——夏盟。③ 正如前章所述,晋国主持的同盟内,即使是"兄弟甥舅"诸侯,假如拒绝出席会盟的话也会被武力制裁,例如郑国和

---

① 参见本书第二章第三、四节。
②《左传·闵公元年》:"晋侯作二军。公将上军,大子申生将下军,赵夙御戎,毕万为右,以灭耿,灭霍,灭魏。""襄公二十九年":"叔侯曰:'虞、虢、焦、滑、霍、扬、韩、魏,皆姬姓也,晋是以大。若非侵小,将何所取? 武、献以下,兼国多矣,谁得治之?'"
③ 参见本书第一章第三节。

齐国。这种做法就超出了"兄弟甥舅"这一来自于周室封建、诸侯间共享的特定意识范畴,不仅孕育出了统合"蛮夷""小国"的意识,还在与盟者和非与盟者之间划分了新的内外边界。

最后,我们来确认一下晋侯是如何处理周室和戎狄的关系的。值得注意的是,晋国在解决王室与诸戎的矛盾时,并非一味地讨伐戎狄,反而扮演了一个中间调停的角色。《左传·僖公十一年》载,周室与扬拒、泉皋、伊洛之戎发生矛盾,晋惠公并没有出兵诸戎,而是采取了"平"(调停)的方式。"成公元年"又载,晋国遣大夫瑕嘉"平""成"周室与茅戎的矛盾。彼时周刘康公想趁着茅戎放松警惕的空档出兵攻打之,周叔服进谏道:"背盟而欺大国,此必败。"当然,这些记载都是《左传》的事后诸葛亮式描述,但是这里面王室之人称晋国为"大国"倒是颇耐人寻味。在周室看来,晋国调停矛盾是"大国"逼迫盟内成员守规矩的意思。因此,晋国的姿态并非光靠"尊王攘夷"一词就能概括的。

况且晋国主持下的诸侯同盟关系也并不是百分百按照周王的意思发展。尽管周王可以向盟主晋侯提请求①,周室卿大夫也经常出席会盟,可是我们几乎找不到周王直接向诸侯发号施令的例子。② 在晋国的霸主体制下,周王向齐国、吴国赐"命"显然是

---

① 《左传·昭公三十二年》载周王向晋侯请求在成周筑城:"秋八月,王使富辛与石张如晋,请城成周。天子曰:'天降祸于周,俾我兄弟并有乱心,以为伯父忧。我一二亲昵甥舅不遑启处,于今十年。勤戍五年。余一人无日忘之,闵闵焉如农夫之望岁,惧以待时。伯父若肆大惠,复二文之业,弛周室之忧,徽文、武之福,以固盟主,宣昭令名,则余一人有大愿矣。'"

② 整个春秋时期,晋国约主导了九十次多国会盟(本书第四章表4),可是王室卿大夫与会的只有十六次(表4:56、59、91、96、97、98、99、106、107、147、148、155、156、157、158、164)。而其中只有召陵之会(定公四年,表4:157)是明确记载"刘文公合诸侯于召陵",即是周室人员召集的。然而,召陵之会是回应前一年蔡国请求晋国伐楚而召开的,显然实质的主持人还是晋国。

对晋国的不信任。① 组建晋盟名义上说是为了拥戴王室，但实际上晋国与王室的距离越来越远。

如上所述，春秋时期的晋侯一方面与周王室结成了观念上的策命关系，但另一方面又将戎狄纳入到自己的统治之下。在同盟内部，晋侯淡化了王室、姬姓诸侯等"兄弟甥舅"的核心地位，以"践土"为起点另外构建了新的国际秩序。那么，在晋国的这种霸主权力中，践土策命所象征的与周王所结下的观念性关系到底有何意义呢？

第五节　晋文公故事的背景(2)——齐宋楚秦与蛮夷戎狄

春秋时期，与当地的戎狄联系并非晋国特有的做法。齐国和宋国也曾染指淮河流域，统治东夷。例如齐桓公就曾进军淮河流域，威震东夷，试图掌控之②，后来更灭掉了山东地区诸如莱等东夷诸国，将之纳入本国版图。宋襄公也不断吞并东方小国，把邻子当供牺来用，"欲以属东夷"③。即，齐国和宋国这两个在文公故事中帮助过公子重耳，在现实中也算是割据东方一处的大国，均试图统治东夷。

楚国则一边统治着南方的蛮夷，一边对北方"诸夏"国家虎视

---

① 《左传·襄公十四年》："王使刘定公赐齐侯命，曰：'昔伯舅大公右我先王，股肱周室，师保万民。世胙大师，以表东海。王室之不坏，繁伯舅是赖。今余命女环，兹率舅氏之典，纂乃祖考，无忝乃旧。敬之哉！无废朕命！'"《国语·吴语》："吴王亲对之曰：'天子有命，周室卑约，贡献莫入，上帝鬼神而不可以告。无姬姓之振也，徒遽来告。'"

② 《左传·僖公四年》："陈辕涛涂谓郑申侯曰：'师出于陈、郑之间，国必甚病。若出于东方，观兵于东夷，循海而归，其可也。'申侯曰：'善。'涛涂以告齐侯，许之。""僖公十六年"："十二月，会于淮，谋鄫，且东略也。城鄫，役人病。有夜登丘而呼曰：'齐有乱！'不果城而还。"

③ 《左传·僖公十九年》："夏，宋公使邾文公用鄫子于次睢之社，欲以属东夷。"

眈眈。① 楚国对江汉蛮夷的统治能追溯到春秋之前。《左传》用象征性的口吻记载熊绎、若敖、蚡冒开疆拓土是"筚路蓝缕，以启山林"（宣公十二年），又说"昔我先王熊绎，辟在荆山。筚路蓝缕，以处草莽，跋涉山林，以事天子"（昭公十二年）。② 这里所谓的"筚路蓝缕"，相较于晋国先君唐叔，显然不是通过周王下赐——转移权限来合法获得对当地团体的掌控权，而是楚国自己凭着实力一步一步地将江汉地区的山林薮泽纳入囊中。楚国统治"蛮夷"的例子有公元前 611 年楚庄王征服"群蛮"，缔结盟誓（文公十六年）、公元前 575 年鄢陵之战中，楚国军队内有"蛮军"（成公十六年）、吴楚争斗中，"蛮夷"更是两国争夺的对象（成公七年）。此后楚国还逐渐统治"东夷"和"三夷"。

至于秦国，无疑是西戎霸主。《史记·秦本纪》中记载了秦建国以来与周边的戎人不断斗争的历史。相较起《秦本纪》，《左传》对秦戎关系的记载很少，不过"文公三年"还是有"遂霸西戎，用孟明也"的描写。③

综上所述，在《左传》中，晋、齐、宋、楚、秦国都是各自在东南西北方君临当地蛮夷戎狄的国家。尤其是晋国，不仅维持了王朝秩序下的阶层排序和各国间同盟体制，镇压了诸侯国相互的纷争状态，还以本国为中心构建起了针对戎狄团体的统属关系。这不单意味着晋国以一介周室诸侯的身份掌控了戎狄，还意味着晋国

---

① 《左传·襄公十三年》："秋，楚共王卒。子囊谋谥。大夫曰：'君有命矣。'子囊曰：'君命以"共"，若之何毁之？赫赫楚国，而君临之，抚有蛮夷，奄征南海，以属诸夏，而知其过，可不谓共乎？请谥之"共"。'大夫从之。"
② 关于"筚路蓝缕"的解释，见谷口满《楚都丹阳探索：古代楚国成立试论》，《東北大学東洋史論集》第一辑，1984 年。
③ 《左传·文公三年》："秦伯伐晋，济河焚舟，取王官及郊。晋人不出。遂自茅津济，封殽尸而还。遂霸西戎，用孟明也。"

在统治周边蛮夷戎狄的基础上，建立起自身对王朝甚至诸国的优势。总之，春秋时期的齐、宋、楚、秦、晋国在东南西北方的边疆地区，处于君临于"蛮""夏"双方之上的地位。①

君临蛮夏的各国于四方边疆地区相互对峙。在如此背景之下，我们可推知周王承认晋侯"侯伯"地位所蕴含的意义。晋国不仅是一个能够和齐、宋、楚、秦等国比肩的大国，还是囊括了中央的周室及姬姓诸国的国家。在这种情况之下，晋侯接受周王策命，持续地拥戴周王室，意味着晋国对内获得了统率与自身实力相当的其他诸侯国的正当性，对外还能以"兄弟甥舅"盟主的身份取得名义上的优势地位。

春秋时期的晋侯，以晋国国君的身份统治了周边戎狄，又以姬姓诸侯一员的身份建立了囊括小国和蛮夷诸国的同盟体制，打着拥戴周王的旗号与齐、楚、秦等位于四方的大国对峙。晋国的权力并非单方面地由中心向周边辐射，而是通过掌控周边和获得中央承认才获得了脱颖而出的地位。

晋文公流离各国的故事描绘了这么一幅画面——从晋国逃往狄地的公子重耳，遭到了身为"兄弟"的卫国、曹国、郑国的冷遇，反而获得了君临东方"东夷"、南方"蛮夷"、西方"西戎"的各个大国（齐国、宋国、楚国、秦国）的帮助，从而得以复国，建立起针对"兄弟"诸国的霸权。故事中，晋文公被描写成一个权力形象，他不断地穿梭在晋国与戎狄团体、"兄弟"诸国与四方大国这些层累差异之间，最终构建起新的"四方"秩序。文公故事之所以要浓墨重彩地描写重耳与戎狄的亲缘关系和他在逃亡过程中受到齐、宋、楚、秦国的帮助，是为了把他定位成一个跨越边界，获得边境

---

① "蛮夏"一词见于宋出秦公钟、秦公簋、秦公大墓残磬铭文。详见本书第七章。

势力支持的人。而这就是《左传》对霸主的认识。

结　语

践土策命通过晋侯向周王献纳俘虏,周王策命并赏赐晋侯这一模式,象征着周王授予晋侯镇"四方"的权力。可是晋侯表面上维持着尊王室为顶点的观念性结构,现实中却不断加深对戎狄的统治,有时候甚至威胁到王室。此外,晋国还淡化了姬姓诸侯("兄弟")之间的纽带,构建起以本国为中心的国际会盟体系,与齐、楚、秦等四方大国相对峙。从晋国的角度出发,国内同时存在着划分本国与戎狄、本国与周室及其他姬姓诸侯、同盟内诸侯与四方大国的多重边界。文公流离各国的故事就是将文公重耳定位为跨越多重边界,与狄人、"兄弟"诸侯(卫、曹、郑)、四方大国(齐、宋、楚、秦)都打过交道的人物。

春秋时期,周王朝丧失了作为统治四方的中心的地位,取而代之的是边疆地区的大国表面上拥戴周室,实质上结成新型同盟关系。所谓的践土策命,本质上是已经失去了统治"四方"实力和权力的周王在君临蛮夷戎狄的四方大国当中挑选出了君临北方戎狄的晋国,然后拜托其保护王朝而已。换言之,这是某种合作性质的关系。在这之后,晋国不再吞并姬姓诸国,王朝也承认晋国组建同盟的正当性。而所谓的霸主体制,就是晋国掌控了边疆地区的戎狄,吞并了姬姓诸国,实力大增之后,以与周室达成合作共识为契机,组建并维持一定架构的同盟关系的现象。

本书第一章已论述,春秋史料的华夷意识至少可以分三层,即(1)划分诸侯国与周边蛮夷戎狄的意识、(2)诸侯国内部划分"兄弟甥舅"和"蛮夷""小国"的差别意识、(3)参与霸主多国会盟的"华夏""中国"诸侯与同盟外势力的对立意识。基于如此层累重叠性的边界意识,春秋时期的晋国第一步先统率了周边的蛮夷戎狄,然后组建了表面上排挤蛮夷戎狄的多国会盟,以与楚国、秦国对峙。文公流离各国的故事通过描写其血缘和逃亡时的事迹,不仅突出了"戎""狄"不得参与同盟的情况,还将文公描写成一个君临蛮夷戎狄,与边界外的群体紧密联系的形象。故事所透露的观念并不单纯是贬"夷狄"、颂"中华",还蕴含着通过描写跨越边界的人物,以解释新型统合秩序的形成的历史观。这是一个通过描绘"躬擐甲胄"历遍周边地区的英雄,来暗示新一代王权崛起的故事。

综上,文公故事蕴含着晋国如何组建"诸夏"同盟的历史认识,而作者将之融入文公称霸之前的人物描写情节之中。假设《左传》成书于公元前 4 世纪中叶,那么从公元前 632 年践土策命起算,到《左传》成书大概有 300 年的时间。这段时间刚好是尊周王为观念上的顶峰的晋国会盟秩序从形成到崩塌瓦解的时间。在这 300 年的时间里,文公故事不断为史官所传抄,逐渐成体系。因此我们读文公故事,应该将其理解成一种回顾春秋时期国际秩序的意识和希望建立一个超越"周"的新秩序的意识。

第六章　从禹迹到诸夏

序　言

"夏"是汉语文献所记载的第一个王朝,和之后的商、周合称"三代"。早在战国之前,夏朝便作为中国历史的起点频频被回顾。同时,"夏"也是"中华"的同义词。春秋、战国时期的文献中有"诸夏""华夏"等代指诸侯国统称的词语。即便到了秦汉时期,我们依然能够找到称"中国"地区为"夏"的记载。长期以来,"夏王朝"一直为世人所传说,可谓是"中华文明"本身的起源。

夏朝的创始人据说是大禹。在战国儒家文献《孟子》中,大禹受尧、舜之命治水,成功后被禅让天子之位。大禹还是整治大地的文化英雄,在《尚书·禹贡》等文献中可找到关于大禹划定"九州"的各种记载。在汉朝成文的成体系夏朝史——《史记·夏本纪》中,基于战国史料的大禹传说占了过半篇幅。就连现代中国有时候都会被称为"禹迹",可见大禹至今还活在中国人的记忆当中,被奉为中国世界的创始英雄。

不过,19 世纪后半叶之后,随着近代历史学在日本、中国逐渐发展,人们开始对关于夏朝和大禹的历史传承提出质疑。尤其是顾颉刚等疑古学派的文献批判揭示,绝大多数关于大禹和夏朝的传说是在西周至战国时期人为地创造出来的。① 总而言之,当时的主流观点认为起码《史记·夏本纪》所述的夏史并不能视为百分百可信的史实,就连大禹和夏朝是否真实存在也要打一个问号。

随着二里头文化的问世,这种情况发生了转变。1959 年,河南省偃师二里头遗址重见天日,随后对二里头及其周边的二里头文化的研究不断取得进展,似乎夏朝的存在逐渐有了现实背书。② 二里头文化分为一期到四期,处于河南龙山文化和二里岗文化(殷商前期)之间,遗迹中出土了青铜器和玉器等礼器及被认为是举办宫廷仪式所用的宫殿区,显然已经达到了足以称为"王朝"或"早期国家"的文明程度了。

目前我们已经可以肯定偃师二里头这片地区是早于殷商王朝的一个政治、宗教中心,而且二里头文化的分布范围与文献中

① 顾颉刚《讨论古史答刘胡二先生》,《顾颉刚古史论文集(一)》,中华书局,1988 年,始刊于 1923 年;《鲧禹的传说——夏史考第四章》,《顾颉刚古史论文集(二)》,中华书局,1988 年,始刊于 1939 年。日本学者对于夏朝和大禹传说的批判有白鸟库吉《〈尚書〉の高等批評——特に堯舜禹に就いて》,《白鳥庫吉全集》第八卷,岩波书店,1970 年;《中国古代史の批判》,收于同书。内藤湖南《中国上古史》,《内藤湖南全集》第十卷,筑摩书房,1969 年。出石诚彦《夏朝に関する史伝とその批判》,《中国神話伝説の研究》,中央公論社,1943 年。

② 《偃师二里头:1959~1978 年考古发掘报告》(中国大百科全书出版社,1999 年)是二里头遗址的发掘报告。关于二里头文化和夏朝的关系,已有邹衡等一批学者做过大量研究,略其主要成果如下:浅原达郎《夏文化探索の道》,《古史春秋》第 1 号,1984 年;谷口满《出土资料が語る:先秦、秦漢》,载熊本崇编《中国史概说》,白帝社,1998 年;冈村秀典《夏王朝:王権誕生の考古学》,講談社,2003 年;增订后改名《夏王朝:中国文明の原像》,講談社学術文庫,2007 年;宫本一夫《神話から歴史へ:神話時代・夏王朝》,講談社,2005 年;中国社会科学院考古研究所《中国考古学:夏商卷》,中国社会科学出版社,2003 年。

　　另外,2006 年秋天,东北学院大学举办了"謎の夏王朝"学术论坛,谷口满、佐川正敏任司仪,王巍、饭岛武次、冈村秀典、宫本一夫、平势隆郎等学者与会,讨论内容收于《東北学院大学論集:歴史と文化》第 41 号(2006 年)中。本章前半部分内容就是笔者根据当时写作的导读增补改订之后而成的。

夏朝的故地有相似之处。从而在现在中国国内,几乎没有人怀疑二里头文化就是传说中的夏朝。再加上夏商周断代工程从官方角度把夏朝的年代定为公元前 2070～前 1600 年,更是让其在中国历史上占了一席之地。①

综上,20 世纪后半叶以来,中国国内对夏朝的考古学探索不断取得进展,目前夏朝的存在几成定论。的确,文献上符合二里头文化特征的王朝就只有夏朝,只不过二里头文化的出土文物中能够正面证明它是"夏朝"遗物的证据——类似殷墟甲骨文那样的文字材料——目前还没找到。

在讨论"夏朝"和"大禹"时,所讨论的不仅仅是二者是否在历史上真实存在过,也要考虑到二者更是为后世所"传颂"的人(事)。这也是为什么我们在客观分析考古学材料的同时,还要从文献学角度考证汉语文献中层累堆积的传说和故事。特别是春秋战国时期,有多个包含"夏"字的词语诞生、积累,例如泛指多个诸侯国的"诸夏"。分析这些文字材料中有关"夏""禹"的记载,能帮助我们重新定位古代中国人的历史认识,更是理解"中华"观念形成过程的必须工序。

关于大禹传说,顾颉刚的研究可谓首开先河。除此之外,小南一郎也做了详细的分析。② 至于夏朝的传说,冈村秀典和宫本一夫综合了最新的考古学和以往的文献学研究,得出了优秀的成果。③

---

① 夏商周断代工程专家组《夏商周断代工程 1996～2000 年阶段成果报告(简本)》,世界图书出版公司,2000 年,第 74～82 页。

② 小南一郎《大地の神話:鯀禹伝説原始》,《古史春秋》第 2 号,朋友书店,1985 年;又《古代中国:天命と青銅器》第一章,京都大学学術出版会,2006 年。

③ 冈村秀典(2003、2007 年)、宫本一夫(2005 年)。特别是冈村秀典(2007 年)的第一、二章,网罗了有关夏朝和大禹传说的各种文献记载,从文献史学角度来看也是很重要的研究成果。

吉本道雅根据先秦文献的编年,论述了以春秋时期宋国为中心的"夏史"构建和"中华"的形成过程。① 另一方面,平势隆郎、高津纯也从战国王权的正统论角度出发探讨含"夏"字的词语,提出了独特的见解。② 上述诸位先生的观点中,相同的是均认为有关夏朝和大禹的传说多是在战国时期人为创造的,但细节部分多有龃龉。尤其是在讨论作为"中华"代名词的"夏"与夏朝的关系时,不详之处颇多。

因此本章打算先梳理一下西周至春秋战国时期的金文、文献材料中的夏朝及大禹传说,归纳其层累及演变的过程。在此基础上,以"禹迹"这一特征鲜明的词语为例,阐明其实际上的原意是指宗周丰邑,后来逐渐引申至指代全体东方诸侯国的都城。并进一步从"夏"不指夏朝,而是指周王朝的都城或文化的例子中归纳出"禹迹"同样地存在引申过程的结论,从而探讨以大禹为起点的"诸夏"观念之形成。

第一节　夏朝传说

1. 夏朝记忆

最晚在西周后期之前,商朝之前有一个叫"夏"的王朝这一历史认识已经存在。收录了西周时期诗歌的《诗经·大雅·荡》有

---

① 吉本道雅《夏殷史と諸夏》(《中国古代史論叢》第三辑,2006 年)从文献学角度讨论了夏朝和大禹传说的演变过程,指出将夏朝和大禹联系起来的历史观始见于《诗经·商颂》诸篇,"诸夏"观念则出现于春秋中后期秦公诸器铭文中。
② 高津纯也《"夏"字の"中華"の用法について:"華夷思想"の原初的形態に関する序論》,载《論集:中国古代の文字と文化》,汲古書院,1999 年;平势隆郎《〈春秋〉と〈左伝〉》,中央公論社,2003 年;又《都市国家から中華へ》,講談社,2005 年。

云："殷鉴不远,在夏后之世。"《尚书·召诰》提到"先民有夏"失去
了其曾经拥有的天命,回顾了夏商周三代王朝更替,云："我不可
不监于有夏,亦不可不监于有殷。"这都表明西周时期的周人认为
商朝之前存在一个叫"夏"或"夏后"的政权。

收录了春秋后期人孔子及其门人言行的《论语》提到了夏商
周三代礼乐的差异及春秋时期的杞国是夏朝后裔(《为政》《八
佾》)。春秋后期齐大夫所铸的叔夷镈、叔夷钟铭文[①]记载了作器
者叔夷的祖先的事迹:

> 尸(夷)典其先旧及其高且(祖):虩虩成唐(汤),又(有)
> 敢(严)才(在)帝所,专(敷)受天命,删伐夏司(后),败厥灵
> 师。伊小臣佳辅,咸有九州,处禹之堵。

铭文谓商汤伐"夏后(夏王)",攻下"九州"全境,定居在"禹之堵"。
"九州"和"禹之堵"的关系我们后文再述,根据上述的记载我们可
以知道的是,商朝之前存在一个夏朝的认识在春秋后期之前已广
为流传,成为诸侯国的共同历史认识,而且当时还存在自称为夏
朝后裔的国家,其传说也为他国所承认。

2. 层累而成的夏朝传说——《左传》《国语》中的夏朝故事

收有春秋时期历史故事的《左传》和《国语》不仅保留了夏朝
存在这一记忆,还保留了不少关于夏朝的具体传说。

---

① 叔夷镈、叔夷钟铭文见《集成》272~285,春秋后期(齐灵公)/《铭文选》847、848,春
秋齐灵公/《通释》38。

这两份文献断断续续地记载了启、相、少康、孔甲、皋、桀等几名夏王的故事。《左传》中，我们能够找到夏后相之时羿窃国，后来为少康所败，物归原主（襄公四年、哀公元年）；夏代有豢龙氏、御龙氏等世代养龙的家族（襄公二十九年）；九鼎铸于夏代，夏桀失天下后为商周所继承（宣公三年）等故事，此外夏桀还另外在别的故事中出场了几次（昭公四年、昭公十一年）。

不仅如此，《左传》还有诸如"夏后皋之墓"（僖公三十二年）、"大夏"（昭公元年）、"夏虚"、"夏后氏之璜"（定公四年）等与"夏"有关的人名、地名、朝代名。又说其他古典文献中也时不时引用"夏书"，里面提及了化用自"夏王朝"的地名和器物。至于夏的位置，《左传》说位于今天山西省南部的晋国被封于"夏虚"（定公四年），其他章节也有"斟寻""斟灌"等夏的城市名（哀公元年），而这些城市就位于河南地区。再者，《左传》中还有视杞国是夏朝后裔（襄公二十九年）、薛国是"夏之车正"（定公元年）的认识。

再来看《国语》。在《孟子》《史记》中被认为是大禹之子，也是夏朝第二代君主的启出现在《国语·楚语上》之中，与尧、舜、汤、文等其他王朝的开国君主并列。此外，《国语》出现了孔甲（周语下）、桀（晋语一）等夏王之名，记载了夏朝末期神龙现世（郑语）、伊洛两河枯竭，夏朝灭亡（周语下）等故事。不过，《左传》和《国语》中关于夏王的信息都不完整。虽然我们从记载中能知道夏后相和少康之间是继承关系，也知道夏桀是最后的夏王，可是夏朝整体的君王世系并没有记载。①

---

① 小南一郎（朋友书店，1985 年）指出夏史的开端和终结是明确的"烟枪王朝"，中间部分的"史实"是后世逐渐添加上去的。译者注：此处取烟枪前后为"实"但中"空"之意。

推测战国中期之前，人们将春秋时期诸侯国内保留着的夏朝传说加以整理，笔之于书，成了我们今天所看到的记载。当中比较引人注目的是提到了晋（今山西省翼城县附近）、斟寻（今河南省巩义市西南）及伊河、洛河等地都和夏朝有所关联。二里头文化遗迹刚好分布于河南省伊河、洛河流域至山西省南部一带①，考虑到夏朝传说也集中在这片地区，或许曾经繁盛一时的二里头文化真的影响了人们对夏朝的记忆也说不定。

然而，《左传》中说是"夏虚"的晋国都城明显和偃师二里头遗址的都城不同，带有一些人为捏造的色彩。或许是春秋时期的晋国及其继承国的统治阶层为了宣传本国是夏朝旧地（夏虚）的历史意识所致。本书第四章已述，晋国是"诸夏"同盟体制——夏盟的主导国，这应该也是晋国将本国领土说成是夏朝旧地的其中一个动机。关于这一点我们将在后文论述。

3. 夏史的构建及其使用——《竹书纪年》的历史观

战国时期魏国的编年史《竹书纪年》（古本）完整记载了大禹至夏桀的历史。尽管原书已经失传，但我们可以通过其他文献所引用的片段得知其体裁属于编年体，记载了五帝、夏、商、周、春秋晋国、战国魏国的历史。②《竹书纪年》的夏史构建以夏王纪年为单位，按时间线编排，从中我们可以归纳出人们对夏朝在五帝之

---

① 二里头文化的分布范围见中国社会科学院考古研究所（2003 年，第二章第三节）、冈村秀典（2003 年、2007 年，第六章）。

② 关于古本《竹书纪年》，藤田胜久《〈史记〉三家注の〈竹書紀年〉佚文》（《史記戰国史料の研究》，東京大学出版会，1997 年）从《史记》三家注中引用的佚文出发讨论了《竹书纪年》的性质，认为这是基于战国魏国所获得的春秋晋国编年材料所写成的史书。小泽贤二《書き改められる中国古代史》（《本》，1993 年 2 月号）勾画了周室资料被篡夺、继承的过程，即西周之前的王室编年史→晋国的《乘》→魏国的《竹书纪年》。

后的历史定位。

《竹书纪年》还记载了历代夏王的都城——阳城、斟寻、斟灌、商丘、原、老丘、西河等地,因为后世的地名演变关系,都城的确切位置目前难以断定,但大致上分布在今天山西南部至河南、山东一带。[①] 当中,老丘(今河南省开封市东南)离战国魏国的大梁很近,西河也在魏国的领地内,或许魏国境内还有几个夏都也说不定。

由此可见,《竹书纪年》构建了夏朝的历史之后,将自身王权(魏)置于其历史进展过程中,还把几个夏都设定为在本国境内。魏国一开始定都于今山西省南部的安邑(禹都),自称晋国的继承者。战国时期中期——约公元前4世纪中叶时,魏君还曾经自称"夏王",试图取代周王(详见后文),想来魏国有可能自认为是夏朝正统继承人。综上,窃以为《竹书纪年》的夏史是魏国将自身定位成夏朝和晋国的继承人,并在此认识之下积极地收集散落于各地的夏朝故事、传说,将之混入本国领土和编年史中逐渐创造出来的。

4. 讲述夏史有何意义

晋国和魏国都说夏朝旧地在本国境内,都自认为是夏朝的继承人。这到底意味着什么呢? 平势隆郎认为战国时期的国君自

[①] 关于夏都的地理位置,有诸方家做过考证,如丁山《由三代都邑论其民族文化》,《国立中央研究院历史语言研究所集刊》第5期第1分册,1935年,后收入郑杰祥编《夏文化论集(上)》,文物出版社,2002年;邹衡《夏文化分布区域内有关夏人传说的地望考》,《夏商周考古学论文集》,文物出版社,1980年;浅原达郎(1984年);张立东《夏都与夏文化》,中国先秦史学会、洛阳市第二文物工作队编《夏文化研究论集》,中华书局,1996年。冈村秀典(2003、2007年)根据丁山的研究成果,在地图上标记出了《竹书纪年》所载的夏都,论述了其人为捏造的特性。

称为"夏",是在主张本国乃唯一正统王权,视本国领域为"特别地域",贬他国为"夷狄",是争夺正统的手段。①

祭出比周王朝更古老的夏王朝以彰显本国文化传统源远流长,某种意义上的确意味着向他国昭示自己的权威。况且,强调夏商周改朝换代历史的言论也在暗示周王朝并非万世不易,一旦失去了天命和德,周王就应该让出天子之位。窃以为,诸侯国之所以要搬出夏朝的故事,其中一个目的似乎是要从历史角度淡化周室的权威。

但是,即便某个国家自称是夏朝的继承者,假如得不到他国承认的话,这种做法最终也只能沦为自欺。此外,单纯地视夏朝为一个古老王朝,自称是其后裔并不会对其他国家有任何影响力,就像春秋时期的杞国,照样被其他国家欺负。那么,在春秋战国时期的国际社会上,自称为"夏"的行为到底有何积极含义呢?要回答这个问题,我们先要知道大禹——他被认为是夏朝开国君主——的各种传说,以及"夏"作为"中华"的另一层面——而非限定为某个王朝名——的含义。因此,下一节我们将从不同角度梳理大禹传说,并在此基础上讨论西周、春秋时期的王朝和诸侯所拥有的"禹迹"观念。

第二节 大禹创造的世界

1. 文化英雄大禹

在《史记·夏本纪》和《竹书纪年》中,夏朝的第一任君王是传

---

① 高津纯也(1999 年)、平势隆郎(2005 年,第三章)。

248

说中的英雄大禹。不过,大禹并非一开始就被定性为夏朝的开国君主。从大禹的各种原始传说中,我们找不到他有任何反映身为夏朝初代君王的姿态,反而能找到他作为开拓大地的神话英雄的姿态。

学术界很早就有关于大禹传说的研究了,尤其值得一提的是顾颉刚所做的一连串对夏朝、大禹传说的批判工作。[1] 顾颉刚详细考证了每一条大禹传说,揭示出大禹传说并非历史事实,而是在西周至战国时期被逐渐构建起来的,具层累性。换言之,大禹本来和尧、舜无任何关系,在西周中期,他还是被尊为上天派遣下凡整治大地的神灵。可是到了春秋时期,大禹变成了致力于农桑的人类圣王。战国时期前,大禹与夏朝传说结合,成为夏朝开国君王。战国中期,尧舜禅让传说流行开来,与大禹传说融合,大禹变成了接受舜禅让的天子,位列于历代先王世系中。

小南一郎在近年发表的研究揭示了大禹作为文化英雄的各方面。[2] 大禹本是受上天派遣下凡踏足大地全境,为地面带来丰腴土壤(息壤)的洪水神,其容貌和父亲鲧一样是水生动物的样子。类似大禹在洪水之中生下九片土地的传说分布于太平洋地区各地,属于原始海洋生陆地的神话类型。

正如顾颉刚和小南一郎所述,关于大禹,最早只是说他是开拓大地的神话英雄,随着时间推移,大禹逐渐变成了夏朝的开国君主。本节将着眼于与大禹相关的原始传说,将之分类梳理,追踪其历史演变。

---

① 顾颉刚(1923、1939 年)。
② 小南一郎(朋友書店,1985 年)。

2. 从大地开拓者到文明开创者

如小南一郎所论述般,西周时期的周人将自己所生活的这片大地视为大禹所开拓的。《诗经》的《小雅·信南山》和《大雅·韩奕》中均有说周的终南山和韩侯封地梁山(今山西省西部)是"禹甸"(大禹所"甸"的土地)的句子:

> 信彼南山,维禹甸之。
>
> 畇畇原隰,曾孙田之。
>
> 我疆我理,南东其亩。
>
> ——《小雅·信南山》

> 奕奕梁山,维禹甸之。
>
> 有倬其道,韩侯受命。
>
> 王亲命之:缵戎祖考,
>
> 无废朕命。夙夜匪解,
>
> 虔共尔位,朕命不易。
>
> 榦不庭方,以佐戎辟。
>
> ——《大雅·韩奕》

上述两首诗歌认为周国境内的终南山和韩侯封地内的梁山是"禹甸之"的,在山麓从事农桑之人都是大禹的"曾孙"。这表明周朝的人们认为自己所生活的这片大地,以及生活在这片大地上的自己都是由大禹所生的。而最近发现的,推测铸于西周中后期的豳公盨铭文更是说上天派遣大禹整治大地上的山岳和河川,划分地区,于是大禹便在大地上生出了人民,创造出了君王与臣下

的国家结构：①

> 天命禹敷土，随山浚川，乃畴坠设征，降民监德，乃自作
> 配，乡（向）民成父母，生我王、作臣。

这段话将把大禹定性为世界创造者和文明的创始人，假如铭文真的是在西周时期刻上去的话，那么大禹是大地创造者的传说便能够追溯到西周，周人尊大禹将再次得到证明。

有趣的是，不管是《诗经》还是豳公盨铭文都没有把大禹和夏朝、尧舜联系到一起。《诗经》中，大禹是治理山岳的神灵，豳公盨铭文更是直接说大禹就是上天派下来的。这表明在西周时期的周人眼中，大禹是一个开拓大地的神话英雄。

到了春秋时期，大禹开拓大地的记忆已经在诸侯国之间广为人知了。春秋中期鲁国人所作的诗歌《鲁颂·閟宫》说周人的神话始祖后稷"奄有下国"，教民耕稼，"奄有下土，缵禹之绪"。② 即大禹被视为先于后稷的农耕文明开创者。

同样作于春秋时期的宋国诗歌《商颂·长发》谓"洪水茫茫，禹敷下土方"，将大禹和洪水神话联系起来，但依然提到了"下土

---

① 豳公盨收藏于北京保利美术博物馆，近年对其铭文的研究有李学勤《论豳公盨及其重要意义》、裘锡圭《豳公盨铭文考释》、朱凤瀚《豳公盨铭初释》、李零《论豳公盨发现的意义》。这四篇文章均载于《中国历史文物》，2002 年第 6 期。日本学者的论述有冈村秀典（2007 年，第 40～42 页）、小南一郎（2006 年，第 17～20 页）。此外，前引的《東北学院大学論集：歴史と地理》（第 41 号，2006 年，第 49～55 页）也载有冈村等人对豳公盨的一些看法。上述诸位均赞同豳公盨的器型为西周中期，但竹内康浩则从器型和铭文内容角度出发，质疑其是现代人的伪作。见竹内康浩《豳公盨の資料的問題》，《史学雑誌》第 115 編第 1 号，2006 年。
② 《鲁颂·閟宫》第一章记载后稷的功绩，云："降之百福，黍稷重穋，稙稺菽麦。奄有下国，俾民稼穑。有稷有黍，有稻有秬。奄有下土，缵禹之绪。"这首诗一般认为是在歌颂鲁僖公的功业，从中我们能够窥探出春秋前期鲁国的始祖传说。

方"，即整治大地这个话题。此外，《论语·宪问》中也说"禹、稷躬稼而有天下"，这和《鲁颂·閟宫》是同样的认识。《左传·昭公元年》载周刘定公之语，云："美哉禹功，明德远矣！微禹，吾其鱼乎！吾与子弁冕端委，以治民临诸侯，禹之力也。"人类之所以能够在大地上繁衍生息、建立衣冠服饰制度和君臣秩序，都是大禹的功劳。

3. "九州"规划

大禹所治理的大地——"下土""下国"后来为"九州"概念所覆盖。上文所引的叔夷镈铭文中称夏商王朝的领地为"九州"，并将之与大禹联系起来。春秋时期作于宋国的《商颂·玄鸟》同样地说商汤领有"九有"（九州）："古帝命武汤，正域彼四方。方命厥后，奄有九有。"《左传·襄公四年》也有将大禹所治理的土地——"禹迹"——称为"九州"的记载："芒芒禹迹，画为九州。"

关于九州的具体名称，《左传》中记载了"冀州""荆州"等，可是并没有告诉我们这九个州的详情。直到搜罗了战国时期言论的文献出现后，才终于找到关于九州整体结构的论述。《尚书·禹贡》是目前关于大禹"九州"的最详细记录，其云九州分为冀州、兖州、青州、徐州、扬州、荆州、豫州、梁州、雍州，即今天的黄河、长江流域几乎全境都在九州范围内，另外还规定了各州田地的等级、租税额、贡品、夷狄等。战国末期秦国相国吕不韦下令编纂的《吕氏春秋·有始览》中也有九州的划分，不过以幽州替代了梁州。《周礼·职方氏》和《尔雅·释地》各有九州的划分。

近年新发现的战国中期竹简材料——上博楚简《容成氏》中记载了与《尚书·禹贡》不同的大禹治水划九州传说。按照《容成氏》的记载，大禹规划的九州很有可能是以汉水为中心，包含了今天的河南、安徽、山东、河北、长江中下游、陕西等地。①
综上，我们可知战国时人创作了多个有关九州详情的传说。窃
以为这是因为先存在大禹将其所治理的世界分为九片区域的
认识，然后战国时期的思想家们才进一步将之加工，添上具体
的内容。

4. 大禹与夏朝的关系

如前所述，在西周时期的话语中，大禹和夏朝并没有什么明
确的联系，只是单纯的创造大地的神灵。那么，大禹是什么时候
开始被人们说成是夏朝的开国君主的呢？

前引的叔夷镈铭文提到了商汤"删伐夏后"，"咸有九州，处禹
之堵"的历史认识。也就是说商朝之前存在一个"夏后"王朝，商

---

① 马承源主编《上海博物馆藏战国楚竹书（二）》，上海古籍出版社，2002 年。《容成
氏》的主要内容是诉说先王事迹，当中穿插了大禹治九州水的故事。关于《容成氏》
的基本性质，参见浅野裕一《〈容成氏〉における禅讓と放伐》，载《竹簡が語る古代
中国思想：上博楚簡研究》，汲古書院，2005 年。至于九州的地名比定，负责上博楚
简释读的李零在图录正文中写了注释，除此之外还有多名学者做过研究，如陈伟
《竹书〈容成氏〉所见的九州》，《中国史研究》2003 年第 3 期；朱渊清《〈容成氏〉夹
州、涂州、叙州考》，《上博馆藏战国楚竹书研究续编》，上海古籍出版社，2004 年；晏
昌贵《上海博物馆藏战国楚竹书（二）中〈容成氏〉九州柬释》，《武汉大学学报（哲学
社会科学版）》第 57 卷第 4 期，2004 年；凡国栋《上博简〈容成氏〉地理问题专题研
究》，武汉大学硕士论文，2006 年。按照上述诸位的见解，简文所述的九州划分就
整体而言是以汉水为界，范围延伸至陕西、河南、河北、山东、长江中下游，其与传世
文献的对应关系如下：

　　夹州——兖州（黄河下游、济水之间）或冀州（黄河中游、下游以北）

　　涂州——徐州（山东～安徽省）

　　竞州——青州（山东省）

　　莒州——莒国一带（山东省东南部）

　　藋州——并州（河北省北部滹沱河、易水流域）

　　荆州——荆州（长江中游）

　　阳州——扬州（长江下游）

　　盧州——雍州（陕西省泾河、渭河流域）

　　叙州——豫州（河南省伊河、洛河流域）

汤将之推翻之后领有了"九州",并定都"禹之堵（都）"。这里虽然没有明确说出大禹和夏后氏的关系,但至少可以表明春秋后期存在着串联两者的思想。

传世文献中,《左传》和《国语》有认为大禹是夏朝或夏族始祖的记载。《左传·襄公四年》将"有夏"所统治的世界称为"禹迹";"哀公元年"也称少康中兴夏朝为恢复"禹之绩";"襄公二十九年"说《大夏》这首乐曲是"禹之德";"昭公六年"记载大禹之父鲧享受夏人的郊祀,且夏朝衰退,遂作"禹刑"。另一方面,《国语》的《周语下》和《鲁语上》都说大禹是有夏氏之祖,是祭祀的对象。不过,无论是《左传》还是《国语》,都没有明确说大禹是夏朝君主世系中的一员。

明确指出大禹是夏朝开国君主的文献是墨家文献《墨子》。墨家奉活动于公元前 5 世纪的墨翟为祖师。《墨子》里经常能找到诸如"三代禹、汤、文武"之类将夏禹、商汤、周文、周武作为王朝始祖并列的记载。① 在墨家的历史观中,大禹明显被定位成夏朝的开国君主。战国中期文献《孟子》提到了舜将天子之位禅让给大禹,大禹再让自己的儿子启世袭王位,从而明确了大禹和启的父子关系。

按照上述各个文献的记载,认为大禹是夏人始祖的历史认识,似乎是"大禹是大地开拓者"的传说与"商周之前还有个夏朝,九

---

① 《墨子》中并列尧舜禹汤文武的记载举例如下:

《天志上》《非命下》《鲁问》:"三代圣王,禹、汤、文武。"

《尚贤中》《天志中》《天志下》《明鬼下》:"三代圣王,尧、舜、禹、汤、文武。"

《法义》:"圣王,禹、汤、文、武。"

《尚贤下》:"尧、舜、禹、汤、文武之道。"

这些记载将大禹定位成尧舜的继承人,是和商汤、周文、周武并列的王朝开国君主。

州、禹之堵都是其领土"的认识融合后,在春秋末期前出现的。推测这一历史认识出现后直到战国中期的这段期间,儒家和墨家逐渐往里添上了"大禹是启之父""大禹是夏朝始祖"等历史观。于是,大禹就这样从原来的神话英雄,变成了开创王朝的理想中的人类圣王。

5. 尧舜禹禅让传说

说到大禹,除治水和开拓之外,他和尧、舜之间的禅让传说也为人所津津乐道。传世文献如《论语·尧曰》《墨子·尚贤上》①《孟子·孟章上》都称道了三人的禅让,以之为理想的王位继承方式。

战国中期的楚国竹简材料——郭店楚简中有一份叫《唐虞之道》的儒家文献,里面也透露了以尧舜禅让为理想的思想。② 另一方面,铸于公元前310年前后的战国中山青铜器铭文引燕国发生的禅让事件,认为禅让是破坏君臣秩序的行为,后继者应引以为戒。③

这表明春秋后期至战国中期的儒墨者之间流行着赞扬禅让王位给有德者的言论,但同一时间的诸侯国统治阶层对这种思想抱有危机感。当然,这一情况与周室权威衰退,诸侯国内叛乱造反蔚然成风的背景脱不开干系。

---

① 《墨子·尚贤上》:"故古者尧举舜于服泽之阳,授之政,天下平。禹举益于阴方之中,授之政,九州成。"《尚贤下》,"是故昔者舜耕于历山,陶于河濒,渔于雷泽,灰于常阳。尧得之服泽之阳,立为天子。使接天下之政,而治天下之民。"即《墨子》记载了尧—舜—禹—伯益之间的禅让(起用)传说,但没有正面记载舜禅让给禹。

② 郭店楚简是出土于湖北省荆门市郭店一号楚墓的一批竹简,据测下葬于公元前300年前后。关于《唐虞之道》的内容,可参见浅野裕一《〈唐虞之道〉の著作意図:禅譲と血縁相続をめぐって》,《大久保隆郎教授退官記念論集:漢意とは何か》,東方書店,2001年,后收入《古代思想史と郭店楚簡》,汲古書院,2005年。

③ 小南一郎《中山王陵三器銘とその時代背景》(林巳奈夫編《戦国時代出土文物の研究》,京都大学人文科学研究所,1985年)详细译注了中山王墓青铜器铭文,考证了战国中期禅让思想的盛行情况。

随着禅让思想的不断蔓延,大禹成了继尧、舜之后的新一任有德君王,但同时大禹在古圣王传说中的定位变得有点微妙了。正如《唐虞之道》所说,天子让位给有德者是最高的美德,然而大禹却把天子之位传给了自己的儿子启,这一行为不免有背德之嫌。这一点早在战国时期就已经被注意到了,《孟子·万章上》中就记载孟子的弟子万章直接提问大禹相较于尧舜二人,是否在德的方面有所衰退。孟子认为"不然",强辩道因为当时天下人心归于启,所以大禹并不是任性地传位给自己的儿子,而是遵照了"天"的意思。窃以为,尧舜禅让传说和禹启开创夏朝传说本来就是两个不同的传说,只不过是被人为地拼凑在一起,所以才产生了这样的疑问。

6. 行神传说

如上所述,大禹原本是一个开拓人类世界的神话英雄,后来逐渐变成了统治九州的王者。但另一方面,尊大禹为神的信仰以民间风俗的形式流传了很长时间。

云梦睡虎地秦墓的墓主是在秦始皇统一中国后不久下葬的。考古团队在该墓中发现了一批秦简,当中有两份叫《日书》(甲、乙)的占卜书,其作为反映战国时期秦人精神世界的材料受到学界关注。工藤元男详细分析了《日书》,发现大禹在书中被尊为保佑旅行者旅途安全的神灵——行神①,且《日书》中记载的巫术行

---

① 工藤元男《睡虎地秦简より見た秦代の国家と社会》(創文社,1998 年)所收的《先秦社会の行神信仰と禹》《〈日書〉における道教的習俗》《禹の変容と五祀》三篇文章讨论了睡虎地秦简等简牍材料中所见的"禹步"及大禹的行神、医疗神、守护(Asyl)神性质。此外,工藤在《禹の伝承をめぐる中華世界と周縁》(《岩波講座世界歴史》第三卷,1998 年)中推测大禹本来是先商时期中原地区的羌人所信仰的神灵,后来羌人逐渐向西南迁移,使得大禹信仰得以在今天的四川省西部保留下来。

为中有一种叫"禹步"的脚踏阵法（magical step），并为后世的道教仪式所吸收。

大禹为什么会被尊为旅行之神呢？《庄子·天下》记载道，墨子说大禹治水之际，亲自操橐耜走遍天下，导致腿上的毛都被磨光了。正因为大禹为黎民百姓劳心劳力，故墨者称之为"大圣"，视其为理想的君主形象。走遍天下，开拓全土的大禹记忆后来变成了保护旅行者的神格，以一个与儒家理想不同的形象在民间口口相传。由此可见，大禹是开创天下的神话英雄这个古老记忆，其实在战国之后依旧没有断绝，反而在儒家历史观之下暗暗流传。

按照工藤的说法，大禹在民间还被视为能够影响婚期吉凶、治疗疝气等疑难杂症的神灵。似乎大禹即使在被摆到历代圣王世系中之后，在民间信仰里依然是一个接地气的，和日常生活息息相关的神。

第三节　从禹迹到诸夏

前面两节我们谈到，夏朝记忆和大禹传说本来是属于两个体系的，两者在春秋时期被联系到一起。战国时期之后，大禹被视为夏朝的开创者，成了继尧、舜之后接受禅让的其中一名先王。问题在于，意指大禹足迹所到之地的"禹迹"一词和表示诸夏列国的"夏"字用法有何关系呢？本节我们将来探讨这个问题。

1. 何谓"禹迹"？

"禹之绩""禹之蹟""禹迹""禹之绪""禹之堵"这一连串名词

都和大禹开拓大地的传说密切相关。"绩""蹟""迹"三字同音通假,故这几个词都可以解释为"大禹足迹所到之地"①,故下面我们统一以"禹迹"称之。既然整片大地都是大禹所整治的,那么所谓的"大禹足迹所到之地"似乎就是指"九州"全境。《左传》的"茫茫禹迹,画为九州"就是这种认识,以往的研究也大部分将"禹迹"理解为"九州"全境。②

但是,一旦我们详细地分析一下"禹迹"的用法,会发现这个词除表示大禹所整治的整片大地之外,还有另一层含义。那就是"四方、九州的核心地"之意。《诗经·大雅·文王有声》云:

> 丰水东注,维禹之绩。
>
> 四方攸同,皇王维辟。皇王烝哉!

---

① 《诗经》毛传:"绩,业也。"郑玄笺:"绩,功也。"然而清人马瑞辰《毛诗传笺通释》卷二四(《皇清经解续编》卷七五)云"绩""蹟""迹"三字通假,王国维《古史新证》(1926年课稿。清华大学出版社,1994年)谓秦公簋铭文中的"禹责"当为"禹蹟"之假借,"禹之绩""禹之蹟""禹之堵""禹之绪"均是同义词。此后,杨树达《秦公簋跋》(初刊于1952年,后收入《积微居金文说(增订本)》,中华书局,1997年),以及郭沫若《秦公簋》(初刊于1935年,后收入《两周金文辞大系图录考释(下)》,科学出版社,1957年)、《秦公簋韵读》(初出1931年,后收入《殷周青铜器铭文研究》,科学出版社,1961年)等诸家大多从王说。

② 马瑞辰云:"九州皆经禹治,因称禹迹。"杨树达(1942年)引《左传·襄公四年》"茫茫禹迹,画为九州",谓:"禹迹,谓禹所经行之处也。"其又将秦公簋铭文的"禹迹"解释为"九州"。可是杨树达在《秦公簋再跋》(收入杨树达,1997年,初出1951年)又认为秦襄公获得的"宗周之旧邦"是"禹迹",如此一来其对"禹迹"就有两种释义了,然而杨氏并没有解释这两种释义的关系。日后的诸多学者大多认为禹迹=九州,例如小南一郎(《古史春秋》第2号,1985年)、吉本道雅(立命館東洋史学会《東洋史論叢》第3集,2006年)。不过,冈村秀典(2007年,第40页)认为《诗经·大雅·文王有声》中的"禹之绩"其实是丰邑的代称,认为周文王时期"禹迹"的最西边就是关中盆地,到了战国时期"禹迹"的含义才扩大至"九州"全境。

诗中将周文王所建造的丰邑[①]称为"禹之绩",视之为"四方"会同之地。在前文中我们知道,周人认为关中盆地南部的终南山是大禹所"甸"的;位于为外族所围的韩侯受封之地——韩地的梁山也被认为是大禹所造。这表明西周时期的统治阶级将自己所活动的区域及农耕文化与原始的大禹传说联系起来,至于事实上该地区位于何处并不重要。可是《文王有声》中"禹之绩"的内容有所改变,它所指的是周文王所建造的丰邑,是"四方"之人所聚集之地。因此,"禹迹"的更原始含义应该是指大禹所治土地中的中心腹地——王都。

类似的"禹迹"用法我们能还能从春秋时期的言论中找到一些例子。如前引叔夷镈铭文载商汤"咸有九州,处禹之堵"。这里的"禹之堵(都)"指的是商汤所居的都城,故不可能是"九州"的同义词。这段诗句反映了称王朝开创者的都城为"禹都"的意识,以及把在当地建造都城与占领"九州"的功绩直接联系的思想。同样的思想还部分见于《鲁颂·閟宫》,该诗将后稷"奄有下土"和继承"禹之绪"串联起来。

秦公钟[②]、秦公簋[③]铭文中也因为有关于"禹迹"的记载而受到学界注目。这两尊器铭的铭文如此写道:

[①] 丰邑位于今陕西省西安市长安县西南边、沣河西岸,与对岸周武王所建的镐京一同组成了宗周的都城区。考古队在沣河西岸的客省庄、马王村一带挖出了西周时期的建筑遗址,在张家坡等地发现了墓葬群。其考古概况参见尹盛平《周原文化与西周文明》第三章第四节,江苏教育出版社,2005 年。

[②] 宋出秦公钟(《集成》)370,春秋/《铭文选》919,春秋秦公/《通释》199)据说出土于北宋庆历年间,欧阳修、吕大临等历代学者都对其做过考释,目前仅有铭文拓本流传。关于其铭文内容和断代情况,详见下一章。

[③] 秦公簋(《集成》4315,春秋前期/《铭文选》920,春秋秦景公/【林】春秋 II B,秦景公/《通释》199)之铭文内容和断代情况,详见下一章。

秦公曰："丕显朕皇族,受天命,灶有下国。"——宋出秦公钟铭

秦公曰："丕显朕皇族,受天命,鼏宅禹责(蹟)。"——秦公簋铭

铭文中明确记载领有"下国"、奠都"禹责"都是建国者的功劳。"灶有"即"领有绝大部分"①,"鼏宅"即"奠定国都"②之意,故"下国"不会和"禹蹟"是同义词,前者指的是整片大地,后者所指的只是秦国都城。③

两尊秦公器铭文说秦国的开国君主在"禹蹟"建都,领有"下国"全域的权限是天赋予的。相较于前引的"禹迹"事例,可见秦

---

① 关于"灶又(有)"二字,薛尚功《历代钟鼎彝器款式法帖》、孙诒让《古籀拾遗》释作"奄有",于省吾《双剑誃吉金文选》(中华书局,1998。初出 1932 年)在此基础上阐释道:"奄,覆也。"杨树达(1952 年)释秦公簋铭文的"灶囿"二字为"兆域",郭沫若(1935 年)释作《造佑》,《通释》199 注云:"此二字为动词,相当于《诗》之'奄有'。"即薛、孙、白川三氏认为是"奄有"之意。至于"下国",《诗经·鲁颂·閟宫》有"奄有下国""奄有下土"的句子,"下国""下土"相通。"下土"在《诗经》中一直是用来指代地上世界的词语,如《小雅·小旻》:"旻天疾威,敷于下土。"《小雅·小明》:"明明上天,照临下土。"金文中也有类似的句子,如禹鼎铭(《集成》2833～2834,西周后期/《铭文选》4074,周厉王/【林】西周 III B/《通释》162):"天降大丧于下或(国)。"

② "鼏宅"的释义目前众说纷纭。于省吾(1932 年)谓:"鼏读若觅,覆鼎之巾也。……鼏宅亦犹奄宅。"郭沫若(1935 年)谓"鼏"是"静"之意,杨树达(1952 年)认为"鼏"读作"宓",取"安、宁"之意。综上,"鼏"字的意思大致有"奄有"和"安静"两种观点。再看"宅",何尊铭:"迁宅于成周。"新出秦公钟铭:"赏宅受国。晋公□铭:"□(鼏)宅京师。"三者的"宅"均是"都城"之意。又,国差□铭(《集成》10361,春秋/《铭文选》846,春秋齐顷公/《通释》214):"齐邦鼏静安宁。"秦公大墓出土残磬铭:"四方以鼏平。"此处的"鼏"作"安静""和平稳定"解,故窃以为"鼏宅"当为决定都城位置的"奠都"之意。

③ 李学勤《秦公簋年代的再推定》(《中国历史博物馆馆刊》,第 13、14 卷,1989 年)释宋出秦公钟铭、秦公簋铭的"灶有下国""鼏宅禹蹟"二句为"只是说在九州中得到宅居之地"。陈昭容《论秦公簋的年代》(载《秦系文字研究:从汉字史的角度考察》,"中央研究院"历史语言研究所专刊 103 号,2003 年)谓"鼏宅禹蹟"与《诗经·商颂·汤武》的"设都于禹之蹟"相似,"指各诸侯国在九州间设国立都,'设都'二字所指较字面意义为广。"不过,这似乎并没有正确理解"下国""禹蹟"两者含义的差异。

国的开国者将周文、商汤定位成和自己一样的王朝创始人。按杨树达的观点,产生这种言论的背景与秦国占领了宗周旧地的史实不无关系。[①] 即在作器者眼中,秦国的开国君主占领了"禹蹟"——周之旧地,继承了周王作为"下国"统治者的地位。关于秦公器铭文的详情,我们留待下一章再述。

2. "禹迹"范围的扩张

有趣的是,不仅仅是继承了周室旧地的秦国有认为本国始祖是"禹迹"继承人的言论,其他诸侯国也有。例如《鲁颂·閟宫》就说周人始祖后稷是"禹之绪"的继承人,叔夷镈铭文本身就是殷商后裔叔夷对奠都于"禹之堵"的商汤功绩的赞颂文章。这些言论的共同之处在于不仅仅是周文王的都城,连历代先王的都城都被说成是"禹迹",在当地建都就说成是领有"九州""下国""下土"。这表明,春秋时期各诸侯国在吸收了"禹迹"传说的基础上,将本国始祖领有"禹迹"那部分传说添加到了周文王之前的时期中。

同理,在春秋时期作于殷商后裔宋国的《诗经·商颂·殷武》写道:"天命多辟,设都于禹之绩。"诸侯列国(多辟)的国都全部位于"禹之绩"内,自然地宋国国都也位于"禹迹"之中。但是,这里的"禹迹"不再是指周王室的都城,而是指"多辟"——各地诸侯国的都城了。前引的《左传》所谓"茫茫禹迹"说禹迹就是"九州",更是对《商颂·殷武》的进一步扩大阐释。即"禹迹"本来指的是大禹所整治的大地里的"中心腹地"——周室王都,后来延伸为指诸侯国的都城,再后来更扩大成大禹所治大地的全境。

小南一郎引《汲冢周书·作洛解》论述"禹迹"范围扩张的原

[①] 杨树达(1952 年)。

因在于人们分封各地的诸侯国国都都是周室都城的分身①。《作洛解》记载，受封建的诸侯带着王都的"社土"赴往受封地，在当地建立新的"社"。这表明春秋战国时期已经存在通过移植"土"让当地的土地属性都变得和王都一样的观念，而这种行为本身就是大禹"敷土"的原初含义。诸侯的都城都叫"禹迹"，背后是王朝的"土"因向诸侯国移植而不断扩张，并将之同化的观念在作祟。

综上我们知道，"禹迹"除指大禹所整治的"九州"全境之外，还指周文王等历代先王的王都，而且后者更有可能是"禹迹"的原始含义，前者是"禹迹"逐渐扩散到诸侯国后诞生的衍生义。如此一来，表面上是大禹创造大地神话，实质上是周王都城向诸侯国都蔓延的中心扩散现象，便能得到解释了。春秋中后期的叔夷镈、秦公簋铭文中有仅指王都的"禹责（蹟）"一词，另一方面《诗经·商颂·殷武》中又有说诸侯国都是"禹之绩"的诗句。这表明"禹迹"范围在春秋时期正逐渐扩张，而这一现象对我们理解"夏"的嬗变有着重要意义。

3. "禹迹"与"区夏"——代指周文明的"夏（雅）"

"夏"这个字除指某个过去的王朝之外，还有"大"②"雅"③等抽象含义。在前几章中我们引用过的春秋时期历史传说中，拥戴周室的诸侯国被统称为"诸夏"。而这些关于"夏"的事例中，分属

---

① 小南一郎，《古史春秋》第 2 号，1985 年。

② 《左传·襄公二十九年》载吴公子季札歌秦，曰："此之谓夏声。夫能夏则大，大之至也，其周之旧乎。"

③ "夏"和"雅"的通假关系见孙作云《说"雅"》，《孙作云文集（2）：〈诗经〉研究》，河南大学出版社，2003 年。孙作云认为《诗经》中的"夏"本应为"雅"，作地名解，指周王朝大本营。因为周人自称夏朝、夏人的继承人，所以周朝的语言文化自然是"夏言（雅言）"，理应是全天下的标准语言。陈致《华夷新辨》（《中国史研究》2004 年第 1 期）中也提到周人自视为"夏"（夏朝）的继承人，故自己的音乐就是"夏乐（雅乐）"。

于最早那种类型的应该是《书经·康诰》中的"区夏"一词。① 据
《康诰》载，周文王曾说："肇造我区夏与我一二邦，以修我西土。"
这里的"区夏""我一二邦""我西土"三者构成了一个同心圆关系，
位于中心的是"区夏"，指周文王所建的王都——宗周丰邑。而这
里的"夏"显然不是指夏朝，而是当前王朝的"中心腹地"之意。

　　为什么要用"夏"字来称呼丰邑呢？孙作云、顾颉刚、王树民、
陈致等诸位前辈认为是因为周朝的人自认为是夏朝的继承人。②
可是，西周时期的"夏"既有指夏朝的情况，也有指王朝中心区
域的情况，而且我们也找不到周人称颂夏朝文化，自称夏朝继承
人的记载。即便退一步，认为周人真的以某种形式继承了夏文
化，那为什么只是说位于今陕西的丰邑才是"区夏"呢？ 因此，从
夏朝的角度去理解代指周王都的"区夏"一词是有问题的。

　　况且我们应该注意到，《书经·康诰》的"区夏"和《诗经·大
雅·文王有声》的"禹之绩"指的是同一个对象。《文王有声》说周
文王所建造的丰邑是会同"四方"的"禹迹"，《康诰》则称丰邑为"区
夏"，说其是"我一二邦"和"我西土"的中心腹地。于是，位于王朝
领域中心的丰邑就这样既是"禹所到之处"，也是"夏的区域"了。

　　用来指代王都的"夏"，其含义非常近似"禹迹"一词。大禹本
来是大地的创始者，后来逐渐被添加上农耕文化（《诗经·鲁颂·
閟宫》《论语·宪问》）、君臣秩序（豳公盨铭文）、衣冠礼制（《左
传·昭公元年》）、乐曲《大夏》（《左传·襄公二十九年》）的创造

---

① 《书经·康诰》的内容见本书第一章。顾颉刚、刘起釪《尚书校释译论》（中华书局，
　　2005 年，第 1305、1306 页）列举了诸家对"区夏"的解释。尽管字义的解释各有不
　　同，但都认为周人自称"夏"，称文王建造的丰邑为"区夏"。
② 孙作云，1957 年；顾颉刚、王树民《"夏"和"中国"：祖国古代的称号》，载史念海主编
　　《中国历史地理论丛》第一辑，陕西人民出版社，1981 年；陈致，2004 年。

(作)者等性质。从西周到春秋时期的各种言论来看,大禹无疑被定位成文明的开创者。

因此,"夏"字很有可能还蕴含着"继承大禹"这一意识,而非单纯地指夏朝这么一个王朝。这从"夏"不仅是王朝秩序的中心腹地,还是周人农耕文化这一事实中可得到证明。西周庙歌——《诗经·周颂》中有"时夏"一词,解作周王编排有懿德的臣下时所处的空间①或周人始祖后稷所创的农耕文化所覆盖的空间②。前一个"时夏"的意思和上文所说的"区夏""禹迹"几乎是同义词,而后一个"时夏"则与《诗经·小雅·信南山》的"禹甸"意思相近。另外,《鲁颂·閟宫》说后稷"缵禹之绪",可知后稷被认为是大禹农耕文化继承人。

再者,近年的出土材料显示《诗经》的"大雅""小雅"原来是写作"大夏""小夏"的。③ 这反映了周人不仅认为自己的农耕文化和政治秩序是"夏",连自己的语言、音韵都是"夏(雅)"。换言之,"夏(雅)"包括了周王朝继承自大禹的农耕文化、政治秩序和语言

---

① 《诗经·周颂·时迈》:"时迈其邦,昊天其子之,实右序有周。薄言震之,莫不震叠。怀柔百神,及河乔岳,允王维后。明昭有周,式序在位。载戢干戈,载橐弓矢。我求懿德,肆于时夏,允王保之。"马瑞辰解云:"今按……《说文》:'夏,中国之人也。'《周官·大司乐》郑注:'大夏,禹乐也。禹治水傅土,言其德能大中国也。'襄二十九年《左传》'为之歌秦',曰'此之为夏声',又曰'能夏则大'。服虔注:'与诸夏同风,故曰夏声。'是乐之名'夏',本取'中夏'之义,《诗》言'肆于时夏',承上'我求懿德'言,宜从《朱子集传》,谓'布德于中国'。"

② 《诗经·周颂·思文》:"思文后稷,克配彼天。立我烝民,莫菲尔极。贻我来牟,帝命率育,无此疆尔界。陈常于时夏。"诗句云天赐后稷"来牟",并受命"率育"之。此处称后稷"陈常"的地点为"时夏"。马瑞辰解:"按《小雅》:'四国无政,不用其常。'常,即政也。昭二十年《左传》:'布常无艺。'杜注:'言布政无法度。'此诗'陈常'犹'布常'也。陈常于时夏,谓陈农政于中夏也。……谓遍布其农政,所以布利于是中夏也。"

③ 1984 年江苏省单都县北山顶 75 号墓出土的甚六编钟、镈铭文(《东南文化》1988 年第 3、4 期/《近出》94~96)中刻了《诗经·小雅·鼓钟》的诗句,当中"以雅以南"一句写成了"以夏以南"。郭店楚简和上博楚简诸篇中,所有的"雅"都写作"夏"。

音韵,是"文明"的代名词。

综上所述,"夏"除先商的"夏朝"之外,还有"雅"——周人的文明及其中心——的意思。这两种含义何者更原始,目前还没有足够的史料可供判断。不过至少我们可以肯定,早在《诗经》和《书经》成书之时,这两种含义已经并存,当中"夏＝雅"的观念明显是继承自作为大地开拓者和文明开创者的大禹。

4. 从"禹迹"到"诸夏"

"夏(雅)"原指周文王所建的都城和周人的活动区域。春秋时期之后,"夏"的含义逐渐扩张,变成了泛指东方诸侯国的观念。本书此前已经谈过,《左传》《国语》《公羊传》中均有把以"兄弟甥舅"为核心的同盟诸侯称作"诸夏"的记载。当中,《左传》称晋国主持的同盟关系为"夏盟",称各个"兄弟甥舅"诸侯间的关系为"夏",总之多国会盟秩序都以"夏"字代称。这里的"夏"指的是尊周室为顶点的霸主体制同盟内部全体诸侯,和《书经·康诰》中的"区夏"含义明显有差。

有趣的是,"夏"含义的扩张与"禹迹"一词在春秋时期的扩张情况几乎如出一辙。《诗经·大雅·文王有声》中,"禹迹"只是丰邑的代名词,但是在《商颂·殷武》中变成了泛指"多辟"即诸侯列国的都城。这反映了"夏"和"禹迹"无论在含义还是字面意义上都有着紧密联系。

"夏盟"的扩张必然会带来盟内语言、礼仪等文化上的共性,同时孕育出针对盟外群体的对立情绪。《左传》中就有"戎狄豺狼,不可厌也;诸夏亲昵,不可弃也"(闵公元年),谈到"诸夏"列国之间的亲密,与"戎狄"划清界线,又说"我诸戎饮食衣服不与华同,贽币不通,言语不达"(襄公十四年),论及"华"的诸侯与"戎"

人之间的文化差异。这种对立中华与夷狄的思想不仅造就了多国会盟的盟友们对同盟的归属意识,还使得区分同级诸侯与蛮夷戎狄的意识渐趋明显。

《商颂·殷武》把所有诸侯国都夸作"禹迹",反映了春秋时期的诸侯国相互认可对方是建于"禹迹"之上的国家。窃以为,所谓的"诸夏"是基于"禹迹"含义的扩张,即诸侯国相互认同对方为大禹的继承国这一认识的基础上所产生的观念。另外,"禹迹"向诸侯国的扩张,意味着"四方""下国"和"禹迹"之间的差别越来越小。于是,《左传·襄公四年》把"茫茫禹迹"和"九州"等同起来。到了战国时期,干脆直接诞生了"九州"说,详细划定了九州的范围及数据。例如《孟子》说九州"方三千里",《吕氏春秋》说九州的范围是"冠带之国"。而这一系列言论的背景都是春秋时期之后"禹迹"含义的扩张,同时也反映了诸侯国之间共享相同的历史文化。

结　语

西周时期的周人视大禹为大地开拓者和文明开创者,称王朝的中心腹地——宗周丰邑为"禹迹",又把自身农耕文化所覆盖的范围称为"禹甸",而起源于大禹的文明则用"夏(雅)"字来表示,故作为"禹迹"的宗周又名为"区夏"(夏之区域),周人的活动地区名为"时夏"。这一系列名词的共同点在于均把自身的政治秩序和农耕文化视作"夏",认为渊源在于大禹身上。换言之,大禹并不只是一个前代王朝的创始人,更是创世的原始存在。

"周王都＝禹迹"的观念在春秋时期扩散到黄河流域的各诸

侯国内。在祖先传说层面上，不只是周朝开国君主周文王，就连全体周人的始祖后稷都被定性为大禹的继承人。除此之外，我们还能找到说商朝的开国君主汤和秦国开国君主都是"禹迹"继承人的言论。这些言论通过构建本国始祖定都"禹迹"的历史，暗示了当下本国君主的地位可比肩周王。

从空间层面上而言，"禹迹"一词也逐渐扩大为意指所有诸侯列国都城的观念。当然，这肯定是基于上述各国均以本国先祖为"禹迹"继承人的认识。尤其值得一提的是春秋时期宋国的诗歌中，"禹迹"不再只是指本国，而是指众多诸侯（多辟）都城。这表明"禹迹"向诸侯国扩散的形式并不是"本国是唯一正统继承人"，而是诸侯之间共享的历史认识。而在此基础上进一步延伸发展而成的就是战国时期的"九州"说。

春秋时期"夏（雅）"字含义的扩散模式和"禹迹"如出一辙。"夏（雅）"原指周王都和周人的活动地区，后来扩充成了代指东方同盟诸侯的"诸夏"观念。窃以为，造成这种"中心扩散"现象的原因在于诸侯间多国会盟秩序的缔结及其归属意识的共享，还有划分同级诸侯和蛮夷戎狄的区别意识。

另一方面，"夏"除"雅"的意思之外，还有先商王朝"夏朝"的含义。春秋时期之后，夏朝被定义成大禹后代所开创的王朝，关于夏朝的故事也不断积累起来。还有一些诸侯国被他国承认有夏朝血脉。而共享这一类始祖传说的场景，正是非姬姓诸侯所组成的多国会盟。例如本书第四章引用过的《左传·定公四年》记载，薛国在盟内诉讼中表明自身是"夏之车正"的身份。

由此可知，春秋时期之后"夏"的两个意思——"雅"和"夏朝"以大禹这一渊源为媒介，被强行牵扯到了一起。例如作为"诸夏"盟主的晋国称本国都城为"夏虚"；继承了晋国衣钵的战国魏国君

主自称"夏王",并到处收集、构筑夏朝的历史等。① 源于大禹的
"雅"(文明)与最初的王朝"夏朝"的记忆,正是在春秋时期之后的
国际社会之中被连接起来的。这也意味着自认为盟主的国家是
为了将本国置于"诸夏"本源的地位才利用了夏朝传说。"夏"绝
不是一个只视本国为文明国家,视其他国家为"夷狄"加以排挤的
观念,反而是一个糅合诸多国家的历史原点。西汉时期的《史
记·匈奴列传》说匈奴是"夏后氏苗裔"应是基于同样的视角
而写。

现代中国认为"华夏族"起源于夏朝,强调其融合多元文化、

---

① 《战国策》描写逢泽之会时有如下记载:

魏伐邯郸,因退为逢泽之遇,乘夏车,称夏王,朝为天子,天下皆从。齐太公闻
之,举兵伐魏,壤地两分,国家大危。梁王身抱质执璧,请为陈侯臣,天下乃释梁。
——《秦策四·或为六国说秦王》

昔者魏王拥士千里,带甲三十六万,其强而拔邯郸,西围定阳,又从十二诸
侯朝天子,以西谋秦。秦王恐之,寝不安席,食不甘味,令于境内,尽蝶中为战
具,竟为守备,为死士置将,以待魏氏。卫鞅谋于秦王曰:"夫魏氏其功大,而令
行于天下,有十二诸侯而朝天子,其与必众。故以一秦而敌大魏,恐不如。王
何不使臣见魏王,则臣请必北魏矣。"秦王许诺。卫鞅见魏王曰:"大王之功大
矣,令行于天下矣。今大王之所从十二诸侯,非宋、卫也,则邹、鲁、陈、蔡,此固
大王之所以鞭箠使也,不足以王天下。大王不若北取燕,东伐齐,则赵必从矣;
西取秦,南伐楚,则韩必从矣。大王有伐齐、楚心,而从天下之志,则王业见矣。
大王不如先行王服,然后图齐、楚。"魏王说于卫鞅之言也,故身广公宫,制丹衣
柱,建九斿,从七星之旗。此天子之位也,而魏王处之。于是齐、楚怒,诸侯奔
齐,齐人伐魏,杀其太子,覆其十万之军。魏王大恐,跣行按兵于国,而东次于
齐,然后天下乃舍之。
——《齐策五·苏秦说齐闵王》

引文中的"魏王""梁王"指魏惠王,"陈侯""齐太公"指齐威王,"秦王"指秦孝公。关于逢
泽之会的举办年份众说纷纭,杨宽《战国史料编年辑证》(上海人民出版社,2001年,第
354~359页)取公元前344年说。《秦策四》《齐策五》两章的内容有些许差异,窃以为是
魏王先主持了"逢泽之遇","乘夏车,称夏王",统率"十二诸侯"朝见周王之后,才采用天
子的服制。即魏王的身份从"魏侯"到"夏王"再到"天子"二段跳,但因为后来齐国的
介入而撤回了王号和天子之位。考虑到魏国统率了宋、卫、邹(邾)、鲁、陈、蔡这些"诸
夏"诸侯,自己又有作为晋国(夏盟盟主、夏虚之国)继承者的意识,还不断构建夏史,故
推测这里的"夏王"称谓同时包含了"夏朝"和"诸夏"两层意思。

多个民族为一体的历史,以之作为中华民族一体化的理论依据。① 在这一论调的语境当中,"夏"既是一个建立于多元化的新石器文化之上的王朝,同时也是各民族融合过程中的"核心"民族。也就是说,"夏"并不只是一个历史上的王朝名,更是强调本国历史悠久。

---

① 费孝通《中华民族的多元一体格局》,载费孝通等著《中华民族多元一体格局》,中央民族学院出版社,1989 年。

第七章　秦公诸器铭之探讨

序　言

上一章中我们揭示了作为"中华"代名词的"夏"字含义的扩散过程。"夏"除夏朝之外，还有"雅"的意思，指的是周文王的都城丰邑和周室政治秩序、农耕文化、语言文化，这一观念起源于"禹迹"。春秋时期之后，"禹迹"和"夏（雅）"的含义扩大到泛指东方诸侯国。推测晋国主持下的多国同盟体制建立、"禹迹"和"雅言"的观念为诸侯国所共享、非周系诸侯参与同盟及依血统渊源排辈都是两者扩张的契机。换言之，王朝衰退后，诸侯国之间恒常性的交流关系及与之相伴的"中心扩散"现象、归属意识、文化共享等造就了"禹迹"和"夏"的扩张。

这和本书第四章中所说的"中华"架构成立于多国会盟背景下的结论相符合。《左传》等文献中所谓的"诸夏""诸华"在春秋中期后半段出现得最多，指的是参与多国会盟的诸侯国。多国会盟中，同盟诸侯国与南方的楚、吴、越、戎狄之间又存在明显的对立、排挤关系。从而我们可以肯定最晚在春秋后期，诸侯国人已经普遍拥有这种对立意识了。《论语·八佾》中，孔子说"夷狄之有君，不如诸夏之亡也"可谓精准地体现了春秋后期鲁国人的华夷对立意识。①

　　综上,我们可以肯定春秋后期之前"诸夏"意识就已经存在了。下一个问题是同期史料是如何反映"夏"这个观念的成立的。这里我们注意到了秦公诸器铭文。所谓的秦公诸器,包括传闻出土于北宋庆历年间的秦公钟②、据传在 1923 年出土于甘肃省天水市的秦公簋③、1978 年出土于陕西省宝鸡县太公庙村的秦公钟和秦公镈④,还有 1986 年出土于陕西省凤翔县南指挥村秦公一号大墓的编磬⑤。本书为行文方便,将北宋出土的秦公钟称为"宋出秦公钟",1978 年出土的秦公钟、镈称为"新出秦公钟",南指挥村秦公一号大墓出土的编磬残件称为"秦公大墓编磬"。

　　在宋出秦公钟、秦公簋、秦公大墓编磬的铭文中,我们能找到一个颇具特色的词——"蛮夏",这个词在三篇铭文中的意思都是

---

① 这句话有新旧二注,旧注的意思是"就算夷狄有君主,也比不上诸夏没有",新注的意思是"连夷狄都有君主了,诸夏不如就这么亡了算了"。参见吉川幸次郎《論語(上)》,朝日選書,1996 年,第 75、76 页;加地伸行《論語(增補版)》,講談社学術文庫,2009 年,第 59 页。按旧注,这句话是在鄙视夷狄的低劣;按新注,这句话是在哀叹诸夏的衰亡,都可证明春秋后期已经存在"诸夏"与"夷狄"对立的认识。

② 《集成》270,春秋/《铭文选》919,春秋秦武公/《通释》199。

③ 《集成》4315,春秋前期/《铭文选》920,春秋秦景公/【林】春秋 II B,秦景公/《通释》199。

④ 《集成》钟:265、266;镈:267~269,春秋前期/《铭文选》917、918,秦武公/《通释》补16。出土情况和铭文考释参见卢连成、杨满仓《陕西省宝鸡县太公庙村发现秦公钟、秦公镈》,《文物》1978 年第 11 期;孙常叙《秦公及王姬钟、镈铭文考释》,《吉林师大学报》1978 年第 4 期;李零《春秋秦器试探——新出秦公钟、镈铭与过去著录秦公钟、簋铭的对读》,《考古》1979 年第 6 期;吴镇烽《新出秦公钟铭考释与有关问题》,《考古与文物》1980 年创刊号;林剑鸣《秦公钟、镈铭文释读中的一个问题》,《考古与文物》1980 年第 2 期;张天恩《对"秦公钟考释"中有关问题的一些看法》,《四川大学学报》1980 年第 4 期;王辉《秦铜器铭文编年集释》,三秦出版社,1990 年。

⑤ 王辉、焦南锋、马振智《秦公大墓石磬残铭考释》,《"中央研究院"历史语言研究所集刊》第 67 本第 2 分册,1996 年;王辉《秦出土文献编年》,新文丰出版公司,2000 年,第 20~44 页。

指秦国的统治对象(新出秦公钟中,"蛮夏"写作"蛮方")。这里的"蛮夏",应是由表示夷狄的"蛮",和表示中华的"夏"共同组成的词语。从年代角度来看,宋出秦公钟、秦公簋、秦公大墓编磬应是春秋中期至后期的某一任秦公所铸的。① 换言之,秦公诸器铭文是为数不多提到了春秋时期的"夏"的同期史料。也正因如此,秦公诸器铭文一直以来在华夷思想研究领域中都备受重视,吉本道雅甚至称之为第一个出现"夏即中华"含义的事例。②

可是"蛮夏"这个词还有很多值得商榷之处。一是宋出秦公钟、秦公簋、秦公大墓编磬的制作年代。随着青铜器编年研究的进展③,和作为有说服力的比较对象——新出秦公钟的问世,这方面的研究近年来有了飞跃性进步。陈昭容综合了历来诸家之说,严谨地考证出三份秦公器的作器者都是秦景公。④ 当然,这一说也有反对声音。平势隆郎和高津纯也二人就认为这三份秦公器的制作年代要晚至战国中期。⑤ 因此,我们要使用秦公器铭文,首先就要确认其铸造年代到底是什么时候。

还有一点是关于"蛮夏"一词的解释。一般认为,"蛮夏"这个

---

① 自欧阳修以来,对宋出秦公钟铭的"十有二公"及作器者的研究络绎不绝,即使秦公簋面世之后依然众说纷纭。张政烺《"十有二公"及其相关问题》(《张政烺文史论集》,中华书局,2004 年,初刊于 1990 年)、陈昭容《论秦公簋的年代》(《秦系文字研究——从汉字史的角度考察》,"中央研究院"历史语言研究所专刊 103,2003 年)对比了学界诸观点。

② 吉本道雅《夏殷史と諸夏》,《中国古代史論叢》第三辑,2006 年。

③ 林巳奈夫《銘文によって絶対年代の知られる春秋戦国時代の青銅器》,《中国殷周時代の武器》附論二,京都大学人文科学研究所,1972 年;冈村秀典《秦文化の編年》,《古史春秋》第 2 号,1985 年。

④ 陈昭容,2003 年。

⑤ 平势隆郎《中國古代紀年の研究》,汲古書院,1996 年,第 229~233 页;同氏《都市国家から中華へ》,講談社,2005 年,第 363~366 页;高津纯也《"夏"字の"中華"の用法について,華夷思想の原初的形態に関する序論》,載《論集:中国古代の文字と文化》,汲古書院,1999 年。

词是由"蛮"和"夏"这两个相反概念构成的组合词①,但也有观点认为"蛮夏"二字是对中原诸侯的一个贬称②,更有观点认为这个词反映了"蛮""夏"二者相融合的情况③,莫衷一是。就连当中的"夏"具体指什么也有争议,有人认为仅指秦国本土及其周边一定范围内地区④,也有人认为是泛指晋国等中原诸侯⑤。目前还没有一个联系铭文整体语境及秦国当时的政治局势而做出的解释。

最后一个问题我们将在第八章详细论述,即秦公诸器铭文中的"夏"与云梦睡虎地秦简中的"夏"有何关联。两者都是秦国的文字史料,过去有不少学者认为"蛮夏"的"夏"和秦律的"夏"是相同的。⑥ 但是秦公诸器铭文的"蛮夏"的语境是秦国统治"下国""四方",而睡虎地秦简的"夏"的语境是秦国从法律层面划分国内统治对象。两者的史料性质迥异,从时代来看也相差了两百多年。故本章打算先讨论秦公诸器的"蛮夏"含义,为下一章与秦律的"夏"做比较打下基础。

---

① 郭沫若《秦公簋韵读》(《殷周青铜器铭文研究》,科学出版社,1961 年。初出 1931 年):"蛮夏犹言华夷,又如今人言中外。近人有谓'蛮夏'乃斥中夏为蛮夷者,恐未必然。"

② 余永良《柴誓的时代考》,载《古史辨》第二册,1930 年,初出 1927 年;平势隆郎,2005 年,第 122~126、364 页。

③ 吉本道雅《夏殷史と诸夏》,2006 年。

④ 童书业《"蛮夏"考》,载《童书业历史地理论集》,中华书局,2004 年,初出 1934 年;《通释》199。

⑤ 张天恩,1980 年;张政烺,1990 年;《铭文选》919、920。

⑥ 张政烺(1990 年)谓秦公诸器中"蛮夏"的"夏"和秦律的"夏"均指晋国等中原诸侯。平势隆郎(2005 年,第 122~126、364 页)认为战国秦国仅以本国的特殊地区为"夏",称东方中原诸侯为"蛮夏",即非真正的夏民,地位要比真夏民低一等。

第一节　秦公诸器铭文及年代

1. 秦公诸器铭文

首先,载有"蛮夏"一词的铭文列举如下:

(A) 宋出秦公钟铭

(i) 秦公曰:"丕现朕皇祖受天命,灶有下国。(ii) 十有二公,不坠在上,严龚夤天命,保业厥秦,虩事蛮夏。"(iii) 曰:"余虽小子,穆穆帅秉明德,□专敷明刑,虔敬朕祀,以受多福,协和万民。虔夙夕,烈烈桓桓,万姓是敕,咸畜百辟胤士。□□文武,镇静不廷,柔燮百邦,于秦执事。(iv) 作淑和钟,厥名曰'昔邦',其音铗铗雝雝,孔煌以昭恪孝享,以受纯鲁多厘,眉寿无疆。畯疐在位,高弘有庆,匍有四方。"永宝。宜。

(B) 秦公簋铭

(i) 秦公曰:"丕显朕皇祖受天命,鼏宅禹责。(ii) 十有二公,在帝之坏,严龚夤天命,保业厥秦,虩事蛮夏。(iii) 余虽小子,穆穆帅秉明德,烈烈桓桓,万民是敕,咸畜胤士,□□文武,镇静不廷,虔敬朕祀。(iv) 作□宗彝,以昭皇祖,其严征格,以受纯鲁、多厘,眉寿无疆,畯疐在天,高弘有庆,灶囿四方。"宜。

(C) 秦公大墓编磬铭(相关部分摘录)

荡荡厥商,百乐咸奏,允乐孔煌。殳敌乃入,有□乃漾。天子宴喜,共、桓是嗣,高阳有灵,四方以鼏平……绍天命,曰:"灶敷蛮夏,极事于秦即服……"

A、B 两段铭文的第 ii 部分中,用"虩事蛮夏"四字来形容秦国先公(十有二公)的功绩,C 铭文的主体不详,但也说让蛮夏"极事于秦"。"虩事"应为"明显地使役"之意①,"灶有"应为"普遍领有"之意。即铭文 A、B 是在赞颂秦国历代先公,铭文 C 在赞颂某个暂不详的主体,相同点是他们均令"蛮夏"服从于秦国。

我们再来看 1978 年出土的新出秦公钟铭文:

(D) 新出秦公钟铭

(i) 秦公曰:"我先祖受天命,赏宅受国。(ii) 烈烈昭文公、静公、宪公,不坠于上,昭合皇天,以虩事蛮方。"(iii) 公及王姬曰:"余小子,余夙夕虔敬朕祀,以受多福,克明厥心,盭和胤士,咸畜左右,□□允义,翼受明德,以康奠协朕国,延百蛮,俱即其服。"(iv) 作厥和钟,灵音鈇鈇雝雝,以宴皇公,以受大福、纯鲁、多厘,大寿万年。秦公其畯毅,膺受大命,眉寿无疆,匍有四方。其康宝。

对比上述四器铭文,能发现几处异同。首先,A、B、D 三段铭文的行义结构非常相似,都是先说祖先受命建国(i),然后后嗣先公做了什么功绩(ii),接着说作器者的功绩(iii),最后是作器目的和祝语。也就是说铭文内容是从作器者的视角回顾的秦国威风史,更是对秦国"匍有四方"、万寿无疆的盼望。有趣的是,三段铭文所载的受天命和统治四方这些功绩在西周金文中是属于文王、武王的②,这显

①《通释》199 释"虩"字为"明之义,言使之明显","事"通"使"。
② 西周金文中,周文王被定义为膺受天命者,周武王则是领有四方者。参见丰田久《周王朝の君主権の構造について:"天命の膺受者"を中心に》,松丸道雄编《西周青銅器とその国家》,東京大学出版会,1980 年;同《周王朝と"成"の構造について:成周はなぜ"成"周と呼ばれたか》,《東洋文化研究所紀要》第 109 册,1989 年。

然是沿袭了西周金文的行文格式。

其次,宋出秦公钟(A)和秦公簋(B)的铭文内容极为相似,但和新出秦公钟(D)的内容明显有差。例如 A、B 两者均称建国者为"丕显朕皇祖",可是 D 只简单地称"先祖";A、B 简单地说"十有二公",D 却具体地举出文公、静公、宪公三位先公谥号;A、B 称先公们统治的对象为"蛮夏",D 称为"蛮方";除此之外,A、B 认为先公们的功绩是"保业厥秦",即保卫秦国,D 却把这份功绩纳入作器者的功劳范畴当中,说是"以康奠协朕国";而且 A、B 中的"万民""万姓""镇静不廷"等不见于 D。猜想 A、B 铭文和 D 铭文之间存在着制作主体和制作时期上的差异。

2. 秦公诸器年代

那么,我们要如何推定秦公诸器的制作时期呢? 首先,宋出秦公钟(A)铭文里的"皇祖"和"十有二公"到底指谁,自宋代欧阳修以来一直争论不休,被人们推测是作器者的就有秦成公(公元前 663～前 660 年在位,下同)、秦穆公(前 659～前 621)、秦共公(前 608～前 604)、秦桓公(前 603～前 577)、秦景公(前 576～前 537)、秦哀公(前 536～前 501)等几位秦公,当中秦景公被认为是最有可能的。[1]

秦公簋(B)因为没有失传,所以除铭文内容之外,林巳奈夫[2]和冈村秀典[3]二位也尝试基于考古学的形式编年来推测年代。林巳奈夫以秦公簋作为其先秦中国青铜器整体编年工作中的一

---

[1] 参见张政烺(1990年)、陈昭容(2003年)的综述。主张秦景公作器的有杨南仲、欧阳修、赵明诚、郭沫若等人。

[2] 林巳奈夫,1972年。

[3] 陕西省宝鸡秦家沟一号秦墓出土了一尊青铜簋,从形式学角度来看与秦公簋相一致,冈村秀典(1985年)将之编年为春秋中后期(公元前600年左右),与秦公簋同一时期。

环,并根据铭文推测其绝对年代是"秦景公"时期。冈村秀典在给秦墓文化编年时,通过比较秦公簋和其他秦墓出土的簋,推测秦公簋应铸于公元前 6 世纪前半叶,具体的作器者应是秦共公或秦桓公其中一个。二人的器形、墓葬编年工作给以往基于铭文内容释读的研究增添了新的论据。

1978 年出土的新出秦公钟(D)为确定秦公诸器的年代提供了一个明确的立足点。陈昭容在回顾了过往研究成果的基础上,对该器的年代做如此考证:新出秦公钟铭中,在受命者"我先祖"之后记载了文公、静公、宪公三位先公名,翻查《史记·秦本纪》所载的秦国世系,可知此处受命的先祖应该是文公的前一代秦公,即秦襄公。[1] 从而新出秦公钟的作器者应该是秦宪公之子秦武公,故该器应铸于春秋前期。[2]

基于新出秦公钟的年代考证结论,宋出秦公钟和秦公簋的制作年代也能准确定位了。假设两器铭文所说的"皇祖"指的是秦襄公,那么在那之后的"十有二公"就是秦文公到秦桓公的十二代秦公[3],两器的作器者即秦桓公的下一代秦公——秦景公。再加上秦公大墓编磬(C)铭文的字体、遣词和宋出秦公钟、秦公簋有相同之处,而且文中写明作器者是共公和桓公的继承人,故编磬

---

[1]《史记·秦本纪》中也有认为秦襄公是秦国开国君主的记载:"平王封襄公为诸侯,赐之岐以西之地。曰:'戎无道,侵夺我岐、丰之地,秦能攻逐戎,即有其地。'与誓,封爵之。襄公于是始国,与诸侯通使聘享之礼。"将开国君主定义为受命者的铭文还有晋公□铭(《集成》10342,春秋/《铭文选》887,春秋晋定公/【林】春秋晋景公/《通释》202),其云晋国始祖唐叔是受"大命"者。可见这在春秋时期周系诸侯国中并不是出格的思想,与周室的封建传说也并不矛盾。

[2] 吉本道雅《秦:戦国中期以前》(载《中国先秦史の研究》,京都大学学術出版会,2005年)和《夏殷史と諸夏》认为秦武公之兄出子才是作器者。

[3] 张政烺(1990 年)认为"十有二公"是与《春秋》十二公相同的所谓"天之数",而非实际数字。不过,按陈昭容说法认为"十有二公"指秦文公至秦共公这十二人也无甚不妥。

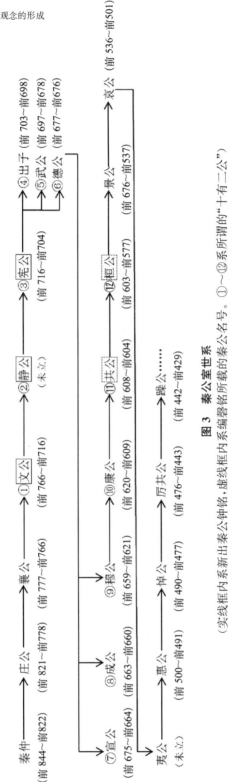

图 3 秦公室世系

（实线框内系新出系秦公钟铭，虚线框内系编磬铭所载的秦公名号。①～⑫系所谓的"十有二公"）

的作器者也很有可能是秦景公。这也进一步增加了 AB 两器是秦景公所作的说服力。

综上所述,我们从考古学编年和铭文释读两个角度出发,推测 A、B、C 铸于春秋中后期(公元前 6 世纪前半叶),D 铸于春秋前期(公元前 8 世纪末～前 7 世纪前半叶)。当然,这个结论并不能说服所有人,例如平势隆郎和高津纯也就认为 A、B、C 三器的作器年代要晚至战国时期或不详。平势的观点要之如下:①

(1) 铭文中的"十有二公"要联系《春秋》才好理解,有必要讨论一下与《春秋》成书同时期的秦公;

(2) 铭文中的"下国"等词可以联系战国中期的天下思想去理解;

(3) 新出秦公钟、镈铭文里的"文公"与称王行为相关,有着特殊含义,暗示作器者的时代有可能更晚;

(4) 在冈村秀典编年中比秦公簋还要晚两期,即春秋后期后半段的凤翔高庄十号秦墓铜戈,和越王者旨於赐戈十分相似。越王者旨於赐戈一直以来的编年是公元前 5 世纪中叶,但平势认为当是公元前 376 年;

(5) 新出秦公钟的调音已经意识到了十二方位中的亥和辰,平势认为这种音乐理论要到战国中期才出现。

在平势隆郎的基础上,高津纯也认为秦公簋可以编年为春秋至战国的任意一个时期。② 近年的著作中多认为 A、B、C 三器铸于春秋时期,而平势隆郎斥之为"旧说",认为正确的年代应是战国中期,但对于新出秦公钟,又说可能是春秋前期秦武公所铸,也

---

① 平势隆郎,1996 年,第 229～233 页。
② 高津纯也,1999 年。

有可能是武公之后所铸,未能下定论。①

从上可见,平势的论述角度颇多,然而其前三个论点并没有给出战国中期之前不存在这些用词的证据,故未能真正驳倒依据铭文内容和器形编年所做出的年代比定。而且,论点(4)提到的越王者旨於赐戈的年代和秦公簋的年代并没有直接联系,就算这把戈的年代是公元前4世纪之后,那也不能说明较之还早两期的秦公簋年代是战国中期。再者,平势自己都说了未能下定论,相当于自己反驳了论点(5),能不能用作证明其"战国中期"说还要打个问号。

综上,平势、高津二人的观点既无法用作证明秦公诸器年代晚至战国时期的决定性依据,也无法用作推测作器者的依据。因此,本章还是依照传统观点,认为新出秦公钟、秦公镈铸于春秋前期后半段(公元前7世纪初),宋出秦公钟、秦公簋、秦公大墓编磬铸于春秋中期后半段(公元前6世纪前半),并在此基础上展开进一步论述。

第二节　何谓"蛮夏"

那么,作为本章主题的"蛮夏",具体而言到底指什么呢?首先,这个词是在提到秦国先公功绩(ii)时用的,所以所指的显然是秦文公至秦桓公这十二位秦公所统治、君临的对象。在这个前提下,我们对以往的研究成果做了整理分类,得出了以下四种解释:

---

① 平势隆郎,2005年,第363~366页。

（1）"蛮"指秦国周边戎狄，"夏"指中原诸侯；①

（2）"蛮"指秦国周边戎狄，"夏"指以秦国为中心的区域；②

（3）"蛮夏"是秦国大夫阶层的统称，包括了周遗民和戎狄，表面上看虽然是"蛮""夏"对立的形式，但实际上暗示着两者的融合；③

（4）"蛮夏"是秦国用来揶揄东方中原诸国"明明是夏，却像个蛮夷"的贬义词，相对地，秦国认为本国才是真正的"夏"。④

上面四种解释中，（1）（2）（3）认为"蛮夏"是"蛮"和"夏"两个反义字所组成的词语，而（4）则认为这个词是对中原诸侯的贬称。前三者几乎一致认为"蛮"是居住在秦国周边地区的戎狄团体，只是在"夏"的具体范围解释上有分歧，（1）认为"夏"是除秦国的诸侯国，（2）认为是以秦国为中心的区域，（3）认为"夏"指的是秦国统治下的周人，"蛮"和"夏"都是秦国的大夫阶层。

那么，这四种解释当中哪一个最有说服力呢？正好，比 A、B、C 三器都要早的新出秦公钟（D）铭文是我们回答这个问题的线索。吉本道雅曾论述过，A、B 两器的铭文显然是参照着 D 铭文而写的，从而我们可以通过探讨自 D 到 A、B 的继承和嬗变情况，以之作为探索"蛮夏"具体内容的线索。

1. 受命者秦襄公功绩之嬗变

对比新出秦公钟铭（D）和春秋中后期的秦景公三器铭（A、B、C），我们马上就能注意到受命者的定位有明显的变化。

---

① 张天恩，1980 年；张政烺，1990 年；《铭文选》919、920。

② 童书业，1934 年；《通释》199。

③ 吉本道雅《夏殷史与诸夏》，2006 年。

④ 余永梁，1927 年；平势隆郎，2005 年，第 122～126、364 页。

D：我先祖受天命，赏宅受国。

A：丕现朕皇祖受天命，灶有下国。

B：丕显朕皇祖受天命，鼏宅禹责。

D铭文中，受命者的功绩只有"赏宅受国"和建立秦国，可是在AB铭文中变成了奠都禹迹和领有下国。上一章中我们已经讨论过，"禹迹"本来是指周王都，用在这里透露出认为秦襄公的功绩堪比大禹和周文王，均是开创王朝的功业的思想。即秦襄公被赋予的"天命"的内涵，在春秋前期到春秋中后期这段期间发生了明显的扩张和变化，从单指建立秦国，变成了定都禹迹、统领下国的权限。①

秦襄公统领下国这番言论显然不符合历史事实，我们可视之为历代秦公把自己的愿望安放到了始祖襄公身上。《史记·秦本纪》载，周平王封秦襄公为诸侯，说："戎无道，侵夺我岐、丰之地，秦能攻逐戎，即有其地。"得到周王这番允许后，秦国得以建立。这里的建国经过应是D铭文所说的"赏宅受国"，领有岐、丰之地应相当于B铭文的"鼏宅禹责"。《秦本纪》对秦襄公的记载，应该是糅合了当时留存下来的两种传说，或许是司马迁觉得没有必要断定这两种传说只有一个是对的，反而应该认为这是历代秦公假托始祖在书写自己的想法吧。

所以，我们要以始祖秦襄公是"禹迹""下国"的统治者，即王朝开创者兼大地领有者双重身份的语境去理解 A、B、C 三段铭文。这一节中我们已经知道了（i）中的始祖传说发生了变化，那么接下来我们要看的就是（ii）所记载的先公功绩中"蛮方"与"蛮夏"的

---

① 张政烺（1990 年）对比了新出秦公钟和秦公簋、宋出秦公钟，认为后者所载的建国者事迹更为夸张。

含义。

2. "蛮"者何也?

对比 D 铭文和 A、B、C 铭文,我们发现秦国先公们的统治对象从"蛮方"变成了"蛮夏"。这两个词之间"蛮"被保留了下来,另外新加了一个"夏"的概念上去。

> D:文公、静公、宪公,不坠于上,昭合皇天,以虩事蛮方。
> A:十有二公,不坠在上,严龚夤天命,保业厥秦,虩事蛮夏。
> B:十有二公,在帝之坏,严龚夤天命,保业厥秦,虩事蛮夏。
> C:绍天命,曰:"灶敷蛮夏,极事于秦即服……"

我们先来看"蛮"。在第一章中我们已经谈到,"蛮"这个字在金文、《诗经》等西周至春秋时期的史料中均可见。西周中期的史墙盘铭:"上帝司燕,尤保授天子绾命、厚福、丰年,方蛮亡不□见。"[①]西周后期的虢季子白盘铭:"赐用钺,用征蛮方。"[②]这里的"方蛮""蛮方"都和特定方位没关系。此外,西周后期的兮甲盘铭[③]中的"蛮"指的是南淮夷的居住地;同样是西周后期的戎生编钟铭的"蛮戎"[④]及《诗经·大雅·韩奕》的"百蛮"[⑤]指的是山西地区的戎狄群体。即,"蛮"原是指代居住在四方边疆地区所有化外之民的统称,并不局限于南方。

---

① 《集成》10175,西周中期/《铭文选》2254,西周恭王/【林】西周 II/《通释》补释 15。
② 《集成》10173,西周后期/《铭文选》440,西周宣王/《通释》192。
③ 《集成》10174,西周后期/《铭文选》4374,西周宣王/【林】西周 III B/《通释》191。
④ 《近出》27~34,西周后期。
⑤ 《诗经·大雅·韩奕》:"溥彼韩城,燕师所完。以先祖受命,因时百蛮。王锡韩侯,其追其貊。奄受北国,因以其伯。实墉实壑,实亩实藉。献其貔皮,赤豹黄罴。"

值得留意的是周室在西周后期到春秋时期时不时会授予诸侯征讨"蛮"的权力。例如虢季子白盘铭记载,虢季子白获赐"用钺",这是蛮方征讨权的象征。从子白的角度看来,这是"丕显子白,壮武于戎功,经维四方",即征讨玁狁,恢复"四方"秩序,立下功勋所获的赏赐。《诗经·大雅·抑》中的"修尔车马,弓矢戎兵,用戒戎作,用遏蛮方",说的依然是周王命令诸侯讨伐蛮方。

另一方面,诸侯似乎也颇自豪自己征讨或统御"蛮"的功绩。例如西周后期的戎生编钟铭文记载,戎生的"皇祖"——宪公便是"用建于兹外土,遌□蛮戎,用榦不廷方"。《诗经·大雅·韩奕》记载了祖先获封为韩侯,掌控"百蛮"的功绩。又,春秋后期的晋公□铭①载晋国始祖唐公"□受大命,佐佑武王。□□百蛮,广□四方,至于不廷,莫不来王"的功绩。《诗经·鲁颂·閟宫》也赞颂了鲁公征服淮夷、蛮貊和南夷的功绩。②

以上事例表明,西周至春秋时期的诸侯把征讨周边蛮方、百蛮、蛮戎的权力视为事关本国存立的重要权限,反映了诸侯自认为是征讨边境"不廷"(不来朝觐)者之人,即"蛮夷镇服者"的自我认知。

有西周、春秋时期的事例作参照,作为春秋前期铭文的 D 铭文中的"蛮方"一词含义便显而易见了。铭文在说完受命者秦襄公建立秦国之后,谈到了秦文公、秦静公、秦宪公三个继承人统御国外"蛮方"的历史,然后是现任秦公稳定"朕国"、威震"百蛮"的事迹。这显然是把自己定位成了周边蛮夷镇服者。

如"蛮方"当作此解释的话,那么后继铭文 A、B、C 三者中"蛮

---

① 《集成》10342,春秋/《铭文选》887,春秋晋定公/【林】春秋晋景公/《通释》202。
② "戎狄是膺,荆舒是惩""淮夷蛮貊,及彼南夷,莫不率从"都是"鲁侯之功"。

夏"的"蛮"也应该是指秦国周边戎狄①，毕竟很难想象本来指秦
国周边戎狄群体的"蛮"会一下子就变成东方中原诸侯国的贬称。
从而，上述关于"蛮夏"的几个解释当中，认为"蛮夏"是中原诸侯
贬称的观点（4）应是不成立的。

3. 从"蛮方"到"蛮夏"

　　"蛮方"在春秋前期阶段还是秦国的统治对象，在春秋中后
期，"蛮方"一词新添上了一个"夏"，组成了"蛮夏"一词，那么这里
的"夏"到底是什么意思呢？我们将从以下几个条件出发展开
讨论。

　　第一，秦国曾经占领周室旧地宗周丰邑。在上一章中我们已
经论述过，宗周丰邑很早就被视为禹迹，又可称区夏。《左传·襄
公二十九年》载吴公子季札之言，谓秦国的音乐是"夏声"，说"夫
能夏则大，大之至也，其周之旧乎"。即继承了周室旧地的秦国的
音乐属于"夏声"。再考虑到 A 铭文认为秦国建国地是禹迹，可

①《史记·秦本纪》中记载的秦襄公至秦宁公（即铭文中的秦先公）时期的对外关系如
　下表：

时　间	事　件
襄公十二年（公元前 766 年）	（襄公）伐戎而至岐，卒。
文公三年（公元前 763 年）	文公以兵七百人东猎。
文公四年（公元前 764 年）	至汧、渭之会，即营邑之。
文公十六年（公元前 750 年）	文公以兵伐戎，戎败走，于是文公遂收周余民 有之，地至岐，岐以东献之周。
文公二十七年（公元前 739 年）	伐南山大梓、丰、大特。
宁公二年（公元前 712 年）	公徙居平阳，遣兵伐荡社。
宁公三年（公元前 711 年）	与亳战，亳王奔戎，遂灭荡社。
宁公十二年（公元前 704 年）	伐荡氏，取之。

知秦国肯定有着自以为是"夏"之本源的意识。

第二,A、B、C三段铭文都明确区分了"蛮夏"和"秦"。铭文
A、B说"保业厥秦,虩事蛮夏",即历代先公维护秦国统一,同时
统治外部的蛮夏。C铭文也说"灶敷蛮夏,极事于秦即服"。三段
铭文中的"蛮夏"都是服从于秦国的群体,而非秦国本身。因此,
认为"夏"的范围仅限于秦国疆域的解释是不妥的。

第三,春秋前期至中后期这段时间的秦公事迹。自秦武公起,
秦国不但吞并周边的戎狄地区,还开始进军东方诸侯,扩张领土。
例如公元前651年,秦穆公插手晋国内乱,和齐国联手扶植晋惠公
(《左传·僖公九年》);然后又在公元前649年联合晋国攻打伊洛之
戎,救援周室(僖公十一年);在公元前645年韩之战中击败晋侯(僖
公十四年),获河西之地(僖公十五年),并在河东置官,扩大领土
(僖公十六年);公元前640年,灭梁、芮二国①;此后,在公元前
636年拥立晋文公(僖公二十四年),翌年和晋国联手镇压周王子
带之乱(僖公二十五年);公元前632年,在城濮之战中击败楚国
后,与晋、齐、宋、蔡、郑、陈、莒、邾八国诸侯在温这个地方举行会
盟(僖公二十八年);公元前627年,秦穆公联合晋国出兵攻打郑
国,灭滑国,但在瓜分郑国问题上与晋国决裂,并于殽之战中惨败
(僖公三十三年)。自此之后,秦国蚕食东方的脚步为晋国所阻,
但是秦国并未就此死心,在公元前626年彭衙之战②和公元前

---

① 芮国是在今陕西省大荔县附近的一个姬姓诸侯国,和梁国同位于今陕西省东部的
韩城市,芮、梁二国的情况参见陈槃《春秋大事表列国爵姓及存灭表譔异》,《"中央
研究院"历史语言研究所专刊52》第三册,1969年。
②《左传·文公二年》《史记·秦本纪·缪公三十四年》《史记·十二诸侯年表·秦穆
公三十五年》。

624 年王官之战①中试图报复。秦穆公之后,秦国还出兵东方,参
与会盟②。

　　由此可见,秦穆公之后的秦国一边向本国周边的西戎称霸,
一边试图染指晋国麾下的东方诸国。从结果上来说,秦国染指东
方的计划受挫了,但是即便如此,秦国并没有停止对晋国的军事
行动,甚至参与了楚、宋、陈、卫、郑、齐、邾、薛、鄫等诸侯的会盟。
因此,窃以为秦国实际上断断续续地和东方诸侯保持着联系,并
非完全被孤立于今陕西一地。秦穆公时期,秦国甚至一度爬到了
晋国头上,还在温与其他诸侯并列参与会盟,这番功绩或许为日
后秦室代代相传吧。从而,包括秦穆公在内的"十有二公",其辖

----

①《左传·文公三年》《史记·秦本纪·缪公三十六年》《史记·十二诸侯年表·秦穆
　公三十六年》。
②《左传》和《史记》中记载的秦康公至秦桓公期间,秦国进军东方的事件如下表:

时间	事件
秦康公元年(公元前 620 年)	秦以兵送晋公子雍至令狐。
秦康公二年(公元前 619 年)	秦伐晋,取武城,报令狐之役。
秦康公四年(公元前 617 年)	晋伐秦,取少梁。秦伐晋,取北征。
秦康公六年(公元前 615 年)	冬,秦伐晋,取羁马,战于河曲,大败晋军。
秦康公十年(公元前 611 年)	楚、秦、巴灭庸。
秦共公二年(公元前 607 年)	秦师伐晋,围焦。
秦桓公四年(公元前 601 年)/ 秦桓公三年(公元前 602 年)	晋,白狄伐秦。
秦桓公十一年(公元前 594 年)	秦伐晋,晋魏颗败秦师于辅氏,获杜回。
秦桓公十六年(公元前 589 年)	(鲁)公及楚人、秦人、宋人、陈人、卫人、郑人、齐人、曹人、邾人、薛人、鄫人盟于蜀。
秦桓公二十三年(公元前 582 年)/ 秦桓公二十二年(公元前 583 年)	秦人、白狄伐秦。
秦桓公二十五年(公元前 580 年)/ 秦桓公二十四年(公元前 581 年)	(秦桓公)与晋厉公夹河而盟,归而倍晋成,与翟合谋击晋。

下的"夏"的语境范围极有可能是包括了晋国、郑国等东方诸侯国的。

综合上述的三个条件,我们推测"蛮夏"中的"夏"应该是以秦国所占领的周室旧地(禹迹)为中心,再加上东方"诸夏"诸侯国的概念。铭文 A、B、C 首先在 ⅰ 部分说始祖秦襄公获天赐"禹责""下国"的统治权,然后在 ⅱ 部分说十二位秦先公保护了秦国本土,并统治本国周边的戎狄(蛮)和东方诸侯国(夏)。这反映了春秋前期的秦公的自我定位是"蛮夷镇服者",而春秋中后期的秦景公则更进一步,自认为是蛮夷和诸夏双方的统治者。

我们再回头看前人对"蛮夏"的解释,能发现认为"夏"仅指秦国中心地区[观点(1)]和认为"夏"仅指东方诸侯国[观点(2)]的解释都是不妥的。"夏"应该是以建国于禹迹之上的本国为中心,同时包含东方周系诸侯国的概念。①

观点(3)认为"蛮夏"相当于现任秦公事迹中的所谓"百邦""百辟",又以《左传》中称各国执政大夫为"执事"为由,认为"蛮夏"实质上就是秦国国内的大夫阶层。② 然而,我们可以试着对比一下包含"百邦""百辟"的现任秦公事迹部分:

A:烈烈桓桓,万姓是敕,咸畜百辟胤士。□□文武,镇

---

① 需要注意的是秦公篡铭文中的"禹责"仅指秦都,这和前引《诗经·商颂·殷武》以"多辟(诸侯)"建国于禹迹的观点有异。窃以为,这是由于宋国是"诸夏"同盟体制中的一员,而秦国直接占领了包括丰邑在内的周室旧地,并脱离了"诸夏"同盟秩序而导致的。秦国虽然同样认为东方同盟诸侯是"夏",但是说到"禹迹"的时候用了更原始的含义,好把本国定义为"夏"的本源。

② 吉本道雅(2005 年,第 404、405 页)和《夏殷史と諸夏》认为宋出秦公钟铭文第 ⅲ 部分中提到的"百辟"是"百邦"之君,又以《左传》中用"执事"一词指称他国大夫为由,论证"百辟""百邦"是秦国所分封的大夫阶层。又认为这和第 ⅱ 部分中的"蛮夏"是同义,反映了秦国视本国疆域为"小天下"世界。

静不廷,柔燮百邦,于秦执事。

B:烈烈桓桓,万民是敕,咸畜胤士,□□文武,镇静不
廷,虔敬朕祀。

能发现相同的部分应该是"不廷"才对。本国大夫不大可能会被
称为"不廷"。另外是认为"执事"是大夫阶层的解释。"执事"一
词原是动词,乃"执行职务"之意。的确,文献史料有称大夫为执
事的例子,但这是名词性用例,而铭文中的"执事"是动词,两者不
应作同义解。况且先秦史料中作动词用的"执事",主语也并非只
有大夫阶层。① 再者,A 铭文中的"柔燮百邦,于秦执事"一句在
D 铭文中作"延百蛮,俱即其服",当中的"即服"亦见于秦公大墓
编磬铭(C),即"灶敷蛮夏,极事于秦即服"。因此,动词"执事"之
意应与"即服"相通。"服"即"事",职务、事务之意,故"即服"的意
思也是"执行职务"。《左传》中用"即事"一词来形容晋国与姜戎
氏的统属关系(襄公十四年),用"即"字作动词来表示诸侯国之间
的统属关系,如"僖公元年"的"郑即齐"、"僖公十五年"的"徐即诸
夏"、"僖公二十六年"的"(宋)叛楚即晋"。所以动词"执事"的主
语并不一定是秦国国内的大夫阶层,更多的是让戎狄或诸侯国服
从于秦国统治的意思。

结　语

综上,归纳本章所得出的结论,有以下几点:

---

① 《论语·子路》:"樊迟问仁。子曰:'居处恭,执事敬,与人忠。虽之夷狄,不可弃
也。'"《周礼·天官·大宰》:"九曰闲民,无常职,转移执事。"这两处的"执事"都是
普通的"执行职务"之意,而且主语也并没有限定在大夫阶层。

一、新出秦公钟铭文(D)与宋出秦公钟(A)、秦公簋(B)铭文所反映的历史意识有很明显的差别。具体而言,受命建国者的功绩从一开始的建立秦国,扩大到奠都禹迹、领有下国;先公们的事迹也从一开始的统治蛮方变为统治蛮夏。发生这种变化的原因可能是新出秦公钟铸于春秋前期,而宋出秦公钟和秦公簋铸于春秋中后期,之间存在时代差异。

二、自西周后期至春秋时期,很多诸侯国都自认为是蛮方的统治者,这一自我意识也可以说成是"蛮夷镇服者",反映了诸侯认为统御周边蛮夷戎狄是本国的一个重要权限的意识。

三、与之相对,"蛮夏"一词或是在蛮夷戎狄的基础上,再加上秦国以外的诸侯国(夏)的一个统称。从 D 铭文至 A、B、C 铭文的这段期间,秦国统治阶层对于本国的历史定位发生了明显的嬗变和扩张,作为本国统治对象的他者范畴不仅包括原来的"蛮",还新加上了"夏"的概念。

那么,秦公诸器的历史认知要如何定位呢?首先我们注意到"同时君临蛮夷与诸夏"的自我意识和《左传》透露出的大国意识(详见本书第五章)在内容上极为相似。《左传》载晋悼公"匡有戎狄","以正诸华",楚共王"抚有蛮夷","以属诸夏"(襄公十三年)。这种横跨"华""夷"边界,同时君临双方的权力模式正与春秋中期后半段秦公诸器铭文所说的相符。一边统合边疆地区的蛮夷戎狄,一边争夺诸侯盟主地位,这种思想堪称大国自我意识。尤其是《左传·襄公十三年》所记载的楚共王功绩,其在晋国同盟秩序之外另起炉灶统治诸侯的主张,与宋出秦公钟(A)、秦公簋(B)的自我意识极为相似。

再者,近年新出土的"北山四器"(或为春秋后期舒国青铜器)

之一——甚六编钟铭文中有"我以夏以南，中鸣媞好"一句。[①] 这句话将"夏"和"南"并列，应是引自《诗经·小雅·鼓钟》的"以雅以南"。重点是位于中原地区边境的舒国竟然会拿"夏"（周的音乐）和"南"（南方音乐）相比较。有可能舒国和秦国、楚国一样，自认为是介于蛮夷和诸夏之间吧。

我们已经知道了"诸夏"观念的形成时期，这对我们理解秦公诸器中的"蛮方"向"蛮夏"转变有很大帮助。"蛮方"是春秋前期铭文上的词语，而"蛮夏"是春秋中后期铭文上的词语，由此可知这段期间"夏"字衍生出了用作他者称呼的语义。这也从侧面证明了"诸夏"观念绝非来自所谓的夏朝，也非战国中期某个王权有意捏造，而是在春秋前期至中期自然形成的。同时，"蛮夏"是脱离霸主同盟体制的秦国所提出的，可知"夏"这个称呼并不是单纯的自称，而是从一开始就与他者有所关联，为人所认识的观念。

"蛮夏"的含义与下一章我们将要探讨的秦律中的"夏""夏子"有很多不同之处，但两者有一点是相同的，即视本国为"夏"的本源。这一点我们在本书结论部分还将提到，在此不再赘述。

[①] 甚六编钟、镈铭文见《东南文化》1988 年第 3、4 期及《近出》94～96；时代考证见曹锦炎《邍邡编钟铭文释议》，《文物》1989 年第 4 期。

第八章 秦律中的夏与臣邦

序 言

云梦睡虎地秦简《法律答问》中的"夏""夏子",以及与之相关的"臣邦"等概念对于我们考证先秦时期的"中华"观念非常重要。一般认为,《法律答问》是战国末期秦国官吏们所使用的释法书,推测"夏"等字词应该是在秦律中实际使用的概念。当然,这个概念没法贸贸然地下一个普遍的定义,但因为条文上定义的"夏"概念无论是构建的主体,还是其年代的下限都是明确的,所以能够为我们理解战国时期"中华"的多义性提供一个基点。

秦律所见的"夏""夏子"已经有很多学者做过讨论了[①],当中以工藤元男的研究最为详尽,是我们在探讨这个问题时首先要参考的成果。但是,在我们将要提及的一些重要论点上,学者之间存在不少分歧,即便是工藤的观点也存在着值得商榷的部分。因此,本章我们打算在验证前人成果的基础上,通过探讨秦律的

---

① 古贺登《中国古代の時代区分問題と睡虎地出土の秦簡》,载《漢長安城と阡陌、県郷亭里制度》,雄山閣,1980 年;于豪亮《秦王朝关于少数民族的法律及其历史作用》,载《云梦秦简研究》,中华书局,1981 年;工藤元男《睡虎地秦墓竹簡の属邦律をめぐって》(《東洋史研究》,第 43 卷第 1 号,1984 年)、

（转下页）

"夏""夏子"及与之紧密相关的"臣邦"等概念,阐明战国秦国在其统治体系上所构建的"夏"架构。

第一节　前人对秦律的"夏""夏子"之解释

睡虎地秦简《法律答问》中提到"夏"的有如下两条:①

a. 臣邦人不安其主长而欲去夏者,勿许。

何谓夏? 欲去秦属是谓(去)夏。

——第 176 简

b. 真臣邦君公有罪,致耐罪以上,令赎。

何谓真? 臣邦父母产子及产它邦,而是谓真。何谓夏子? 臣邦父、秦母谓也。

——第 177、178 简

条文 a 是对法律禁止臣邦人"去夏"的解释,将"去夏"定义为"去

(接上页)《秦の領土拡大と国際秩序の形成》(《睡虎地秦簡より秦代の国家と社会》,創文社,1998 年)、《秦の領土拡大と国際秩序の形成再論:いわゆる"秦化"をめぐって》(《早稲田大学長江流域文化研究所年報》第 2 号,2003 年)、《秦の巴蜀支配と法制、郡県制》(《アジア地域文化学の構築》,雄山閣,2006 年);飯島和俊《戦国秦の非奉人対箒・奉箭を手掛りとして見た戦国秦の社會構造》,載《中村治兵衛先生古稀記念東洋史論集》,刀水書房,1986 年;越智重明《華夷思想》,載《戦国秦漢史研究(二)》,中国書店,1993 年,初出 1990 年;鶴間和幸《古代中華帝国の統一法と地域:秦帝国の統一とその虚構性》,《史潮》新刊第 30 号,1992 年;堀敏一《中国の異民族支配の原型——秦漢》,《中国と古代東アジア世界:中華的世界と諸民族》第三章,岩波書店,1993 年;高津純也《"夏"字の"中華"的用法について:華夷思想の原初的形態に関する序論》,載《論集:中国古代の文字と文化》,汲古書院,1999 年;张金光《秦制研究》,上海古籍出版社,2004 年,第 49～51 頁;平勢隆郎《都市国家から中華へ》,講談社,2005 年,第 122～126 頁。

① 本书对秦律的引用以《睡虎地秦墓竹简》(文物出版社,1990 年)的编号为准。

秦属"。另一方面,条文 b 回答了"真""夏子"当作何解,其对"夏子"的定义是"臣邦父、秦母"。

工藤元男对这两条条文的解释①大意如下:

(一)条文 a 中的"臣邦"是相对于"它邦"而言的秦国领域,指处于秦国某种程度统治下的臣属国家。"秦属",即归属秦国,换句话说就是拥有秦国籍贯,离开籍贯地就是"去夏",逃出秦国之意,这自然是不被允许的。从而我们可以认为秦国不止自认为是"夏",还把其统治下的臣邦也纳入到"夏"的范畴内。

(二)条文 b 把"夏子"定义为是"臣邦父、秦母"的孩子。可是,如果父母都是秦人的话,他们的孩子自然也应该算是"夏子"才对。因此,我们认为"夏子"的更准确定义是"拥有完全秦国人身份的孩子",而这个身份的认证条件是生母必须是秦人。相对地,生父生母均是"臣邦"之人,或者出生地是"它邦"的话,那就全部认证为"真"。这就从法律上给外国出生的孩子定性了"客"的身份。

(三)因此,居住于秦国势力范围内的人是"夏子"还是"真",其中一个判断标准是看其生母的身份。战国秦国以这种身份制度为杠杆,利用秦人女性的婚姻来逐渐同化臣属的外邦人。

综上,工藤指出秦律中的"夏"有双重性质。其一,"夏"是包括臣邦在内的秦国领域;其二,"夏子"是由秦人母亲所生的"完整秦国人"。在此基础上,工藤进一步提出秦国利用秦人女性与秦国统治范围内的外邦男性(客)通婚来逐渐使外邦"秦化",还原了秦国以秦人为中心的同心圆式身份秩序架构。

但是,工藤的观点有几处可商榷,尤其是他对于"夏子"的理

_____

① 工藤元男,1984 年;工藤元男,創文社,1998 年。

解。要是"夏子"是拥有完整秦国身份的人，且判断其是夏子还是真的标准是生母血统的话，那么秦人父亲与臣邦或它邦母亲所生的孩子必定是真。可是，只要我们留意一下历代秦王很多都迎娶了外国夫人这一事实①，以及秦人男性与臣邦女性通婚的可能性的话，就知道这显然是说不通的。② 不知道是不是因为这个原因，工藤也没有在文章中明确告诉我们秦人父亲与臣邦或它邦母亲所生的孩子是什么身份。

　　事实上，有不少学者反对工藤的观点。例如堀敏一就反对过工藤对条文 a 中"臣邦"与"夏"的解释。③ 堀敏一以臣邦包括外族(戎)的邦为由，质疑了工藤认为"夏"的范围包含臣邦的观点，认为"夏"归根究底仅指秦国本土，所谓的"去夏"是臣邦之人离开秦国(夏)管辖的地区之意。

　　饭岛和俊反对了工藤对条文 b 中"夏子"的解释。④ 饭岛是赞同秦国通过婚姻"秦化"非秦人的，可是他认为"夏子"是臣邦父亲和秦人母亲所生的孩子，而只要生父是秦人，不管母亲是什么身份，孩子都是"秦人"。相对于工藤认为秦国国内的居民被按照生母的血统分为"夏子"和"真"，饭岛的观点进一步提出按照生父的血统还有一个"秦"的身份，值得参考。只不过如此一来，"秦"

---

① 《史记》的《秦本纪》和《秦始皇本纪》中，迎娶外国女性的秦君有秦宪公(鲁国)、秦穆公(晋国)、秦惠文王(魏国、楚国)、秦武王(魏国)、秦庄襄王(赵国)。又，《六国年表·楚表·怀王二十四年(秦昭襄王二年)》有"秦来迎妇"一句。这表明秦国国君、公子迎娶外国女性不是稀奇事。

② 工藤元男(1984 年，以及創文社 1998 年、2003 年)也注意到了这一点，遂认为可能对于秦君的情况另有规定，但是这个所谓的另有规定具体为何，与这里所规定的条文整合性如何，都没有详细说明。

③ 堀敏一，1993 年，第 61～65 页。此外，关于"夏子"之所指，堀敏一和工藤一样，认为包括了秦人父母之子。

④ 饭岛和俊，1986 年。

和"夏子"的异同关系就成问题了。按饭岛所说,"秦"是基于生父所定的身份,而"夏子"是基于生母所定的身份,那么这两者就是相互独立的概念。要用来支撑秦国通过婚姻来同化非秦人这个论点,就得先厘清两者的关系。然而,饭岛并没有这么做。

又,张政烺对"夏"的解释是未被秦国同化的周边小国及三晋地区之人①,提出了与工藤完全相反的见解。张先生从"秦""夏"相对立的角度出发,认为既然臣邦男性与秦人女性所生的孩子是"夏子",那么秦人男性和臣邦女性所生的孩子应该是"秦子"才对。这一观点可以用来解释秦人父亲子女的身份问题,同时也解决了饭岛和俊未能解释清楚的"秦"与"夏子"区别的问题。然而,条文 a 明显是在"秦是夏的中心"(秦属)这一前提下写就的,窃以为似乎不应该把"秦"和"夏"对立起来。

另一方面,鹤间和幸认为臣邦指的是服从于秦国的周边民族小国,并以此为基础提出了稍异于工藤的观点。② 鹤间和幸指,"夏"是秦郡统治下的直辖领域,与秦女成婚的周边民族酋长从其子辈开始可算作"夏子"。但是,真正能称"夏"的只到酋长层面,普通民众是处于"夏"的统治之下,故"夏子"应该是面向周边民族统治阶层提出的概念。这一解释试图综合 a、b 两道条文,可是并没有解释清楚秦人父亲与臣邦或它邦母亲所生的孩子是什么身份,也没有区分"秦"与"夏子"的异同。譬如身为夏子的臣邦君长娶了非秦人的女性,他们的子女是什么身份呢? 故窃以为应该进一步深挖才对。

综上,条文 a 中的"夏"有三种解释,工藤元男认为其范围包括臣邦,堀敏一认为仅指秦国本土,张政烺认为是三晋地区。条文 b

---

① 张政烺,1990 年。
② 鹤间和幸,1992 年。又,越智重明(1992 年)、平势隆郎(2005 年)认为"夏子"是下嫁到外国的秦女所生的孩子。

中的"夏子"也是众说纷纭，对于"臣邦"一词的解释更是争论的焦点。秦律的"臣邦"解释起来有点复杂，我们留待下一节再详细讨论，这一节我们先探讨 a、b 两条语境下，"夏"和"夏子"的基本用法。

第一，秦国与臣邦的"主长"构成统属关系，而秦律中的"夏"是基于这等统属关系提出的概念。条文 a 禁止臣邦之人不安"其主长"，想要离开"夏"的行为，表明臣邦人是处于"主长"①统率之下的。即秦律以"秦＞臣邦主长＞臣邦人"这一层层统属的关系为前提，认定离开就是"去夏"，《法律答问》中更是将这一统属关系说成是"秦之属"，以此来解释秦律的"夏"。因此，所谓的"夏"，最直接的含义是"臣邦人通过他们的主长处身于秦国统属下"的状态②，窃以为这是基于秦国与臣邦主长之间某种统属关系而提出的概念。可惜光靠条文 a 我们无法得知其具体的性质。秦律所谓的"臣邦"之意为何，有必要再进一步探讨。

第二，条文 b 规定秦人母亲与臣邦人父亲所生的孩子为"夏子"。从这段条文中，我们能找到除"夏子"和"真"之外的一些人物身份属性，例如"秦""臣邦"和"它邦"。当中，生父是"臣邦人"、生母是"秦人"的人，身份是"夏子"；而生父和生母均是"臣邦人"，或出生在"它邦"的人，身份都是"真"。另外，秦律中还有"真臣邦君公"这一称呼，可知一个人能够同时具有"臣邦"和"真"双重身份。③ 由此我们推定与"真"相对的"夏子"也能够和"臣邦"身份

①《商君书·更法》："代立不忘社稷，君之道也。错法务民主长，臣之行也。"《新序·善谋》引之作"错法务明主长"。按蒋礼鸿《商君书锥指》（中华书局，1986 年），可从《新序》作"明主长"。所谓"主长"，即"臣"所侍奉的对象，或为一切"主君"的统称。

② 工藤元男（創文社，1998 年）释"秦属"为"秦国籍贯"，但这个"籍贯"的具体内容不详，故本书不从。

③ 后文引《法律问答》第 114 简中也有"臣邦真戎君长"一句，可知"秦/臣邦/真"和"夏子/真"是两个独立体系的概念。

并存。从而,所谓的"夏子",首先是指生父是臣邦人,生母是秦人,故自身拥有秦人血统的臣邦人。如此一来,工藤元男所谓"夏子拥有完整秦国人身份"的观点就要打个问号了。不过,"臣邦"的具体内涵现阶段不详,我们没办法进一步推论,因此我们打算在考证完秦律的"臣邦"含义之后,再倒过头来讨论"秦""臣邦""它邦",以及"夏子"与"真"的关系。

通过上述的基础性考证,我们肯定秦律的"夏"是基于"秦"和"臣邦"之间的某种关系(统属关系和婚姻关系)而提出的概念。那么,秦律的"臣邦"到底是什么意思呢?

第二节 睡虎地秦简中的"臣邦"

首先我们来回顾一下前人对"臣邦"的研究成果。第一个要提的依然是工藤元男。他着眼于与"臣邦"关系匪浅的秦律篇名①和战国秦国青铜器铭文②中可见的"属邦"一词,认为臣邦包括了"作为属邦的臣邦"和"作为附庸的臣邦"两者,前者是秦国在外族居住地区所设置的郡级地方行政部门,掌管县和道,而身居"作为属邦的臣邦"之下的外族人不仅君长要遵守秦法,连普通民众也要不同程度地接受秦法统治,类似于汉代所谓内臣和外臣的过渡形态。工藤元男的这一观点是从汉代属国制出发,倒过头来

---

① 云梦睡虎地秦简《秦律十八种·属邦 201》:"道官相输隶臣妾、收人,必署其已禀年月日、受衣未受、有妻毋有。受者以律续食衣之。"
② 刻有"属邦"一词的秦青铜兵器集成,见矢泽悦子《戦国秦の異民族支配と"属邦"》,《明大アジア史論集》I,1997 年。诸器详情参见袁仲一《秦中央督造的兵器刻辞综述》,《考古与文物》,1984 年第 5 期;王辉《秦铜器铭文编年集释》,三秦出版社,1990 年;江村治树《戦国時代出土文字資料の国別特質》,《春秋戦国秦漢時代出土文字資料の研究》,汲古書院,2000 年。

视秦简的臣邦相当于属邦，是秦国设置的郡级行政部门。[①]

矢泽悦子通过考证青铜器铭文上有"属邦"的句子，反驳了工藤的解释。[②] 据矢泽的考证，秦律的"臣邦"是服从于秦国的国家，而"属邦"是相当于汉代典属国[③]的一个中央官府，不能把两者混同。另外，秦帝国统治外族的部门是"道"，属邦与道之间找不到统属关系。矢泽又归纳讨论了秦律中的"臣邦"字句，从文献史料记载的秦国统治模式中挑出了臣服的外族邦国和秦国所封建的诸侯国（封君之国），认为这就是秦律中所说的"臣邦"。[④] 在此基础上，矢泽认为秦国在那些还没来得及设郡的地区允许臣邦存在，以之为过渡。

大栉敦弘探讨了统一之前的"秦邦"与外国的关系，过程中分析了"臣邦"的含义。[⑤] 按其所说，秦简中的"诸侯""外臣邦"和"臣邦"都是秦国对外国的称呼，当中的"臣邦"是位于边关内的内臣之国，可细分为非汉族（戎）臣邦、汉族但非秦人臣邦、秦人臣邦三种。秦简中另有"属邦"一词，属邦和非汉族有关，然而除此之外其详细不明，与臣邦有何关系也不清楚。

综上所述，围绕秦律中的"臣邦"，工藤元男认为这是服从于

---

① 但是工藤又说臣邦是"服从于秦国的邦国"。工藤元男（1984年）谓秦国在外族居住地设郡，郡的内部又设臣邦（属邦），臣邦的组成单位是道。可是工藤元男（創文社，1998年）中改成了设在外族居住地内的郡在法律上写作"臣邦（属邦）"。工藤元男（2006年）中再次修改为秦国在外族居住地正式设郡之前所设的行政部门，负责掌管当地的县和道。

② 矢泽悦子，明大I，1997年。

③《汉书·百官公卿表》："典属国，秦官，掌蛮夷降者。武帝元狩三年昆邪王降，复增属国，置都尉、丞、侯、千人。属官，九译令。成帝河平元年，省并大鸿胪。"

④ 矢泽悦子《秦の統一過程における臣邦——郡県制を補完するものとして》，《駿台史学》第101号，1997年。

⑤ 大栉敦弘《秦邦：雲夢睡虎地秦簡より見た"統一前夜"》，收入《論集：中国古代の文字と文化》，1999年。

秦国的附庸之国及秦国在外族居住地所设的地方行政机构——
属邦两者加起来的统称;而矢泽悦子和大栉敦弘则认为臣邦不同
于属邦,属邦是中央官府,臣邦是服从于秦国的国家。的确,很难
想象"臣邦"一个词会同时具有附庸国和郡级行政机构两个完全
风马牛不相及的意思。此外,秦简中除篇名之外就没出现过"属
邦"一词,战国秦国的青铜兵器铭文中的"属邦"也极有可能如矢
泽等人所说,是类似于汉代典属国的中央官府,而非地方行政部
门。① 因此,我们认为秦律中的"臣邦"和"属邦"不大可能是同一
个概念,还是应该将之分开看待。

在上述考证的基础上,我们接下来将进入到《法律答问》条文
的具体探讨。矢泽和大栉两位已经整理了"臣邦"的事例,下文的
论述中或有与之重复的部分,这是因为我们打算再确认一次从秦
律中归纳出来的"臣邦"特征。《法律答问》中的"臣邦",除上文的
a、b 两条之外,还有下列诸简文:

> c. 擅杀、刑、髡其后子,谳之。
>
> 　何谓后子? 官其男为爵后,及臣邦君长所置为后大
> 子,皆为后子。
>
> ——第72简
>
> d. 何谓赎鬼薪鋈足? 何谓赎宫? 臣邦真戎君长、爵当上

---

① 工藤元男(2003年)接受矢泽的反驳,承认青铜器铭文中的"属邦"是中央官府,但
　是依然坚持认为也有作为地方行政部门存在的属邦,论据是秦律中的《属邦律》。
　然而《属邦律》中虽然记载了道官派遣隶臣妾等的规定,却无法证明作为地方行政
　部门的属邦真正存在。窃以为,秦国的属邦应该还是理解为中央官府为好。属邦
　或许是由服从于秦国的蛮夷戎狄君长所管辖,拥有制造和修理武器的权限。在秦
　国动员蛮夷戎狄之际,属邦可通过道官提供武器给秦军。参见山田胜芳《秦汉代手
　工业の展開——秦漢代工官の変遷から考える》,《東洋史研究》第56卷第4号,
　1998年。

造以上、有罪当赎者，其为群盗，令赎鬼薪鋈足其有腐罪，
（赎）宫。其它罪比群盗者亦如此。

——第 114 简

e. 使诸侯、外臣邦其邦徒及伪吏不来，弗坐。

何谓邦徒、伪吏？ 徒、吏与偕使，而弗为私舍人，是谓
邦徒、伪吏。

——第 180 简

下面我们来归纳一下从条文 a 到条文 e 中的"臣邦"有何特征。

首先，臣邦的统治者或为君长（c、d）、君公（b），他们的地位很
有可能是世袭的。另一方面，我们找不到臣邦长吏的正式官职
名，也找不到臣邦向君长、君公下达命令之类事例。因此，臣邦应
该如矢泽和大栉所说，是君长、君公所统率的邦国，而非秦国所设
置的行政部门。

说君长、君公世袭，是因为条文 c 提到了"后子"包括向官府
报告的拥有"爵后"（爵位继承人）身份的孩子，和臣邦君长所置的
"后人子"。① 这表明秦法是承认"臣邦君长"指定继承人世袭地
位的。另一方面，秦律中并没有写明"臣邦君公"可世袭，但既然
"君长"可世袭，"君公"应无不可世袭之理。况且我们后文将会提
到，"臣邦君公"中还有人拥有列侯爵位②，由此判断，君公应该也
是包含在"爵后"的范畴里的。当然，指定"爵后"要经过秦国的批

---

① "后子""爵后"之意，参见尹在硕《秦汉律所反映的后子制和继承法》，载《秦汉史论
丛》第九辑，三秦出版社，2004 年；宫宅洁《漢初の二十等爵：民爵に附帯する特権
とその継承》，载富谷至编《江陵張家山二四七号墓出土漢律令の研究：論考篇》，朋
友書店，2006 年。
② 参见矢泽悦子，駿台史学，1997 年；另见本章后述。

准,这一点详见后文。

其次,臣邦君长、君公犯罪,所受的刑罚十分轻。例如条文 b 中,"真臣邦君公"犯了耐罪以上的罪行时才适用赎刑;条文 d 也规定"臣邦真戎君长"的地位相当于上造以上爵位者,其犯下群盗、腐罪才适用赎刑。这都可以理解成秦国对君公、君长量刑上的优待。[①] 不过,b 和条文 d 所说的是"真"的君长、君公,"夏子"的君长、君公目前在秦律中找不到相关规定。

再次,如前所述,臣邦人脱离秦国统属的行为称为"去夏",被明令禁止。但是,"去夏"并不能简单地理解为"逃出秦国",因为秦律中已经有了"邦亡"这么一个指逃出秦国的罪名了。《法律答问》中,"邦亡"的事例如下:

> f. 人臣甲谋遣人妾乙盗主牛,卖,把钱偕邦亡,出徼,得。
> 论各何也?
> 当城旦黥之,各畀主。
>
> ——第 5 简
>
> g. 告人曰"邦亡",未出徼阑亡,告不审。论何也?
> 为告黥城旦不审。
>
> ——第 48 简
>
> h. 邦亡,来通钱过万,已复,后来盗而得,何以论之?
> 以通钱。
>
> ——第 181 简

---

① 秦律中的赎刑,见角谷常子《秦漢時代の贖刑》,载梅原郁编《前近代中国の刑罰》,京都大学人文科学研究所,1996 年。角谷将这两条秦律的规定解释为因为其蛮夷君长的身份特权,适用赎刑。

从上可见,秦律中的所谓"邦亡",是说秦人越过了"徼"逃到国外的犯罪行为。徼,类似于今天所谓的边境墙①,条文 f、g 均指出一旦翻越徼,便视为"邦亡"。由此我们可推知,战国秦国已经有了邦域边界了。此外,秦律中还有"邦关"一词②,应是东至函谷关,西至西边诸关隘,即所谓关中地区诸关隘的统称,依然可以推出秦国邦域的边界。至于邦亡罪的量刑,条文 f 规定奴婢犯邦亡罪"城旦黥之","畀主";条文 g 中还有反坐规定,即"告黥城旦不审",推测量刑应为黥城旦舂。

臣邦人逃离秦国,条文 a 将之定性为"去夏",但没有关于边界的明确记载,适用的具体刑罚也没有写明。当然,我们不能否认有可能秦律中的量刑规定没有保留下来,但至少我们可以肯定的是"去夏"和"邦亡"是两个概念,毕竟臣邦人逃离秦,君并不一定就要逃离秦国,这也暗示着臣邦之人或许并不被算入"邦"内范围之中。

还有,臣邦之中还有一种叫"外臣邦"的国家。条文 e 中,"外臣邦"与"诸侯"并列,秦国对待外臣邦是和其他诸侯国一样,要派外交使节的。秦律中的所谓"诸侯"应如大栉敦弘所云,指的是不

---

① 《史记·黥布列传索隐》:"徼,谓边境亭鄣。以徼绕边陲,常守之也。"《汉书·邓通传》颜师古注:"徼,犹塞也。东北谓之塞,西南谓之徼。塞者,以障塞为名;徼者,取徼遮之义也。"可知,徼即今所谓边境墙之意。

② 《法律答问》第 140 简有关于"邦关"的记载:
> 盗出珠玉邦关及卖于客者,上珠玉内史,内史材予购。何以购之?
> 其耐罪以上,购如捕它罪人。赀罪不购。

山田胜芳《秦漢財政収入の研究》(汲古書院,1993 年,第 447、448 页)通过比较《法律答问》和《行书律》中的"关",认为这里的"邦关"应是"秦国关隘"之意。本来,"邦关"的意思是指函谷关等秦国边境关隘,但是随着秦国疆域的扩张,在原邦之外又有了"边关"。张家山汉简《津关令》透露,函谷关等南北关隘并不用作直辖郡的界线,而是真正地作为汉帝国的关隘发挥着作用。

服从于秦国的东方诸侯国。① 相对地,所谓的外臣邦应该就是以某种形式服从于秦国的国家,而且因为有一个"外"字,故和其他的臣邦应该也存在一定的差别。或许,条文 b 中区别于"秦"和"臣邦"的"它邦"就包含着这里所谓的"诸侯"和"外臣邦"。

最后,臣邦还包括了"戎",即外族之邦。条文 d 中有"臣邦真戎君长"一句,表明其就是外族的君长。一方面,条文 c 中的"臣邦君长"是指非戎君长,还是所有君长的统称,目前还不详。但无论如何,我们现在知道秦律中有"戎"这个概念,兴许就是指文献上所说的蛮夷戎狄,当中服从于秦国的君主就被称为"臣邦真戎君长"吧。另一方面,不臣服于秦国的戎邦应该包含在"它邦"范畴之内。如前所述,秦律中用"诸侯"一词来代指中原诸侯,并没有视之为"夷狄",可见中原诸侯和蛮夷戎狄在秦法里是明确区分的。

综上所述,秦律中的"臣邦"是区别于秦国的一个"邦",臣邦的君公、君长又可称为"主长",臣服于秦国。而且,秦国对臣邦的管制力度是十分强的。尽管简文规定了对君长、君公的优待措施,但这也表明就连他们也要接受秦法的制裁。此外,君长、君公辖下的臣邦人不得随意脱离管辖。

但是,臣邦的范畴具体包括哪些国家,这些国家和秦之间又有什么关系呢? 从目前的秦简中,我们无法提取更进一步的信息,所以我们只能从传世文献等其他史料入手,寻找相当于秦律所谓的"臣邦君长""臣邦君公"的记载加以讨论。

---

① 大栉敦弘,1999 年。

第三节　战国时期秦国统属下的各邦

"臣邦君长""臣邦君公"这种称呼不见于传世文献,不过《史记》和战国史料中倒是记载了一些臣属秦国的君主的事例。从工藤、矢泽、大栉的成果中归纳,这些君主大致可分为三种:

(1) 臣服于秦国的蛮夷戎狄君长、君公;

(2) 战国秦国所封的封君、侯;

(3) 服从于秦国的东方诸侯国。

接下来我们来分别讨论。

1. 臣服于秦国的蛮夷戎狄君长、君公

《史记》和其他战国史料也告诉了我们臣服于战国秦国的蛮夷戎狄是有"君长"或"君公"的。以往的研究大多认为这些蛮夷戎狄的君长、君公就是秦律中的"臣邦君长""臣邦君公"。

《史记·秦始皇本纪》载,秦王政九年(公元前 238 年)四月,长信侯嫪毐造反,动员了"县卒及卫卒、官骑、戎翟君公、舍人"与秦军交战于咸阳。这表明"戎翟君公"是臣服于战国末期的秦国的,而且他们居住在咸阳附近。本来秦国周边就有不少戎狄群体①,虽然说经历了春秋、战国两个时期,戎狄群体逐渐融入秦国郡县之内,可是有一少部分臣属于秦国的戎狄君主以"君公"的身

---

① 《史记·匈奴列传》:"秦穆公得由余,西戎八国服于秦,故自陇以西有绵诸、绲戎、翟、獂之戎,岐、梁山、泾、漆之北有义渠、大荔、乌氏、朐衍之戎。"

份一直存续到战国末期。

戎狄群体臣服于秦国的情况还有很多不详之处,相关记载相对比较多的是在公元前 327 年向秦国称臣的义渠戎。《史记·秦本纪》载,秦惠文君十一年(公元前 327 年),秦国"县义渠",同年"义渠君为臣"。义渠君主称臣之事也见于《六国年表》。可知,在义渠置县和义渠君称臣是同时发生的。① 不过在这之后,秦国和义渠依然时不时爆发冲突。另外,有传闻谓秦昭襄王登基初年,义渠君趁朝见秦廷之机与秦宣太后私通,还有了孩子。②

秦昭襄王三十六年(公元前 271 年)前后,宣太后诱杀义渠君,秦军出征义渠,义渠戎彻底灭亡。③ 此事距离秦国在义渠之县和义渠君称臣已经过去了五十多年。在这五十多年期间,义渠地区里的秦县逐渐增多,但义渠戎这个国家依然存在。义渠君虽然偶有叛乱,但总体上还是臣服于秦国的。从秦国对义渠的征服过程我们可知,秦国在戎狄地区设置行政单位和戎狄群体君主向秦国称臣是同时发生的。

义渠灭亡后,其他臣服于秦国的戎狄团体君主阶层依旧重复着上述的"戎翟君公"之事,这也证明了他们居住于咸阳附近。④ 换言之,秦国在占领周边戎狄团体的居住地,增设县、道的同时,还给戎狄的君

---

① 《史记·秦本纪》:"(惠文君)十一年,县义渠。归魏焦、曲沃。义渠君为臣。"《六国年表·秦表》同年:"义渠君为臣。"设县与义渠君称臣同时发生,参见顾颉刚《秦与西戎》,载《史林杂识初编》,中华书局,1963 年。

② 《史记·匈奴列传》:"秦昭王时,义渠戎王与宣太后乱,有二子。"如此记载为真,那么应当是发生在秦昭王初年(约为公元前 306 年)。见顾颉刚,1963 年。

③ 《史记·匈奴列传》:"宣太后诈而杀义渠戎王于甘泉,遂起兵伐残义渠。于是秦有陇西、北地、上郡,筑长城以拒胡。"此事在《战国策·秦策三·范雎至秦》载云:"范雎至秦,王庭迎。谓范雎曰:'寡人宜以身受令久矣,今者义渠之事急,寡人日自请太后。今义渠之事已,寡人乃得以身受命。躬窃闵然不敏。'"又,《史记·范雎列传》谓此事发生在昭襄王三十六年(公元前 271 年)。

④ 《史记·匈奴列传》载,秦灭义渠戎时(公元前 271 年前后)攻占了陇西、北地、上郡。假如助嫪毐作乱的"戎翟君公"指的是秦国周边诸戎,那么很有可能在秦国把他们的居住地改为郡县之后,他们依然能够在"君公"之下组成团体。

主赋予"臣邦君公"的身份,使之臣服于己。

至于"君长",在臣服于秦国的"君长"中相对为人所知的应是巴蜀地区的廪君巴氏。《后汉书·南蛮西南夷列传·巴郡南郡蛮》:

> 及秦惠王并巴中,以巴氏为蛮夷君长,世尚秦女,其民爵比不更①,有罪得以爵除。其君长岁出赋二千一十六钱,三岁一出义赋千八百钱。其民户出幏布八丈二尺,鸡羽三十鏃。汉兴,南郡太守靳强请一依秦时故事。

这里所谓的"巴氏"即廪君蛮,在汉代被称为巴郡南郡蛮。② 秦惠文王九年(公元前 316 年),秦军征服蜀地,占领了今天四川省东部的阆中、江州,俘虏巴王。③ 而廪君巴氏应是居住于今湖北省

---

① "以巴氏为蛮夷君长,世尚秦女,其民爵比不更"一句,王先谦《后汉书集解》从刘邠之说,认为"民"应是衍字。工藤元男(1984 年)不取刘说,而从柳从辰之说(《后汉书校补》所引),释此句的意思为"君长可以向上娶秦女,民众地位可比'不更'这个爵位"。如此一来,能够拥有爵位的就不限于君长了,所有民众都拥有不更爵之位。不过,从条义 d 来看,秦律中能够靠爵位减轻刑罚的只有上造以上的"君长",故"爵比不更"应该还是君长的特权。

② 巴氏是尊神话英雄廪君为始祖的氏族。传说中,廪君在夷水(清江)流域为王。参见徐中舒《巴蜀文化初论》(《四川大学学报社会科学版》,1959 年第 2 期)、童恩正《古代的巴蜀》(四川人民出版社,1979 年)。另,臣服于秦的廪君巴氏居住于鄂西地区,参见大川裕子《古代巴の歴史——巴人の分布に関する一考察》,《史艸》第 39 号,1998 年。

③ 《华阳国志·巴志》:"周慎王五年,蜀王伐苴侯,苴侯奔巴,巴为求救于秦。秦惠文王遣张仪、司马错救苴、巴,遂伐蜀,灭之。仪贪巴、苴之富,因取巴,执王以归,置巴、蜀及汉中郡,分其地为三十一县。仪城江州。"书中还说江州、垫江、郎中、平都、枳县都曾是巴国的首都。蒙文通《巴蜀史的问题》(《四川大学学报社会科学版》,1959 年第 5 期)指,巴蜀地区侯王林立,秦国所灭的巴只不过是阆中的姬姓巴,枳县还有其他巴国,后为楚国所灭。孙华《巴蜀为郡考》(载《四川盆地的青铜时代》,科学出版社,2000 年;初刊于 1985 年)也认为在公元前 316 年时,秦国所占的只有阆中一处。然而,段渝《论秦汉王朝对巴蜀的改造》(《中国史研究》,1999 年第 1 期)则认为公元前 316 秦国灭巴国之后就在当地筑城置县。

西南部清江流域的强大氏族，与被秦所灭的巴王不属一支。① 秦惠文王征服了川东地区的巴国，设阆中、江州等县，另一方面又任命邻近的鄂西地区廪君巴氏为"蛮夷君长"，给予下嫁秦女、不更爵、减免刑罚等恩典，还在当地实施特别税制，试图通过廪君巴氏来掌控当地蛮夷。

正如诸家所述，这些恩典与《法律答问》条文 d 中对"臣邦真戎君长"的量刑规定十分相似。② 简文谓"爵当上造以上"的君长适用于按爵位高低而量刑的赎刑。按照秦律的规定，廪君巴氏毫无疑问属于臣邦君长。由此可见，臣邦君长是秦国承认臣服的团体之统治阶层时给他们定义的一种身份，臣邦君长的"君长"地位和他们的爵位没有关系，或许只是用来象征其适用于赎刑的特权而已。③

只不过条文 d 的内容是针对"真"的君长的规定，从廪君巴氏的君长可以迎娶秦女来看，两者还是有一定差别的。即，巴氏君长与秦女的婚姻符合条文 b 中所说的"臣邦父"与"秦母"的条件，二人所生的孩子应当是"夏子"才对。从理论上来说，他们是夏子

① 伊藤敏雄《中国古代における蛮夷支配の系譜——税役を中心として》(载《堀敏一先生古稀記念中国古代の国家と民衆》，汲古書院，1995 年)认为秦国任命巴氏为君长"要么就是奖赏其吞并巴中的功劳，要么就是出于统治合并后的巴中地区的必要性，总之就是给巴氏君长和民众一些恩惠的怀柔措施"。张家山汉简《奏谳书》案例一(简 1～7)谓在南郡夷道受审的蛮夷也是巴人。大川裕子(1998 年)在伊藤敏雄观点的基础上，从汉初时期廪君巴氏听从南郡指挥，推测廪君巴氏应为居住于鄂西的巴人，与川东的巴人不是同一族。另外，段渝(1999 年)认为秦国灭掉姬姓巴国之后，通过赐予君长身份来控制巴人大姓首领。
② 参见《睡虎地秦墓竹简》整理小组对条文 d 的注释；工藤元男(1984 年、1998 年)、矢泽悦子(1997 年两篇)。
③ 廪君巴氏"爵比不更"，条文 d 又谓"臣邦真戎君长，爵当上造以上"，可知臣邦君长之中有人拥有秦爵或拥有相当于秦爵的特权。但是，不更爵是第四等爵，上造也不过是第二等爵，本来就和治民没有关系。因此，"臣邦君长"是秦国承认称臣的群体之统治阶层时用来定义他们的一个身份，其地位高下并不以秦爵为依据。

的君长,受到的待遇应与其他属于真的臣邦人不同,但是从目前的所见的秦简中,我们找不到相关规定。但即便如此,从秦女下嫁被视为对"蛮夷君长"的恩典特地写上一笔来看,臣邦之中君长阶层是被特别允许与秦人女性通婚的,属于一种例外事件。①

秦国灭掉了川东地区的巴王,同时封邻近地区的禀君巴氏为"君长"。秦国具体何时在川东地区设巴郡目前不详②,但想来应在公元前316年之后,随着秦国疆域的不断扩张,郡、县的设置工作也在不断推进。另一方面,向秦国称臣的禀君巴氏依然以"君长"的身份存续着,在汉初服从南郡的管理,进而推知其臣服于汉廷中央。也就是说战国秦国一边在所征服的地区实施郡县制,另一边对于邻近地区的蛮夷又借君长之手来实施间接统治。③ 从张家山汉简《奏谳书》的记录来看,汉初南郡辖下依然保留着由君长来统率蛮夷和当地实施特别税制的情况。④

综上,战国秦国经略巴蜀地区,在占领地设县,扩大郡县统治的范围,但同时又封禀君巴氏为臣邦君长,通过他们来掌控蛮夷

---

① 这一推测刚好印证了鹤间和幸认为"夏子是针对臣邦统治阶层而提出的"这一观点。

② 杨宽《战国史料编年辑证》(上海人民出版社,2001年)。段渝(1999年)认为秦国在公元前316年征服巴国之后马上设郡。但是孙华(1985年)质疑《华阳国志》的记载,认为应在公元前277年才设郡。矢泽悦子(《骏台史学》,1997年)、工藤元男(2006年)也不大赞同早期设郡之说。

③ 段渝(1999年)认为秦国采取了"郡县制与羁縻制结合的治理策略"。中村威也《中国古代西南地域の異民族——特に後漢巴郡における"民"と"夷"について》(《中国史学》第10卷,2000年)认为秦国对于巴地的郡县统治仅限于县城及连接县城的交通路,而对蛮夷的实质性治理则是借君长之手的间接统治。

④ 张家山汉简《奏谳书》案例一(简1～7)是汉初南郡夷道的蛮夷大男子毋忧的逃跑案。从简文内容可知,夷道的蛮夷受《蛮夷律》的支配,夷道的官吏可以征发他们为"屯卒",同时蛮夷民众也处于君长的辖下,要交纳"賨钱"。详见伊藤敏雄(1995年)、中村威也(2000年)。

团体。① 这种既在占领地设置郡县，又有当地团体臣服的双重统治结构，在我们之前讨论的诸戎事例中也可见，或许我们可以视秦国对外族的统治模式为当中的一个典型例子。②

2. 战国秦国所封的封君、侯

归顺于战国秦国的君主，除蛮夷戎狄君主之外，还有秦国封建的封君和封侯。尤其值得留意的是秦国征服蜀地时封建蜀侯一事。据《史记》的《秦本纪》和《六国年表》记载，秦国统治蜀地始于秦惠文王九年（公元前 316 年）司马错等人占领当地。③《华阳国志》说这次征服之后，"开明氏遂亡"。④ 两年后，秦国封公子通

---

① 设于义渠戎地区的县，汉初作义渠道（张家山汉简《秩律》简 451）。而统括巴地蛮夷，管辖清江流域的则是南郡夷道。兴许在征服地所设的县当中，有一些离蛮夷戎狄居住地比较近，负责管辖他们的县则称为"道"。久村因《秦の"道"について》（载《中国古代史研究》第一卷，吉川弘文馆，1960 年）认为，秦国的道是一种特别行政区，专门负责管理交通和抚慰、开化当地蛮夷。巴郡之所以没有道，是因为廪君巴氏之下的蛮夷全部都不服从巴地郡县的管辖，要等到南郡设置后，中央才得以通过夷道统治他们。

② 矢泽悦子（《骏台史学》1997 年）认为通过君长来统治巴氏、义渠，是郡治实施前的一种统治模式。工藤元男（1998 年、2006 年）认为巴氏原来是巴王，被秦国降级成了君长，提出了"巴王降级—君长统治—设立巴郡"这一发展阶段。但是，如前所述，廪君巴氏居住在鄂西地区，和川东巴王不是同一支，所以目前的史料不足以证明"巴王降级"。另外，廪君巴氏作为君长所统率的不过是"蛮夷"，总不会连川东地区的江州、阆中的县也归他管。再者，秦国设巴郡之后，他似乎没有丧失君长的地位。即，任命君长和设巴郡两者并没有明确的继承关系，可理解为君长统治和直辖郡县统治是并存的两种统治方式。这与下文所述的蜀侯、穰侯等封君、封侯领有多个县，其封国逐渐化为郡的事例有着明显区别。

③《史记·秦纪》："（秦惠文王九年）司马错伐蜀，灭之。"《六国年表》同年："击蜀，灭之。"

④《华阳国志·蜀志》："周慎王五年秋，秦大夫张仪、司马错、都尉墨等从石牛道伐蜀。蜀王自于葭萌拒之，败绩。王遯走，至武阳，为秦军所害。其相、傅及太子退至逢乡，死于白鹿山，开明氏遂亡。凡王蜀十二世。"

为蜀侯，任陈壮为相。① 这意味着蜀国被秦国征服后，原有的政治结构被改造，秦国另行封建侯，同时派遣国相辅助。

不过，秦国封建蜀侯统治当地的做法并非一帆风顺。蜀侯通就被蜀相陈壮刺杀，此后历代蜀侯均有人遇刺或伏诛。② 但是，蜀侯的位置似乎一直为公子通的子孙世袭③，《史记》和《华阳国志》不约而同地记载了三名蜀侯的名字，最后的一位蜀侯——蜀侯绾被秦国诛杀后，蜀地便"但置蜀守"了。换言之，从秦国征服蜀国

---

① 《史记·秦本纪》："（秦惠文王十一年）公子通封于蜀。"《六国年表》同年："公子繇通封蜀。"《华阳国志·蜀志》："周赧王元年，秦惠王封子通国为蜀侯，以陈壮为相。"中井积德《史记雕题》推测公子通"受采于蜀地耳，非为蜀侯也"。牧野巽《西汉の封建相続法》（《東方学報（東京）》第 3 册，1932 年）指出，《史记》记载了战国秦国封君被封为侯，授予采邑的事例，公子通应是真的被封建于蜀地了。至于公子通的身世，蒙文通（1959 年）质疑了《华阳国志》的记载，认为蜀侯一直都是由原来蜀子弟当的，这成为了日后诸家的主流共识。然而，《秦本纪》和《六国年表》都只是写"公子"，再对比这两篇中写其他国家的公子时都会在前边加上国名，窃以为公子通很有可能是秦国的公子。另一方面，《张仪列传》中提到了蜀王降级之事，《战国策·秦策》收之，作"蜀主更号为侯"，疑此为纵横家一派的材料，况且也并没有告诉我们封建的是蜀王子弟。由于原材料的差异，两者记载发生了矛盾，至少目前来看，《史记》的记载，即秦国征服蜀国两年后，封本国公子通到当地的可能性无法否定。蒙文通观点的商榷，可参见种部郁子《古代の巴と蜀——秦による巴、蜀统治を中心として》，《学習院史学》第 3 号，1966 年。

② 《史记》《华阳国志》所见的历代蜀侯记载如下：

事件	出处	公元纪年
蜀相壮杀蜀侯，来降	《史记·秦本纪》秦惠文王十四年	前 311 年
诛蜀相壮	《史记·秦本纪》秦武王元年	前 310 年
封子恽为蜀侯	《华阳国志·蜀志》周赧王七年	前 308 年
蜀侯恽反，司马错定蜀	《史记·秦本纪》秦昭襄王六年	前 301 年
王封其子绾为蜀侯	《华阳国志·蜀志》周赧王十五年	前 300 年
疑蜀侯绾反，王复诛之，但置秦守	《华阳国志·蜀志》周赧王三十年	前 285 年

③ 蒙文通（1959 年）考证，蜀侯恽和蜀侯绾并非秦武王和昭襄王之子，而应是蜀侯通的子孙。

到正式改为蜀郡的约三十年间,一直是通过"侯"来实施统治的。①

除蜀侯之外,秦国还会把丞相级别的功臣或王族、外戚封为"君""侯",例如商君卫鞅、穰侯魏冉、应侯范睢、华阳侯芈戎、泾阳君公子市、高梁君公子悝、文信侯吕不韦、长信侯嫪毐等等。② 他

---

① 关于蜀侯统治时期的史料,或可参见四川省青川县郝家坪战国墓出土的《田律》木牍。这份出土史料可以帮助我们思考封侯统治的实况,故在此略略展开一下。《田律》木牍的正面提到这是秦武王二年(公元前 309 年)十一月,秦王命令丞相戊(甘茂)和内史匽修订的,并记录了修订后的条文。木牍背面写有纪年,释读为"四年(一说九年)十二月",还记录了没有按照律法规定实行"除道"的日子。或许这和当时的禁忌风俗相关。郝家坪墓地的发掘简报《青川县出土秦更修田律木牍——四川青川县战国墓发掘简报》(《文物》,1982 年第 1 期)指墓主主要是从秦国移居到当地者。间濑收芳《秦帝国形成過程の一考察——四川省青川戦国墓の検討による》(《史林》第 67 卷第 1 号,1984 年)考证出墓主拥有楚国的文化因素。关于青川田律的释文,渡辺信一郎《阡陌制論》(载《中国古代社会論》,青木書店,1986 年,初刊 1985 年)、原田浩《青川秦墓木牘考》(《史海》第 35 号,1988 年)归纳整理了前人诸说。山田胜芳(1993 年,第二章第二节)认为墓主是当地的官吏,负责根据秦武王二年颁布的法令修路,木牍背面记载的是四年十二月这个月内忌土木工程的日子。藤田胜久《中国古代史における秦、巴蜀、楚:長江流域の出土資料と地域文化》(《早稲田大学長江流域文化研究所年報》第 2 号,2003 年)通过与里耶秦牍的对比,认为《田律》正面的条文是秦王命令丞相和内史所写的中央规定,背面则是墓主按照规定所记录的县内修路实际情况。另外,假如木牍背面所写的"四年"是秦武王四年的话,那就是公元前 307 年;假如是秦昭襄王四年的话,那就是公元前 303 年。要是"九年"正确,且为秦昭襄王九年的话,那就是公元前 298 年,比秦国改设蜀郡(公元前 285 年)要早。从而,藤田胜久推测早在巴蜀改郡之前,秦国中央的规定就已经影响到当地了。综上所述,青川田律木牍反映了秦武王二年秦国中央修订的法律经由某条路线传到了青川附近地区,并在当地实施。工藤元男(2006 年)在藤田的解释的基础上,进一步提出从木牍正面的记载可知中央政府的命令是直达当地的,在改郡之前,当地接收中央命令的初级行政部门就是"属邦"。然而,木牍正面所写的"丞相""内史"只是法律的修订者,而非命令的发布者,不能说中央政府的命令是"直达"当地的。就算青川位于蜀侯封国范围内,也应该是通过身在成都的蜀相传到当地才对。不过,因为史料匮乏,目前对于法律实施的精确时期、当地行政归属等都只停留在推测层面。另外,关于青川田律的前人论述,蒙东京学艺大学的小岛茂稔先生告知。

② 秦国封君、封侯及其封邑,参见杨宽《战国史(增订本)·秦国的封君表》(初出 1980 年),上海人民出版社,1998 年,第 693~695 页;藤田胜久《〈史記·穰侯列伝〉に関する一考察——馬王堆帛書〈戦国縦横家書〉を手がかりとして》,《東方学》第 71 辑,1986 年;矢泽悦子:《駿台史学》,1997 年。

们既有列侯(彻侯)之位①,也是实际拥有封邑的君主。矢泽悦子指出,他们的封邑在《史记》和《战国策》里明确写作"国"②,因避汉高祖讳,故原始材料必定写作"邦"。换言之这些封君、封侯既拥有列侯爵位,能够治理民众,也是秦国所封建的"邦"之君主。

封君、封侯之中,穰侯、泾阳君、高梁君的封地在函谷关外,被称为"诸侯"。③穰侯封地陶是东方交通要冲上的一块飞地④,《韩非子·定法》云:"武王死,昭襄王即位,穰侯越韩、魏而东攻齐,五年而秦不益尺土之地,乃城其陶邑之封。"可见这片封邑是和秦国本土疆域区别开的。

因此,战国秦国的封君、封侯一方面是拥有治民权的列侯,另一方面又是邦国的君主,而这个邦国又和"秦"明确区分开。虽说如此,但这些邦国应该还是处于秦国的强力管制下的。从蜀侯之事我们推测,秦国在封侯的同时还会委派国相,而且封君、封侯有时候还会遭到秦国的诛杀或处罚。可知封君、封侯是在秦律的适用范围内的。再者,如杨宽所述,封君、封侯的地位原则上可以世袭,但逐渐趋向受限。⑤例如蜀国世袭了三个蜀侯之后就改为郡

---

① 《史记·秦本纪》:"(秦孝公二十二年)封鞅为列侯,号商君。"《范雎列传》:"今臣官至于相,爵为列侯。"可知封君、封侯拥有列侯(彻侯)爵位。

② 《战国策·秦策三》:"应侯失韩之汝南。秦昭王谓应侯曰:'君亡国,其忧乎?'"《史记·秦本纪》:"(秦昭襄王四十五年)叶阳君悝出之国,未至而死。"《秦始皇本纪》:"(秦王政八年)嫪毐封为长信侯。予之山阳地,令毐居之。宫室车马衣服苑囿驰猎恣毐。事无小大皆决于毐。又以河西太原郡更为毐国。"《吕不韦列传》:"秦王乃迎太后于雍,归复咸阳,而出文信侯就国河南。"

③ 《史记·秦本纪》:"(秦昭襄王十六年)左更错取轵及邓。冉免,封公子市宛,公子悝邓,魏冉陶,为诸侯。"穰侯获封陶应是在公元前 281 年前后,见藤田胜久(1986年)、杨宽(2001年,第831、832页)。

④ 陶的位置考证参见藤田胜久(1986年)。

⑤ 杨宽,1980年,第259～269页。

制了；穰侯的封邑陶在他死后也为秦国中央接收，改为陶郡。①
这表明封君、封侯的世袭基本上是在秦国管理下进行的。

上述封君、封侯的特征表明他们是统治某一邦国的君主，这
个邦国区别于秦国本土。秦律中的"臣邦君公"极有可能就是指
这个封君、封侯。② 另外，封君、封侯的世袭受到秦国的管理，这
似乎也和条文 c 所谓继承爵位必须申请"爵后"的规定相符，反映
了封君、封侯的地位以列侯等秦爵为依据，其世袭则按照"爵后"
的范畴处理。简而言之，臣邦君公不同于臣邦君长，君公是拥有
高爵位的君主身份之意。③

3. 臣服于秦国的东方诸侯国

战国秦国的东边有多个中原诸侯国，当中又以六国为代表。
如前所述，秦律中称这些诸侯国为"诸侯"，隶属于"它邦"的概念
之内。但是战国中期之后，随着秦国逐渐东进，韩国、魏国等国也
逐渐臣服于秦。以韩国为例，公元前 323 年之后，韩国太子甚至

---

① 《史记·穰侯列传》："昭王三十六年，相国穰侯言客卿灶，欲伐齐取刚、寿，以广其陶
邑。……于是秦昭王悟，乃免相国，令泾阳之属皆出关，就封邑。穰侯出关，辎车千
乘有余。穰侯卒于陶，而因葬焉。秦复收陶为郡。"

② 工藤元男（1984 年）引《墨子·尚同中》等，指"君公"一词有诸侯、国君的意思，认为
秦律的"君公"指的是向秦国投降的附庸诸侯。矢泽悦子（《骏台史学》，1997 年）则
认为是秦国封建的封君。窃以为矢泽之说较为准确，"臣邦君公"应包括了秦国的
封君、封侯。

③ 如前所述，臣邦君长之中有人同时拥有爵位，但秦爵并不是判断他们地位高下的标
准。因此，他们并不属于"爵后"，而是"后大子"。相对地，臣邦君公是君主身份，拥
有等同于列侯的爵位，应属于"爵后"。假如此说正确，那么《史记·秦始皇本纪》中
所谓的"戎翟君公"说的就是臣服于秦国后被赋予列侯级别爵位的戎狄君长。条文
b 中的"真臣邦君公"不看爵位直接适用赎刑，也表明了君公本质上就是一个高爵
位的身份，与君长不同。

韩王数次"入朝",推测韩国此时某种程度上已经受秦国的影响。① 《战国策》各篇以"称东藩,筑帝宫,受冠带,祠春秋"来形容战国后期韩国、魏国臣服于秦的情况。② 大栉敦弘据此指出,这些藩臣诸侯在秦律中应属于"外臣邦"。③

随着时代推移,秦国和韩国之间的关系向着统治—从属关系变化。《史记·秦始皇本纪》载,秦王政十四年(公元前 233 年),韩王"请为臣"。《韩非子·存韩》中用"内臣之韩"来形容战国末期的韩国,且"韩入贡职,与郡县无异也"。即,战国末期的韩国对秦国已经不是"藩臣",而是明确称"臣",要缴纳赋税了。

又,《战国策·燕策三》载,秦国统一六国前夕,燕人去信秦王,说"愿举国为内臣,比诸侯之列,给贡职如郡县,而得奉守先王之宗庙"。《燕策三》中所谓的内臣诸侯,从行文语境来看显然是

---

① 以韩国为例,其"入朝""称臣"的例子如下:

事件	出处	公元纪年
韩、魏太子来朝,张仪相魏	《史记·秦本纪》惠文王三年	公元前 322 年
韩太子苍来贺	同,惠文王十年	公元前 315 年
韩王卒,子武王立。韩、魏、齐、楚、越皆宾从	同,惠文王十四年	公元前 311 年
韩王入朝,魏委国听令	同,昭襄王五十三年	公元前 254 年
昭襄王卒,子孝文王立。……韩王衰绖入吊祠	同,昭襄王五十六年	公元前 250 年
韩王请为臣	同《秦始皇本纪》秦王政十四年	公元前 233 年

② 大栉敦弘《统一前夜——战国后期的"国际"秩序》,《名古屋大学東洋史研究報告》第 19 号,1995 年。《战国策》的《赵策二》第三章,《魏策一》第十、十一章,《韩策一》第六章的苏秦、张仪言论及《魏策四》第二十二章的唐且之言中都有"称东藩,筑帝宫,受冠带,祠春秋"等句。大栉据此认为这反映了战国后期的臣服情况。

③ 大栉敦弘,1999 年。当然,外臣邦并不只有诸侯国,入朝称臣之前就已经归顺的蛮夷戎狄也算外臣邦。

指秦国以外的中原诸侯国。如此一来,这里的"诸侯"必定是秦国所封建的诸侯,即封君、封侯。① 还是"内臣"阶段的诸侯国,享受秦国封君、封侯同等待遇,身份是臣邦而非外臣邦。但是,这些称臣的诸侯没过多久都灭亡了。

综上,中原诸侯在秦律中被视为"诸侯"和"它邦";臣服于秦国,称"藩臣"的韩国、卫国等诸侯国则是"外臣邦";明确向秦国称"臣"(内臣),缴纳贡赋的诸侯国则是"臣邦君公",享受与秦国封君、封侯同等的待遇。即,尽管"诸侯"国在国际法理上与秦国地位相等,但是秦国依然在逐渐将之变为自己的"臣邦"。

从汉代的做法来看,外臣转变为内臣的过程中,要逐渐加上必须入朝、拆除边关、接受中央委派的丞相进驻、遵守汉律等条件。汉代的内臣—外臣制②在多大程度上继承了战国秦国的臣邦—外臣邦制,还需要进一步讨论。只是如前所述,秦国委派国相给蜀侯,且封君、封侯的封邑被定义为"国"(邦),这些邦国还要缴纳一定赋税,世袭还要在秦国管理下,这一系列做法都与汉代的内臣诸侯相同。③ 由此我们判断,秦国的臣邦与外臣邦的区别,极有可能相当于汉代的内臣与外臣的区别。④

---

① 工藤元男(創文社,1998 年)、大栉敦弘(1999 年)认为燕国书信中所见的臣服情况也算是"臣邦君公"的一个例子。

② 关于汉代的内臣—外臣制,见栗原朋信《文献にあらわれたる秦漢璽印の研究》,《秦漢史の研究》,吉川弘文館,1960 年。蛮夷的内属,见小林聡《漢時代における中国周辺民族の内属について》,《東方学》第 82 册,1991 年;熊谷滋三《前漢における"蛮夷降書"と"帰義蛮夷"》,《東洋文化研究所紀要》第 134 册,1997 年。

③ 有关汉代诸侯王的世袭规定,见牧野巽(1932 年)。

④ 大栉敦弘(1999 年)指出秦律中的臣邦与外臣邦的区别就如同汉代内臣与外臣的区别,又推测"臣邦"相当于文献上的"关内侯",位于秦国边关的内侧,广义上属于秦"邦"的范畴。臣邦与外臣邦类似于汉代的内臣与外臣,或许正如大栉所述。只是,战国秦国时期的边关还有很多不详之处,例如穰侯陶邑这种飞地封邑是不是都围绕着边关呢? 臣邦是不是真的相当于关内侯呢? 这还需要进一步细究。

　　由此可知,战国秦国通过控制各种规模的臣属君主——领有由多个县组成的"国"的封君、封侯,抑或邻近秦县的蛮夷戎狄君主——来实施间接统治。秦律所谓的臣邦君公、臣邦君长其实就是指这些与郡县并存的臣服于秦国的君主。封君、封侯的封邑转换成郡,反映了其向郡制过渡的性质。另一方面,义渠、巴氏等地处秦县附近的外族向秦国称臣,反映了秦国的另一种统治模式,即通过掌控他们来间接统治其民众,这种统治模式与秦国直辖的县并存。从而,秦简中的"臣邦"并不是代指特定规模的组织或领地的概念,而是一个法制层面的表述,意为通过臣服的君主而施行的封建统治模式。

　　那么,当这些臣邦里的诸侯或蛮夷人被编入秦国直辖郡县时,他们的身份又有什么变化呢? 窃以为,一旦他们成为秦国郡县的民众,理应会被赋予"秦"的身份。《战国策·赵策一》载,韩国上党郡遭到秦军攻打,下属诸县不愿"为秦",纷纷向赵国投降。[①] 可知,外国的县一旦为秦国所征服,当地的居民马上就有了"秦"的身份。[②] 由此推测,假如蛮夷戎狄被征服,原有的社会组织瓦解,其民众被编入到秦县的话,应也算为编入"秦"。而对于那些实在难以"为秦"的人群,秦国采取了保留其原有统治阶层,或赋予其君长身份,或干脆封其为封君、封侯,构建了一条"臣邦"统治模式。

---

① 《战国策·赵策一·秦王谓公子他》:"冯亭守三十日,阴使人请赵王曰:'韩不能守上党,且以与秦,其民皆不欲为秦,而愿为赵。'"同文亦见于《史记·赵世家》。又,《史记·白起列传》:"秦尝攻韩,围邢丘,困上党,上党之民皆反为赵。天下不乐为秦民之日久矣。"张家山汉简《奏谳书》案例二(第8~16简)用"为汉"一词来表示楚汉相争时期楚之奴婢向汉投降,为汉民之事。

② 饭岛和俊(1986年)引《商君书·徕民》中"故秦"与"新民"的区别,谓原三晋之人编入秦国郡县后依旧是"非秦人",此说难从。因为《徕民》所说的是秦民中的"故秦"与"新民",无法证明原非秦人在编入秦县之后的依然被视为"非秦人"。

第四节　"夏""夏子"之所指

经过上述考证，我们再回过头来看条文 a 和条文 b，思考"夏"和"夏子"的含义。首先，条文 a 中的"夏"，是基于秦国与臣邦"主长"即君长、君公之间缔结的政治统属关系而提出的概念。臣邦人脱离君长、君公的管辖被定性为"离开夏的范围"而非逃出秦国（邦亡）。例如，君长属下的蛮夷或封君、封侯的臣下取道邻近秦县逃跑，这种行为就是"去夏"，推测秦国官吏会将人送还给君主。条文中"勿许"一词，针对的不仅是臣邦君长和君公，更是对秦国官吏所作的规定。

因此，条文 a 的"夏"显然是一个以秦国为核心，同时借臣服的君主之手来使非秦人归属的综合性架构。即便是戎狄臣邦，也能够用"夏"的概念来解释秦国与该臣邦君长、君公的关系。换言之，秦律中的"夏"和"戎"并非二元对立的关系，反而"夏"是包括了"戎"等各邦在内的一个统治层面概念。

接下来，我们再来思考条文 b 中"夏子"的具体含义。《法律答问》条文 b 中我们要探讨的是以下这一部分：

> 真臣邦君公有罪，致耐罪以上，令赎。
>
> 何谓真？臣邦父母产子及产它邦，而是谓真。何谓夏子？臣邦父、秦母谓也。

前文中我们讨论廪君巴氏时已知，蛮夷君长巴氏是能够娶秦女的，因此巴氏君长与秦女所生的孩子无疑属于秦律中所说的"夏子"范畴。那么，"夏子"与"臣邦""它邦"，还有"真"到底是什么关系呢？下面，我们将假设秦国与臣邦、它邦通婚的情景，逐步探讨其所生的子女的身份属性。

首先，《法律答问》中明确记载，臣邦父和秦母所生的孩子是夏子，臣邦父母所生的孩子及生于它邦的孩子是真。重点是"臣邦父"，如前所述，臣邦父应该是拥有"臣邦"身份的人。同时，条文中没有说它邦父与秦女的通婚情况，想来原则上两者应该是禁止通婚的。① 那么，秦人父和秦人母所生的孩子呢？《法律答问》中没有提及，但按理肯定是"秦"身份。再注意到秦女所生的孩子是"夏子"，可见"秦"人同时也属于"夏"范畴之内。

最后是秦父与臣邦/它邦母所生的孩子。这些孩子会根据母亲的血统被定性为"真"吗？答案是绝不可能。因为《法律答问》中写明，"真"的条件是"臣邦父母产子"和"产它邦"，并没有说臣邦或它邦母亲所生的孩子是"真"。故，只要生父是秦人，那么其子要么是"秦"，要么是"夏"。

因此，"秦"和"夏子"并非完全相同。"秦"是继承自生父血统的身份属性，拥有秦人身份的人同时也可以是"夏"。另一方面，"夏子"是臣邦之人，只不过因为其生母是秦人，故和其他臣邦人区别开来。秦律首先按照生父的血统划分"秦""臣邦""它邦"，然后针对臣邦人再按照生母的血统划分"夏子"和"真"。前者是因为其秦人母亲的身份而被认可为"夏"之子了，而后者因为没有秦人

---

① 张家山汉简《奏谳书》案例三用"它国"一词来表示汉初诸侯王国（齐）与汉的关系，还记载了齐国人不得娶汉人女性的事例。此案例中的"诸侯""它国"等词如果是沿用了战国秦律的规定的话，那么按理来说秦国的"诸侯"（它邦）男性也是不能娶秦人女性的。关于张家山汉简的"诸侯"一词，见山田胜芳《張家山第二四七号漢墓竹簡〈二年律令〉と秦漢史研究》，《日本秦漢史学会会報》第 3 号，2002 年；杉村伸二《二年律令より見た漢初における漢朝と諸侯王国》，载《江陵張家山二四七号墓出土漢律令の研究：論考篇》。

血统,所以只能和它邦人一起被定性为"真"。

如此看来,"夏子"是继承了母亲秦人血统的人,但身份上又是非秦的臣邦人,即所谓的"准秦人"。相对地,"真"是臣邦父母所生的孩子及生于它邦之人,即"纯粹的非秦人"。[①] 这背地里隐含的正是秦律统治对象分类中的父系原则。条文 b 中完全没有提及秦父所生的孩子如何如何,原因或许就是这条原则在秦国是不言自明的潜规则。

说起来,"夏子"是秦国人为了"秦化"臣邦人而创造的概念吗? 从臣邦君长与秦女所生的孩子只能是"夏子",而非"秦"的身份我们可知,创造"夏子"这个概念并非为了"秦化"臣邦人,反倒是为了让臣邦人归属于"夏"的血统并以血缘关系束缚起来。廪君巴氏的君长"世尚秦女",表明了基于生母而获得的"夏子"身份只能保留一代,而秦国就是要让历代君长不断生下夏子来维系他们与秦国的血缘。[②]

结　语

综上所述,针对难以编入到"秦"的人,秦国采取了不同于直辖郡县的另一条统治模式,即臣邦模式,使这些人归属于臣邦君

[①] 睡虎地秦简整理小组认为真"指纯属少数民族血统",工藤元男(1984 年)认为不妥,真并不只有臣服于秦国的外族,更是一个法律概念,指的是从外国到秦国的"客"。但是正如本章所论述的,真完全没有继承秦人血统,是纯粹非秦人的解释也能说得通。

[②] 如果臣邦君长是夏子身份,那么他和非秦人女性所生的孩子应该是"真"的身份。与秦女通婚的臣邦君长并不是从子代起就同化入秦了,而是要代代迎娶秦女,不断生出"夏子"。

附记:本章在校对之际,笔者得知了刘瑞《秦属邦、臣邦与典属国》(《民族研究》,1999 年第 4 期)这篇文章,在此一并记上,以供参考。

长、臣邦君公麾下，而"夏"就是用来解释臣邦模式之下的政治统治概念。臣邦人虽然身份上不同于秦人，但两者同为"夏"的范畴之内。秦国更允许秦人女性下嫁臣邦的统治阶级，使之生出拥有秦人血脉的臣邦人——夏子。夏子简而言之是准秦人，之所以用"夏子"这个词是为了强调他们与"秦（夏）"在血缘上的密切联系。

因此，秦律中的"夏"以秦国为核心，蕴含着两层意思。一层是本国在政治上臣服于秦国，另一层是秦人父亲传给子女的血统。前者借城邦君主之手，组建了一个间接地使君主属下民众归顺于秦的政治架构；而后者则是通过下嫁的秦人女性，使得其所生的臣邦儿童——夏子拥有秦国血统的血缘架构。即秦律中的"夏"并非一个拥有明确边境的区域，也不是基于某种特定文化、风俗而成的概念，而是秦国用来给被统治的民众分类，方便统治的理论工具。

面对治下的各邦，秦国明确地将自身定位为"夏"的核心，以"夏"这一概念来解释秦国统合各邦的合理性。但是，如此一来，对于秦国本土和臣邦之外的国家，秦国再也不能一概视之为夷狄了，毕竟戎狄的臣邦君长也被包含到"夏"的范畴里。秦律基于中原诸侯和蛮夷戎狄的差异，设定了一个以本国为核心的"夏"，用来统合所有没有"秦"身份的人。这个"夏"当算是一种特殊的"中华"论了。

秦律对于"夏"的规定告诉了我们一个在文献史料中不见踪影的重要信息，即战国国家是如何在法律层面定义"中华"的。这里的"夏"与《左传》及战国史料所说的"夏"大异其趣。但是，我们仔细观察一下能发现秦律中的"夏"与先秦文献中的"中华"，在根本逻辑上是相通的。其一，两者都是为了联合来源不一的各国而提出的；其二，都是以秦地，即周室旧地为原点。

　　秦国统一后,围绕原六国地区的统治方式,百官有过一段争论。丞相王绾主张封建诸子,群臣赞同(《史记·秦始皇本纪》秦王政二十六年)。这表明秦国刚刚统一的时候,秦王君临封建臣邦之上的"夏"秩序依然被视为是标配的统治模式。然而实际上,"天下"区域内一律采取郡制,其他地方则通过臣邦来实施统治的统治体系在秦始皇统一之后已经失去意义了。

　　我们目前无法得知秦律中的"夏"在统一之后被如何继承,只能猜测西汉时期的郡国地区,即内臣地区为"中国"的意识很有可能沿袭自秦律中"夏"包括"臣邦"的架构。在先秦时期的"中华"观念演变为统一王朝的"帝国"秩序的过程中,秦律记载的事例是出发点,占据了重要的地位。

终　章　先秦时期的"中华"观念与华夷思想

　　本书想要探究的是古代中国(汉语文献中所描述的世界)华夷思想的相关片段与蕴含在其间的"中华""夷狄"观念是如何扩大和交错的。我不认为"中华"和"夷狄"是静态、恒定不变的模式,因此在论述过程中,我将关联的语句一字一句地放回上下文中重新审读,具体且动态地分析其背后的社会关系——讨论观念的历史性。结果我发现,先秦时期文献中所拥有的"他者"意识具有层累性,而"中华"体系就建立在这一层累性之上。基于此,我认为可以从这一角度追踪"中华"和"夷狄"的历史嬗变。

　　西周时期的汉语史料显示,周人认为组成王朝的人群是"诸侯""百姓",除此之外的异文化群体则是"蛮""夷""戎"。只不过在这个阶段还没有明确的华夷对立、蔑视蛮夷戎狄的思想,也没有相当于日后"汉人"自称的称呼。[1] 周人还将王朝观念上的统

---

[1] 公元前 8 世纪,诗人荷马所生活的古希腊地区已经有了"外邦人"(Barbanofoni)的称呼,这个词是日后"异族"(Barbaroi)一词的词源,而在当时,用来称呼全体希腊人的称呼"希腊人"(Hellenes)还没出现。将"希腊人"和"异族"对立起来,并蔑视"异族"的言论要到公元前 5 世纪希波战争之后才出现。参见庄子大亮《古代ギリシアとヨーロッパ・アイデンティティ:ヨーロッパの源流としてのギリシア像再考》,谷川稔编《歴史としてのヨーロッパ・アイデンティティ》,山川出版社,2003 年。希波战争之后"异族"观念的流变,详见中务哲郎《古代ギリシア人の世界意識と歴史記述》,纪平英作编《グローバル化時代の人文学——対話と寛容の知を求めて(上):連鎖する地域と文化》,京都大学学術出版会,2007 年。

治领域称为"四方",称四方的中心地——王都(成周洛邑、宗周丰邑)为"中国"或"夏"。① 春秋时期之后,随着周王室的四方统治体制崩溃和诸侯国相互间联系的不断加强,"中华"观念逐渐扩大,东方诸侯国也被纳入到范畴之内。同时,将"中华"诸侯国与不在"中华"行列之内的蛮夷戎狄及边境大国对立起来的华夷思想出现了。而在春秋中期后半段达到顶峰的多国会盟秩序及主导多国会盟的霸主体制则是"中华"观念扩大和华夷思想出现的契机。

譬如"夏"本来的意思是周王都宗周丰邑及起于丰邑的秩序、文化(雅)。在春秋后期前,随着多国会盟的盛行、共同体意识的产生、大禹始祖传说的扩散,一些诸侯国已经在自称"夏(诸夏)"了。而且"禹迹"一词的含义也从原来的"周文王所建的丰邑"扩大至包括了殷商后裔宋国在内的"诸侯列国"(多辟)。"禹迹"后来与"天下"观念联系起来,整个黄河—长江流域——"九州"全境都成了禹迹。不仅如此,大禹传说和"夏(雅)"观念还攀附上了商周之前的"夏朝",人们整理出了各种夏朝故事和夏朝君主世系,用以在国际会盟会场上维系其他非周系国家。总而言之,"夏"和"禹"都是起于周王都的原始观念,后来其含义不断扩大,在春秋末期时已经形成了无论时间上还是空间上都甚为庞大的"诸夏(诸华)"体系了。

另一方面,"中国"本来指的是周成王所建的成周之地。在西

---

① 西谷修认为"中国"这个词是相对于"外国"(外部之国)而言的,意为"内里之国",故这个词所反映的不过是当地中央政权的意识罢了。从而,"中国"与其说是一个国家,倒不如说是一个由这种中央意识(中华意识)所定义的地缘空间。见西谷修《世界史の誕生》,岩波书店,2000年,第65页。西谷修一针见血地点出了历史记载中的主体问题,这对于我们论述何尊铭文等原始"中国"记载很有帮助。

周后期的诗歌中,"中国"的含义扩大为周王朝畿内的邑田(京师),成为与"四方"相对的概念。到了收录春秋历史传说的《左传》中,"中国"又扩大成包括周王室与姬姓诸侯、周王亲戚等"兄弟甥舅"诸侯在内的概念。《公羊传》中的"中国"和《左传》的"诸夏"同义,指的是参加霸主同盟体制的诸侯国。"中国"含义的不断扩大,原因或许在于不同渊源的诸侯国组成的多国会盟取代了周王都,成为新的秩序制定场所,于是才孕育出了称秩序之下的国家为"中国"的观念。

由此可见,春秋时期的"中华"观念具有层累结构。即以鲁国为代表的春秋周系诸侯区分了诸侯国与异文化群体——蛮夷戎狄,并将蛮夷戎狄排除在诸侯会盟关系之外。至于诸侯国之间,也存在着基于血缘的差别意识,与周王同姓或有亲戚关系的就是"兄弟甥舅",否则就是"蛮夷""小国"。后来,霸主拥戴周王,建立了同盟体制,组成了包括蛮夷诸侯在内的"中华"体系,与不处于同盟体制内的边境大国、蛮夷戎狄明确对立。即,"中华"既不是指非蛮夷戎狄的所有诸侯国,也不是仅限于"兄弟甥舅"范围内的观念,而是一个构建于层累的差异意识之上的动态秩序关系。

到了战国时期思想家那里,"夏"和"中国"脱离了基于周室血缘和同盟体制,逐渐向着基于"礼"的一元性体系转变,并渐成定论,典型例子有《孟子》《战国策》认为黄河中、下流域各国为"中国",《吕氏春秋》谓"冠带之国"方三千里,以及邹衍的"九州即中国"论。秦帝国统一"天下"(战国各国)之后,西汉郡国又承袭秦郡县领域,而这些郡国领域在西汉人眼中就是"中国"。《史记·陆贾列传》载,陆贾出使南越国,谈到汉帝国的天下时,扬言"中国之人以亿计,地方万里,居天下之膏腴"。这表明视王朝的统治疆域为"中国"的区域观念已经形成。

在"中华"的形成过程中,蛮夷戎狄群体一直与周系诸侯国相对峙。"夷"是周人对广泛分布于东南边的淮水、长江的异文化群体的称呼,认为他们的风俗不同于组成王朝的"诸侯"和"百姓"。另一方面,从西北边的黄土高原进犯的异文化群体则被称为"玁狁"或"鬼方"。他们或许是畜牧系群体,过着以车马移居的生活。据金文史料记载,王朝军队每次战胜他们,都能缴获大量的牲畜和车马。另外,从金文史料中我们还可知,周王朝将夷和玁狁等所有居住在边境地区的群体统称为"蛮",将非周人的武装组织统称为"戎"。

春秋时期,文献对"夷"的记载少了,"玁狁"这个称呼干脆消失不见了,但另一方面,对于黄河、长江流域各地的"戎"的记载增加了。这里的"戎"应该是一个统称,代指生活在城邑外山林薮泽里的所有群体。这些戎大多活动于今陕西、河南、河北、山东等地,当中有一些还聚居在周室或诸侯国城下。此外,春秋时期开始用"狄"来称呼华北地区的移居群体。狄人的主体包括活动于今陕西和吕梁山脉的白狄和活动于太行山脉东南麓至山东半岛一带的赤狄、长狄。"狄"字原本是"远方""放逐"的意思,在这里用作人称名词,还常常与戎群体并称"戎狄"。或许是春秋前期时,华北山岳区的戎不断聚居,于是人们便另外用"狄"字来称呼他们吧。

春秋时期,戎和狄广泛活动于华北平原,其分布地区并不仅限于长城地带。兴许因为这样,所以《左传》和《国语》都不把戎、狄视为畜牧或游牧民族,只是说他们是在城邑之外过着非定居生活(荐居)的人群,同时强调他们的语言、风俗异于诸侯国,又没有祭祀礼仪,与诸侯国也没有外交关系。当然,长城地带邻近地区内的戎狄肯定包含了畜牧和游牧群体,但是对于华北平原的戎狄,更准确的定位应该是他们在山林薮泽过着狩猎、农耕等生活,与定居在城邑里的诸侯国百姓构成互补关系。事实上,人们在今陕西、河北北部发现了疑为春秋后期的狄人墓葬,墓里既有长城地带的北方系青铜器,也有中原系青铜器。

综上,"戎""狄"是对自诸侯国邻近的山林薮泽地区起,经太行山脉、吕梁山脉,直到长城地带这一片广袤区域里的所有非定居群体的称呼。他们身处中原地区和长城地带之间,故其文化应具备过渡性和混合性。华北平原上的诸侯国与周边星罗棋布的戎狄群体共享一片区域。至于长江流域则有夷、濮、舒等群体居住,这些群体归顺于楚国或吴国,被统称为"蛮夷"。因此,诸侯国时不时会与邻近的戎、狄、蛮会盟甚至通婚,试图掌控他们。从春秋中期开始,这种关系逐渐发展为诸侯国单方面对蛮夷戎狄的压制。

在这当中做得最突出的就是"诸夏"盟主晋国。晋国和赤狄有联姻,可是依然出兵攻灭了赤狄,又将河南、山西诸戎纳入统治范围内,将他们编为"九州之戎",集中到王城周边居住。就这样,晋国把大量戎狄人口纳入到统治之下,晋军中时不时会出现"狄师""戎卒"。其他国家也有样学样,《左传》记载楚国、吴国统治"蛮夷",齐国、宋国统治"东夷",秦国统治"西戎",这些诸侯国被描述为统治范围波及四方的大国。不过,这些诸侯国对待蛮夷戎狄的方式与诸侯国相互之间的"华""夏"会盟秩序还是存在明显区别的。

随着诸侯国的征服行动不断增多,戎狄群体也逐渐分化为搬到长城地带以北的畜牧、游牧群体和建造中原式城邑并聚居于此以对抗诸侯国的群体。春秋中期至战国中期的长城地带之所以北方系青铜器文化如此发达,应该就是受到了前者的影响。至于春秋后期的鲜虞中山国在滹沱河流域建国、战国时期义渠戎在今宁夏地区筑城等,则是戎狄选择了后者的所为。如此一来,华北平原的诸侯与戎狄混居的状态开始逐步消失,中原地区和长城地带的区域差异逐渐清晰,中原的人们开始认识到戎、貊为非农耕民,强调中原与夷狄生计模式的差异,甚至还学习起了骑马游牧民族"胡服骑射"。

"中华"和"夷狄"相对的华夷思想反映在春秋中后期秦公诸器铭的"蛮夏"一词中,而就文献史料而言则初见于《左传》和《论语》等传世文献。不过,因为春秋时期的国际会盟上,同盟诸侯和蛮夷戎狄是完全隔离开来的,因此我们可以肯定早在当时的诸侯国人已经有着划分两者的意识了。而起源于春秋时期的华夷思想,在日后各种对春秋史的认知、评价等言论中,演化出了多种版本。

例如《左传》里面一方面有"诸夏"与"戎狄"相对,认为应该"弃绝"戎狄的言论,但另一方面又有赞赏先王、诸侯掌控蛮夷戎狄的言论,更有暗褒晋文公获得边境势力支持的遍历诸国故事。这种华夷思想应该属于羁縻范畴。不仅如此,《左传》还有"同化"论和"转化"论,前者例如"昭公三十年"所载,吴国与周系诸侯同好,遂"比诸华";而后者也有如"哀公七年"所载,吴国始祖仲雍"断发文身",遂为"蛮夷"之例,又有母亲是戎人血统的晋文公后来成为"夏盟"创始人之例。正如吉本道雅所论证,《左传》的华夷思想,其基本结构在一开始已经是杂糅的了,不应该视之为后人故意增删的文献,反倒是相较于《孟子》和《荀子》,《左传》保留了更多原始的华夷差异认识。①

---

① 吉本道雅《中国古代における華夷思想の成立》(夫马进编《中国東アジア外交交流史の研究》,京都大学学術出版会,2007 年)指出,《左传》《论语》中的华夷思想是在春秋后期至战国中期,中原地区已经没有外族的背景下被人们"纯粹培育"出来的,这种华夷思想已经抽象化、类型化了。《左传》中,这种抽象的华夷思想与"弃绝""羁縻"等其他华夷论混杂在一起。

　　承袭了《左传》的《国语》中,"同化"和"转化"论逐渐消失,取而代之的是基于血统渊源的差别意识。《公羊传》视楚国、吴国、秦国等边境大国为"夷狄",贬斥其道德低下的论调非常明显,还有强调"转位"可能性的"新夷狄"观念。而《谷梁传》则在《公羊传》的基础上,进一步提出"中华"和"夷狄"不可并存和相互转化性,出现了用道义层面的理由来论证某些周系诸侯是"夷狄"的言论。至此,华夷思想不再是春秋时期诸侯国人的差异意识,而是变成一个第三方评价的符号。

　　再者,收录了战国思想家言论的文献重点整理了华夷思想的其中几点,使之成体系。其一,指出华夷之别的判断标准就在于"礼"和"言语",强调华夷可以基于学习和移居发生"同化"和"转化"。典型例子如《孟子·滕文公上》认为"以夏变夷"为必然,《荀子》的《荣辱》和《儒效》两章以后天风俗的差异及有无"礼"来解释"夏(雅)"和"楚、越"的分歧。《战国策·赵策二》中更提出了"中国"是一个无论智力、物产、文教,还是道德、知识、技艺都全面发展的文明圈。这些华夷言论应该是基于战国时期中原地区内不再有蛮夷戎狄的现状而提出的。

　　其二,华夷思想结合了"天下"观念,渐成体系。《左传》和《国语》中已经隐隐可见"四夷"论的端倪。"四夷"论认为"中国"的周边围绕着东夷、西戎、南蛮、北狄。不过,这一思想要到《墨子》《管子》《礼记》等文献中才被明确提出。《孟子》之后的战国史料中更是出现了将"九州"和"五服"的范围限定在某个数值之内,视之为特定大小的区域的思想。限定了君王统治范围的"九州"说后来成为王朝能够"羁縻""同化"疆域之内夷人,"弃绝"域外夷人的理论基础。而"五服"说则主张君王能够统治要服、荒服等地,是王朝"羁縻"域外夷人的理论依据。

　　战国时期，人们不断地整理诸如此类的古典"中华"观念，王权还开始构建以本国为中心的"夏"体系。最典型的例子当数魏惠王称"夏王"，与战国秦国在法律文书中对"夏"的定义之事。魏惠王所自称的"夏王"（公元前344年前后）有两个意思，一是夏朝后裔的夏王，二是"诸夏"列国之王。"夏王"这个称呼有意义，前提是"夏"指代中原列国这个观念获得普遍承认。事实上，魏王自认为是春秋时期"夏盟"盟主——晋国的继承国，在自称"夏王"之后，还率领着鲁国、卫国等黄河中下游的诸侯朝觐周王。要是春秋以来的"诸夏"观念没有获得各国普遍承认，"夏王"这个自称根本没有任何意义。

　　至于秦国的例子则和魏国迥异。秦国的大本营在渭水盆地，不处于春秋"诸夏"会盟秩序之内，故常常被东方的诸侯国视为"夷狄"或"戎狄"。尤其是战国时期，秦国不断地向东进军，更是加深了东方诸侯对秦国的蔑视。在这一点上，秦国和魏国是不同的。但即便如此，秦国依然很早就有了自视为"夏"之统治者的意识。

　　秦国君主视本国为"夏"的史实可以从春秋中后期秦景公所铸的秦公诸器铭文中得到证明。铭文写道秦国的建国者定都"禹迹"，领有"下国"（四方），上承"天命"，然后回顾了秦国先公统治"蛮夏"的历史。所谓的"蛮夏"，应是秦国周边的戎狄——"蛮方"，再加上东方周系诸侯国——"夏"所组成的词语。这个词反映了秦国的自我意识，即秦国一方面领有"夏（雅）"的源头——"禹迹"，另一方面又统治着蛮夷和诸夏双方。可见脱离了"诸夏"的秦国在秦穆公时期不断向东进军，秦国以之为大功，遂刻铭记录，同时这个词也表达了秦国欲统治诸侯国的想法。

　　再者，战国时期的秦律更是构建了一个结合本国统治体制的

"夏"体系。秦律中的"夏"是用来解释秦国与臣属国的统合关系的概念。这个统合关系包括两个层面,其一是秦国与臣属国的君主所缔结的政治层面统属关系。战国秦国在征服了其他诸侯国或蛮夷戎狄之后,会在当地设置郡县,把本地人编入秦人户籍,但偶尔也会保留臣属国的君主,构建一条间接性的统治路径。归属于秦国的国家称为"臣邦",臣邦人原则上与秦人有所区别,臣邦人的逃脱行为在秦律中称为"去夏",受到明令禁止。这表明,战国秦国在法律上将"夏"定义为连结本国与臣属国的统属关系,这是一个超越了秦国一国的统合机制。

其二是基于秦人女性与臣邦男性通婚的血缘身份层面统属关系。秦律中,父母都是臣邦人的孩子,身份是"真"(纯粹的非秦人),而臣邦人身份的父亲与秦人身份的母亲所生的孩子,其身份则是"夏子"。这意味着下嫁臣邦的秦女所生的孩子与其他臣邦人有所区别,可算作"准秦人"。换言之,在此语境下的"夏"既是用来判断某人父系出身的概念,也是一个血缘体系,囊括了与秦人女性通婚从而服从于秦国的各邦君长阶层。

综上,秦律中提到的两个"夏"有一个明显的特征,即以秦国为核心,统合周边臣邦人的统治体系。提出"夏"这个概念不是为了将非秦人同化为秦人,而是为了组建以秦国为核心的羁縻体制。值得一提的是秦律中的"夏"还包括了夷狄。秦律中,秦国之外的其他诸侯国称为"诸侯",而戎狄臣邦的君主则称为"臣邦真戎君长",可见诸侯国和蛮夷戎狄是明确区分开来的。只是,夷狄之邦在归顺之后就属于"夏"的一部分,要是娶了秦人女性,所生的孩子还能是"夏子"身份。换言之,秦律中的"夏"并不是秦国把本国疆域外的势力全部视为夷狄而提出的概念,反而是以之作为一个统治理论,构建一个从政治、血缘两方面统合他者的体系。

要强调的是,秦律中的"夏"只是一个法律概念,所针对的只是处于秦国统治下的人们,不能够当成是普遍性的思想观念与其他文献中的"夏"做比较。此外,秦律的"夏"显然与《左传》中的"诸夏"(黄河中下游诸侯国)和《孟子》《荀子》中的"夏"观念迥乎不同,反倒和文献史料中的"中华"观念有几分相同。首先,两者都以周室旧地为原点。周室东迁后,秦国占领了宗周所在的渭水流域。《左传》中,周室旧地也算是"夏",秦公诸器铭文中则称之为"禹迹"。可见,在西周以来的"中华"观念语境下,战国秦国把本国定性为"夏"之中心的确是有一定根据的。

其次,两者都是在层累性差异意识之上构建起来的统合机制。如前所述,春秋史料所示的"中华"体系至少构建在三重差异意识之上,即(i)诸侯国与蛮夷戎狄的差异、(ii)诸侯内部"兄弟甥舅"与"蛮夷""小国"的差异、(iii)拥戴周室的同盟诸侯——"诸夏""中国"与同盟外势力的差异。秦律中,对于诸侯和戎的差异意识同(i),而区分"秦(夏)"和"臣邦人""它邦人(真)"这种基于血缘的差异意识则同(ii),但是(iii)中的"同盟诸侯=诸夏"的观念在秦律中变成了"秦国与臣邦所缔结的统属关系='夏'的基础"。换言之,秦律将"周"的血缘和统治秩序换成了"秦",并以之为基础构建了新的统合机制。

综上,春秋史料中的"中华"和秦律中的"夏",所指内容虽有所不同,却蕴含着同一种逻辑——超越单一国家的机制。只不过春秋史料的"中华"彻底排挤蛮夷戎狄,而秦律的"夏"范围更广,连"戎"也包括在内。基础关系的不同或许是造成两者差异的原因。春秋史料的"中华"以诸侯相互之间的内外关系为基础,是水平状的;而秦律的"夏"则是以秦国为核心,呈放射状的中心—周边关系为基础。秦律的"中华"是一个帝国性质的解释原理,用来为某个特定权力统合多个群体背书。①

相较于秦公诸器铭文的阶段,秦律的"中华"论显然更进一步。秦公诸器铭文里说秦国"十有二公"统治了"蛮夏"。既然秦国统治了"蛮"和"夏",那么"夏"就不可能是秦国统治体制本身。相对地,位于秦国统治下的臣邦属于"夏"的范畴,维系秦国和臣邦的统属关系是"夏"的基础。双方的差异应该是战国秦国的王权日渐成熟而导致的。秦惠文君在公元前 325 年称王,在公元前 256、前 255 年灭了两个周君。这表明秦国已经明确否认周室权威,试图构建以本国为核心的国际秩序了。睡虎地秦简里所记录的战国末期秦律,所反映的就是这个时期秦国的统治体制,我们不应该把此处秦国的自我意识与称王之前还是"秦公"时的自我意识等同视之。

综上所述,"中华"是两周以来不断层累形成的观念。这一观念形式上起源于周王朝和"禹""夏",到了春秋时期扩大为与"夷狄"相对的体系,成为有一定影响范围的文明论和归属意识。但是,战国史料对于"中华"的各种阐释,加上秦律所载与传世史料之间的明显差异都在提醒我们"中华"并非　个实体。我们看待"中华"这个历史观念时,不应该单纯地视之为"华夏族"这个民族

① 战国秦国的法律观念"夏"如何为汉代所继承,目前还不详。汉文帝时期下葬的张家山汉简中虽然有很多继承自秦律的汉律条文,可惜的是没有一条提到"夏"。不过,传世史料中,汉代对于"中国"的理解显然和秦律的"夏"有着相同逻辑。正如本书序章所说,西汉时期的"中国"既可以指汉室本身,也可以指汉室统治下的郡国领域(直辖郡和诸侯王国)。不只是本国,就连统属下的内臣地区也属于"中华",这和秦律中说臣邦也属于"夏"异曲同工。又,《史记·南越列传》载,汉武帝改造南越国为内臣时,将从汉地下嫁到南越的太后称为"中国人"。在汉朝眼中,南越无疑是外臣之国,而太后是赵人。虽然无法和秦律一一对应,但似乎和秦律的"夏""夏子"概念有着相同的逻辑。关于汉代如何继承乃至重组先秦时期的"中华"观念,还有待新史料的问世才能进一步探讨。

群体的同义词，也不应该因为前人对之的阐释各有不同就视之为虚构捏造，而应该先分清其传承下来的核心思想和后来赋予的含义，搞清楚潜藏在每一个"中华"观念背后的关联性，从而归纳出这些言论共同铸造的链条。

这一点是我们讨论汉代之后的各个"中华"王朝，甚至近代以来的"中华民族"论时应秉持的视角。"中华"是在"自身悠久的历史"和"正当化统合他者的行为"两个语境下构建起来的，过去如此，现在也依然处于构建的过程中。从这个角度看来，"中华"的确是个延绵了三千年的历史主体，给历史学家们留下了恒河沙数般的课题。

参考文献

日文（五十音顺序）

浅野裕一　《〈春秋〉の成立時期：平勢説の再検討》,《中国研究集刊》第 29
号,2001 年,后收入《古代思想史と郭店楚簡》,汲古書院,
2005 年。
《〈唐虞之道〉の著作意図：禅譲と血縁相続をめぐって》,《大久
保隆郎教授退官記念論集：漢意とは何か》,東方書店,2001 年,
后收入《古代思想史と郭店楚簡》。
《〈容成氏〉における禅譲と放伐》,《中国研究集刊》第 36 号,
2004 年,后收入《竹簡が語る古代中国思想：上博楚簡研究》,汲
古書院,2005 年。
《上博五〈姑成家父〉中的“百豫”》,中山大学历史系"简帛文献与
思想史研究"读书班会议提交论文,2008 年,日文版《上博楚簡
〈姑成家父〉における白豫》收入《竹簡が語る古代中国思想
（二）：上博楚簡研究》,汲古書院,2008 年。

浅原达郎　《夏文化探索の道》,《古史春秋》第 1 号,朋友書店,1984 年。
《蜀兵探原：二里岡インパクトと周、蜀、楚》,《古史春秋》第 2
号,朋友書店,1985 年。

安部健夫　《中国人の天下観念：政治思想史的試論》,《ハーバード、燕京、
同志社東方文化講座》第 6 輯,1956 年,后收入《清代史の研
究》,創文社,1971 年。

网野善彦　《日本とは何か》,《日本の歴史》第 0 巻,講談社,2000 年。

［美］本尼迪克特・安德森著,白石さや、白石隆译　《想像の共同体：ナショ
ナリズムの起源と流行
（増補）》,NTT 出版,
1997 年。

饭岛和俊　《戦国秦の非秦人対策:秦簡を手掛かりとして見た戦国秦の社会構造》,《中村治兵衛先生古稀記念東洋史論集》,刀水書房,1986 年。

饭岛渉、久保亨、村田雄二郎编　《中華世界と近代》,《シリーズ20 世紀中国史 1》,東京大学出版会,2009 年。

石桥崇雄　《大清帝国》,講談社選書メチェ,2000 年。

出石诚彦　《夏朝に関する史伝とその批判》,《史観》第 11 册,1937 年,后收入《中国神話伝説の研究》,中央公論社,1943 年。

市濑智纪　《蛮夷の華夏起源伝承の研究:中国古代楚族起源論争を中心に》,《史学》第 63 巻第 3 号,1994 年。

伊藤敏雄　《中国古代における蛮夷支配の系譜:税役を中心として》,《堀敏一先生古稀記念論集:中国古代の国家と民衆》,汲古書院,1995 年。

伊藤道治　《姫姓諸侯封建の歴史地理的意義》,《中国古代王朝の形成》,創文社,1975 年。

　　　　　《西周王朝と雒邑》,《内田吟風博士頌寿記念東洋史論集》,同朋舎,1978 年,后收入【伊藤道治:1987】。

　　　　　《中国古代国家の支配構造:西周封建制度と金文》,中央公論社,1987 年。

石见清裕　《唐の内附異民族対象規定》,《堀敏一先生古稀記念論集:中国古代の国家と民衆》,汲古書院,1995 年,后收入《唐の北方問題と国際秩序》,汲古書院,1998 年。

内田吟风　《匈奴源流考》,《北アジア研究:匈奴篇》,同朋舎,1975 年。

江头广　《姓考:周代の家族制度》,風間書房,1970 年。

江上波夫　《匈奴の盛衰とその文化の変遷》,《ユウラシア古代北方文化:匈奴文化論考》,全国書房,1948 年;与水野清一合著《内蒙古・長城地帯》,東亜考古学会,1935 年,后于 1971 年由新時代社再版。

江村知朗　《春秋時代の国際秩序について:その原理と始祖伝説》,《集刊東洋学》第 87 号,2002 年。

江村治树　《戦国時代出土文字資料の国別特質》,【林巳奈夫编:1985】,后收入【江村治树:2000】。

　　　　　《春秋時代青銅礼器出土墓の地域別編年》,《春秋時代青銅礼器の新展開》,《名古屋大学文学部研究論集・史学》第 34 号,1988 年,后均収入【江村治树:2000】。

《春秋戦国秦漢時代出土文字資料の研究》,汲古書院,2000年。

《春秋時代盟誓参加者の地域的特質》,《名古屋大学東洋史研究報告》第25号,2001年。

王柯　《20世紀中国の国家建設と"民族"》,東京大学出版会,2006年。

大川裕子　《古代巴の歴史:巴人の分布に関する一考察》,《史艸》第39号,1998年。

大櫛敦弘　《統一前夜:戦国後期の国際秩序》,《名古屋大学東洋史研究報告》第19号,1995年。

《秦邦:雲夢睡虎地秦簡より見た統一前夜》,《論集:中国古代の文字と文化》,汲古書院,1999年。

冈洋樹　《東北アジア地域史と清朝の帝国統治》,《歴史評論》第642号,2003年。

冈崎文夫　《古代中国史要》,弘文堂,1944年。

冈田英弘　《東アジア大陸における民族》,【桥本万太郎编:1983】。

冈村秀典　《秦文化の編年》,《古史春秋》第2号,朋友書店,1985年。

《農耕社会と文明の形成》,《新版岩波講座世界歴史3:中華の形成と東方世界》,岩波書店,1998年。

《墓の動物供犠》,《東方学報(京都)》第74号,2002年,后收入【冈村秀典:2005】。

《夏王朝:王権誕生の考古学》,講談社,2003年;増补之后以【冈村秀典:2007】再版。

《中国古代王権と祭祀》,学生社,2005年。

《夏王朝:中国文明の原像》,講談社学術文庫,2007年。

《中国文明:農業と礼制の考古学》,京都大学学術出版会,2008年。

小仓芳彦　《裔夷の俘:〈左伝〉の華夷観念》,《中国古代史論集》第二集,吉川弘文館,1965年,后收入【小仓芳彦:1970】。

《華夷思想の形成》,《思想》第503号,1966年,后收入【小仓芳彦:1970】。

《中国古代政治思想研究:〈左伝〉研究ノート》,青木書店,1970年。

小泽贤二　《書き改められる中国古代史》,《本》,1993年。

小泽正人、谷丰信、西江清高　《中国考古学》,同成社,1999年。

越智重明　《華夷思想》,《戦国秦漢史研究2》,中国書店,1993年。

小野沢精一　《晋の文公説話にみられる覇者の性格について》,《東京大学

教養学部人文科学科紀要》第 46《国文学、漢文学》XIII，1968
年；后收入《中国古代説話の思想史的考察》，汲古書院，
1982 年。

[英]保罗·卡特里奇著，桥长弦译　《古代ギリシア人：自己と他者の肖
像》，白水社，2001 年。

加地伸行　《論語》，講談社，2004 年；增补版以学术文库形式于 2009 年
出版。

金谷治　《管子の研究：中国古代思想史の一面》，岩波書店，1987 年。

鎌田正　《左伝の成立と其の展開》，大修館書店，1963 年。

[瑞典]高本汉著，小野忍译　《左伝真偽考》，文求堂書店，1939 年。

川合安　《沈約〈宋書〉の華夷意識》，《東北大学東洋史論集》第 6 辑，
1995 年。

川又正智　《ウマ駆ける古代アジア》，講談社選書メチェ，1994 年。
《漢代以前のシルクロード》，雄山閣，2006 年。

川本芳昭　《中国の歴史 5：中華の崩壊と拡大——魏晋南北朝》，講談社，
2005 年。

岸本美緒　《"中国"とは何か》，尾形勇、岸本美緒編《新版世界各国史 3：中
国史》，山川出版社，1998 年。

岸本美緒、浜口允子　《東アジアの中の中国史》，放送大学教育振興会，
2003 年。

纪平英作编　《グローバル化時代の人文学——対話と寛容の知を求めて
（上）：連鎖する地域と文化》，京都大学学術出版会，2007 年。

工藤元男　《睡虎地秦墓竹簡の属邦律をめぐって》，《東洋史研究》第 43 巻
第 1 号，1984 年；增补后以改名《秦の領土拡大と国際秩序の形
成》收入【工藤元男：創文社 1998】。
《先秦社会の行神信仰と禹》，《東洋文化研究所紀要》第 106 册，
1988 年；后收入【工藤元男：創文社 1998】。
《〈日書〉における道教的習俗》，《東方宗教》第 76 号，1990 年；
后收入【工藤元男：創文社 1998】。
《禹の変容と五祀》，《中国社会と文化》第 7 号，1992 年；后收入
【工藤元男：創文社 1998】。
《禹の伝承をめぐって中華世界と周縁》，《新版岩波講座世界歴
史 3：中華の形成と東方世界》，岩波書店，1998 年。
《睡虎地秦簡より見た秦代の国家と社会》，創文社，1998 年。
《〈秦の領土拡大と国際秩序の形成〉再論——いわゆる"秦化"

をめぐって》,《早稲田大学長江流域文化研究所年報》第 2 号,
2003 年。

《秦の巴蜀支配と法制、郡県制》,早稲田大学アジア地域文化エ
ンハンシング研究センター編《アジア地域文化学の構築——
21 世紀 COE プログラム研究集成》,雄山閣,2006 年。

熊谷滋三　《前漢における蛮夷降者と帰義蛮夷》,《東洋文化研究所紀要》
第 134 册,1997 年。

栗原朋信　《文献にあらわれたる秦漢璽印の研究》,《秦漢史研究》,吉川弘
文館,1960 年。

[英]厄内斯特・盖尔纳著,加藤节监译　《民族とナショナリズム》,岩波書
店,2000 年。

五井直弘　《華夏族の形成と中山国:古代統一国家成立の基底としての》,
《専修人文論集》第 53 号,1994 年;后收入《中国古代国家の形
成と史学史》,名著刊行会,2003 年。

古賀登　《中国古代の時代区分問題と睡虎地出土の秦簡》,《漢長安城と阡
陌・県郷亭里制度》,雄山閣,1980 年。

后藤均平　《春秋時代の周と戎》,中国古代史研究会編《中国古代史研究》
第 1 册,吉川弘文館,1960 年。

小林聡　《漢時代における中国周辺民族の内属について》,《東方学》第 82
輯,1991 年。

小南一郎　《中山王陵三器銘とその時代背景》,【林巳奈夫編:1985】。

《大地の神話:鯀禹伝説原始》,《古史春秋》第 2 号,朋友書店,
1985 年。

《天命と徳》,《東方学報(京都)》第 64 册,1992 年。

《周の建国と封建》,角田文卫、上田正昭監修,初期王権研究委
員会編《古代王権の誕生 I:東アジア編》,角川書店,2002 年。

《西周王朝の成周経営》,小南一郎編《中国文明の形成》,朋友書
店,2005 年。

《古代中国:天命と青銅器》,京都大学学術出版会,2006 年。

斎藤道子　《春秋時代の支配権と時間》,《東海大学紀要・文学部》第 66
輯,1996 年。

坂元ひろ子　《中国民族主義の神話:人種、身体、ジェンダー》,岩波書店,
2004 年。

佐川修　《〈公羊〉〈穀梁〉二伝先後考》,《東北大学教養部文科紀要》第 1 集,
1958 年;后收入【佐川修:1983】。

《春秋公羊伝源流考》,《東北大学教養部文科紀要》第 6 集,1960
年;后收入【佐川修:1983】。

《春秋学論考》,東方書店,1983 年。

佐佐木高明　《日本文化の基層を探る:ナラ林文化と照葉樹林文化》,日本
放送協会出版会,1993 年。

佐藤慎一　《近代中国の知識人と文明》,東京大学出版会,1996 年。

佐藤武敏監修,工藤元男、早苗良雄、藤田胜久译注　《戦国縦横家書》,朋友
書店,1993 年。

佐藤长　《中国古代史論考》,朋友書店,2000 年。

白川静　《中国の神話》,中央公論社,1975 年。

《金文通釈》第 1〜56 輯,白鶴美術館,1962〜1984 年;增补后以
《白川静著作集別集》全七卷九册之名再版,平凡社,2004〜
2005 年。

白鸟库吉　《〈尚書〉の高等批評——特に尭舜禹に就いて》,1912 年;后收
入《白鳥庫吉全集》第 8 卷,岩波書店,1970 年。

《中国古代史の批判》,本文未完,1930 年前后;后收入《白鳥庫
吉全集》第 8 卷,岩波書店,1970 年。

庄子大亮　《古代ギリシアとヨーロッパ・アイデンティティ:ヨーロッパ
の源流としてのギリシア像再考》,【谷川稔编:2003】。

新城新藏　《歳星の記事によりて左伝、国語の製作年代と干支紀年法の発
達とを論ず》,1918 年;后收入《東洋天文学史研究》,弘文堂,
1928 年。

杉村伸二　《二年律令より見た漢初における漢朝と諸侯王国》,【富谷至
编:2006】。

杉山清彦　《大清帝国のマンチュリア統治と帝国統治の構造》,左近幸村
编《近代東北アジアの誕生:跨境史への試み》,北海道大学出版
会,2008 年。

鈴木秀夫　《気候変化と人間:1 万年の歴史》,原書房,2004 年。

［英］安东尼・D・史密斯著,巣山靖司、高城和义等译　《ネイションとエス
ニシティ:歴史社会
学的考察》,名古屋
大 学 出 版 会,
1999 年。

角谷常子　《秦漢時代の贖刑》,梅原郁编《前近代中国の刑罰》,京都大学人
文科学研究所,1996 年。

妹尾达彦　《長安の都市計画》,講談社選書メチェ,2001 年。

瀬川昌久　《族譜：華南漢族の宗族、風水、移住》,風響社,1996 年。

高木智見　《春秋時代の結盟習俗について》,《史林》第 68 巻第 6 号,
　　　　　1985 年。

　　　　　《春秋左氏伝──歴史と法の源流》,滋賀秀三編《中国法制史：
　　　　　基本資料の研究》,東京大学出版会,1993 年。

高津純也　《春秋三伝に見られる"華夷思想"について》,《史料批判研究》
　　　　　創刊号,1998 年。

　　　　　《"夏"字の"中華"的用法について：華夷思想の原初的形態に関
　　　　　する序論》,《論集：中国古代の文字と文化》,汲古書院,
　　　　　1999 年。

　　　　　《先秦時代の"諸夏"と"夷狄"》,《日本秦漢史学会会報》第 1 号,
　　　　　2000 年。

　　　　　《春秋公羊伝何休注の"中国"と"夷狄"について：公羊伝文との
　　　　　比較から》,《史料批判研究》第 7 号,2006 年。

高浜秀　《オルドス青銅短剣の型式分類》,《東京国立博物館紀要》第 18
　　　　号,1982 年。

　　　　《中国北方系青銅器の研究》,平成七～九年度科学研究費研究成
　　　　果報告書,1998 年。

［英］玛丽・道格拉斯著,冢本利明译　《汚穢と禁忌》,思潮社,1972 年初
　　　　　　　　　　　　　　　　　　版,1995 年新版。

武内房司　《中華文明と"少数民族"》,《新版岩波講座世界歴史 28：普遍と
　　　　　多元──現代文化へむけて》,岩波書店,2000 年。

竹内康浩　《〈春秋〉から見た五等爵制：周初における封建の問題》,《史学
　　　　　雑誌》第 100 編第 2 号,1991 年。

　　　　　《豳公盨の資料的問題について》,《史学雑誌》第 115 編第 1 号,
　　　　　2006 年。

田中柚美子　《晋と戎狄──献公の婚姻関係を中心として》,《国学院雑
　　　　　　誌》第 76 巻第 3 号,1975 年。

　　　　　　《晋をめぐる狄について》,中国古代史研究会編《中国古代史
　　　　　　研究》第四册,雄山閣,1976 年。

谷川稔　《歴史としてのヨーロッパ・アイデンティティ》,山川出版社,
　　　　2003 年。

谷口満　《若敖、蚡冒物語とその背景：古代楚国の一理解》,《集刊東洋学》
　　　　第 34 号,1975 年。

《祝融諸子伝承の成立》,《文化》第 40 巻第 3、4 号,1977 年。

《霊王弑逆事件前後——古代楚国の分解(その二)》,《史流》第 23 号,1982 年。

《楚都丹陽探索——古代楚国成立試論》,《東北大学東洋史論集》第 1 輯,1984 年。

《春秋時代の都市——城郭問題探討》,《東洋史研究》第 46 巻第 4 号,1988 年。

《下里巴人新解——先秦都市城外の居住民》,《先秦都市の研究》,平成元〜二年度科学研究費補助金研究成果報告書,1991 年。

《虎乳子文伝説の研究——春秋楚国の若敖氏について》,《東北大学東洋史論集》第 6 輯,1995 年。

《出土資料は語る——先秦、秦漢》,熊本崇编《中国史概説》,白帝社,1998 年。

种部いく子　《古代の巴と蜀:秦による巴蜀統治を中心として》,《学習院史学》第 3 号,1966 年。

津田左右吉　《左伝の思想史研究》,東洋文庫,1935 年;后收入《津田左右吉全集》第 15 巻,岩波書店,1964 年。

鶴间和幸　《古代中華帝国の統一法と地域:秦帝国の統一とその虚構性》,《史潮》新 30 号,1992 年。

《中国の歴史 3:ファーストエンペラーの遺産——秦漢帝国》,講談社,2004 年。

富谷至编　《江陵張家山 247 号墓出土漢律令の研究(論考篇)》,朋友書店,2006 年。

丰田久　《周王朝の君主権の構造について:"天命の膺受"者を中心に》,《東洋文化》第 59 輯,1979 年;后收入【松丸道雄编:1980】。

《周王朝と"成"の構造について:成周はなぜ"成"周と呼ばれたか》,《東洋文化研究所紀要》,第 109 册,1989 年。

《西周王朝と彤弓考:"四方の匍有"者——王の性格について》,《東方学》第 80 輯,1990 年。

《成周王朝の君主とその位相:豊かさと安寧》,水林彪、金子修一、渡边节夫编《王権のコスモロジー》,弘文堂,1998 年。

内藤湖南　《中国上古史》,1944 年,后收入《内藤湖南全集第十卷》,筑摩書房,1969 年。

永田英正编　《漢代石刻集成》,同朋舍,1994 年。

中村威也　《中国古代西南地域の異民族:特に後漢巴郡における"民"と

"夷"について》,《中国史学》第 10 巻,2000 年。

中务哲郎 《古代ギリシア人の世界意識と歴史記述》,【纪平英作编：2007】。

那波利贞 《中華思想》,津田左右吉编《岩波講座東洋思潮 8:東洋の諸問題(一)》,岩波書店,1934 年。

西江清高 《"中国"的文化領域の原型と"地域"文化》,末城道雄编《中国研究の視角特集》,アカデミ出版会,1990 年。

西嶋定生 《岩波講座世界歴史 4:東アジア世界の形成》序,岩波書店,1970 年,后收入《中国古代国家と東アジア世界》,東京大学出版会,1983 年。

西谷修 《世界史の臨界》,岩波書店,2000 年。

西村成雄 《20 世紀中国の政治空間:"中華民族的国民国家"の凝集力》,青木書店,2004 年。

野間文史 《春秋学:公羊伝と穀梁伝》,研文出版,2001 年。

桥本万太郎编 《民族の世界史 5:漢民族と中国社会》,山川出版社,1983 年。

林巳奈夫 《銘文によって絶対年代の知られる春秋戦国時代の青銅器》,《中国殷周時代の武器》,京都大学人文科学研究所,1972 年,后于 1999 年由朋友书店再版。
《殷周青銅器綜覧 1:殷周時代青銅器の研究》,吉川弘文館,1984 年。
《殷周青銅器綜覧 3:春秋戦国時代青銅器の研究》,吉川弘文館,1989 年。

林巳奈夫编 《戦国時代出土文物の研究》,京都大学人文科学研究所,1985 年。

原田浩 《青川秦墓木牘考》,《史海》第 35 号,1988 年。

[中]费孝通等著,西泽治彦、冢田诚之、曽十才、菊池秀明、吉开将人合译《中華民族の多元一体構造》,風響社,2008 年。

久村因 《秦の"道"について》,中国古代史研究会编《中国古代史研究》第一册,吉川弘文館,1960 年。

日原利国 《春秋学の成立》《特異な夷狄論》両篇,《春秋公羊伝の研究》,創文社,1976 年。

平势隆郎 《新編史記東周年表:中国古代紀年の研究序説》,東京大学出版会,1995 年。
《中国古代紀年の研究:天文と暦の検討から》,汲古書院,

1996 年。

《左伝の史料批判的研究》,汲古書院,1998 年。

《〈春秋〉と〈左伝〉》,中央公論社,2003 年。

《中国の歴史 2:都市国家から中華へ》,講談社,2005 年。

平田昌司　《雪晴れの風景:中国言語文化圏の"内"と"外"》,《中国社会と
文化》第 9 号,1994 年。

《中華文明の骨格:科挙の展開》,【紀平英作編:2007】。

平野聡　《清帝国とチベット問題:多民族統合の成立と瓦解》,名古屋大学
出版会,2004 年。

藤田胜久　《〈史記〉穰侯列伝に関する一考察:馬王堆帛書〈戦国縦横家書〉
を手がかりとして》,《東方学》第 71 輯,1986 年。

《〈史記〉三家注の〈竹書紀年〉佚文》,《愛媛大学法文学部論集人
文科学編》第 1 号,1996 年,后收入《史記戦国史料の研究》,東
京大学出版会,1997 年。

《中国古代史における秦、巴蜀、楚:長江流域の出土資料と地域
文化》,《早稲田大学長江流域文化研究所年報》第 2 号,
2003 年。

夫马进编　《中国東アジア外交交流史の研究》,京都大学学術出版会,
2007 年。

［美］罗泰著,吉本道雅译　《周代中国の社会考古学》,京都大学学術出版
会,2006 年。

保科季子　《漢儒の外交構想——"夷狄不臣"論を中心に》,【夫马进编:
2007】。

堀敏一　《中国と古代東アジア世界:中華的世界と諸民族》,岩波書店,
1993 年。

本田济　《春秋会盟考》,《日本中国学会報》第 1 集,1949 年。

牧野巽　《西漢の封建相続法》,《東方学報(東京)》第 3 册,1932 年;后收入
《中国家族研究》,生活社,1944 年。

増渕龙夫　《先秦時代の封建と郡県》,《一橋大学研究年報:経済学研究
II》,1958 年;后收入【増渕龙夫:1960/1996】。

《先秦時代の山林藪沢と秦の公田》,中国古代史研究会编　《中
国古代の社会と文化》,東京大学出版会,1957 年;后收入【増渕
龙夫:1960/1996】。

《中国古代の社会と国家》,弘文堂,1960 年;新版由岩波書店于
1996 年出版。

间濑收芳　《秦帝国形成過程の一考察：四川省青川戦国墓の検討による》，《史林》第 67 巻第 1 号，1984 年。

松井嘉德　《周王子弟の封建：鄭の始封、東遷をめぐって》，《史林》第 72 巻第 4 号，1989 年；《周王朝の王畿について》，《古史春秋》第 6 号，1990 年；后合为《分裂する王室》收入【松井嘉德 2002】。
　　　　　《"県"制の遡及》，《泉屋博古館紀要》第 9 巻，1993 年；后收入【松井嘉德：2002】。
　　　　　《周の領域とその支配》，《中国史学》第 9 巻，1999 年；后收入【松井嘉德：2002】。
　　　　　《周の国制》，松丸道雄、古賀登、永田英正、尾形勇、佐竹靖彦編《殷周秦漢時代史の基本問題》，汲古書院，2001 年。
　　　　　《周代国制の研究》，汲古書院，2002 年。

松丸道雄　《岩波講座世界歴史 4：東アジア世界の形成 I——殷周国家の構造》，岩波書店，1970 年。

松丸道雄編　《西周青銅器とその国家》，東京大学出版会，1980 年。

松丸道雄、池田温、斯波义信、神田信夫、浜下武志編　《中国史 4：明清》，山川出版社，1999 年。

松本ますみ　《中国民族政策の研究：清末から一九四五年までの"民族論"を中心に》，多賀出版，1999 年。

三宅俊彦　《中国古代北方系青銅器文化の研究》，国学院大学大学院，1999 年。

宫宅洁　《漢初の二十等爵：民爵に附帯する特権とその継承》，【富谷至編：2006】。

宫崎市定　《古代中国賦税制度》，1933 年；后收入《宫崎市定全集 3》，岩波書店，1991 年。
　　　　　《東洋における素朴主義の民族と文明主義の社会》，1940 年；后收入《宫崎市定全集 2》，岩波書店，1992 年。
　　　　　《中国における聚落形体の変遷について：邑、国と郷、亭と村に対する考察》，1956 年；后收入《宫崎市定全集 3》。
　　　　　《史記を語る》，1979 年，后收入《宫崎市定全集 5》，岩波書店，1991 年。

宫本一夫　《オルドス青銅器文化の終焉》，《古代文化》第 51 巻第 9、10 号，1999 年；后收入【宫本一夫：2000】。
　　　　　《中原と辺境の形成》，常木晃編《食糧生産社会の考古学》，朝倉書店，1999 年；后收入【宫本一夫：2000】。

《中国古代北疆史の考古学的研究》,中国書店,2000 年。

《中国の歴史 01:神話から歴史へ――神話時代、夏王朝》,講談社,2005 年。

武者章 《西周冊命金文分類の試み》,【松丸道雄编:1980】。

村田雄二郎 《中華ナショナリズムと"最後の帝国"》,蓮実重彦、山内昌之编《いま、なぜ民族か》,東京大学出版会,1994 年。

茂木敏夫 《中華世界の構造変動と改革論:近代からの視点》,毛里和子编《現代中国の構造変動 7:中華世界――アイデンティティの再编》,東京大学出版会,2001 年。

矢澤悦子 《戦国秦の異民族支配と"属邦"》,《明大アジア史論集 I》,1997 年。

《秦の統一過程における"臣邦":郡県制を補完するものとして》,《駿台史学》第 101 号,1997 年。

山田胜芳 《中国古代における均の理念:均輸平準と〈周礼〉の思想史的検討》,《思想》第 721 号,1984 年。

《秦漢財政収入の研究》,汲古書院,1993 年。

《秦漢代手工業の展開:秦漢代工官の変遷から考える》,《東洋史研究》第 56 巻第 4 号,1998 年。

《中国のユートピアと"均の理念"》,汲古書院,2001 年。

《張家山第 247 号漢墓竹簡〈二年律令〉と秦漢史研究》,《日本秦漢史学会会報》第 3 号,2002 年。

山田统 《天下という観念と国家の形成》,増田四郎等著《共同研究古代国家》,啓示社,1949 年;后收入《山田統著作集 1》,明治書院,1981 年。

山田琢 《春秋学の研究》,明徳出版社,1987 年。

横山宏章 《中国の異民族支配》,集英社新書,2009 年。

吉川幸次郎 《論語》(上下),1978 年;后以朝日選書再版,1996 年。

吉澤誠一郎 《愛国主義の創成:ナショナリズムから近代中国をみる》,岩波書店,2003 年。

吉田章人 《日本における近年の春秋史研究の現状と課題》,《歴史学研究》第 830 号,2007 年。

吉本道雅 《春秋載書考》,《東洋史研究》第 43 巻第 4 号,1985 年。

《国語小考》,《東洋史研究》第 48 巻第 3 号,1989 年。

《春秋斉覇考》,《史林》第 73 巻第 2 号,1990 年;后收入【吉本道雅:2005】。

《淮夷小考》,河内良弘编《清朝治下の民族問題と国際関係》,平成2年度科学研究費補助金研究成果報告書,1991年。

《西周冊命金文考》,《史林》第74卷第5号,1991年。

《春秋晋霸考》,《史林》第76卷第3号,1993年,后收入【吉本道雅:2005】。

《三晋成立考》,《春秋戦国交代期の政治社会史的考察》,平成7～9年度科学研究費補助金研究成果報告書,1998年;后收入【吉本道雅:2005】。

《呉:系譜の分析》,《立命館文学》第563号,2000年;后收入【吉本道雅:2005】。

《左伝成書考》,《立命館東洋史学》第25号,2002年。

《中国先秦史の研究》,京都大学学術出版会,2005年。

《中国戦国時代における四夷観念の成立》,京都大学《東アジアにおける国際秩序と交流の歴史的研究ニューズレター》No.4,2006年。

《夏殷史と諸夏》,立命館東洋史学会《東洋史論叢》第3集,2006年。

《中国古代における華夷思想の成立》,【夫马进编:2007】。

渡边信一郎　《阡陌制論》,《東洋史研究》第43卷第4号,1985年;后收入《中国古代社会史論》,青木書店,1986年。

《中国古代の王権と天下秩序:日中比較史の視点から》,校倉書房,2003年。

英文

John King Fairbank, "A Preliminary Framework." *The Chinese World Order*: *Traditional China's Foreign Relations*, pp. 1 ～ 19, Harvard University Press, 1968.

中文(拼音顺序)

北京市文物研究所　《军都山墓地:玉皇庙》全四册,文物出版社,2007年。

曹锦炎　《遷邾编钟铭文释议》,《文物》,1984年第4期;后收入《吴越历史与考古论丛》,文物出版社,2007年。

沈长云　《"长狄"解》,《中国史研究》,2004年第4期。

陈芳妹　《晋侯墓地青铜器所见性别研究的新线索》,【上海博物馆编:上海书画出版社,2002】。

陈顾远 《中国国际法溯源》,1931 年;后收入《民国丛书》第 3 编第 27 号,
　　　上海书店,1991 年。

陈连开 《中国、华夷、蕃汉、中华、中华民族:一个内在联系发展被认识的过
　　　程》,【费孝通等:1989】。
　　　《关于中华民族起源学说的由来与发展》,【费孝通:1991】。

陈梦家 《世本考略》,《周叔弢先生六十五岁生日纪念论文集》,1950 年;后
　　　收入《尚书通论(外二种)》,河北教育出版社,2000 年。

陈槃　《春秋大事表列国爵姓及存灭表譔异》全三册,"中央研究院"历史语
　　　言研究所,1969 年。

陈伟　《包山楚简初探》,武汉大学出版社,1996 年。
　　　《竹书〈容成氏〉所见的九州》,《中国史研究》2003 年第 3 期。

陈昭容 《论秦公簋的年代》,《秦系文字研究:从汉字史的角度考察》,"中央
　　　研究院"历史语言研究所,2003 年。

陈致　《夷夏新辨》,《中国史研究》2004 年第 1 期。

程发轫 《春秋左氏传地名图考》,广文书局,1967 年。

丁山　《由三代都邑论其民族文化》,《国立中央研究院历史语言研究所集
　　　刊》第 5 期第 1 分册,1935 年;后收入郑杰祥编《夏文化论集(上)》,
　　　文物出版社,2002 年。

杜正胜 《欧亚草原动物纹饰与中国古代北方民族之考察》,《"中央研究院"
　　　历史语言研究所集刊》第 64 本第 2 分册,1993 年。
　　　《周秦民族文化"戎狄性"的考察:兼论关中出土的"北方式"青铜
　　　器》,《大陆杂志》第 87 卷第 5 期,1993 年。

段渝　《论秦汉王朝对巴蜀的改造》,《中国史研究》1999 年第 1 期;后收入
　　　《政治结构与文化模式:巴蜀古代文明研究》,学林出版社,1999 年。

凡国栋 《上博简〈容成氏〉地理问题专题研究》,武汉大学硕士论文,
　　　2006 年。

费孝通等 《中华民族多元一体格局》,中央民族学院出版社,1989 年。

费孝通主编 《中华民族研究新探索》,中国社会科学出版社,1991 年。

傅斯年 《夷夏东西说》,《庆祝蔡元培先生六十五岁论文集》,中央研究院历
　　　史语言研究所集刊外编第一种,1933 年。

顾颉刚 《讨论古史答刘胡二先生》,1923 年;后收入《顾颉刚古史论文集
　　　1》,中华书局,1988 年。
　　　《鲧禹的传说》,1939 年;后收入《顾颉刚古史论文集 2》,中华书局,
　　　1988 年。
　　　《史林杂识初编》,中华书局,1963 年。

顾颉刚、刘起釪　《尚书校释译论》,中华书局,2005 年。

顾颉刚、王树民　《"夏"和"中国":祖国古代的称号》,史念海主编《中国历史地理论丛》第一辑,陕西人民出版社,1981 年。

郭沫若　《殷周青铜器铭文研究》,1931 年;科学出版社,1961 年再版。

《两周金文辞大系图录考释(上下)》,1935 年;科学出版社,1957 年再版。

韩嘉谷　《从军都山东周墓谈山戎、胡、东胡的考古学文化归属》,李逸友、魏坚主编,内蒙古文物考古研究所编《内蒙古文物考古文集 1》,中国大百科全书出版社,1994 年。

河北省博物馆、河北省文物管理处　《满城、唐县发现战国时代青铜器》,《光明日报》1972 年 7 月 16 日;《河北平山县访驾庄发现战国前期青铜器》,《文物》1978 年第 2 期。

河北省文物管理处　《河北省平山县战国时期中山国墓葬发掘简报》,《文物》1979 年第 1 期。

河北省文物研究所　《河北新乐中同村发现战国墓》,《文物》1985 年第 6 期。

《厝墓:战国中山国国王之墓(上下)》,文物出版社,1996 年。

《战国中山国灵寿城:1975～1993 年考古发掘报告》,文物出版社,2005 年。

何志虎　《"中国"称谓的起源》,《人文杂志》2002 年第 5 期。

侯毅　《从晋侯墓铜器看晋义化的形成与发展》,【上海博物馆:上海书画出版社 2002】。

胡阿祥　《伟哉斯名——"中国"古今称谓研究》,湖北教育出版社,2000 年。

胡厚宣　《论殷代五方观念及中国称谓之起源》,《甲骨学商史论集》初集,齐鲁大学国学研究所,1944 年,后由河北教育出版社再版,2002 年。

黄盛璋　《关于战国中山国墓葬遗物若干问题辨正》,《文物》1979 年第 5 期。

《再论平山中山国墓若干问题》,《考古》1980 年第 5 期。

柯昌济　《韡华阁集古录跋尾》(甲乙丙),1935 年。

贾敬颜　《"汉人"考》,1985 年,后收入【费孝通等:1989】。

贾志强　《无终、娄烦考》,【山西省考古学会、山西省考古研究所编:1992】。

贾志强、刘俊卿、刘小胖　《忻定盆地春秋铜器墓主的文化族属问题》,【山西省考古学会、山西省考古研究所:2000】。

江苏省丹徒考古队 《江苏丹徒北山顶春秋墓发掘报告》，《东南文化（双月刊）》，1988年第3、4期。

靳枫毅 《北京延庆军都山东周山戎部落墓地发掘纪略》，《文物》1989年第8期。

李伯谦 《晋侯墓地发掘与研究》，【上海博物馆编：上海人民美术出版社2002】。

李大龙 《汉唐藩属体制研究》，中国社会科学出版社，2006年。

李海荣 《北方地区出土夏商周青铜器研究》，文物出版社，2003年。

李零 《春秋秦器试探：新出秦公钟、镈铭文与过去著录秦公钟、簋铭的对读》，《考古》1979年第6期。

《论豳公盨发现的意义》，《中国历史文物》，2002年第6期。

李隆献 《晋文公复国定霸考》，台湾大学文学院，1988年。

李继红 《沁水县出土的春秋战国铜器》，【山西省考古学会、山西省考古研究所：2000】。

李培林、丁伟高 《忻定盆地春秋时期戎狄文化浅论》，【山西省考古学会、山西省考古研究所：2000】。

李学勤 《平山墓葬群与中山国的文化》，《文物》1979年第1期。

《秦公簋年代的再推定》，《中国历史博物馆馆报》第13、14卷。

《新出青铜器研究》，文物出版社，1990年。

《论豳公盨及其重要意义》，《中国历史文物》2002年第6期。

李有成 《原平县练家岗战国青铜器》，【山西省考古学会、山西省考古研究所编：1992】。

《定襄县中霍村东周墓发掘报告》，《文物》1997年第5期。

梁启超 《历史上中国民族之观察》，1906年，后收入《饮冰室合集（八）》，中华书局，1989年。

《中国历史上民族之研究》，1922年，后收入《饮冰室合集（八）》，中华书局，1989年。

林剑鸣 《秦公钟、镈铭文释读中的一个问题》，《考古与文物》1980年第2期。

林沄 《关于中国的对匈奴族源的考古学研究》，《内蒙古文物考古》1993年第1、2期。

《戎狄非胡论》，吕绍纲编《金景芳九五诞辰纪念文集》，吉林文史出版社，1996年。

《东胡与山戎的考古探索》，河北省文物研究所《环渤海考古国际学术讨论会论文集：石家庄1992》，知识出版社，1996年。

刘来成、李晓东 《试谈战国时期中山国历史上的几个问题》,《文物》1979 年第 1 期。

刘瑞 《秦"属邦""臣邦"与"典属国"》,《民族研究》1999 年第 4 期。

卢连成、杨满仓 《陕西省宝鸡县太公庙村发现秦公钟、秦公镈》,《文物》1978 年第 11 期。

吕思勉 《中国民族史》,1934 年;1996 年东方出版社再版。

《吕思勉读史札记(增订本)》全三册,上海古籍出版社,1982 年,2005 年再版。

马保春 《晋国历史地理研究》,文物出版社,2007 年。

马承源 《何尊铭文初释》,《文物》1976 年第 1 期。

《晋侯稣编钟》,《上海博物馆集刊》第 7 期,1996 年;后收入【上海博物馆编:上海书画出版社 2002】。

蒙文通 《周秦少数民族研究》,龙门联合书局,1958 年;后收入《蒙文通文集 2:古族甄微》,巴蜀书社,1993 年。

《巴蜀史的问题》,《四川大学学报(社会科学版)》,1959 年第 5 期;后收入《蒙文通文集 2:古族甄微》。

钱穆 《史记地名考(上下)》,商务印书馆,1968 年,2001 年再版。

裘锡圭 《幽公盨铭文考释》,《中国历史文物》2002 年第 6 期。

四川省博物馆、青川县文化馆 《青川县出图秦更修田律木牍:四川青川县战国墓发掘简报》,《文物》1982 年第 1 期。

上海博物馆编 《晋国奇珍:山西晋侯墓群出土文物精品》,上海人民美术出版社,2002 年。

《晋侯墓地出土青铜器国际学术讨论会论文集》,上海书画出版社,2002 年。

山西省考古学会、山西省考古研究所编 《山西省考古学会论文集(一)》,山西人民出版社,1992 年;《山西省考古学会论文集(三)》,山西古籍出版社,2000 年。

山西省考古研究所 《山西浑源县李裕村东周墓》,《考古》1983 年第 8 期。

山西忻州地区文物管理处 《原平县刘庄塔岗梁东周墓》,《文物》1986 年第 11 期。

山西文管会侯马工作站 《山西侯马上马村东周墓葬》,《考古》1963 年第 6 期。

史念海 《历史时期黄河中游的森林》,《河山集 2》,三联书店,1981 年。

《论两周时期农牧业地区的分界线》,《中国历史地理论丛》1987 年第 1 辑；后收入《河山集 6》，陕西人民出版社，1997 年。

舒大刚　《春秋少数民族分布研究》，文津出版社，1994 年。

宋玲平　《山西中北部东周时期青铜器及相关问题》，【山西省考古学会、山西省考古研究所：2000】。

苏秉琦　《关于考古学文化的区系类型问题》，《文物》1981 年第 5 期，后收入《苏秉琦考古学论述选集》，文物出版社，1984 年。

《中国文明起源新探》，商务印书馆，1997 年。

孙常叙　《秦公及王姬钟、镈铭文考释》，《吉林师大学报》1978 年第 4 期。

孙华　《巴蜀为郡考》，《社会科学研究》1985 年第 2 期；后收入《四川盆地的青铜时代》，科学出版社，2000 年。

孙闻喜　《鲜虞、中山族姓及渊源问题之再探》，《四川文物》2005 年第 5 辑。

孙作云　《说"雅"》，《文史哲》1957 年第 1 期，后收入《诗经与周代社会研究》，中华书局，1966 年，又收入《孙作云文集 2：〈诗经〉研究》，河南大学出版社，2003 年。

谭其骧主编　《中国历史地图集》全八册，中国地图出版社，1982～1987 年。

唐兰　《"四国"解》，《禹贡半月刊》，第 1 卷第 10 期，1934 年。

《何尊铭文解释》，《文物》1976 年第 1 期。

陶正刚　《山西东周戎狄文化初探》，《远望集：陕西省考古研究所华诞四十周年纪念文集(上)》，陕西人民美术出版社，1998 年。

田广金　《中国北方系青铜器文化和类型的初步研究》，苏秉琦主编《考古学文化论集 4》，文物出版社，1997 年。

田广金、郭素新　《鄂尔多斯式青铜器》，文物出版社，1986 年。

【田广金：1997】增补加笔后改名《北方戎狄诸族文化》，收入《北方文化与匈奴文明》，江苏教育出版社，2004 年。

童恩正　《古代的巴蜀》，四川人民出版社，1979 年。

《试论我国从东北至西南的边地半月形文化传播带》，《文物与考古论集》，文物出版社，1987 年；后收入《中国西南民族考古论文集》，文物出版社，1990 年。

童书业　《"蛮夏"考》，《禹贡半月刊》第 2 卷第 8 期，1934 年；后收入《童书业历史地理论集》，中华书局，2004 年。

《夷蛮戎狄与东西南北》，《禹贡半月刊》第 7 卷第 10 期，1937 年；后收入《童书业历史地理论集》。

《春秋史》，开明书店，1946 年，中华书局 2006 年再版。

佟柱臣　《从考古学上看中华民族的融合与统一》，【费孝通主编：1991】。

王国维　《定本观堂集林》，1923 年；世界书局 1975 年再版。

《古史新证》,1926 年清华大学讲义;清华大学出版社,1994 年整理
出版。

王辉　《秦铜器铭文编年集释》,三秦出版社,1990 年。

《秦出土文献编年》,新文丰出版公司,2000 年。

王辉、焦南锋、马振智　《秦公大墓石磬残铭考释》,《"中央研究院"历史语言
研究所集刊》第 67 本第 2 分册,1996 年。

王世民　《北京保利艺术博物馆收藏的部分西周铜器》,《商周铜器与考古学
史论集》,艺文印书馆,2008 年。

王树民　《中华名号溯源》,史念海主编《中国历史地理论丛》第二辑,陕西人
民出版社,1985 年。

王先谦著,吕苏生补释　《鲜虞中山国事表疆域图说补释》,清光绪九年
(1883 年);上海古籍出版社,1993 年再版。

王钟翰主编　《中国民族史》,中国社会科学出版社,1994 年。

文启明　《河北灵寿县西岔头村战国墓》,《文物》1986 年第 6 期。

乌恩　《关于我国北方的青铜短剑》,《考古》1978 年第 5 期。

吴振烽　《新出秦公钟铭考释与有关问题》,《考古与文明》1980 年创刊号。

《竞之定铜器群考》,《江汉考古》,2008 年第 1 期。

吴振禄、滕铭予　《山西侯马上马墓地发掘简报》,《文物》1989 年第 6 期。

石家庄地区文物研究所　《河北新乐县中同村战国墓》,《考古》1984 年第
11 期。

夏商周断代工程专家组　《夏商周断代工程 1996～2000 年阶段成果报告
(简本)》,世界图书出版公司,2000 年。

徐杰舜　《汉民族发展史》,四川民族出版社,1992 年。

徐旭生　《我国古代部族三集团考》,《中国古史的传说时代》,科学出版社,
1960 年。

徐传保　《先秦国际法之遗迹》,1931 年;后收入《民国丛书》第 3 编第 27
本,上海书店,1991 年。

徐中舒　《巴蜀文化初论》,《四川大学学报(哲学社会科学版)》1959 年第
2 期。

晏昌贵　《〈上海博物馆藏战国楚竹书(二)〉中〈容成氏〉九州柬释》,《武汉大
学学报(哲学社会科学版)》第 57 卷第 4 期,2004 年。

严文明　《中国史前文化的统一性与多样性》,《文物》1987 年第 3 期。

杨伯峻　《春秋左传注(修订本)》全四册,中华书局,1981 年,1990 年再版。

杨纯渊　《春秋山西北狄考》,【山西省考古学会、山西省考古研究所编:
1992】。

杨宽　《战国史》，上海人民出版社，1955 年；1980 年第二版；1998 年增订本。

《战国史料编年辑证》，上海人民出版社，2001 年。

杨建华　《〈春秋〉与〈左传〉中所见的狄》，《史学集刊》，1999 年第 2 期。

《春秋战国时期中国北方文化带的形成》，文物出版社，2004 年。

杨树达　《积微居金文说》，中华书局，1952 年；1997 年增订本。

杨希枚　《先秦诸侯受降、献捷、遣俘制度考》，《"中央研究院"历史语言研究所集刊》第 27 本，1956 年。

尹盛平　《周原文化与西周文明》，江苏教育出版社，2005 年。

尹在硕　《秦汉律所反映的后子制和继承法》，《秦汉史论丛》第 9 辑，三秦出版社，2004 年。

于豪亮　《秦王朝关于少数民族的法律及其历史作用》，《云梦秦简研究》，中华书局，1981 年。

于省吾　《双剑誃吉金文选》，中华书局，1932 年；1998 年再版。

《释中国》，《中华学术论文集》，中华书局，1981 年。

余永良　《柴誓的时代考》，《国立中山大学语言历史学研究所周刊》第 1 集第 1 期，1927 年；后收入《古史辨》第 2 册，1930 年。

袁仲一　《秦中央督造的兵器刻辞综述》，《考古与文物》1984 年第 5 期。

曾文芳　《夏商周民族思想与政策研究》，人民出版社，2008 年。

翟德芳　《中国北方地区青铜短剑分群研究》，《考古学报》1988 年第 3 期。

张光远　《故宫新藏春秋晋文称霸"子犯和钟"初释》，《故宫文物月刊》第 13 卷第 2 期，1995 年。

《春秋中期晋国子犯龢钟的新证、测音与校释》，《故宫文物月刊》第 18 卷第 2 期，2000 年。

张金光　《秦制研究》，上海古籍出版社，2004 年。

张立东　《夏都与夏文化》，中国先秦史学会、洛阳市第二文物工作队编《夏文化研究论集》，中华书局，1996 年。

张天恩　《对"秦公钟考释"中有关问题的一些看法》，《四川大学学报》1980 年第 4 期。

张童心　《晋与戎狄：由 M113 出土的青铜三足瓮所想到的》，【上海博物馆编：上海书画出版社 2002】。

张以仁　《晋文公年寿辨误》，《中央研究院历史语言研究所集刊 36（上）》，1965 年；后收入《春秋史论集》，联经出版事业公司，1990 年。

《晋文公年寿问题的再检讨》，《郑因白先生八十寿庆论文集》，商务印书馆，1985 年；后收入《春秋史论集》。

张政烺　《"十又二公"及其相关问题》,《纪念顾颉刚学术论文集》,巴蜀书
　　　　社,1990 年;后收入《张政烺文史论集》,中华书局,2004 年。

赵慧民　《山西临猗程村两座东周墓》,《考古》1991 年第 11 期。

郑绍宗　《行唐县李家庄发现战国铜器》,《文物》1963 年第 4 期。
　　　　《中国北方青铜短剑的分期及形制研究》,《文物》1984 年第 2 期。

周凤五　《上博五〈姑成家父〉重编新释》,《中国简帛学国际论坛 2006 学术
　　　　研讨会论文集》,武汉大学,2006 年。

周晓陆、张敏　《北山四器铭考》,《东南文化(双月刊)》1988 年第 3、4 期。

中国社会科学院考古研究所　《偃师二里头 1959～1978 年考古发掘报告》,
　　　　　　　　　　　　　　中国大百科全书出版社,1999 年;《中国考古
　　　　　　　　　　　　　　学夏商卷》,中国社会科学出版社,2003 年;
　　　　　　　　　　　　　　《中国考古学两周卷》,中国社会科学出版社,
　　　　　　　　　　　　　　2004 年。

中国植被编辑委员会　《中国植被》,科学出版社,1980 年。

朱凤瀚　《幽公盨铭文初释》,《中国历史文物》2002 年第 6 期。

朱渊清　《〈容成氏〉夹州、涂州、叙州考》,朱渊清、廖名春主编《上海馆藏战
　　　　国楚竹书研究续编》,上海古籍出版社,2004 年。

竺可桢　《中国近五千年来气候变迁的初步研究》,《考古学报》1972 年第 1
　　　　期;后收入《竺可桢全集 4》,上海科技教育出版社,2004 年。

邹衡　《夏文化分布区域内有关夏人传说的地望考》,《夏商周考古学论文
　　　集》,文物出版社,1980 年;科学出版社 2001 年再版。

邹衡主编　《天马—曲村:1980～1989》全四册,科学出版社,2000 年。

出土文献

荆门市博物馆编　《郭店楚墓竹简》,文物出版社,1998 年。

刘雨、卢岩编　《近出殷周金文集录》全四册,中华书局,2000 年。

马承源主编　《商周青铜器铭文选》,文物出版社,1986～1990 年。
　　　　　　《上海博物馆藏战国楚竹书 2》,上海古籍出版社,2002 年。

睡虎地秦墓竹简整理小组　《睡虎地秦墓竹简》,文物出版社,1990 年。

张家山 247 号汉墓竹简整理小组　《张家山汉墓竹简:247 号墓》,文物出版
　　　　　　　　　　　　　　　　社,2001 年。

张长寿、陈公柔、王世民　《西周青铜器分期断代研究》,文物出版社,
　　　　　　　　　　　　　1999 年。

中国社会科学院考古研究所　《殷周金文集成》,中华书局 1984～1994 年;
　　　　　　　　　　　　　　2007 年增补修订版。

后　记

　　本书是在我的博士论文《春秋時代における華夷秩序の研究》(東北大学大学院国際文化研究科,2002 年 11 月)及其后一些研究成果的基础上增补修订而成的。各章的底本论文如下:

　　序　章　摘自《伝統的"中華"の多様性と"中華民族多元一体論"——中国古代史研究の視点から》,載瀬川昌久編《東北アジア研究センターシンポジウム:"中国研究"の可能性と課題》,東北大学東北アジア研究センター,2005 年。有修订。

　　第一章　摘自《鮮虞中山と春秋時代の"華夏"について》,《歴史》第 98 輯,2002 年。有修订。

　　第二章　《春秋時代の"戎"について》,《集刊東洋学》第 83号,2000 年。有增补。

　　第三章　摘自《鮮虞中山と春秋時代の"華夏"について》,《歴史》第 98 輯,2002 年。有增补。

　　第四章　《春秋時代の国際会盟》,載入間田宣夫編《入間田宣夫先生還暦記念論集:日本、東アジアの国家、地域、人間——歴史学と文化人類学の方法から》,2002 年。

　　第五章　《晋文公の諸国遍歴説話とその背景》,《東洋学報》第 85 巻第 4 号,2004 年。

　　第六章　摘自《解説:謎の夏王朝》,《東北学院大学論集(歴史と文化)》第 41 号,2006 年。有增补。

第七章　本书原创。

第八章　《秦律の夏と臣邦》,《東洋史研究》第 66 卷第 2 号,2007 年。

终　章　本书原创。

书中收录的底本论文全部有所增删改订,尽可能改为平易近人的行文。另外,原论文发表后若出现了新成果或新史料,本书也尽可能采纳之,不过基本的结论未变。越是早期发表的论文,在本书中修改的幅度越大。本书原创的章节中还包含了一些底本论文已经论述过的内容,故在那些章节中我将不重复讨论,务求全书结构清晰简洁。

2003 年 4 月,我提交了博士论文,此后的两年期间一直在东北大学东北亚研究中心当研究员。2005 年,我又被录用为日本学术振兴会特别研究员,获得了为期三年能够专心于研究的机会。本书的绝大部分内容都是在这段时间里写就的。我还申请到了平成十七年(2005 年)～平成十九年(2007 年)度的科学研究赞助津贴(特别研究员奖励费),大大方便了我在日本国内外的研究工作。本书的序章、第一章、第六章、第七章和第八章都是这笔科研经费的研究成果。

写作本书的过程中,我得到了不少专家学者的指正和帮助,例如我的博士论文答辩评委山田胜芳先生、冈洋树先生、濑川昌久先生、浅野裕一先生及东北大学大学院国际文化研究科亚洲社会论讲坛的入间田宣夫先生、平川新先生。读研期间曾蒙诸位先生不吝赐教,不敢忘恩。尤其是山田胜芳先生,没有他的严格要求和指导,本书肯定无法写成。浅野裕一先生允许我参与他的出土文字材料读书会,还花了很大心思帮助本书出版。再次向两位先生致以由衷的感谢。

还有东北大学文学研究科的安田二郎先生、熊本崇先生、川合安先生和大野晃嗣先生，虽然我们所属的专业方向不同，但在我读研期间依然有幸受到诸位先生的厚意与鞭策。尤其是熊本先生允许我出席旁听宋代史料研读课。而川合先生是我任职特别研究员时期的接收研究员①，他让我得以跳出先秦史的框架，从一个更高的视角重新定位自己的课题。

还要感谢我的本科导师谷口满先生和细谷良夫、香坂昌纪、下仓涉等东北学院大学的诸位先生，在我的本科求学生涯中给予了我悉心的指导。此外也要感谢东京学艺大学的小岛茂稔先生，我在他和川合安、下仓涉两位先生共同主持的汉简研讨会上获益良多。爱媛大学的藤田胜久先生是本书出版前出版社委托的外审专家，在此感谢他的拨冗斧正。

2006 年末至 2007 年初，还是特别研究员的我有幸获得了跟随中国武汉大学简帛研究中心的陈伟教授学习的机会。借此，我不仅得以吸收中国学者的研究成果，还亲眼看到了一部分出土材料。在会议上还用一口拙劣的中文发表了本书所写的一部分内容，获得了研究中心诸位先生的意见和建议。这次机会于我而言真的非常难得，它让我得以重新审视自身研究课题的意义。

除此之外，研究生时期的同学好友、东北大学亚洲研究中心的各位同事及研讨会、学会上给予我诸多良言善意的诸君，你们的意见对我来说也是宝贵的财富，激励我一路至此，恕我无法一一致谢。

---

① 译者注：日本学术振兴会的制度，学者申请成为特别研究员时，要选一位与自己的博导同院系但不同研究方向的教授作为接收研究员，可简单理解成二号导师。

　　本书的成书,有赖于诸位先生的指教。如果说本书有什么可取之处的话,那都是诸位先生教导有方;而如果出现什么疏忽纰漏之处,那就要怪我自己学艺不精了。

　　本书付梓离不开岩波书店编辑部中川和夫先生的理解和帮助。犹记得约稿日期约是五年前,怪我迟迟没有动笔,导致正式出版日期比预定日期晚了这么多,给中川先生造成了很多不便。可是中川先生一直没有责怪,反而自始至终都在鼓励我、信任我。没有他的理解,恐怕本书将永远不会问世。在此衷心感谢中川先生。

　　最后,我要感谢的是一直支持着我的父母和妻子明子,还有在本书写作过程中来到这个世界的孩子佑纪。我想和你们分享本书完稿的这份喜悦。

2009 年 12 月 1 日于松岛

渡边英幸

"海外中国研究丛书"书目